Die Rechtmäßigkeit von Whistleblowing in der Öffentlichkeit nach der EMRK und nach deutschem Recht

Shalene Edwards

Die Rechtmäßigkeit von Whistleblowing in der Öffentlichkeit nach der EMRK und nach deutschem Recht

Die Gesetzeslage und Gesetzgebungsvorschläge

PL ACADEMIC RESEARCH

Bibliografische Information der Deutschen Nationalbibliothek
Die Deutsche Nationalbibliothek verzeichnet diese Publikation in der Deutschen Nationalbibliografie; detaillierte bibliografische Daten sind im Internet über http://dnb.d-nb.de abrufbar.

Zugl.: Münster (Westfalen), Univ., Diss. der Rechtswissenschaftlichen Fakultät, 2016

D 6
ISBN 978-3-631-72028-8 (Print)
E-ISBN 978-3-631-72033-2 (E-PDF)
E-ISBN 978-3-631-72034-9 (EPUB)
E-ISBN 978-3-631-72035-6 (MOBI)
DOI 10.3726/b10973

PL Academic Research ist ein Imprint der Peter Lang GmbH.

Peter Lang – Frankfurt am Main · Bern · Bruxelles · New York · Oxford · Warszawa · Wien

Diese Publikation wurde begutachtet.

www.peterlang.com

Meiner Familie

Vorwort

Die vorliegende Arbeit entstand vor allem während meiner Tätigkeit als wissenschaftliche Mitarbeiterin am Institut für Informations-, Telekommunikations- und Medienrecht in der Zivilrechtlichen Abteilung an der Westfälischen Wilhelms-Universität Münster. Literatur und Rechtsprechung konnten bis einschließlich Juli 2016 berücksichtigt werden.

Diese Arbeit zu schreiben, war eine persönliche Bereicherung und zugleich eine große Herausforderung für mich. Über die drei Jahre, in denen sie entstanden ist, haben mich viele Menschen begleitet, denen ich an dieser Stelle aufrichtig danken möchte:

Mein Dank gilt zunächst meinem Doktorvater Herrn Prof. Dr. Thomas Hoeren. Seine stetige Unterstützung und seine wertvollen Hinweise haben immer wieder dafür gesorgt, dass ich über Fragen und Argumente neu nachgedacht habe. Vielen Dank dafür! Herrn Prof. Dr. Michael Heghmanns danke ich dafür, dass er so zügig das Zweitgutachten erstellt hat.

Ich danke Herrn Prof. Dr. Urs Gasser dafür, dass er mir einen einmonatigen Forschungsaufenthalt am Berkman Klein Center for Internet and Society der Harvard Universität ermöglicht hat. Dort habe ich großartige Impulse für die Arbeit bekommen. Ohne den DAAD, der diesen Aufenthalt finanziell unterstützt hat, hätte ich nicht in die USA reisen können. Dafür bedanke ich mich ebenfalls sehr.

Der FAZIT-Stiftung danke ich sehr für die finanzielle Unterstützung in den letzten Monaten vor Abschluss dieser Arbeit.

Meinen einzigartigen Kollegen und Freunden am ITM möchte ich herzlich für die schönen Jahre danken. Ina Bruns, Lale Fröhlich und Nico Kuhlmann danke ich für ihre Diskussionsbereitschaft, ihre konstruktiven Hinweise und vor allem ihre wertvolle Zeit. Miriam Instenberg gilt der größte Dank für das unglaublich sorgfältige Korrekturlesen dieser Arbeit.

Mein größter Dank gilt meinen Eltern, Ingrid und Winston Edwards, die für mich da waren und sind, sowie meiner Schwester, Alisha Edwards, die mir zum Glück immer sagt, was sie denkt und das ist nicht ironisch gemeint. Meiner Familie widme ich diese Arbeit.

Hamburg, Januar 2017

Inhalt

Literatur

Alexy, Robert, Theorie der Grundrechte, 3. Auflage, Frankfurt a.M. 1996.

Arendt, Hannah, Crisis of the Republic: Lying in Politics. Civil Disobedience. On Violence. Thoughts on Politics and Revolution, San Diego 1972.

Arndt, Adolf, Demokratische Rechtsauslegung am Beispiel des Begriffes "Staatsgeheimnis", NJW 1963, 24–26.

Baecker, Dirk/Priddat, Birger, Ökonomie der Werte, Festschrift zum 65. Geburtstag von Michael Hutter, Marburg 2013.

Bäcker, Carsten, Whistleblower im Amt – Zwischen Verschwiegenheitspflicht und Verfassungstreue, Die Verwaltung 2015, 499–523.

Bauer, Hartmut/Czybulka, Detlef/Kahl, Wolfgang/Voßkuhle, Andreas, Umwelt, Wirtschaft und Recht – Wissenschaftliches Symposium aus Anlaß des 65. Geburtstages von Reiner Schmidt, Tübingen 2002.

Baumbach, Adolf /Hopt, Klaus, Handelsgesetzbuch, 36. Auflage, München 2014.

Baumhöfener, Jesko, Datenhehlerei – Ein neuer Tatbestand und seine Folgen, http://strafverteidigung-hamburg.com/2636/datenhehlerei-2/.

Bauschke, Hans-Joachim, Whistleblowing – ein Zwischenbericht, öAT 2012, 271–275.

Beater, Axel, Informationsinteressen der Allgemeinheit und öffentlicher Meinungsbildungsprozess – Inhaltliche und prozedurale Kriterien aus zivilrechtlicher Sicht, ZUM 2005, 602–612.

Beck, Susanne/Meinicke, Dirk, Stellungnahme der DGRI zum Entwurf eines Gesetzes zur Strafbarkeit der Datenhehlerei (Drucks. 18/1288) (RefE), CR 2015, 481–484.

Beckedahl, Markus/Biselli, Anna/Meister, André, Jahrbuch Netzpolitik 2014, Berlin 2014.

Beck'scher Online Kommentar StGB, 30. Auflage, München 2016.

Beck'scher Online Kommentar UrhG, 12. Auflage, München 2016.

Beise, Marc, Die Einflüsterer, Süddeutsche Zeitung v. 17.05.2010, http://www.sueddeutsche.de/wirtschaft/wirtschafts-lobbyismus-die-einfluesterer-1.272896.

Benkler, Yochai, A Public Accountability Defense for National Security Leakers and Whistleblowers, Harvard Law and Policy Review 2014, 281–326.

Benkler, Yochai, A Free Irresponsible Press: WikiLeaks and the Battle over the Soul of the Networked Fourth Estate, Harvard Civil Rights-Civil Liberties Law Review 2011, 311–397.

Benne, Rainer, Whistleblowing – Wenn Wissen Sensibilität erfordert, CCZ 2014, 189–191.

Bohnert, Joachim, Der beschuldigte Amtsträger zwischen Aussagefreiheit und Verschwiegenheitspflicht, NStZ 2004, 301–309.

Boyne, Shawn Marie, Whistleblowing, 62 American Journal of Comparative Law Supplement 2014, 425–456.

Brown, A.J./Lewis, David/Moberly, Richard/Vandekerckhove, Wim, International Handbook on Whistleblowing Research, Cheltenham/Northhampton 2014.

Buchert, Christoph, Der Irrweg der EU-Kommission – Zu den Überlegungen über die Einführung einer staatlichen Whistleblower-Prämie, CCZ 2013, 144–149.

Buermeyer, Ulf, Maas und die Datenhehlerei, Süddeutsche Zeitung v. 4.10.2015, http://www.sueddeutsche.de/digital/netzpolitik-datenhehlerei-1.2676184.

Busekist, Konstantin/Fahrig, Stephan, Whistleblowing und der Schutz von Hinweisgebern, BB 2013, 119–124.

Calliess, Gralf-Peter, Transnationales Recht – Stand und Perspektiven, Tübingen 2014.

Callies, Christian/Ruffert, Matthias, EUV/AEUV – Das Verfassungsrecht der Europäischen Union mit Europäischer Grundrechtecharta, 4. Auflage, München 2011.

Chesterman, Simon, WikiLeaks, Secrets, and Lies, Proceedings of the Annual Meeting (American Society for International Law) 2011, 150–151.

Christensen, Christian/Jónsdóttir, Birgitta, WikiLeaks, Transparency, and Privacy: A discussion with Birgitta Jónsdóttir, International Journal of Communication 2014, 2558–2566.

Clarke, Kellie/Barnette, David, The Application of the Reporter's Privilege and the Espionage Act to Wikileaks, University Dayton Law Review 2012, 165–183.

Corneil, David, Harboring WikiLeaks: Comparing Swedish and American Press Freedom in the Internet Age, 41 Californian Western International Law Journal 2010, 477–522.

Corvino, John, Loyalty in Business? Journal of Business Ethics 2002, 41:1–2, 179–185.

Cowie, Tom, Could WikiLeaks be prosecuted under Copyright Law? Crickey v. 13.12.2010, http://www.crikey.com.au/2010/12/13/could-wikileaks-be-prose cuted-under-copyright-law/?wpmp_switcher=mobile.

Cragg, Wesley, Human Rights and Business Ethics: Fashioning a New Social Contract, 27 Journal of Business Ethics 2000, 205–214.

Däubler, Wolfgang/Klebe, Thomas/Wedde, Peter/Weichert, Thilo, Bundesdatenschutzgesetz – Kompaktkommentar zum BDSG, 4. Auflage, Frankfurt am Main 2014.

Deiseroth, Dieter/Derleder, Peter, Whistleblower und Denunziatoren, ZRP 2008, 248–251.

Deutscher Anwaltverein, Pressemitteilung: DAV lehnt Vorratsdatenspeicherung ab – Kein ausreichender Schutz von Berufsgeheimnisträgern und Journalisten v. 21.05.2015, http://anwaltverein.de/de/newsroom/pm-17-15-dav-lehnt-vorrats datenspeicherung-ab.

Devine, Tom/Maassarani, Tarek, The Corporate Whistleblower's Survival Guide, San Francisco 2011.

Dix, Alexander/Kipker, Dennis-Kenji/Schaar, Peter, Schnellschuss gegen die Grundrechte – Plädoyer für eine ausführliche öffentliche Debatte in Sachen Vorratsdatenspeicherung, ZD 2015, 300–305.

Domscheit-Berg, Daniel, Inside WikiLeaks, Berlin 2011.

Dreier, Thomas/Schulze, Gernot, Urheberrechtsgesetz – Urheberrechtswahrnehmungsgesetz, Kunsturhebergesetz, Kommentar, 4. Auflage, München 2013.

Dreyer, Gunda/Kothoff, Jost/Meckel, Astrid, Urheberrecht – Urheberrechtsgesetz, Urheberrechtswahrnehmungsgesetz, Kunsturhebergesetz, 3. Auflage, München 2013.

Engländer, Armin/Zimmermann, Till, Whistleblowing als strafbarer Verrat von Geschäfts- und Betriebsgeheimnissen? Zur Bedeutung des juristisch-ökonomischen Vermögensbegriffs für den Schutz illegaler Geheimnisse bei § 17 UWG. NZWiSt 2012, 328–333.

Epping, Volker/Hillgruber, Christian, Grundgesetz, 28. Auflage, München 2016.

Erb, Volker, Der rechtfertigende Notstand, JuS 2010, 108–113.

Erbs, Georg/Kohlhaas, Max/Häberle, Peter, Strafrechtliche Nebengesetze, Erster Band, München 2012.

Erbguth, Wilfried/Oebbecke, Janbernd/Rengeling, Hans-Werner/Schulte, Martin, Abwägung im Recht – Symposium und Verabschiedung von Werner Hoppe am 30. Juni 1995 in Münster aus Anlass seiner Emeritierung, Köln/Berlin/Bonn/München 1996.

Falce, Valeria, Trade Secrets – Looking for (Full) Harmonization in the Innovation Union, IIC 2015, 940–964.

Fasterling, Björn/Lewis, David, Leaks, Legislation and Freedom of Speech: How can the Law effectively promote public-interest whistleblowing? 153 International Labour Review 2014, 71–92.

Fenster, Mark, Disclosure's Effects: WikiLeaks and Transparency, 97 Iowa Law Review 2012, 753–807.

Fezer, Karl-Heinz, Lauterkeitsrecht – Kommentar zum Gesetz gegen den unlauteren Wettbewerb (UWG), Zweiter Band, München 2010.

Fischer, Thomas, Strafgesetzbuch mit Nebengesetzen, 63. Auflage, München 2016.

Fischer-Lescano, Andreas, Internationalrechtliche Regulierung des Whistleblowing – Anpassungsbedarf im dt. Recht – Teil 1, AuR 2016, 4–9.

Fischer-Lescano, Andreas, Internationalrechtliche Regulierung des Whistleblowing – Anpassungsbedarf im dt. Recht – Teil 2, AuR 2016, 48–56.

Flanagan, Anne, Defining „Journalism" in the age of evolving social media: a questionable EU legal test, International Journal of Law and Information Technology, Vol. 21, No. 1, 2012, 1–30.

Franck, Thomas, Proportionality in International Law, 4 Law and Ethics of Human Rights 2010, 230–242.

Franck, Johannes/Steigert, Verena, Die strafrechtliche Verantwortlichkeit von WikiLeaks, CR 2011, 380–387.

Franck, Lorenz, Datenhehlerei nach dem künftigen § 202d StGB, RDV 2015, 180–183.

Freedman, James, Protecting state secrets as intellectual property: a strategy for prosecuting WikiLeaks, 48 Stanford Journal of International Law 2012, 185–208.

Fricke, Michael/Gerecke, Martin, Informantenschutz und Informantenhaftung, AfP 2014, 293–299.

Frohwein, Jochen/Peukert, Wolfgang, Europäische Menschenrechtskonvention, 3. Auflage, Kehl am Rhein 2009.

Fromm, Axel/Nordemann, Jan Bernd, Urheberrecht – Kommentar zum Urheberrechtsgesetz, Verlagsgesetz, Urheberrechtswahrnehmungsgesetz, 11. Auflage, Stuttgart 2014.

Fuller, Roslyn, A Matter of National Security: Whistleblowing in the Military as a Mechanism for International Law Enforcement, 15 San Diego International Law Journal 2013/2014, 249–298.

Gaede, Karsten, Neuere Ansätze zum Schutz der Pressefreiheit beim „Geheimnisverrat durch Journalisten", AfP 2007, 410–416.

Gercke, Marco, Die Entwicklung des Internetstrafrechts 2010/2011, ZUM 2011, 609–623.

Gerig, Martin, Der rechtliche Rahmen für Lobbyisten, ZRP 2014, 247–249.

Gola, Peter/Schomerus, Rudolf, Bundesdatenschutzgesetz, 12. Auflage, München 2015.

Gold, Dana, Introduction: Speaking up for Justice, Suffering Injustice: Whistleblower Protection and the Need for Reform, 11 Seattle Journal for Social Justice 2012/2013, 555–572.

Golla, Sebastian/von zur Mühlen, Nicolas, Der Entwurf eines Gesetzes zur Strafbarkeit der Datenhehlerei – Zur Legitimation und Zweckmäßigkeit eines allgemeinen Perpetuierungsdelikts im Informationsrecht, JZ 2014, 668–674.

Götting, Horst-Peter/Nordemann, Axel, UWG Handkommentar, 2. Auflage, Baden-Baden 2013.

Grabenwarter, Christoph/Pabel, Katharina, Europäische Menschenrechtskonvention, 6. Auflage, München 2016.

Greenwald, Glenn/MacAskill, Ewen/Poitras, Laura, Edward Snowden: The whistleblower behind the NSA surveillance revelations, The Guardian v. 11.06.2013, http://www.theguardian.com/world/2013/jun/09/edward-snowden-nsa-whistleblower-surveillance.

Greer, Steven, The European Convention on Human Rights- Achievements, Problems and Prospects, Cambridge 2007.

Greve, Holger, Korruptionsbekämpfung und Whistleblowing – Überlegungen zur Auflösung des Konflikts zwischen Transparenz und Datenschutz, ZD 2014, 336–342.

Greve, Holger/Schärdel, Florian, Der digitale Pranger – Bewertungsportale im Internet, MMR 2008, 644–650.

Gutjahr, Richard, Im Zweifel sind wir vogelfrei, Journalist v. 05.01.2014, http://www.journalist.de/ratgeber/handwerk-beruf/menschen-und-meinungen/ex-spiegel-chefredakteur-georg-mascolo-ueber-snowden-die-nsa-und-die-rolle-der-jour nalisten.html.

Haigh, Richard/Bowal, Peter, Whistleblowing and Freedom of Conscience: Towards a New Legal Analysis, 35 Dalhousie Law Journal 2012, 89–125.

Handelsblatt, "Demokratie in Gefahr" – Japan geht scharf gegen Geheimnisverrat vor, Handelsblatt v. 26.11.2013, http://www.handelsblatt.com/politik/international/de mokratie-in-gefahr-japan-geht-scharf-gegen-geheimnisverrat-vor/9129692.html.

Harris, David/O'Boyle, Michael/Warbrick, Law of the European Convention on Human Rights, 3. Auflage, Oxford 2014.

Härting, Niko, Indiskretionen werden zur strafbaren „Datenhehlerei", CR-online.de Blog v. 18.05.2015, http://www.cr-online.de/blog/2015/05/18/indiskretionen-werden-zur-strafbaren-datenhehlerei/.

Heidelberger Kommentar, Gercke, Björn/Julius, Karl-Peter/Temming, Dieter/Zöller, Mark, Strafprozessordnung, 5. Auflage, Heidelberg 2012.

Herbert, Manfred/Oberrath, Jörg-Dieter, Schweigen ist Gold? Rechtliche Vorgaben für den Umgang des Arbeitnehmers mit seiner Kenntnis über Rechtsverstöße im Betrieb, NZA 2005, 193–199.

Hesch, Joel, Whistleblower Rights and Protections: Critiquing federal Whistleblower laws and recommending filling in missing pieces to form – A beautiful patchwork quilt, Liberty University Law Review 2011/2012, 51–107.

Hoeren, Thomas, IMMI and Whistleblowing in Iceland – the new regulatory framework, http://nome.unak.is/wordpress/volume-10-no-1-2015/c88-conference-paper/immi-and-whistleblowing-in-iceland-the-new-regulatory-framework/.

Hoeren, Thomas, IMMI – The EU Perspective, Cri 2010, 141–145.

Hoeren, Thomas/Herring, Eva, Urheberrechtsverletzung durch WikiLeaks? Meinungs-, Informations- und Pressefreiheit vs. Urheberinteressen, MMR 2011, 143–148.

Hoeren, Thomas/Herring, Eva, WikiLeaks und das Erstveröffentlichungsrecht des Urhebers – Informationsfreiheit als externe Schranke des Urheberrechts? MMR 2011, 500–504.

Holoubek, Michael, Medienfreiheit in der Europäischen Menschenrechtskonvention, AfP 2003, 193–201.

Ingram, Mathew, Like it or not, WikiLeaks is a media entity, Blogbeitrag vom 4.12.2010, https://gigaom.com/2010/12/04/like-it-or-not-wikileaks-is-a-media-entity/.

Jescheck, Hans-Heinrich/Weigend, Thomas, Lehrbuch des Strafrechts, Allgemeiner Teil, 5. Auflage, Berlin 1996.

Jotzo, Florian, Gilt deutsches Datenschutzrecht auch für Google, Facebook & Co. bei grenzüberschreitendem Datenverkehr? MMR 2009, 232–237.

Kaptein, Muel, From Inaction to External Whistleblowing: The Influence of the Ethical Culture of Organizations on Employee Responses to Observed Wrongdoing, Journal of Business Ethics 2011, 513–530.

Karpenstein, Ulrich/Mayer, Franz, Konvention zum Schutz der Menschenrechte und Grundfreiheiten, 2. Auflage, München 2015.

Keller, Bill, Dealing with Assange and the WikiLeaks Secrets, New York Times v. 26.01.2011, http://www.nytimes.com/2011/01/30/magazine/30Wikileaks-t.html?pagewanted=print.

Kines, Candice, Aiding the Enemy or Promoting Democracy? Defining the Rights of Journalists and Whistleblowers to disclose National Security Information, 116 West Virginia Law Review 2013, 735–781.

Király, Andrei, Der rechtliche Schutz von Whistleblowern – Lehren aus US-amerikanischen Regelungen, ZRP 2011, 146–149.

Klopp, Tina, Wer zahlt für Hacker? Die Zeit v. 05.01.2010, http://www.zeit.de/digital/internet/2010-01/wikileaks-spendenaufruf-streik.

Koch, Arnd, Korruptionsbekämpfung durch Geheimnisverrat? ZIS 2008, 500–505.

Köhler, Helmut/Bornkamm, Joachim Köhler, Helmut/Bornkamm, Joachim, Gesetz gegen den unlauteren Wettbewerb, 33. Auflage, München 2015.

Köhler, Michael, Strafrecht Allgemeiner Teil, Berlin 1997.

Konopatsch, Cathrine, Whistleblowing in der Schweiz – Mitteilung an die Presse als ultima ratio, NZWiSt 2012, 217–223.

Krebs, Lutz/Pfändler, Stefanie/Pieper, Corinna/Gholipour, Saghi/Luchsinger, Nico, Globale Zivilgesellschaft – Eine kritische Bewertung von 25 Akteuren, Norderstedt 2009.

Kunert, Karl Heinz, Das Gesetz über das Zeugnisverweigerungsrecht der Mitarbeiter von Presse und Rundfunk, MDR 1975, 885–893.

Lackner, Karl/Kühl, Kristian, Strafgesetzbuch, 28. Auflage, München 2014.

Leipziger Kommentar: Laufhütte, Heinrich Wilhelm/ Rissing-van Saan, Ruth/Tiedemann, Klaus, Strafgesetzbuch,

Zweiter Band, 12. Auflage, Berlin 2006.

Vierter Band, 12. Auflage, Berlin 2007.

Fünfter Band, 12. Auflage, Berlin 2009.

Sechster Band, 12. Auflage, Berlin 2010.

Zwölfter Band, 12. Auflage, Berlin 2009.

Levine, David, WikiLeaks and the Control of Public Debate, The Center for Internet and Society v. 24.11.2013, http://cyberlaw.stanford.edu/publications/wikileaks-and-control-public-debate.

Lewis, David, A Global Approach to Public Interest Disclosure – What can we learn from existing whistleblowing legislation and research? Cheltenham 2010.

Lewis, Kyle, Wikifreak-out: The Legality of Prior Restraints on WikiLeaks' Publication of Government Documents, Washington University Journal of Law and Policy 2012, 417–440.

Löffler, Martin, Der Verfassungsauftrag der Publizistik, Publizistik 1960, 199.

Löffler, Martin, Presserecht, 5. Auflage, München 2006.

Löwe, Ewald/Rosenberg, Werner, Die Strafprozeßordnung und das Gerichtsverfassungsgesetz, Zweiter Band, 26. Auflage, Berlin 2008.

Manning, Chelsea, The Fog Machine of War – Chelsea Manning on the U.S. Military and Media Freedom, New York Times v. 14.06.2014, http://www.nytimes.com/2014/06/15/opinion/sunday/chelsea-manning-the-us-militarys-campaign-against-media-freedom.html?_r=0.

Markham, Christopher, Punishing the Publishing of Classified Materials: The Espionage Act and WikiLeaks, 23 B.U. Public Interest Law Journal 2014, 1–28.

Marsh, Kevin, The Illusion of Transparency, The Political Quarterly 2011, 531–535.

Maunz, Theodor /Dürig, Günter, Grundgesetz, 74. Auflage, München 2015.

Mayer, Markus, Geschäfts- und Betriebsgeheimnis oder Geheimniskrämerei? GRUR 2011, 884–888.

Mey, Stefan, „WikiLeaks: Wir machen investigativen Journalismus billiger", Blogbeitrag v. 05.01.2010, http://www.carta.info/21005/wikileaks-finanzierung-julian-assange-interview/.

Meyer, Gerd/Dovermann, Ulrich/Frech, Siegfried/Gugel, Günther, Zivilcourage lernen-Analysen – Modelle – Arbeitshilfen, Bonn 2004.

Meyer-Ladewig, Jens, Europäische Menschenrechtskonvention, 3. Auflage, München 2011.

Münchener Kommentar zum Bürgerlichen Gesetzbuch, Fünfter Band, 6. Auflage, München 2013.

Münchener Kommentar zum Handelsgesetzbuch, 3. Auflage, München 2013.

Münchener Kommentar zum Strafgesetzbuch, Dritter Band, §§ 80–184g StGB, München 2012.

Siebter Band, Nebenstrafrecht II, 2. Auflage, München 2015.

Münchener Kommentar zum UWG, Zweiter Band, 2. Auflage, München 2014.

Near, Janet/Miceli, Marcia, Organizational Dissidence: The Case of Whistle-Blowing, Journal of Business Ethics 1985, 1–16.

Nederveen Pieterse, Jan, Leaking Superpower: WikiLeaks and the contradictions of democracy, 33 Third World Quarterly 2012, 1909–1924.

Noll, Peter, Tatbestand und Rechtswidrigkeit: Die Werteabwägung als Prinzip der Rechtfertigung, ZStW 1965, 1–36.

Nomos Kommentar zum Strafgesetzbuch, Band 2, 4. Auflage, Baden-Baden 2013.

Ohly, Ansgar, Der Geheimnisschutz im deutschen Recht: heutiger Stand und Perspektiven, GRUR 2014, 1–11.

Ohly, Ansgar/Sosnitza, Olaf, Gesetz gegen den unlauteren Wettbewerb mit Preisangabenverordnung, 6. Auflage, München 2014.

Otto, Harro, Risikoerhöhungsprinzip statt Kausalitätsgrundsatz als Zurechnungskriterium bei Erfolgsdelikten, NJW 1980, 417–424.

Padis, Marc-Olivier, L'affaire WikiLeaks: une pédagogie du journalisme? Esprit 2011, 185–188.

Papandrea, Mary-Rose, The Publication of National Security Information in the Digital Age, Journal of National Security Law & Policy 2011, 119–130.

Papandrea, Mary-Rose, Balancing and the Unauthorized Disclosure of National Security Information – A Response to Mark Fenster's *Disclosure's Effects: WikiLeaks and Transparency*, 97 Iowa Law Review 2012/2013, 94–114.

Papandrea, Mary-Rose, National Security Information Disclosures and the Role of Intent, 56 William and Mary Law Review 2014/2015, 1381–1441.

Park, Tido, Kapitalmarktstrafrecht, 3. Auflage, Baden-Baden 2013.

Pawlik, Michael, Der rechtfertigende Notstand – Zugleich ein Beitrag zum Problem strafrechtlicher Solidaritätspflichten, Berlin 2002.

Petersen, Jonathan, WikiLeaks would not qualify to Claim Federal Reporter's Privilege in Any Form, Federal Communications Law Journal 2010, 667–696.

Pettiti, Louis-Edmond /Decaux, Emmanuel /Imbert, Pierre-Henri, La Convention européenne des droits de l'homme- Commentaire article par article, 2. Auflage, Paris 1999.

Plath, Kai-Uwe, BDSG – Kommentar zum BDSG sowie den Datenschutzbestimmungen von TMG und TKG, Köln 2013.

Poelzig, Dörte, Durchsetzung und Sanktionierung des neuen Marktmissbrauchsrechts, NZG 2016, 492–502.

Pozen, David, The Leaky Leviathan: Why the Government condemns and condones unlawful disclosures of information, 127 Harvard Law Review 2013/2014, 512–635.

Prantl, Heribert, Nothilfe für das Recht, Süddeutsche Zeitung v. 04.08.2014, http://www.sueddeutsche.de/kultur/debatte-um-whistleblower-nothilfe-fuer-das-recht-1.2074634.

Priebe, Reinhard, Forderung der Kommission nach verstärkter Korruptionsbekämpfung, EuZW 2014, 241–242.

Qin, Jie, Hero on Twitter, Traitor on News: How Social Media and Legacy News Frame Snowden, The International Joural of Press/Politics 2015, 166–184.

Rath, Jürgen, Das subjektive Rechtfertigungselement – Zur kriminalrechtlichen Relevanz eines subjektiven Elements in der Ebene des Unrechtsausschlusses – auf der Grundlage einer Rechtsphilosophie im normativen Horizont des Seins. Eine rechtsphilosophisch- kriminalrechtliche Untersuchung, Berlin 2002.

Reifner, Udo, Bankentransparenz und Bankengeheimnis, JZ 1993, 273–284.

Reuter, Markus, Panama Papers: Neue EU-Richtlinie bedroht Pressefreiheit, Netz politik.org v. 07.04.2016, https://netzpolitik.org/2016/panama-papers-neue-eu-richtlinie-bedroht-pressefreiheit/.

Rieder, Stefan, Whistleblowing als interne Risikokommunikation – Ausgestaltung eines unternehmensinternen Whistleblowing-Systems aus arbeits- und datenschutzrechtlicher Sicht, Zürich/St. Gallen 2013.

Ritchie, Wes, Why IMMI matters: The First Glass Fortress in the Age of WikiLeaks, Suffolk Transnational Law Review 2012, 451–480.

Roberts, Alasdair, The WikiLeaks Illusion, Wilson Quarterly 2011, 16–21.

Roeber, Georg, Die Stellung der Filmberichterstattung im Urheberrecht, 9 UFITA 1936, 336–352.

Rogall, Klaus, Die Verletzung von Privatgeheimnissen (§ 203 StGB) – Aktuelle Probleme und ungelöste Fragen, NStZ 1983, 1–9.

Roßnagel, Alexander, Die neue Vorratsdatenspeicherung – Der nächste Schritt im Ringen um Sicherheit und Grundrechtsschutz, NJW 2016, 533–539.

Roxin, Claus, Strafrecht Allgemeiner Teil, Erster Band, 4. Auflage, München 2006.

Rudkowski, Lena, Kernprobleme einer gesetzlichen Regelung zum Schutz von Whistleblowern, CCZ 2013, 204–209.

Rützel, Stefan, Illegale Unternehmensgeheimnisse? GRUR 1995, 557–561.

Scheurer, Birgit, „Whistleblowing" unter besonderer Berücksichtigung der Aufgabenwahrnehmung öffentlicher Arbeitgeber – Auswirkungen der Rechtsprechung des Europäischen Gerichtshofes für Menschenrechte (EGMR) auf die Instanzrechtsprechung, ZTR 2013, 291–294.

Schmale, Wolfgang/Tinnefeld, Marie-Theres, Öffentlichkeit, Geheimhaltung und Privatheit – Sichtweisen im Raum der europäischen Geschichte und in Cyberia, MMR 2011, 786–791.

Schönke, Adolf/Schröder, Horst, Strafgesetzbuch, 29. Auflage, München 2014.

Schricker, Gerhard/Loewenheim, Ulrich, Urheberrecht, 4. Auflage, München 2010.

Schürrle, Thomas, „Whistleblowing Unlimited" – Der U.S. Dodd-Frank Act und die neuen Regeln der SEC zum Whistleblowing, CCZ 2011, 218–221.

Scott, Donal, Threat to Democracy or Integral to Transparency? – The Legality and Desirability of WikiLeaks, King's Inn Student Law Review 2013, 117–135.

Siess-Scherz, Ingrid, Die Öffentlichkeit von Ausschussverhandlungen, ÖJZ 1998, 441–451.

Simitis, Spiros, Bundesdatenschutzgesetz, 8. Auflage, Baden-Baden 2014.

Simonet, Michael, Notwendigkeit eines Gesetzes zum Schutz von Whistleblowern? RdA 2013, 236–240.

Soehring, Jörg/Hoene, Verena, Presserecht – Recherche, Darstellung, Haftung im Recht der Presse, des Rundfunks und der neuen Medien, 5. Auflage, Köln 2013.

Sorge, Petra, Wie Deutschland und die EU den Whistleblower-Schutz aushöhlen, Cicero v. 25.06.2015, http://www.cicero.de/berliner-republik/hinweisgeber-schutz gesetz-weiter-ferne-schlechte-zeiten-fuer-whistleblower/59439.

Spindler, Gerald, Datenschutz- und Persönlichkeitsrechte im Internet – Der Rahmen für Forschungsaufgaben und Reformbedarf, GRUR-Beilage 2014, 101–108.

Spindler, Gerald/Schuster, Fabian, Recht der elektronischen Medien, 3. Auflage, München 2015.

Staudinger, Julius, Kommentar zum Bürgerlichen Gesetzbuch, Buch 2: Recht der Schuldverhältnisse, §§ 830–838 (Unerlaubte Handlungen 3), Berlin 2012.

Stone, Geoffrey, WikiLeaks and the First Amendment, 64 Federal Communications Law Journal 2011/2012, 477–491.

Strasser, Mark, Whistleblowing, Public Employees, and the First Amendment, 60 Cleveland State Law Review 2012–2013, 975–997.

Strom, Stephanie, Pentagon sees a threat from online muckrakers, New York Times v. 17.03.2010, http://www.nytimes.com/2010/03/18/us/18wiki.html.

Studienkreis für Presserecht und Pressefreiheit, Presserecht und Pressefreiheit – Festschrift für Martin Löffler zum 75. Geburtstag, München 1980.

Systematischer Kommentar zum Strafgesetzbuch, Köln 2012.

Systematischer Kommentar zur Strafprozessordnung, Erster Band, 4. Auflage, Köln 2014.

Taeger, Jürgen, Internet der Dinge: Digitalisierung von Wirtschaft und Gesellschaft, Tagungsband Herbstakademie 2015, Oldenburg 2015.

Teubner, Gunther, Die anonyme Matrix: Zu Menschenrechtsverletzungen durch „private" transnationale Akteure, 44 Der Staat 2006, 161–186.

Thomaß, Barbara, WikiLeaks and the question of responsibility within a global democracy, European View 2011, 17–23.

Tillmanns, Lutz/Gerhardt, Rudolf, Journalismus zwischen Medienethik und Medienrecht, ZRP 2015, 29–30.

Tinnefeld, Marie-Theres, Ein Plädoyer für Qualitätsjournalismus und Pressefreiheit – Über Fragen des juristischen Zeitgeschehens in der Informationsgesellschaft, MMR 2008, XXVI–XXIX.

Tinnefeld, Marie-Theres, Meinungsfreiheit durch Datenschutz – Voraussetzung einer zivilen Rechtskultur, ZD 2015, 22–26.

Többens, Hans, Wirtschaftsspionage und Konkurrenzausspähung in Deutschland, NStZ 2000, 505–512.

Trips-Hebert, Roman, Cicero, WikiLeaks und Web 2.0 – der strafrechtliche Schutz von Dienstgeheimnissen als Auslaufmodell? ZRP 2012, 199–202.

Vandekerckhove, Wim, Whistleblowing and organizational social responsibility, Hampshire 2006.

van Dijk, Pieter/van Hoff, Fried/van Rijn, Arjen/Zwaak, Leo, Theory and Practice of the European Convention on Human Rights, 4. Auflage, Antwerpen 2006.

von der Groeben, Hans/Schwarze, Jürgen/Hatje, Armin, Europäisches Unionsrecht, 7. Auflage, München 2015.

von Heintschel-Heinegg, Bernd, Beck'scher Online Kommentar StGB, 30. Auflage, München 2016.

Viefhues, Wolfram, Digitaler Briefkasten für Whistleblower, ZD-Aktuell 2012, 03065.

Wandtke, Artur-Axel/Bullinger, Winfried, Praxiskommentar zum Urheberrecht, 4. Auflage, München 2014.

Wesch, Martin, Whistleblowing: Arbeitsrechtliche Fährnisse im internationalen und deutschen Recht, Der Betrieb 2013, 994–996.

Wessels, Johannes/Beulke, Werner/Satzger, Helmut, Strafrecht Allgemeiner Teil – Die Straftat und ihr Aufbau, 45. Auflage, Heidelberg 2015.

Wolbers, Rachel, Is WikiLeaks a Hit Man Handbook? Journal of Law, Technology and the Internet 2012, 365–403.

Wybitul, Tim, Cash for Whistleblowing? BB Die erste Seite 2012, Nr. 49.

Zimmer, Mark/Seebacher, Krikor, Whistleblowing – Wichtige Erkenntnisquelle oder gefährliches Pflaster? CCZ 2013, 31–33.

Zimmermann, Gernot, Strafrechtliche Risiken des „Whistleblowing", ArbRAktuell 2012, 58–61.

In Bezug auf die in der Arbeit verwandten Abkürzungen wird verwiesen auf:

Kirchner, Hildebert, Abkürzungsverzeichnis der Rechtssprache, 8. Auflage, Berlin 2015.

Einleitung

A. Untersuchungsgegenstand

Edward Snowden, Chelsea (damals Bradley) Manning oder Thomas Drake sind die Namen derjenigen Personen, die die aktuelle Debatte zum Thema Whistleblowing neu befeuert haben. Whistleblowing ist kein zeitgenössisches Phänomen. Vielmehr hat es Whistleblowing schon lange vor den Offenbarungen von Snowden, Manning oder Drake gegeben. In Deutschland deckte Werner Pätsch zum Beispiel 1963 eine illegale Abhöraffäre des Bundesamts für Verfassungsschutz auf. In den Vereinigten Staaten von Amerika offenbarte Daniel Ellsberg 1971 die wahren Hintergründe des Vietnamkriegs, die die amerikanische Regierung vor der Bevölkerung zurückgehalten hatte.

Whistleblower, die Missstände über Informationen an die Öffentlichkeit bringen, klären auf, stoßen Diskussionen an und können so für die Beseitigung des Missstands sorgen. Whistleblower verraten Geheimnisse und verstoßen damit oftmals gegen Geheimhaltungspflichten. Durch die Offenbarung können Rufschädigungen und Gewinneinbußen eintreten, Gefahren für Rechtsgüter anderer entstehen, Personen zu Schaden kommen. Beim Whistleblowing treffen offenbar wichtige, aber gegenteilige Interessen aufeinander. Dieser Konflikt kann nicht generell zugunsten des einen oder zugunsten des anderen Interesses gelöst werden. Dieses Dilemma spiegelt sich in der aktuell geführten Debatte zum Whistleblowing wider. Der Europarat ist der Meinung, dass Whistleblower einen wesentlichen Beitrag leisten können, um Transparenz und demokratische Verantwortung zu stärken. Aber was passiert zum Beispiel, wenn durch die Offenbarung wichtige Informationen offengelegt werden, die lebensbedrohlich für jemanden sind? Japan verschärft deshalb seine Strafgesetze zum Geheimnisverrat, um Whistleblowern entgegen zu treten. Das Höchststrafmaß ist von einem auf zehn Jahre erhöht worden.[1]

Diese Arbeit zielt darauf ab, aus rechtswissenschaftlicher Perspektive auf Grundlage der Europäischen Menschenrechtskonvention[2] zu erarbeiten, unter welchen Umständen Whistleblowingvorgänge, die zur Veröffentlichung von Informationen führen, rechtmäßig sind und inwiefern die Rechtmäßigkeit im nationalen Informationsrecht berücksichtigt wird. Die Relevanz einer solchen Erarbeitung ist an dem dem externen Whistleblowing zugrunde liegenden Konflikt erkennbar. Auf der einen Seite bietet öffentliches Whistleblowing Chancen für die Demokratie, die

1 *Handelsblatt* v. 26.11.2013, „Demokratie in Gefahr" – Japan geht scharf gegen Geheimnisverrat vor, abrufbar unter: http://www.handelsblatt.com/politik/international/demokratie-in-gefahr-japan-geht-scharf-gegen-geheimnisverrat-vor/9129692.html (zuletzt abgerufen: 15.07.2016).

2 Konvention zum Schutz der Menschenrechte und Grundfreiheiten v. 22.10.2010 (BGBl. II S. 1198).

Wirtschaft und die Gesellschaft. Auf der anderen Seite birgt es erhebliche Risiken für die betroffenen Einrichtungen. Durch das Herausarbeiten der Rechtmäßigkeitskriterien wird für den Whistleblower sichtbar, wie er vorgehen muss, um aufgrund seines Verhaltens keine rechtlichen Nachteile zu erfahren. Auf diese Weise können die Chancen, die sich aufgrund des Whistleblowings ergeben, besser genutzt werden, ohne dass die Risiken und Nachteile missachtet werden. Die Klärung der Rechtslage in Bezug auf externes öffentliches Whistleblowing wird die sehr kontrovers geführte aktuelle Debatte beeinflussen.

Die Debatte um externes Whistleblowing, das in einer Veröffentlichung mündet, wird interdisziplinär geführt. Auf internationaler und europäischer Ebene werden Prinzipien oder Empfehlungen in Bezug auf die Rechtmäßigkeit von Whistleblowingvorgängen von internationalen Organisationen aufgestellt. Beispielhaft genannt sei hier die Parlamentarische Versammlung des Europarats, die bereits 2010 in einer Resolution[3] Grundsätze zum Schutz von Whistleblowern ausgearbeitet und dem Ministerkomitee empfohlen hat, einen Rechtsrahmen für die Mitgliedsstaaten zu erarbeiten. Das Ministerkomitee ist diesem Vorschlag mit der Erarbeitung einer Empfehlung an die Mitgliedsstaaten[4] nachgekommen. Auch der europäische Gesetzgeber hat sektorspezifisch bereits einzelne Vorschriften zum Whistleblowing erlassen. Die Richtlinie zum Schutz von Geschäftsgeheimnissen[5] enthält zum Beispiel einen Ausnahmetatbestand zugunsten von Whistleblowern. Gesetzesinitiativen zum Whistleblowing hat es auch in der Bundesrepublik Deutschland mehrfach gegeben, diese waren jedoch nicht erfolgreich. Es wird diskutiert, ob überhaupt gesetzgeberischer Handlungsbedarf besteht.[6] In der rechtswissenschaftlichen Literatur und Rechtsprechung liegt der Schwerpunkt der Debatte nicht auf der Rechtmäßigkeit externen öffentlichen Whistleblowings, sondern auf den arbeitsrechtlichen Konsequenzen, die sich aus Whistleblowingvorgängen ergeben können. Dementsprechend ist die Rechtmäßigkeit externen öffentlichen Whistleblowings in der Bundesrepublik rechtswissenschaftlich noch nicht ergründet worden. Rechtswissenschaftliche Beiträge aus anderen Ländern, insbesondere den Vereinigten Staaten von Amerika, behandeln jedoch dieselben Kernprobleme, sodass sie für diese Untersuchung herangezogen werden können.

Vor Beginn der Untersuchung wird die These aufgestellt, dass auf Grundlage von Art. 10 der Europäischen Menschenrechtskonvention externes, öffentliches Whistleblowing innerhalb bestimmter Grenzen rechtmäßig ist. In Bezug auf das Informationsrecht der Bundesrepublik Deutschland besteht gesetzgeberischer Handlungsbedarf, um diese Rechtmäßigkeit widerzuspiegeln. Im Rahmen der Untersuchung wird von

3 *Parlamentarische Versammlung des Europarats*, Resolution 1916 (2010) v. 29.04.2010.
4 *Ministerkomitee des Europarats*, Empfehlung CM/Rec(2014)7 v. 30.04.2014.
5 Richtlinie über den Schutz vertraulichen Know-hows und vertraulicher Geschäftsinformationen, Stand v. 26.04.2016 abrufbar unter: http://data.consilium.europa.eu/doc/document/PE-76-2015-INIT/de/pdf (zuletzt abgerufen: 15.07.2016).
6 BT-Drucksache 17/7053.

einem Leitwert Transparenz ausgegangen, der nach der hier vertretenen Ansicht der Europäischen Menschenrechtskonvention in bestimmten Grenzen zugrunde liegt.

B. Gang der Untersuchung

Die Arbeit ist in drei übergeordnete Teile gegliedert.

Im ersten Teil der Arbeit werden die für die Untersuchung erforderlichen Grundlagen zum externen Whistleblowing dargestellt. Dabei befassen sich die Ausführungen zunächst mit den Akteuren, die regelmäßig in einen Whistleblowingprozess involviert sind. Im Folgenden wird der Begriff des Missstandes in den Blick genommen und im Hinblick auf die der Arbeit zugrunde liegende Forschungsfrage abgegrenzt. Des Weiteren werden die Funktionen des externen Whistleblowings aufgezeigt. Externes Whistleblowing weist neben einer Transparenzfunktion eine Korrektivfunktion auf. Zuletzt wird im ersten Teil der Arbeit eine repräsentative Grundkonstellation eines Whistleblowingvorgangs dargestellt, die im Rahmen der Bearbeitung zur Abgrenzung herangezogen wird.

Der zweite Teil der Arbeit zielt darauf ab, die Grenzen der Rechtmäßigkeit externen Whistleblowings, das in einer Veröffentlichung mündet, zu erarbeiten. Zunächst werden die menschenrechtlichen Grundlagen anhand der Europäischen Menschenrechtskonvention in den Blick genommen. Dabei wird in Bezug auf den Whistleblower zunächst der Frage nachgegangen, ob seine Handlungen durch den Schutzbereich der Pressefreiheit oder der Meinungsäußerungs- und Informationsfreiheit der Europäischen Menschenrechtskonvention abgedeckt sind. Die Europäische Menschenrechtskonvention wurde von 47 Staaten ratifiziert und beeinflusst daher über die Grenzen der Europäischen Union hinaus die nationalen Vorschriften in den Konventionsstaaten. Die Wertungen, die sich aus der EMRK ergeben, haben Beispielcharakter für andere grundrechtliche Regelwerke wie die EU-Grundrechtecharta[7] oder das deutsche Grundgesetz[8]. Dieselben Wertungen können sich deshalb auch aus diesen Regelwerken ergeben.

Auf Grundlage der menschenrechtlichen Bewertung in dieser Arbeit werden sodann Rechtmäßigkeitskriterien bestimmt. Der Europäische Gerichtshof für Menschenrechte hat in wiederholter Rechtsprechung Kriterien für den Whistleblower auf Grundlage der Meinungs- und Informationsfreiheit gemäß Art. 10 EMRK entwickelt. Der Europarat hat sich ebenso mit Merkmalen möglicher Gesetze zum Schutz von Whistleblowern auseinander gesetzt. Das Ergebnis hat er in der bereits erwähnten Empfehlung[9] an die Mitgliedsstaaten in Form von Vorschlägen für eine künftige Gesetzgebung festgehalten. Die Bewertungen des Europäischen Gerichtshofs für Menschenrechte sowie

---

7 Charta der Grundrechte der Europäischen Union v. 12.12.2007 (ABl. Nr. C 303 S. 1; BGBl. 2008 II S. 1165; ABl. 2010 Nr. C 83 S. 389; ABl. 2012 Nr. C 326 S. 391; Celex-Nr. 1 2007 PITXT).

8 Grundgesetz v. 23.05.1949 (BGBl. S. 1).

9 *Ministerkomitee des Europarats*, Empfehlung CM/Rec(2014)7 v. 30.04.2014.

des Europarats stellen den Ausgangspunkt für die Bestimmung der Rechtmäßigkeitskriterien in der Arbeit dar. Die erarbeiteten Rechtmäßigkeitskriterien in dieser Arbeit sollen dazu führen, die Rechtslage für externe Whistleblower erkennbar abzustecken. Auf die Darstellung der Rechtmäßigkeitskriterien für Whistleblower folgt eine menschenrechtliche Untersuchung in Bezug auf Whistleblowingplattformen. Es wird erläutert, ob Whistleblowingplattformen auf Grundlage der Europäischen Menschenrechtskonvention unter den Schutz der Pressefreiheit fallen, welche Pflichten für sie gelten und ob sie Quellenschutz genießen.

Im dritten Teil wird, aufbauend auf den Wertungen aus dem zweiten Teil, untersucht, wie die erarbeiteten Rechtmäßigkeitskriterien vom nationalen Informationsrecht berücksichtigt werden oder werden können. Die auf Grundlage der EMRK erarbeiteten Wertungen müssen sich im nationalen Recht widerspiegeln, denn in der Bundesrepublik Deutschland ist die EMRK von den Gerichten und Behörden bei der Auslegung des nationalen Rechts zu beachten.[10] Ziel dieses Teils der Arbeit ist es, herauszuarbeiten, ob und inwieweit gesetzgeberischer Handlungsbedarf besteht. Gesetzgeberischer Handlungsbedarf besteht aufgrund völkerrechtlicher Verpflichtungen, sofern sich die Wertungen des zweiten Teils dieser Arbeit nicht in den aktuellen Gesetzen wiederfinden, sei es durch Auslegung, sei es aufgrund systematischer Erwägungen. Dabei beschränkt sich die Bearbeitung auf das Strafrecht, insbesondere seine Informationsdelikte, das Urheberrecht sowie das Datenschutzrecht. Arbeitsrechtliche Fragestellungen werden in dieser Arbeit nicht behandelt, da die Untersuchung das Informationsrecht fokussiert, das die Rechtswissenschaft bislang nur sehr punktuell untersucht hat. In Bezug auf das Strafrecht wird zu Beginn diskutiert, ob eine Lösung auf Tatbestands- oder auf Rechtfertigungsebene geboten ist. Diese Diskussion schließt mit einer konkreten Handlungsempfehlung. Auf dieser aufbauend wird im Anschluss erläutert, wie sich die vorgeschlagene Lösung in das bestehende System aus Informationsdelikten einfügen lässt und welche Besonderheiten sich daraus ergeben können. In Bezug auf das Urheberrecht gilt: Bilder, Texte und weitere Werke sind urheberrechtlich geschützt. Verwertet ein Whistleblower oder eine Whistleblowingplattform Informationen, kann das Urheberrecht einer rechtmäßigen Veröffentlichung entgegenstehen. Aus diesem Grund wird untersucht, welche Schranken des Urheberrechts zugunsten des Whistleblowers oder der Whistleblowingplattform greifen können. Zuletzt werden mit der Weitergabe der Informationen durch den Whistleblower an die Whistleblowingplattform und die Öffentlichkeit auch personenbezogene Daten verwertet. Daher wird bereits auf Grundlage der im Frühjahr 2018 in Kraft tretenden Datenschutzgrundverordnung untersucht, inwiefern das Datenschutzrecht einer Informationsweitergabe seitens des Whistleblowers entgegensteht und welche Zulässigkeitstatbestände greifen können. Ob Whistleblowingplattformen dem datenschutzrechtlichen Medienprivileg in § 41 BDSG und § 57 RStV, das möglicherweise trotz Inkrafttretens der Datenschutzgrundverordnung fortbestehen wird, unterliegen, wird ebenfalls

10 *BVerfG*, B. v. 14.10.2004, Az. 2 BvR 1481/04, NJW 2004, 3407 (3408) = IStR 2005, 31 (31).

geprüft. Wo es notwendig erscheint, werden im Laufe dieser Bearbeitungen konkrete Handlungsempfehlungen für den Gesetzgeber aufgezeigt. Der dritte Teil schließt mit einer kurzen Darstellung möglicher Interdependenzen, die sich aus den vorgeschlagenen Regelungen ergeben.

Die Schlussbetrachtungen enthalten eine Zusammenfassung der Ergebnisse und schließen mit einem sich daraus ergebenden Ausblick.

Erster Teil

A. Allgemeine Überlegungen zum Whistleblowing

I. Der Whistleblowingprozess

In einen Vorgang externen Whistleblowings sind mindestens drei Akteure involviert: der Whistleblower, die betroffene Organisation und ein Adressat. Zunächst entdeckt eine Person, die Teil einer Organisationsstruktur ist, einen Missstand, über den sie Informationen sammelt und zu Beweiszwecken in irgendeiner Form an sich nimmt. Die Person wird dadurch zum externen Whistleblower, dass sie die Informationen an eine externe Stelle, außerhalb ihres Unternehmens oder ihrer Behörde, weitergibt. Die Einrichtung, der der Whistleblower angehört und in der sich der Missstand abspielt, ist Betroffener des Whistleblowingsvorgangs. Die externe Stelle kann die traditionelle Presse, eine Whistleblowingplattform oder aber unmittelbar die Öffentlichkeit sein, wenn ein Whistleblower seine Informationen selbst auf einer Internetseite präsentiert. Durch die Veröffentlichung in einer Zeitung oder im Internet kann sich ein unbestimmter Personenkreis über den Missstand in Kenntnis setzen.

1. Der Whistleblower

Der Begriff Whistleblowing entstammt dem englischen Verb „to blow the whistle", das mit pfeifen oder verraten[11] übersetzt wird. Dieser Wortstamm zeigt bereits, dass es sich um einen Akt von abweichendem Verhalten handelt.[12] Der Whistleblower handelt nicht entsprechend der vorgesehenen Strukturen, sondern setzt sich über bestehende Strukturen hinweg. Dieses Charakteristikum ist im Rahmen einer Definition schwer zu fassen. Es wird in der Definition, die dieser Arbeit zugrunde gelegt wird, mit dem Begriff des Aufdeckens erfasst. Ein Whistleblower ist danach eine Person, die in ihrem Arbeitsumfeld oder Wirkungskreis (schwerwiegende,) mit (erheblichen) Gefahren für Mensch und Gesellschaft, Umwelt oder Frieden verbundene Missstände aufdeckt.[13]

Da es viele verschiedene Möglichkeiten gibt, als Whistleblower aufzutreten, sind Whistleblower typologisch zu betrachten. Es gibt Whistleblower, die Informationen in ihrem Wirkungskreis aufdecken, indem sie sich an die traditionelle Presse wenden, die die Informationen redaktionell aufbereitet und veröffentlicht. Edwards Snowden

11 http://www.linguee.de/deutsch-englisch/search?source=auto&query=to+blow+the+whistle (zuletzt abgerufen: 15.07.2016).

12 *Near/Miceli*, Organizational Dissidence, Journal of Business Ethics 1985, 1 (3).

13 http://neu.vdw-ev.de/whistleblowing/ (zuletzt abgerufen am 15.07.2016), siehe auch *Near/Miceli*, Organizational Dissidence, Journal of Business Ethics 1985, 1 (2).

etwa wendete sich unter anderem an den „Guardian", um seine Informationen über die Überwachungspraktiken der Geheimdienste zu offenbaren. Auch die Panama Papers sind von einem anonymen Whistleblower der Süddeutschen Zeitung zugespielt worden, um sie über die traditionelle Presse zu veröffentlichen. Andere Whistleblower veröffentlichen ihre Informationen selbständig auf einer Webseite zum Beispiel in einem Blog. Insbesondere das Internet bietet die Möglichkeit, Informationen selbständig einem unbestimmten Personenkreis zugänglich zu machen, indem eigene Webseiten gestaltet werden. Wieder andere Whistleblower leiten ihre Informationen einer Whistleblowingplattform zu. Chelsea Manning beispielsweise spielte der Whistleblowingplattform WikiLeaks Dokumente zu dem Umgang US-amerikanischer Streitkräfte mit irakischen Gefangenen zu.[14]

Da die interdisziplinäre Debatte um das Thema Whistleblowing so vielfältig ist, existieren dementsprechend verschiedene Definitionsansätze. Die der Arbeit zugrunde liegende Definition setzt durch den Begriff „schwerwiegend" eine bestimmte Schwelle einer Gefahr voraus und bezieht die durch den Missstand gefährdeten Rechtsgüter und Interessen, die offenbar von einer bestimmten Qualität sein müssen, mit ein. Nach der hier vertretenen Ansicht ist erst bei Erreichen einer bestimmten Qualität des Missstandes eine rechtliche Regelung für ein funktionierendes gesellschaftliches Zusammenleben erforderlich. Neben dieser Definition existieren engere und weitere Definitionen, die teilweise verschiedene Schwerpunkte setzen. Beispielhaft genannt sei die Definition der internationalen Arbeitsorganisation ILO, die Whistleblowing als das Mitteilen illegalen, irregulären, gefährlichen oder unethischen Verhaltens des Arbeitgebers durch Arbeitnehmer oder frühere Arbeitnehmer beschreibt.[15] In der öffentlichen Debatte wird der Begriff des Whistleblowers häufig auf jeden angewandt, der Missstände, sei es aufgrund rechtlicher Verstöße oder aber moralischer Unregelmäßigkeiten, aufdeckt und aufgrund dessen Schutz benötigt.[16] Diese Definition ist allerdings zu weit, wenn es darum geht, abzustecken, wann eine rechtliche Regelung erforderlich ist.

2. *Der Adressat des Whistleblowings*

Unabhängig von der Zugrundelegung der allgemeinen Definition wird in der wissenschaftlichen Debatte unterschieden zwischen internem und externem Whistleblowing. Ein interner Whistleblower meldet den Missstand einer Stelle, die Teil seines Unternehmens oder seiner Behörde ist, wie zum Beispiel einem

14 *Benkler*, Immunität für Snowden? Warum wir die Rechte von Whistleblowern stärken sollten, in: Beckedahl/Biselli/Meister, Jahrbuch Netzpolitik 2014, S. 73f.

15 http://www.ilo.org/thesaurus/default.asp (zuletzt abgerufen: 15.07.2016).

16 *Lewis/Brown/Moberly*, Whistleblowing, its importance and the state of research, in: Brown/Lewis/Moberly/Vandekerckhove, International Handbook on Whistleblowing Research, S. 4.

Ombudsmann.[17] Dabei darf es sich nicht um den unmittelbaren Vorgesetzten handeln, da es sich dann nicht mehr um einen Vorgang handelt, der abweichend von den eigentlich vorgesehenen Organisationsstrukturen erfolgt. Beim internen Whistleblowing ist der Adressat Teil der Organisationsstruktur, aber innerhalb dieser nicht als Empfänger solcher Informationen vorgesehen. Ein externer Whistleblower hingegen wendet sich mit seinen Informationen an einen Adressaten außerhalb der eigenen Organisationsstruktur.[18] Dabei kann es sich zum Beispiel um die zuständige Behörde wie die Staatsanwaltschaft handeln, einen Abgeordneten des Parlaments als Vertreter des Volkes, ein Presseunternehmen oder ein anderes Publikationsmedium oder auch unmittelbar die Öffentlichkeit.

3. Die betroffene Organisation

Darüber hinaus wird in der Debatte nach Art der betroffenen Organisation differenziert. Zum einen gibt es Whistleblower aus dem privaten Sektor, zum anderen entstammen sie dem öffentlichen Sektor. Externe Whistleblower aus dem privaten Sektor sind solche, die aus privaten Unternehmen Missstände nach außen tragen. Bei externen Whistleblowern aus dem öffentlichen Sektor handelt es sich bei der betroffenen Organisation um eine Behörde oder eine andere öffentliche Einrichtung. Ein Beispiel für einen Whistleblower aus dem öffentlichen Sektor in der Bundesrepublik Deutschland ist Werner Pätsch. Werner Pätsch informierte 1963 mithilfe des „Spiegel"-Magazins die Öffentlichkeit über illegale Abhörpraktiken des Deutschen Bundesamts für Verfassungsschutz.

4. Die Whistleblowingplattform

Aufgrund der heutigen digitalen Vernetzung wird als Veröffentlichungsmedium in Whistleblowingprozessen die klassische Presse in Form von Tages- oder Wochenzeitungen oder Magazinen wie dem „Spiegel" vermehrt von Whistleblowingplattformen abgelöst. Teilweise haben die Whistleblowingplattformen eine größere Reichweite als die klassischen Printmedien, es sei denn, diese veröffentlichen parallel über ihre Online-Präsenzen.

---

17 *Deiseroth*, Zivilcourage am Arbeitsplatz – Whistleblowing, in: Meyer/Dovermann/Frech/Gugel, Zivilcourage lernen, S. 124; *Miceli/Near*, When do observers of organizational wrongdoing step up? Recent US research on the factors associated with whistleblowing, in: Lewis, A global approach to public interest disclosure, S. 77; *Simonet*, Notwendigkeit eines Gesetzes, RdA 2013, 236 (236).

18 *Bosua/Milton/Dreyfus/Lederman*, Going public: Researching external whistleblowing in a new media age, in: Brown/Lewis/Moberly/Vandekerckhove, International Handbook on Whistleblowing Research, S. 251; *Deiseroth*, Zivilcourage am Arbeitsplatz – Whistleblowing, in: Meyer/Dovermann/Frech/Gugel, Zivilcourage lernen, S. 124 *Engländer/Zimmermann*, Whistleblowing als strafbarer Verrat von Geschäfts- und Betriebsgeheimnissen? NZWiSt 2012, 328 (328); *Simonet*, Notwendigkeit eines Gesetzes, RdA 2013, 236 (236).

Whistleblowingplattformen sind Webseiten, die es sich zur Aufgabe gemacht haben, insbesondere Informationen über Missstände zu veröffentlichen, die ihnen von Informanten, den eigentlichen Whistleblowern, zugespielt werden. Da sich Whistleblowingplattformen in ihrer Vorgehensweise unterscheiden, sind viele verschiedene Arten von Whistleblowingplattformen zu unterscheiden. Ebenso wenig wie soziale Medien in ein einziges Schema gepresst werden können,[19] kann ein einziges Schema für Whistleblowingplattformen festgelegt werden. In der Regel beruhen sie jedoch auf einem Briefkastensystem. Durch den Klick auf eine Schaltfläche, zum Beispiel „Submit"[20], hat der Besucher der Webseite die Möglichkeit, Dateien anonym hochzuladen. Die hinter der Plattform stehenden Mitarbeiter entscheiden im Anschluss in der Regel, welche Dokumente auf der Webseite veröffentlicht werden.

Neben der wohl bekanntesten Whistleblowingplattform WikiLeaks existieren weitere, oftmals themenspezifische Whistleblowingplattformen. 2010 wurde die Plattform BrusselsLeaks.wordpress.com gegründet, die in WikiLeaks-Manier das Ziel hat, durch die Veröffentlichung von Insider-Informationen Transparenz in die Entscheidungsprozesse in Brüssel zu bringen.[21] Balkanleaks.eu wurde ebenso nach dem WikiLeaks-Vorbild gegründet und hat das Ziel, Informationen insbesondere zum organisierten Verbrechen und zur Korruption in der Politik in Bezug auf die Balkan-Staaten zu veröffentlichen.[22] Die Gründer der Whistleblowingplattform Greenleaks.com hatten die Intention, über Missstände in Bezug auf die Umwelt und den Klimaschutz aufzuklären.[23] Die Webseite ist derzeit allerdings nicht erreichbar. Das gilt auch für die Whistleblowingplattform OpenLeaks, die im Jahr 2011 von Daniel Domscheit-Berg gegründet wurde, nachdem er WikiLeaks verlassen hatte.[24]

Darüber hinaus existieren Webseiten, die nicht als Whistleblowingplattform zu bezeichnen sind, aber auf Grundlage des Briefkastensystems Whistleblower dazu auffordern, Dokumente hochzuladen. Es handelt sich häufig um klassische Medienunternehmen, die das Briefkastensystem für sich entdeckt haben. AfriLeaks zum Beispiel ist ein Zusammenschluss von traditionellen Medienunternehmen, der das Hochladen von Dokumenten zu Themen des afrikanischen Kontinents ermöglicht. Der Informant kann selbst bestimmen, welche der Mitgliedsorganisationen in Bezug auf den Missstand recherchieren soll. AfriLeaks unterscheidet sich von WikiLeaks in der Hinsicht, dass nicht auf der Webseite selbst Dokumente veröffentlicht werden. Die Informationen werden vielmehr von der gewählten Mitgliedsorganisation aufbereitet

---

19 Siehe dazu *Qin*, Hero on Twitter, Traitor on News, The International Journal of Press/ Politics 2015, 166 (168).

20 https://wikileaks.org/ (zuletzt abgerufen: 15.07.2016).

21 https://brusselsleaks.wordpress.com/ (zuletzt abgerufen: 15.07.2016).

22 http://www.balkanleaks.eu/ (zuletzt abgerufen: 15.07.2016).

23 http://www.sebastianbackhaus.de/2011/01/26/greenleaks-geht-an-den-start/ (zuletzt abgerufen: 15.07.2016).

24 http://www.heise.de/newsticker/meldung/Daniel-Domscheit-Berg-Openleaks-lebt-noch-1909846.html (zuletzt abgerufen: 15.07.2016).

und traditionell in Artikelform veröffentlicht. Es handelt sich bei AfriLeaks deshalb mehr um eine Vermittler-Webseite als um eine Whistleblowingplattform.

Die Art der Publikation durch Whistleblowingplattformen wie WikiLeaks oder BalkanLeaks stellt auch den wesentlichen Unterschied zu Veröffentlichungen der klassischen Presse im Internet dar. Nahezu jedes traditionelle Presseunternehmen unterhält eine Online-Redaktion, die teilweise eigene Artikel auf der Webseite publiziert und teilweise Artikel veröffentlicht, die auch in der Printausgabe zu finden sind. Die traditionelle Presse recherchiert und bereitet Informationen redaktionell auf, bevor sie sie in Form eines Artikels veröffentlicht. Whistleblowingplattformen hingegen veröffentlichen die von den Whistleblowern hochgeladenen Originaldokumente, ohne die Informationen in Artikelform wiederzugeben.

II. Missstände

Vermehrt wurde bereits der Begriff des Missstandes verwandt. Whistleblower sorgen dafür, dass Informationen über Missstände publik gemacht werden. Ein Missstand wird im Duden als ein Zustand definiert, der nicht der Ordnung, den Vorschriften oder ähnlichem entspricht.[25] Diese Definition wirft die Frage auf, welche Ordnung und welche Vorschriften gemeint sind. Es kann sich um die Rechtsordnung eines Staates handeln, um eine moralische oder kulturelle Ordnung einer Gesellschaft oder um Regeln, die festlegen, wann ein Verhalten legitim ist.[26]

Verstöße gegen die Rechtsordnung eines Staates können unproblematisch erkannt werden.[27] Die Rechtsnormen geben vor, welches Verhalten geboten ist. Wird von diesem Verhalten abgewichen, liegt ein Verstoß vor. Schwierig ist es, die Normen einer moralischen oder kulturellen Ordnung einer Gesellschaft festzustellen. Ein Whistleblower wird in der Regel anhand seiner eigenen Moralvorstellungen entscheiden, ob ein abweichendes Verhalten und damit ein Verstoß vorliegt.[28] Moralische Regeln sind allerdings nicht rechtsverbindlich. Dasselbe gilt für Regeln, die festlegen, wann ein Verhalten legitim ist. Legitim ist ein System, das auf anerkannten Grundwerten der Teilnehmer beruht.[29] Grundwerte, so wird unterstellt, können zwar in der Regel von den Teilnehmern eines Systems beschrieben werden, allerdings werden die genauen Konturen dieser Grundwerte schwer festzulegen sein. Ein Whistleblower wird seine eigene Auffassung als Maßstab für das, was anerkannt ist, zugrunde legen müssen.

25 http://www.duden.de/rechtschreibung/Missstand (zuletzt abgerufen: 15.07.2016).

26 Vgl. *Near/Miceli*, Organizational Dissidence, Journal of Business Ethics 1985, 1 (4).

27 Vgl. *Scivenes/Trygstad*, Wrongdoing: Definitions, identification and categorizations, in: Brown/Lewis/Moberly/Vandekerckhove, International Handbook on Whistleblowing Research, S. 96.

28 *Near/Miceli*, Organizational Dissidence, Journal of Business Ethics 1985, 1 (4).

29 http://plato.stanford.edu/entries/legitimacy/#DesNorConLeg (zuletzt abgerufen: 15.07.2016).

Die Rechtmäßigkeit von externem Whistleblowing im juristischen Sinn kann nur in Bezug auf die zuerst genannten Verstöße beurteilt werden. Verstöße gegen die Rechtsordnung sind Verstöße gegen Rechtsnormen oder Beeinträchtigungen von Rechtsgütern. Solche Verstöße sind erkennbar und überprüfbar, da die Rechtsordnung den Zustand vorgibt, der vorliegen sollte. Unmoralische oder illegitime Normen hingegen werden von der Gesellschaft eingeführt, ohne rechtsverbindlich zu sein. Whistleblowing, das unmoralische oder illegitime Verhaltensweisen betrifft, sollte im Rahmen des gesellschaftlichen Diskurses beurteilt werden. Oftmals werden durch Whistleblowing Diskussionen über Grundwerte erst in Gang gebracht. Festgelegte Rechtsnormen bringen diesbezüglich keine Klarheit, da erst anhand einer Diskussion festgestellt werden muss, ob ein Verstoß gegen moralische Normen oder Grundwerte vorliegt und welchen Ausmaßes dieser ist. Die Debatte kann in einer Abänderung der Rechtslage münden.

Die Problematik externen Whistleblowings ist deshalb nicht durch die Rechtswissenschaft allein lösbar, sondern es ist fächerübergreifende Zusammenarbeit erforderlich. Verschiedene Disziplinen sollten gemeinsam eine Lösung für den Konflikt zwischen Offenbarungspflichten und Geheimhaltungspflichten erarbeiten.

Aus diesem Grund bezieht sich die Rechtmäßigkeit externen Whistleblowings im Rahmen dieser Arbeit auf Missstände, die einen Verstoß gegen die Rechtsordnung darstellen. Verstöße gegen die Rechtsordnung sind objektiv feststellbar.[30] Rechtsverbindliche Rechtmäßigkeitskriterien in Bezug auf externes Whistleblowing sollten allerdings nicht festlegen, welche moralischen Normen gerade gelten und welche Konturen die Grundwerte einer Gesellschaft haben. Hat die Rechtsordnung bereits Normen anhand moralischer Regeln oder Grundwerte festgelegt, sind sie wiederum klar fassbar, weil sie als rechtsverbindliche Normen der Rechtsordnung angehören. In Bezug auf moralische Normen und gesellschaftliche Grundwerte ist die Gesellschaft die Instanz, die festlegt, welche moralischen Regeln gelten und welche Konturen die Grundwerte haben sollen.

Stößt ein Whistleblower durch sein Verhalten eine Diskussion an, die zu einer Korrektur der bestehenden Rechtsordnung führen soll, sind Politik und Gesellschaft und nicht das Recht selbst gefragt, festzulegen, ob das Handeln des Whistleblowers schützenswert ist. Andernfalls würde die Rechtsordnung selbst dazu legitimieren, sich über sie zu stellen.

Missstände beschreiben im Rahmen dieser Arbeit deshalb nur Zustände, die nicht der Rechtsordnung entsprechen.

III. Funktionen des Whistleblowings

Externe Whistleblowingvorgänge haben zwei wesentliche Funktionen: Eine Transparenzfunktion sowie eine Korrektivfunktion.

30 Vgl. den Katalog mit Bezug zum australischen Recht bei *Roberts/Brown*, The Australian legislative experience, in: Lewis, A global approach to public interest disclosure, S. 60.

1. *Transparenzfunktion*

Externes Whistleblowing hat eine Transparenzfunktion, da durch die Veröffentlichung geheimer Informationen über einen Missstand die Öffentlichkeit über innere Abläufe einer Organisation in Kenntnis gesetzt wird.[31] Auf diese Weise erhält sie die Möglichkeit, Prozesse innerhalb dieser betroffenen Organisation nachzuvollziehen. Dabei kann es sich je nach Art der Organisation um Prozesse innerhalb eines Unternehmens sowie innerhalb einer Behörde oder anderen öffentlichen Einrichtung handeln. Das Wissen über Missstände kann auf jeder Ebene einer Organisation vorhanden sein, wobei häufig die Mitarbeiter auf unteren hierarchischen Ebenen Kenntnis haben.[32]

Im staatlichen Sektor ermöglichen die offengelegten Informationen die Meinungsbildung der Bürger.[33] Ein demokratisches politisches System setzt ein gewisses Maß an Transparenz voraus, da der Bürger nur dann aufgeklärt durch Wahlen und Abstimmungen politische Strukturen mitgestalten kann.[34] Die Macht in einem Staat geht nur dann vom Bürger aus, wenn er darüber aufgeklärt wird, wie in staatlichen Institutionen jeglicher Art gehandelt wird.[35] Transparenz ist folglich erforderlich, um eine wahrhafte Demokratie zu schaffen.[36] Dieses Recht ist in Art. 3 des Zusatzprotokolls Nr. 1 zur EMRK in der Fassung des Protokolls Nr. 11 ausdrücklich festgehalten.

Allerdings kann Geheimhaltung vor der eigenen Bevölkerung einen wichtigen Grund haben, wenn andernfalls Rechtsgüter beschädigt werden können oder staatliche Operationen gefährdet werden.[37] Das ist der Gedanke, der hinter solchen Normen im nationalen Recht steht, die Geheimhaltung schützen, wie zum Beispiel § 353b StGB[38] im deutschen Recht. Die Vorschrift fördert Geheimhaltung zugunsten

---

31 *Kaptein*, From Inaction to External Whistleblowing, Journal of Business Ethics 2011, 513 (524); mit Bezug zu den durch die USA geführten Kriegen *Manning*, The Fog Machine of War, New York Times v. 14.06.2014, abrufbar unter: http://www.nytimes.com/2014/06/15/opinion/sunday/chelsea-manning-the-us-militarys-campaign-against-media-freedom.html?_r=0 (zuletzt abgerufen: 15.07.2016); *Nederveen Pieterse*, Leaking Superpower, 33 Third World Quarterly, 2012, 1909 (1918).

32 *Deiseroth/Derleder*, Whistleblower und Denunziatoren, ZRP 2008, 248 (248).

33 Vgl. *Fischer-Lescano*, Internationalrechtliche Regulierung des Whistleblowing – Teil 1, AuR 2016, 4 (4).

34 *Marsh*, The Illusion of Transparency, The Political Quarterly 2011, 531 (531); *Schmale/Tinnefeld*, Öffentlichkeit, Geheimhaltung und Privatheit, MMR 2011, 786 (788).

35 Siehe auch *Greve*, Korruptionsbekämpfung und Whistleblowing, ZD 2014, 336 (337).

36 Vgl. *Steven Greer*, The European Convention on Human Rights, S. 199.

37 *Chesterman*, WikiLeaks, Secrets, and Lies, Proceedings of the Annual Meeting (American Society of International Law 2011, 150 (150); *Greve*, Korruptionsbekämpfung und Whistleblowing, ZD 2014, 336 (338); *Levine*, WikiLeaks and the Control of Public Debate, Center for Internet and Society v. 24.11.2013, abrufbar unter: http://cyberlaw.stanford.edu/publications/wikileaks-and-control-public-debate (zuletzt abgerufen: 15.07.2016); *Trips-Hebert*, Cicero, WikiLeaks und Web 2.0, ZRP 2012, 199 (200).

38 Strafgesetzbuch v. 13.11.1998 (BGBl. I S. 3322).

wichtiger öffentlicher Interessen. Folglich muss ein höher zu gewichtendes Interesse als die Transparenz in einer Demokratie vorliegen. Mit anderen Worten: Der Staat darf Geheimnisse haben. Zu klären bleibt aber, wo erforderliche Transparenz endet und berechtigte Geheimhaltung beginnt.

Whistleblowing betrifft einen Sonderfall staatlichen Handelns, da nicht nur ein Vorgang an sich offengelegt wird, sondern dieser Vorgang auch im Missverhältnis zur Rechtsordnung steht. Gerade in Bezug auf Missstände ist Transparenz von erheblicher Bedeutung, denn der Bürger möchte nicht der Person oder Partei seine Stimme verleihen, die nicht rechtmäßig handelt. Deshalb ist erst recht von einem Grundsatz eines transparent handelnden Staats auszugehen, wenn Missstände vorliegen. Externes Whistleblowing fördert diese Transparenz und unterstützt dadurch den demokratisch gewählten Staat bei der Erfüllung seiner Aufgaben.[39]

Im privaten Sektor kann ebenso ein wichtiges Interesse bestehen, Transparenz herzustellen. Im Recht der Bundesrepublik Deutschland wird Transparenz zum Beispiel durch Offenlegungspflichten von börsennotierten Aktiengesellschaften geschützt. Die allgemeine Offenlegungspflicht von Kapitalgesellschaften in § 325 HGB normiert das Bedürfnis nach Transparenz auf dem Kapitalmarkt zum Schutz der Aktionäre, der Gläubiger, der Mitarbeiter und der Allgemeinheit.[40] Transparenz ist in dieser Norm ein geschütztes Rechtsgut. Im privaten Sektor besteht kein Grundsatz transparenten Handelns, da nicht wie im staatlichen Sektor die demokratische Staatsform Transparenz voraussetzt. Unternehmen benötigen vielmehr noch einen Wirkungsraum, in dem Geheimhaltung herrscht.[41] Liegen aber Missstände in einem Unternehmen vor, besteht auch im privaten Sektor ein Bedürfnis das Rechtsgut Transparenz zu schützen.[42] Der betroffene Einzelne, dessen Rechtsgüter beeinträchtigt werden, ist dadurch imstande, seine persönlichen Konsequenzen bezüglich einer künftigen Zusammenarbeit ziehen zu können. Darüber hinaus können staatliche Maßnahmen ergriffen werden, um die Einhaltung der Rechtsordnung zu erhalten und die vom Missstand betroffenen Rechtsgüter zu schützen.

Aus diesen Gründen wurde in den Vereinigten Staaten von Amerika im Sarbanes-Oxley-Act (SOX) eine Vorschrift zum Schutz von Whistleblowern eingeführt.[43] Sie ist eine Reaktion auf das wachsende Misstrauen der Bevölkerung gegenüber Geschäftsleuten im Finanzmarktsektor,[44] sodass der amerikanische Gesetzgeber das Bedürfnis sah, das Rechtsgut Transparenz in diesem Zusammenhang zu schützen. Die Vorschrift zielt auf den Schutz des Whistleblowers vor Vergeltungsmaßnahmen

---

39 A.A. *EGMR* v. 12.02.2008, Nr. 14277/04, *Guya v. Moldawien*, Rn. 71.

40 Baumbach/Hopt/*Merkt*, HGB, § 325 Rn. 1; MüKo/*Fehrenbacher*, HGB, § 325 Rn. 7.

41 *Ohly*, Geheimnisschutz im deutschen Recht, GRUR 2014, 1 (2).

42 Vgl. *Devine/Maassarani*, Corporate Whistleblower's Survival Guide, S. 10.

43 Dazu ausführlich *Hesch*, Whistleblower Rights and Protections, 6 Liberty University Law Review 2011/2012, 51 (98).

44 *Boyne*, Whistleblowing, 62 Am. J. Comp. L. Supp. 2014, 425 (436); *Dworkin*, US whistleblowing: a decade of progress?, in: Lewis, A global approach to public interest disclosure, S. 36.

durch seinen Arbeitgeber ab. Der Einzelne ist dann besonders verwundbar, da seine finanziellen Ressourcen und damit seine Lebensgrundlage betroffen sind.

Auch die *Icelandic Modern Media Initiative*[45] *(IMMI)* schützt das Rechtsgut Transparenz durch Whistleblowing. Die Gesetzesinitiative, die von Abgeordneten aller Parteien im Isländischen Parlament unterstützt wurde, enthält Vorschläge zum Schutz von Whistleblowern und Whistleblowingplattformen. Sie wurde als Reaktion auf die Isländische Bankenkrise im Jahr 2009 erarbeitet. Island soll nach dem Vorbild eines Steuerparadieses ein internationaler Hafen für Transparenz werden, um die frühzeitige Offenlegung von Missständen wie die Korruption im Isländischen Bankensektor zu fördern. Das soll mithilfe von alternativen, möglichst unvoreingenommenen Akteuren wie Whistleblowern und Whistleblowingplattformen erfolgen.[46]

Die dargestellten Gesetze oder Gesetzesinitiativen zeigen, dass das Rechtsgut Transparenz auch im privaten Sektor schützenswert ist, wenn dadurch Missstände offengelegt werden.

2. *Korrektivfunktion*

Über die Transparenzfunktion hinaus hat Whistleblowing eine Korrektivfunktion, da es einen Kontrollmechanismus aus dem Inneren darstellt.[47] Dieser Kontrollmechanismus wird folgendermaßen beschrieben: Organisationsstrukturen in Behörden oder Unternehmen sind aus verschiedenen Gründen fehleranfällig. Es sind Menschen, die dort arbeiten, was bedeutet, dass sich fehlerhaftes Handeln entwickeln kann.[48] Dabei wird es stets ein Spannungsfeld zwischen individuellem Eigeninteresse und dem Interesse der Organisation geben. Anhand einer lebensnahen Betrachtung ergibt sich, dass Einzelne versuchen werden, ihre Fehler zu verheimlichen und zugunsten des eigenen Interesses zu handeln. Fehlerhaftes Verhalten wird aufgrund der Geheimhaltungspolicen durch externe Kontrollen nicht immer erkannt werden können, sodass es auf interne Korrektivmöglichkeiten ankommt.[49] Das lässt sich auch anhand folgenden Beispiels ableiten: Innerhalb einer Organisation entsteht eine Idee für eine Problemlösung, an der alle Mitarbeiter einer Abteilung beteiligt sind. Aus verschiedenen Gründen unterliegt das Projekt der

---

45 https://en.immi.is/immi-resolution/progression/ (zuletzt abgerufen: 15.07.2016).

46 *Christensen/Jónsdóttir*, WikiLeaks, Transparency, and Privacy, IJoC 2014, 2558 (2563).

47 *Benkler*, A Public Accountability Defense, 8 Harv. L. & Pol.'y Rev. 2014, 282 (285); *Gold*, Whistleblower Protection and the Need for Reform, 11 Seattle Journal for Social Justice 2012/2013, 555 (572); *Papandrea*, Balancing and the Unauthorized Disclosure of National Security Information, 97 Iowa Law Rev. Bull 2012/2013, 94 (112); *Pozen*, The Leaky Leviathan, 127 Harvard Law Review 2013/2014, 512 (542); zum Whistleblowing als Durchsetzungsmechanismus internationalen Rechts siehe auch *Fuller*, A matter of National Security, 15 San Diego International Law Journal 2013/2014, 249.

48 *Kaptein*, From Inaction to External Whistleblowing, Journal of Business Ethics 2011, 513 (513).

49 *Benkler*, A Public Accountability Defense, 8 Harv. L. & Pol.'y Rev. 2014, 282 (284, 292).

Geheimhaltung. Die Beteiligten des Projekts haben nur die interne Sicht, die dazu führen kann, dass sie nicht mehr erkennen, wann die eigenen Verhaltensweisen normadäquatem Verhalten nicht mehr entsprechen.[50] Aufgrund der Geheimhaltung mangelt es jedoch an einer externen Kontrolle. Whistleblowing aus dem Inneren der Organisation führt folglich dazu, dass die fraglichen Verhaltensweisen der Öffentlichkeit bekannt werden. Es ist möglich, dass sich ein Diskurs entwickelt, der die Verantwortlichen zwingt, das fehlerhafte Verhalten einzustellen oder es zu korrigieren. Externes Whistleblowing hat deshalb eine gesellschaftliche Wirkung[51] und damit eine über die Beziehung zwischen dem Whistleblower und der betroffenen Organisation hinausgehende Dimension. Externe Kontrolle und Korrektur werden durch den öffentlichen Diskurs ermöglicht.

B. Typologische Betrachtung

Das Phänomen des externen Whistleblowings kann nur typologisch betrachtet werden. Aufgrund der Vielfältigkeit der Lebensumstände sind viele verschiedene Varianten externen Whistleblowings denkbar. Die Arbeit hat den Anspruch, grundlegende Überlegungen anzustellen, die erforderlichenfalls in abstrakt-generellen Handlungsempfehlungen münden. Dazu ist die Zugrundelegung eines repräsentativen Sachverhalts allerdings hilfreich. In der Arbeit wird deshalb regelmäßig auf die folgende Konstellation Bezug genommen, um verschiedene Whistleblowingkonstellationen voneinander abgrenzen zu können:

Ein Mitarbeiter einer Behörde oder eines Unternehmens wird im Rahmen seines Wirkungskreises auf einen Missstand aufmerksam. Er speichert Informationen, die den Missstand abbilden, auf einem Datenträger und übergibt ihn einer Zeitungs-Redaktion oder einer Whistleblowingplattform zur Veröffentlichung. In der digitalen Zeit wird vermehrt auf Whistleblowingplattformen zurückgegriffen, die meist ein anonymes Hochladen der Dokumente ermöglichen. Die rechtliche Betrachtung bezieht sich deshalb schwerpunktmäßig auf eine Veröffentlichung der Informationen durch eine Whistleblowingplattform. Die Mitarbeiter der Plattform durchsuchen die Originaldokumente und wählen aus, welche sie in welchem Umfang auf der Webseite veröffentlichen. Diese werden anschließend hochgeladen und über das Internet einem unbestimmten Personenkreis zur Verfügung gestellt.

---

50 *Deiseroth/Derleder*, Whistleblower und Denunziatoren, ZRP 2008, 248 (250).

51 *Golla/von zur Mühlen*, Strafbarkeit der Datenhehlerei, JZ 2014, 668 (668); *Teubner*, Whistleblowing gegen den Herdentrieb?, S. 39, in: Baecker/Priddat, Ökonomie der Werte, 2013.

Zweiter Teil

Die Grund- und Menschenrechte, die zugunsten eines Whistleblowers greifen, bilden die Rechtsgrundlage für die Kriterien, die nach der hier vertretenen Ansicht zur Prüfung der Rechtmäßigkeit von Whistleblowingvorgängen heranzuziehen sind. Die Informationen eines Whistleblowers führen zur Offenbarung eines Missstandes. Es ist möglich, dass die Handlungen des Whistleblowers über die Pressefreiheit gemäß Art. 10 EMRK geschützt sind. Gemäß Art. 10 Abs. 1 S. 1 EMRK hat jede Person das Recht auf freie Meinungsäußerung. Die Pressefreiheit wird in der Vorschrift nicht ausdrücklich erwähnt, dennoch stellt sie eines der wesentlichen Anliegen des Artikels dar.[52] Sofern die Tätigkeit des externen Whistleblowers, dessen Informationen veröffentlicht werden, als Presse einzuordnen ist, ist im Rahmen der Rechtsmäßigkeitskriterien die besondere Bedeutung der Presse in einer demokratischen Gesellschaft zu berücksichtigen.[53] Die Funktionen der Presse als „öffentlicher Wachhund"[54], als Informant der Öffentlichkeit und als Initiator des öffentlichen Diskurses müssten sich dann in den Kriterien widerspiegeln.[55]

A. Menschenrechtliche Grundlage für den Whistleblower

Die Presse hat die Aufgabe, die Öffentlichkeit regelmäßig über aktuelle Geschehnisse in Politik, Wirtschaft, Kultur und Sport zu informieren. Dabei wird sie neben der Exekutive, Judikative und Legislative als vierte Gewalt im Staat bezeichnet.[56] In diesem Sinne kontrolliert sie die übrigen Gewalten eines staatlichen Systems, indem sie über deren Tätigkeiten berichtet und damit eine öffentliche Auseinandersetzung mit der jeweiligen Materie und öffentliche Meinungsbildung ermöglicht.[57] Die Berichterstattung enthält regelmäßig Kritik an den Verantwortlichen wie den handelnden Regierungsmitgliedern, Politikern oder Unternehmensmitarbeitern.

Ein Whistleblower deckt der hier zugrunde gelegten Definition zufolge Missstände auf, wenn er bislang geheime Informationen aus seinem Arbeitsumfeld oder

---

52 Frowein/Peukert/*Frowein*, EMRK, Art. 10 Rn. 15; *Harris/O'Boyle/Warbrick*, Law of the European Convention on Human Rights, S. 639f; *Meyer-Ladewig*, EMRK, Art. 10 Rn. 28; van Dijk/van Hoof/van Rijn/Zwaak/*van Rijn*, Theory and Practice of the European Convention on human rights, S. 775.

53 Beispielhaft *EGMR*, U. v. 25.06.1992, Nr. 47/1991/299/370, *Thorgeir Thorgeison v. Island*, Rn. 62 = ÖJZ 1992, 810 (813).

54 *EGMR*, U. v. 25.06.1992, Nr. 47/1991/299/370, *Thorgeir Thorgeison v. Island*, Rn. 62 = ÖJZ 1992, 810 (813).

55 *Grabenwarter/Pabel*, EMRK, § 23 Rn. 8.

56 *Löffler*, Der Verfassungsauftrag der Publizistik, Publizistik 1960, 199.

57 *BVerfG*, U. v. 05.08.1966, Az. 1 BvR 586/62, 1 BvR 610/63, 1 BvR 512/64, NJW 1966, 1603 (1604) = BVerfGE 20, 162 (174f.).

Wirkungskreis an die Öffentlichkeit gelangen lässt. Er fungiert als Informant und stößt durch die Weitergabe seiner Informationen einen Veröffentlichungsprozess an. Aus diesem Grund stellt sich die Frage, ob das Handeln des Whistleblowers als Teil des Arbeitsprozesses über die Pressefreiheit gemäß Art. 10 EMRK geschützt ist.

I. Eröffnung des Schutzbereichs der Pressefreiheit, Art. 10 EMRK

1. Der Whistleblower als Begünstigter der Pressefreiheit

Der persönliche Schutzbereich der Pressefreiheit ist bei Personen eröffnet, die über die von der Norm erfassten Medien kommunizieren.[58] Bei Zeitungen sind das klassischerweise die Journalisten und Verleger. In Bezug auf Whistleblower ist problematisch, dass sie in der Regel einmalig tätig werden, während die Kommunikation durch Journalisten und Verleger eine sich wiederholende Tätigkeit darstellt.

Um einen effektiven Schutz der Pressefreiheit zu erhalten, müssen Begünstigte auch nicht professionelle Journalisten sein können. Der Schutzbereich muss auch für diejenigen eröffnet sein können, die ihre Meinung durch die erfassten Medien nur gelegentlich mitteilen.[59] Andernfalls könnte sich auch ein Journalist, der zum ersten Mal einer Pressetätigkeit nachgeht, nicht auf die Pressefreiheit berufen. Daraus ergibt sich, dass der persönliche Schutzbereich der Pressefreiheit auch bei einem Whistleblower eröffnet sein kann, der in der Regel einmalig tätig wird.

2. Whistleblowing als Teil des Arbeitsprozesses der Presse

Der Schutzbereich der Pressefreiheit wurde durch die Rechtsprechung des *Europäischen Gerichtshofs für Menschenrechte* konkretisiert.[60] Kennzeichen der Pressefreiheit in der Europäischen Menschenrechtskonvention ist die Verbreitungsform durch ein Druckerzeugnis, das periodisch erscheinen muss[61] und sich nicht von vornherein nur an einen bestimmten Personenkreis richten darf. Als klassisches Beispiel sind die Tageszeitungen zu nennen.

---

58 *Grabenwarter/Pabel*, EMRK, § 23 Rn. 2; *Meyer-Ladewig*, EMRK, Art. 10 Rn. 4; *Harris/O'Boyle/Warbrick*, Law of the European Convention on Human Rights, S. 640; Pettiti/Decaux/Imbert/*Cohen-Jonathan*, CEDH, Art. 10, I A 2 a) ; im Hinblick auf Art. 5 GG Epping/Hillgruber/*Schemmer*, GG, Art. 5 Rn. 39; vgl. von der Groeben/Schwarze/Hatje/*Augsberg*, Europäisches Unionsrecht, Art. 11 GRCh Rn. 10 hinsichtlich Art. 11 GRCh.

59 Pettiti/Decaux/Imbert/*Cohen-Jonathan*, CEDH, Art. 10 § 2, C; van Dijk/van Hoof/van Rijn/Zwaak/*van Rijn*, Theory and Practice of the European Convention on human rights, S. 799; ähnlich auch Karpenstein/Mayer/*Mensching*, EMRK, Art. 10 Rn. 14.

60 Z.B. in *EGMR*, U. v. 10.12.2007, Nr. 69698/01, *Stoll v. Schweiz.*

61 *Grabenwarter/Pabel*, EMRK, § 23 Rn. 2,8.

Ob diese enge Auslegung noch zeitgemäß ist, soll an dieser Stelle noch dahingestellt bleiben.[62] Ein Schutz der Tätigkeit eines Whistleblowers ist sowohl denkbar, wenn er seine Informationen an ein Medium übergibt, das Gegenstand des presserechtlichen Schutzes ist. Insbesondere aber ist ein Schutz über die Pressefreiheit denkbar, wenn ein Whistleblower seine Informationen selbst auf einer Webseite veröffentlicht. Im erstgenannten Fall könnten die Handlungen des Whistleblowers als Teil des Publikationsprozesses vom sachlichen Schutzbereich der Pressefreiheit erfasst sein. Im zweitgenannten Fall übernimmt der Whistleblower selbst den gesamten Veröffentlichungsprozess. Über die Pressefreiheit der Europäischen Menschenrechtskonvention sind verschiedene Tätigkeiten im Rahmen des Publikationsprozesses geschützt. Dazu gehören Tätigkeiten zur Informationsbeschaffung, das Fertigen der Artikel sowie die organisatorischen Strukturen einer Redaktion.[63] Aus diesen Beispielen lässt sich ableiten, dass vor allem diejenigen Tätigkeiten, die mit der Veröffentlichung eines aufbereiteten Artikels im Zusammenhang stehen, geschützt werden.

Der Akt der Informationsweitergabe durch den Whistleblower könnte dann unter die Pressefreiheit fallen, wenn ein ausreichender Zusammenhang mit dem geschützten Schaffens- und Veröffentlichungsprozess der Presse zu bejahen ist. Dieser Zusammenhang wird dann anzunehmen sein, wenn es sich um die Tätigkeit einer Person handelt, die an der Anfertigung und Veröffentlichung eines journalistischen Beitrags hinreichend beteiligt ist.[64] Für einen Whistleblower, der seine Informationen selbst aufbereitet und auf einer Webseite veröffentlicht, wird dies zu bejahen sein, da der den gesamten Veröffentlichungsprozess selbst übernimmt.

Ein Whistleblower, der seine Informationen zur Veröffentlichung an die Presse gibt, verschafft dem Journalisten die Information, die er für seine Berichterstattung benötigt. Dabei ist der Whistleblower ist folglich nur die Quelle des Journalisten. Diese Handlung des Whistleblowers ist jedoch nicht als Teil des geschützten Schaffens- und Veröffentlichungsprozesses anzusehen.

a) Aufgabe der Presse in einer demokratischen Gesellschaft

Ein tragfähiges Argument für einen Schutz über die Pressefreiheit ist die Aufgabe der Presse in einer demokratischen Gesellschaft. Der *EGMR* hat mehrfach die besondere Bedeutung der Presse als „öffentlicher Wachhund“ betont.[65] Die Presse

---

62 Näheres im Rahmen der Diskussion zum Schutz von Whistleblowingplattformen über die Pressefreiheit siehe unten S. 65.

63 *Grabenwarter/Pabel*, EMRK, § 23 Rn. 9; *Harris/O'Boyle/Warbrick*, Law of the European Convention on Human Rights, S. 640.

64 Karpenstein/Mayer/*Mensching*, EMRK, Art. 10 Rn. 14; vgl. auch *Harris/O'Boyle/Warbrick*, Law of the European Convention on Human Rights, S. 640.

65 Siehe beispielhaft *EGMR*, U. v. 25.06.1992, Nr. 47/1991/299/370, *Thorgeir Thorgeirson v. Island*, Rn. 62 = ÖJZ 1992, 810 (813); *EGMR*, U. v. 27.03.1996, Nr. 16/1994/463/544, *Goodwin v. Vereintes Königreich* = ÖJZ 1996, 795 (796).

berichtet allgemein über Angelegenheiten von öffentlichem Interesse, wobei sie vor allem Missstände in der Politik oder Wirtschaft aufdeckt.[66] Sie schafft Transparenz und ermöglicht dadurch einen Diskurs über Themen von allgemeinem Interesse.

Ein Whistleblower, der seine Informationen selbst veröffentlicht, schafft ebenso Transparenz und ermöglicht durch seine Veröffentlichung öffentliche Meinungsbildung. Die Tätigkeit eines Whistleblowers, der sich an die Presse wendet, steht hingegen nur in einem kausalen Zusammenhang zum Publikationsprozess, da er die Information an ein entsprechendes Veröffentlichungsmedium weitergibt. Dadurch nimmt er allerdings mittelbar dieselbe Aufgabe wie die Presse wahr. Ohne ihn hätte die Presse möglicherweise gar keine Information, die sie veröffentlichen könnte. Durch die Publikation wird die Öffentlichkeit über Missstände in Kenntnis gesetzt, die bislang unveröffentlicht waren. Ein demokratisches politisches System basiert auf dem Grundwert Transparenz. Nur wenn ein gewisses Maß an Transparenz eingehalten wird, kann der Bürger Entscheidungen in Wahlen und Abstimmungen aufgeklärt treffen. Ferner bedarf es auch nach einer Wahl transparenten Staatshandelns, damit der Bürger kontrollieren kann, ob die gewählte Regierung in seinem Sinn agiert. Nur in einer aufgeklärten Gesellschaft kann sich eine freie politische Diskussion entwickeln, die eine demokratische Gesellschaft, wie sie der EMRK zugrunde gelegt ist, voraussetzt.[67] Auf diese Weise kann die Bevölkerung die ihr zustehende Souveränität wahren.[68] Aus diesen Gründen besteht ein großes öffentliches Interesse einer demokratischen Gesellschaft daran, über staatliches Handeln informiert zu werden. Das gilt insbesondere, wenn es sich um Missstände handelt.[69]

Der Grundwert Transparenz besteht nicht nur in Bezug auf staatliches Handeln, sondern wird auch den Beziehungen zwischen Privaten zugrunde gelegt. Der VW-Abgasskandal wurde in der Bundesrepublik und über ihre Grenzen hinweg diskutiert. An diesem Beispiel lässt sich ableiten, dass transparentes, ziviles Handeln in einer Gesellschaft immer dann gefordert werden wird, wenn gegen Rechtsvorschriften verstoßen wird und dadurch Rechtsgüter anderer oder der Allgemeinheit geschädigt werden. Aufgrund solcher Missstände verliert eine Gesellschaft das Vertrauen in einen zivilen Akteur und kann künftig die Rechtsgüter vor seinem Handeln schützen. Ein Whistleblower stößt diesen Publikationsprozess an, womit er dieselbe Zielrichtung verfolgt wie die Presse.

Auch die Ziele der Europäischen Menschenrechtskonvention sprechen für eine weite Auslegung des Schutzbereichs der Pressefreiheit. Die Präambel der Konvention weist darauf hin, dass die Wahrung der Menschenrechte am besten in einer „wahrhaft demokratischen politischen Ordnung" (orig. „effective political

---

66 *Holoubek*, Medienfreiheit in der Europäischen Menschenrechtskonvention, AfP 2003, 193 (194).

67 *EGMR*, U. v. 08.07.1986, Nr. 12/1984/84/131, *Lingens v. Österreich*, Rn. 42 = EuGRZ 1986, 424 (428).

68 Vgl. *Steven Greer*, The European Convention on Human Rights, S. 200.

69 Vgl. *EGMR*, U. v. 12.02.2008, Nr. 14277/04, *Guya v. Moldawien*, Rn. 74.

democracy"/„un régime politique véritablement démocratique") möglich ist. Die Begriffe „effective" oder „véritablement" in den Originalversionen der Konvention zeigen, dass es sich um ein Grundprinzip handelt, dessen Berücksichtigung sich bei jedwedem Handeln der Konventionsstaaten widerspiegeln muss. Daraus lässt sich ableiten, dass Handlungen des Whistleblowers, die der Erreichung dieses Ziels dienen, größtmöglichen Schutz genießen. Das wiederum spricht dafür, dass ein Whistleblower, der eigenständig Informationen auf seiner Webseite veröffentlicht, über die Pressefreiheit geschützt ist.

Jedoch dienen auch die anderen Kommunikationsfreiheiten aus Art. 10 EMRK und nicht allein die Pressefreiheit der Schaffung einer demokratischen Ordnung. Jemand, der seine Meinung äußert, ohne Presse zu sein, ist vom Prozess politischer Willensbildung nicht ausgeschlossen. Ebenso wie die Pressefreiheit ist die Meinungsäußerungsfreiheit wesentlich für den öffentlichen Diskurs in einer demokratischen Gesellschaft. Deshalb rechtfertigt allein die identische Zielsetzung von Pressetätigkeit und der Handlung des Whistleblowers nicht, die Anwendbarkeit der Pressefreiheit anzunehmen.

b) Einheitlicher Lebensvorgang

Für einen Schutz über die Pressefreiheit spricht allerdings, dass das Beschaffen der Information durch den Journalisten und die Übergabe der Information durch den Whistleblower denselben Lebensvorgang betreffen.

Das lässt sich anhand eines Beispiels veranschaulichen: Ein Whistleblower übergibt die Information in Papierform an einen Journalisten, der den Papierstapel entgegennimmt. Da das Beschaffen der Information durch den Journalisten unter die Pressefreiheit des Art. 10 EMRK fällt, ist das Entgegennehmen des Papierstapels davon gedeckt. Diese Entgegennahme der Information und die Übergabe durch den Whistleblower bilden einen einheitlichen Lebenssachverhalt, der lediglich aus zwei verschiedenen Perspektiven beurteilt wird.

Deshalb ist die Frage zu stellen, ob es sich um einen Widerspruch handelt, wenn die Tätigkeit des Journalisten von der Pressefreiheit geschützt wird, die Handlung des Whistleblowers aber nicht. Gerade in Bezug auf Einschränkungsmöglichkeiten und Abwägung ist es erforderlich, den Rechten der EMRK präzise Konturen zu verleihen.[70] Es wurde bereits darauf hingewiesen, dass in Bezug auf die Pressefreiheit im Rahmen einer Abwägung die besondere Bedeutung der Presse zu beachten ist. Es geht daher nicht darum, einen einheitlichen Lebenssachverhalt einheitlich zu beurteilen. Vielmehr ist jede Tätigkeit nach den Kriterien des für sie maßgeblichen Menschenrechts zu beurteilen. Um dies zu gewährleisten, können die Handlungen eines einheitlichen Lebenssachverhalts auch unterschiedlich behandelt werden. Aus diesem Grund ist auch ein Schutz des Whistleblowers, der die Presse zur Veröffentlichung hinzuzieht, über die Pressefreiheit nicht ausgeschlossen.

---

70 *Grabenwarter/Pabel*, EMRK, § 23 Rn. 8.

c) *Menschenrechtliche Beurteilung im Fall Guya ./. Moldawien v. 12.02.2008*[71]

In dem Urteil Guya gegen Moldawien des EGMR wird angenommen, dass die Handlungen eines Whistleblowers nicht über die Pressefreiheit, sondern über die Meinungsäußerungsfreiheit geschützt werden.

Dieser Entscheidung vom 12. Februar 2008 liegt ein Sachverhalt zugrunde, in dem Briefe vom Leiter der Presseabteilung der Generalstaatsanwaltschaft an die Presse weitergegeben wurden. Iacob Guya hatte Briefe des stellvertretenden Parlamentspräsidenten von Moldawien, in denen dieser offenbar unberechtigt die Einstellung eines Strafverfahrens gegen vier Polizisten verlangte, an eine Zeitung weitergegeben.[72] Die folgenden Ausführungen betreffen daher vornehmlich Whistleblower, die sich zur Veröffentlichung der Presse bedienen. Das erstinstanzliche Zivilgericht und die Folgeinstanz bestätigten die Kündigung Guyas.[73] Guya zog daraufhin vor den *EGMR*, um eine Verletzung seiner Meinungsäußerungsfreiheit aus Art. 10 EMRK feststellen zu lassen.

Trotz der Weitergabe interner Informationen durch einen Amtsträger an die Presse hat der *EGMR* in diesem Verfahren keine Verletzung der Pressefreiheit untersucht. Die Ausführungen des Gerichtshofs beziehen sich ausschließlich auf die allgemeine Meinungsäußerungsfreiheit aus Art. 10 EMRK, insbesondere auf die Freiheit, Informationen zu empfangen und weiterzugeben.[74] Die fehlende Auseinandersetzung mit einer Verletzung der Pressefreiheit ist zwar kein Argument, aber ein Hinweis dahingehend, dass der *EGMR* Whistleblowing in Form der Weitergabe von Informationen an die Presse nicht als Tätigkeit der Presse ansieht.

Der rechtliche Prüfungsumfang vor dem EGMR beschränkt sich nicht ausschließlich auf das Recht, das der Beschwerdeführer in seiner Individualbeschwerde angegeben hat. Es genügt, wenn der Beschwerdeführer angibt, welcher Artikel der Konvention *seiner Ansicht nach* verletzt ist.[75] Demzufolge gibt nicht allein die Angabe des Beschwerdeführers den rechtlichen Prüfungsumfang des EGMR vor. Selbst wenn Herr Guya in diesem Fall ganz präzise eine Verletzung seiner Informationsfreiheit aus Art. 10 EMRK gerügt hätte, hätte der Gerichtshof auf eine mögliche Verletzung der Pressefreiheit eingehen dürfen.

d) *Journalistische Tätigkeit*

Voraussetzung für den Schutz über die Pressefreiheit ist jedoch eine gewisse journalistische Tätigkeit. Journalistische Tätigkeit zeichnet sich klassischerweise durch redaktionelle Bearbeitung aus. Die Pressefreiheit wird umfassend gewährt, weil sich hinter einer Veröffentlichung durch die Presse ein Arbeitsprozess vollzieht. Die Aufarbeitung einer Information ist ein Prozess, in dem Journalisten recherchieren,

---

71 *EGMR*, U. v. 12.02.2008, Nr. 14277/04, *Guya v. Moldawien.*
72 *EGMR*, U. v. 12.02.2008, Nr. 14277/04, *Guya v. Moldawien.*
73 *EGMR*, U. v. 12.02.2008, Nr. 14277/04, *Guya v. Moldawien*, Rn. 23ff.
74 *EGMR*, U. v. 12.02.2008, Nr. 14277/04, *Guya v. Moldawien*, Rn. 50 ff, 97.
75 *Grabenwarter/Pabel*, EMRK, § 9 Rn. 2, 4.

Interviews führen oder Beweise sammeln, um eine Materie aus verschiedenen Blickwinkeln zu betrachten. In welchem Umfang und welche Art redaktioneller Tätigkeit erforderlich ist, um einen Schutz über die Pressefreiheit zu erfahren, bedarf der Klärung.[76]

Anhand derjenigen Tätigkeiten, die laut Rechtsprechung den Schutzbereich der Pressefreiheit ausmachen, lässt sich ableiten, dass redaktionelle Tätigkeiten geschützt werden, die vom Journalisten vorgenommen werden. Zu den geschützten Tätigkeiten zählen die organisatorischen Strukturen, die Beschaffung der veröffentlichten Informationen, die Recherche und der Schreibprozess.[77] Darüber hinaus sind Hilfstätigkeiten geschützt, die zu den aufgezählten Tätigkeiten teilweise beitragen.[78] Diese Tätigkeiten werden vom Journalisten und seinen journalistischen Mitarbeitern selbst vorgenommen. Die Beschaffung von Informationen, die Recherche und die Schreibtätigkeit weisen ein aktives Verhalten des publizierenden Journalisten und seiner journalistischen Mitarbeiter auf.

Letztlich ist die Tätigkeit eines Whistleblowers, der seine Informationen einer Zeitung oder einer Whistleblowingplattform übergibt, aber keine journalistische Tätigkeit im Sinne von Art. 10 EMRK, weshalb er nicht über die Pressefreiheit geschützt ist. Die Quelle unterstützt die Presse in ihrer besonderen Aufgabe, die Öffentlichkeit mit Informationen von öffentlichem Interesse zu versorgen.[79] Oftmals übermittelt sie Informationen an Journalisten, an die der Journalist ohne sie nicht gelangt wäre. Sie hat deshalb eine wichtige Bedeutung für die geschützte journalistische Tätigkeit. Vor dem Hintergrund des von der Rechtsprechung konkretisierten Schutzbereichs lässt sich aber vermuten, dass die Tätigkeit der Quelle nicht als Bestandteil der geschützten redaktionellen Bearbeitung angesehen wird. Sie übergibt zwar Informationen an Journalisten, wodurch ein kausaler Zusammenhang zwischen der Tätigkeit des Whistleblowers und der Publikation entsteht. Der Whistleblower entscheidet dabei, welche der ihm zur Verfügung stehenden Informationen er an die Presse weitergeben möchte. Die Tätigkeit wird dadurch aber nicht unmittelbar Teil des redaktionellen Aufarbeitungsprozesses. Erst der Journalist selbst entscheidet nach Erhalt einer Information, ob sie den journalistischen Aufarbeitungsprozess durchlaufen wird.

Anders fällt die Bewertung allerdings aus, wenn ein Whistleblower seine Informationen selbst auf einer Webseite veröffentlicht. Er übernimmt in diesem Fall journalistische Tätigkeiten, indem er die Informationen auswählt und gegebenenfalls in komprimierter Form darstellt und zuletzt entscheidet, welche er veröffentlicht. Dabei führt er also diejenigen Tätigkeiten aus, die sonst ein Journalist vornimmt.

---

76 Siehe ausführlich unten S. 69.
77 *Grabenwarter/Pabel*, EMRK § 23 Rn. 9.
78 *Grabenwarter/Pabel*, EMRK, § 23 Rn. 9.
79 *EGMR*, U. v. 27.03.1996, Nr. 16/1994/463/544, *Goodwin v. Vereintes Königreich* = ÖJZ 1996, 795 (795).

Die Tätigkeit eines Whistleblowers, der seine Informationen nicht selbst veröffentlicht, sondern an ein Veröffentlichungsmedium übergibt, unterliegt nicht dem besonderen Schutz der Pressefreiheit. Die Tätigkeit eines Whistleblowers hingegen, der seine Informationen selbst auf einer Webseite veröffentlicht, ist über die Pressefreiheit geschützt, wenn er journalistisch tätig wird.

II. Eröffnung des Schutzbereichs der Informationsfreiheit, Art. 10 EMRK

Fungiert ein Whistleblower als Quelle für die traditionelle Presse oder eine Whistleblowingplattform, ist seine Tätigkeit aber über die Informationsfreiheit gemäß Art. 10 EMRK geschützt.

Whistleblowing fällt in den sachlichen Schutzbereich der Informationsfreiheit aus Art. 10 EMRK.[80] Die Informationsfreiheit gewährt gemäß Art. 10 Abs. 1 S. 2 EMRK die Freiheit, Informationen zu empfangen und weiterzugeben. Der Inhaber von Informationen kann wählen, welche davon er weitergeben möchte.[81] Dabei wird zwischen der aktiven und der passiven Informationsfreiheit unterschieden. Die aktive Informationsfreiheit beinhaltet das Recht, Informationen an andere weiterzugeben. Derer bedient sich der Whistleblower, wenn er seine bislang unveröffentlichten Informationen an eine Zeitungsredaktion oder an eine Whistleblowingplattform weiterreicht. Jede Form der Weitergabe ist über die Informationsfreiheit geschützt.[82] Die passive Informationsfreiheit beinhaltet das Recht, Informationen zu erhalten. Diese Freiheit umfasst aber auch aktives Verhalten wie das Bemühen darum, eine Information zu empfangen.[83] Es ist deshalb ebenso möglich, dass ein Whistleblower von der passiven Informationsfreiheit Gebrauch macht. Die Informationsfreiheit ist Teil der allgemeinen Meinungsäußerungsfreiheit gemäß Art. 10 EMRK, die das Recht gegenüber dem Staat enthält, sowohl eigene als auch fremde Ideen und Informationen weiterzugeben.[84]

Der Schutz über die Informationsfreiheit besteht auch in Bezug auf vertrauliche und geheime Informationen. Art. 10 Abs. 2 EMRK führt auf, dass das Menschenrecht unter anderem zur Verhinderung der Verbreitung vertraulicher Informationen vom Staat eingeschränkt werden darf. Anhand der Systematik lässt sich ableiten, dass auch der Empfang und die Weitergabe vertraulicher Informationen in den Schutzbereich

---

80 Mit Bezug zur „First Amendment" der US-Verfassung den Schutz bejahend *Stone*, WikiLeaks and the First Amendment, 64 Federal Comm. Law Journal 2011/2012, 477 (482); verneinend *Kines*, Aiding the Enemy or Promoting Democracy?, 116 West Virginia Law Review 2013, 735 (758f.); Zu Art. 19 der Allgemeinen Erklärung der Menschenrechte der UN auch *Vandekerckhove*, Whistleblowing and organizational social responsibility, S. 94.

81 *Meyer-Ladewig*, EMRK, Art. 10 Rn. 17.

82 *Grabenwarter/Pabel*, EMRK, § 23 Rn. 6.

83 *Siess-Scherz*, Die Öffentlichkeit von Ausschussverhandlungen, ÖJZ 1998, 441 (447).

84 *Meyer-Ladewig*, EMRK, Art. 10 Rn. 13.

der Informationsfreiheit fallen. Die in Art. 10 Abs. 2 EMRK aufgeführten Fallgruppen stellen Einschränkungsmöglichkeiten dar, die den Schutzbereich nicht von vornherein begrenzen.

Gemäß Art. 10 EMRK genießt jede Person das Recht auf freie Meinungsäußerung, das auch die Informationsfreiheit einschließt. In Bezug auf die Eröffnung des persönlichen Schutzbereichs ergeben sich deshalb keine Besonderheiten bei Whistleblowern aus dem privaten Sektor gegenüber den verpflichteten Staaten.

III. Whistleblower aus dem öffentlichen Sektor

1. Menschenrechtsfähigkeit

Beamte und Angestellte des öffentlichen Dienstes, die Missstände aus ihrem Arbeitsumfeld an die Öffentlichkeit bringen, können sich auch als Whistleblower auf die Presse- oder Informationsfreiheit der EMRK berufen. Führt ein Beamter sein Amt aus, ist er nicht grundrechtsberechtigt, sondern im Gegenteil grundrechtsverpflichtet, da er Staatsgewalt ausübt. Ob eine Grundrechtsberechtigung des Whistleblowers vorliegt, ist demzufolge von der Frage abhängig, ob er Ausübender oder Adressat der Hoheitsgewalt des Mitgliedsstaates ist.[85] Auf diese Weise ist eine klare Abgrenzung möglich, denn der Ausübende von Hoheitsgewalt kann nicht in demselben Moment auch deren Adressat sein.

Bringt ein Beamter oder Angestellter des öffentlichen Dienstes unveröffentlichte Informationen über einen Missstand aus seinem Arbeitsumfeld an die Öffentlichkeit, löst er sich aus seiner staatlichen Position. Er ist in einen Gewissenskonflikt geraten, den er gerade nicht zugunsten seines Arbeitgebers Staat und seines eigenen Wirkungskreises entscheidet. Der Whistleblower folgt seinem Gewissen, wenn er interne Dokumente oder Dateien selbst veröffentlicht oder an Dritte weiterreicht und dadurch der Institution, für die er tätig ist, wahrscheinlich einen Schaden zufügen wird. In diesem Moment ist er nicht mehr der Ausübende von Hoheitsgewalt, sondern tritt als Privatperson auf, die eine Information an die Öffentlichkeit bringen möchte.[86] Vor diesem Hintergrund können sich auch Staatsbeamte auf Art. 10 EMRK berufen, wenn sie eine bislang geheim gehaltene Information als Whistleblower weitergeben.[87] Das ist notwendig, damit auch in Bezug auf öffentliches Handeln eine interne Kontrolle durch Whistleblower möglich ist.[88]

---

85 So *Grabenwarter/Pabel*, EMRK, § 17 Rn. 2.

86 Vgl. *Stone*, WikiLeaks and the First Amendment, 64 Federal Comm. Law Journal 2011/2012, 477 (484).

87 So im Ergebnis schon *EGMR*, U. v. 12.02.2008, Nr. 14277/04, *Guya v. Moldawien*, Rn. 52; anders aber im US-Recht siehe *Papandrea*, Balancing and the Unauthorized Disclosure of National Security Information, 97 Iowa Law Rev. Bull 2012/2013, 94 (99).

88 Vgl. *Strasser*, Whistleblowing, Public Employees, and the first Amendment, 60 Clev St L Rev 2012–2013, 975 (997).

2. Gleichbehandlung

Offen bleibt allerdings, ob Whistleblower aus dem öffentlichen Sektor im Rahmen einer Interessenabwägung anders zu behandeln sind als Whistleblower aus dem privaten Sektor. Das wird in der Gesetzgebung verschiedener Staaten angedeutet oder umgesetzt. In den Vereinigten Staaten von Amerika bestehen verschiedene Gesetze zum Schutz von Whistleblowern. Der Whistleblower-Protection-Act beinhaltet ausschließlich Regeln für Whistleblower, die für Bundesbehörden tätig sind, während der Sarbanes-Oxley-Act auf Mitarbeiter von Börsenunternehmen und anderen privaten Unternehmen Anwendung findet. Hierzu lässt sich festhalten, dass zwischen den Whistleblowern nach der Wirkungsstätte unterschieden wird. Rumänien hat bereits im Jahr 2004 ein sehr weit gehendes Whistleblowerschutzgesetz verabschiedet, das allerdings auch nur für Whistleblower aus dem öffentlichen Sektor gilt. Danach stehen dem Whistleblower verschiedene Kommunikationskanäle, worunter sich auch die Presse befindet, zur freien Auswahl.[89] Der Europarat hingegen fordert in seinen Initiativen, einen Rechtsrahmen zu entwerfen, der sowohl für Whistleblower aus dem öffentlichen Sektor als auch aus dem privaten Sektor gelten soll.[90]

In der Bundesrepublik Deutschland konzentrieren sich Vorschläge zu Whistleblowerschutzgesetzen teilweise allein auf Whistleblower aus dem privaten Sektor.[91] Einerseits weist der öffentliche Dienst Besonderheiten auf, die im Rahmen der Interessenabwägung besonders berücksichtigt werden können.[92] Andererseits handelt es sich beim Whistleblowing um denselben Vorgang, der unabhängig vom Wirkungskreis des Whistleblowers rechtmäßig sein müsste oder nicht.[93] Die Frage ist nur, ob dieselben Regeln für alle Whistleblower gelten sollen.

Die tragfähigeren Argumente sprechen für eine einheitliche Behandlung von Whistleblowern aus dem öffentlichen Sektor und aus dem privaten Sektor.[94] Beamte unterliegen zwar einer stärker ausgeprägten Loyalitätspflicht als Mitarbeiter privater Unternehmen.[95] Diese Loyalitätspflicht hat allerdings nicht zur Folge, dass bei ihnen und anderen Angestellten im öffentlichen Dienst engere Rechtmäßigkeitskriterien

---

89 Dazu *Vandekerckhove*, European whistleblower protection: tiers or tears?, in: Lewis, A global aaproach to public interest disclosure, S. 21f.

90 Siehe Appendix zur Recommendation CM/Rec(2014)7 v. 30.04.2014 des *Ministerkomitees des Europarats*, II. 3; Civil Law Convention on Corruption des *Europarats*, ETS No. 174, Rn. 68.

91 Gesetzesentwurf der SPD-Fraktion im Bundestag v. 07.02.2012, BT-Drucksache 17/8567.

92 *Bauschke*, Whistleblowing – ein Zwischenbericht, öAT 2012, 271 (272); *Scheurer*, „Whistleblowing“, ZTR 2013, 291 (293).

93 So die Fraktion DIE LINKE, Antrag v. 05.07.2011, BT-Drucksache 17/6492, S. 1.

94 Im Ergebnis auch *Fischer-Lescano*, Internationalrechtliche Regulierung des Whistleblowing – Teil 2, AuR 2016, 48, IV. 1.

95 So der *EGMR*, U. v. 12.02.2008, Nr. 14277/04, *Guya v. Moldawien*, Rn. 71.

anzulegen sind als bei Whistleblowern aus dem privaten Sektor. Es müssen dieselben Regeln gelten, wie die folgende Argumentation zeigen wird:

a) Inhalt der Loyalitätspflicht

Arbeitnehmer haben gegenüber ihren Arbeitgebern eine Pflicht zur Loyalität, Zurückhaltung und Diskretion. Diese Loyalitätspflicht besteht unabhängig davon, ob es sich um ein öffentlich-rechtliches oder privates Arbeitsverhältnis handelt. Bei Beamten hat sie allerdings eine besondere Bedeutung, da sie die Aufgabe haben, die Regierung in Bezug auf die Wahrnehmung ihrer Funktionen in einer demokratischen Gesellschaft zu unterstützen.[96] Ihre Pflicht zur Diskretion ist auch deshalb stark ausgeprägt, da Beamte direkten Zugang zu Informationen haben, die eine Regierung unter Verschluss halten möchte.[97]

In der Bundesrepublik Deutschland ergibt sich für Mitarbeiter im privaten Arbeitsverhältnis eine vertragliche Loyalitätspflicht aus § 241 Abs. 2 BGB[98].[99] Bei deutschen Beamten ist die Loyalitätspflicht hingegen im Grundgesetz verankert. Art. 33 Abs. 5 GG verweist auf die herbeigebrachten Grundsätze des Berufsbeamtentums, wobei der Beamte auf Lebenszeit in einem öffentlich-rechtlichen Dienst- und Treueverhältnis beschäftigt wird.[100] Konkretisiert wird diese Treuepflicht des Beamten in den einfachen Gesetzen wie in § 62 BBG[101]. § 62 BBG bestimmt, dass Beamte ihre Vorgesetzten beraten und unterstützen müssen und deren dienstlichen Anweisungen Folge zu leisten haben. Die Einhaltung des Dienstwegs bei Anträgen und Beschwerden ist in § 125 BBG geregelt.

Vor diesem Hintergrund könnte Whistleblowing von Beamten und Angestellten im öffentlichen Dienst engeren Rechtsmäßigkeitsanforderungen unterliegen als Whistleblowing aus dem öffentlichen Sektor.[102] Anhand der Darstellung eines in der Bundesrepublik Deutschland viel diskutierten Falls *Heinisch gegen Deutschland*[103] lässt sich ein Argument gegen diese Annahme ableiten. Die Whistleblowerin hatte Strafanzeige wegen mehrfachen Betruges gegen den Inhaber eines Altenpflegeheims erstattet, in dem sie zum damaligen Zeitpunkt arbeitete.[104] Zwar befand sich die

96 *EGMR*, U. v. 12.02.2008, Nr. 14277/04, *Guya v. Moldawien*, Rn. 71.
97 *EGMR*, U. v. 12.02.2008, Nr. 14277/04, *Guya v. Moldawien*, Rn. 71.
98 Bürgerliches Gesetzbuch in der Fassung v. 2.01.2002 (BGBl. I S. 42).
99 Vgl. *BAG*, U. v. 23.10.2008, Az. 2 AZR 483/07, NJW 2009, 1897 (1899); ein Loyalitätsgebot anerkennend *Greve*, Korruptionsbekämpfung und Whistleblowing, ZD 2014, 336 (337).
100 Maunz/Dürig/*Badura*, GG, Art. 33 Rn. 66.
101 Bundesbeamtengesetz v. 05.02.2009 (BGBl. I, S. 160).
102 *EGMR*, U. v. 21.07.2011, Nr. 28274/08, *Heinisch v. Deutschland* = NJW 2011, 3501 = NZA 2011, 1269.
103 *EGMR*, U. v. 21.07.2011, Nr. 28274/08, *Heinisch v. Deutschland* = NJW 2011, 3501 = NZA 2011, 1269.
104 *EGMR*, U. v. 21.07.2011, Nr. 28274/08, *Heinisch v. Deutschland*, Rn. 8ff. = NJW 2011, 3501 (3501) = NZA 2011, 1269 (1269).

Gesellschaft, die das Pflegeheim betrieb, im Mehrheitseigentum des Landes Berlin, allerdings beruhte das Arbeitsverhältnis zu der Whistleblowerin auf einem zivilrechtlichen Vertrag. Es folgte eine Kündigung, die durch die deutschen Gerichte bestätigt wurde, worin die Whistleblowerin eine Verletzung ihres Rechts auf Meinungsäußerungsfreiheit gemäß Art. 10 EMRK sah. Der *EGMR* stellte zwar heraus, dass die Loyalitätspflicht bei Beamten und Angestellten des öffentlichen Dienstes ausgeprägter sein könne als in privatrechtlichen Arbeitsverhältnissen. Er betonte aber auch, dass die Loyalitätspflicht allgemein auch in zivilrechtlichen Verhältnissen Geltung finde. Art und Umfang der im konkreten Fall geschuldeten Loyalität bestimmten die Abwägung der widerstreitenden Interessen.[105]

Diese Argumentationslinie ist anfechtbar, da fraglich bleibt, ob die Whistleblowerin dem staatlichen oder privaten Bereich zuzuordnen ist. Im Urteil wird zwar herausgestellt, es handele sich um ein Arbeitsverhältnis im privatrechtlichen Bereich.[106] Die Gesellschaft befand sich allerdings mehrheitlich in öffentlicher Hand. Deshalb müsste die Argumentation des Gerichts konsequenterweise dahin gehen, dass auch Mitarbeiter mit zivilrechtlichen Verträgen dem Staat keine Hindernisse bereiten sollen, sondern ihn bei Erfüllung seiner Aufgaben unterstützen müssen. Die Loyalitätspflicht müsste danach im vorliegenden Fall wie bei Beamten stärker ausgeprägt sein. Daraus ergibt sich, dass die Art des zugrunde liegenden Arbeitsverhältnisses nicht entscheidend sein kann, um die Ausprägung der konkreten Loyalitätspflicht festzulegen und unterschiedliche Rechtmäßigkeitskriterien abzuleiten.

b) Verwirken des Loyalitätsrechts

Überdies könnte ein Arbeitgeber unabhängig von der Ausprägung der konkreten Loyalitätspflicht beim Whistleblowing sein Loyalitätsrecht verwirken. Konsequenz dieser Annahme ist, dass der konkrete Umfang der Loyalitätspflicht unerheblich für die Festlegung von Rechtmäßigkeitskriterien ist.

Loyalität beschreibt eine Verhaltensweise einer Person, im höheren Interesse und Sinn einer anderen Person oder einer Institution zu handeln.[107] Das Recht auf Loyalität kann aber verwirkt werden,[108] denn Loyalität erfordert keine absolute Toleranz.[109] Daraus lässt sich ableiten, dass sich rechtmäßiges Whistleblowing und Loyalität

---

105 *EGMR*, U. v. 21.07.2011, Nr. 28274/08, *Heinisch v. Deutschland*, Rn. 64 = NJW 2011, 3501 (3503) = NZA 2011, 1269 (1271).

106 *EGMR*, U. v. 21.07.2011, Nr. 28274/08, *Heinisch v. Deutschland*, Rn. 64 = NJW 2011, 3501 (3503) = NZA 2011, 1269 (1271).

107 Stanford Encyclopedia of Philosophy, Punkt 2), abrufbar unter: http://plato.stanford.edu/entries/loyalty/#WhiBlo (zuletzt abgerufen: 15.07.2016).

108 Stanford Encyclopedia of Philosophy, Punkt 6.1), abrufbar unter: http://plato.stanford.edu/entries/loyalty/#WhiBlo (zuletzt abgerufen: 15.07.2016).

109 *Corvino*, Loyalty in Business? Journal of Business Ethics Vol. 41:1-2 2002, 179 (184).

zumindest nicht gegenseitig ausschließen müssen.[110] Darüber hinausgehend kann argumentiert werden, dass Loyalität in bestimmten Fällen Whistleblowing sogar erfordern kann.[111] Whistleblowing führt schließlich zu einer Korrektur, wenn die betroffene Institution von ihren eigenen, gesellschaftlich angenommenen Werten abgewichen ist.[112] Hierzu ist festzuhalten, dass Whistleblowing zwar zu einer objektiv erwünschten Korrektur führen kann, aber auch in unerwünschten Schäden resultieren kann. Es geht daher zu weit, externes Whistleblowing als Bestandteil der Loyalitätspflicht anzusehen.[113]

Loyalität und Whistleblowing schließen sich aber auch nicht aus. Im Fall von schwerwiegenden Missständen ist von einem Verlust der Loyalitätswürdigkeit bezüglich der Geheimhaltung dieser Missstände auszugehen. Zwar sind Whistleblowingfälle grundsätzlich nicht auf Konstellationen der erheblichen, besonders schwerwiegenden Missstände beschränkt. Die dieser Bearbeitung zugrunde liegende Definition setzt aber eine gewisse Schwere eines Missstands voraus, da erst in diesen Fällen externes Whistleblowing rechtmäßig sein kann.[114] Der Arbeitgeber verwirkt als Verursacher der Missstände in Form von Rechtsverstößen sein Loyalitätsrecht. Jemandem, der erheblich gegen Rechtsnormen verstößt, kann die Rechtsordnung kein Loyalitätsrecht zusprechen, da sie andernfalls gegen sich selbst vorgehen würde. Das gilt unabhängig von der Ausprägung der Loyalitätspflicht und deshalb unabhängig davon, ob der Whistleblower aus dem öffentlichen Sektor stammt oder aus dem privaten Sektor kommt. Das spricht dafür, Whistleblower aus dem öffentlichen Sektor und dem privaten Sektor in Bezug auf die Rechtmäßigkeitskriterien gleich zu behandeln.

c) Transparenzfunktion

Die Transparenzfunktion des Whistleblowing hat ebenso sowohl im öffentlichen als auch im privaten Sektor eine vergleichbare, wichtige Bedeutung.[115] Ein demokratisches, politisches System macht es erforderlich, den Bürgern einer Demokratie staatliches Handeln grundsätzlich transparent zu machen, um Aufklärung, Nachvollziehbarkeit und Vertrauen in die gewählte Volksvertretung zu schaffen. In begründeten Ausnahmefällen ist davon abzusehen, wenn andere höherrangige Interessen durch die Transparenz gefährdet werden. Daraus ergibt sich, dass Transparenz erst

---

110 Vgl. *Vandekerckhove*, Whistleblowing and organizational social responsibility, S. 124 ff.

111 *Corvino*, Loyalty in Business? Journal of Business Ethics Vol. 41:1-2 2002, 179 (184); *Vandekerckhove*, Whistleblowing and organizational social responsibility, S. 133.

112 *Vandekerckhove*, Whistleblowing and organizational social responsibility, S. 132 f.

113 Ähnlich Civil Law Convention on Corruption des *Europarats*, ETS No. 174, Rn. 69.

114 Siehe hierzu die Rechtmäßigkeitskriterien ab S. 35.

115 Vgl. die Ausführungen bei *Stone*, WikiLeaks and the First Amendment, 64 Federal Comm. Law Journal 2011/2012, 477 (487).

recht erforderlich ist, wenn das staatliche Handeln gegen Gesetze verstößt.[116] Der Whistleblower übernimmt die Aufgabe, die Öffentlichkeit über diese Missstände zu informieren und verteidigt dadurch den Geltungsanspruch des Rechtssystems.

Im privaten Sektor muss nicht grundsätzlich transparent vorgegangen werden. Eine vergleichbare Notwendigkeit, Transparenz zu schaffen, ergibt sich im privaten Sektor aber, wenn Missstände offengelegt werden, die die Rechtsgüter anderer beeinträchtigen oder erhebliche Verstöße gegen die Rechtsordnung vorliegen. Dadurch, dass ein Whistleblower die Öffentlichkeit über solche Missstände informiert, kann der einzelne Bürger entscheiden, ob er dem Unternehmen Vertrauen entgegenbringt.[117] Nur wenn dieses Vertrauen vorliegt, wird der Einzelne geschäftliche Beziehungen mit einer Organisation eingehen und seine Rechtsgüter ihrem Wirken aussetzen. Als Marktteilnehmer wählt ein Bürger aus, welche Produkte er erwerben möchte, wobei das Bild, das er von einem Unternehmen hat, Einfluss auf seine Kaufentscheidung haben wird. Der Wahl im Staat entspricht die Auswahl von Produkten auf dem Markt,[118] weshalb eine vergleichbare Bedeutung von Transparenz im privaten Sektor anzunehmen ist.

Darüber hinaus hat insbesondere das Handeln großer Wirtschaftsunternehmen Auswirkungen auf das Vertrauen, das der Wirtschaft eines Landes aus anderen Ländern entgegengebracht wird. Die Stärke der Wirtschaft beeinflusst wiederum die Gesellschaft, die Kultur und individuelle Lebensumstände. Vor diesem Hintergrund liegt es nahe, die Vergleichbarkeit der Bedeutung von Transparenz im privaten Sektor zu bejahen. Angesichts der hier aufgeführten Aspekte ist anzunehmen, dass die Transparenzfunktion durch Whistleblowing im öffentlichen und privaten Sektor eine vergleichbare Bedeutung hat.

d) Korrektivfunktion

Darüber hinaus spricht die Korrektivfunktion[119], die sowohl Whistleblowing aus dem öffentlichen Sektor als auch dem privaten Sektor innewohnt, für eine Gleichbehandlung. Unabhängig von der Art des Wirkungsortes des Whistleblowers können sich fehlerhafte Verhaltensweisen entwickeln, sodass die Korrektur aufgrund des öffentlichen Diskurses in beiden Bereichen eine vergleichbare Wirkung hat.

Im öffentlichen Sektor bestehen besonders komplexe, staatliche Institutionen im Bereich der nationalen Sicherheit, die sehr fehleranfällig sein können, da dort viele Schritte unter Geheimhaltung durchgeführt werden.[120] Daraus lässt sich ableiten, dass der Korrektivmechanismus des externen Whistleblowings gerade in Bezug auf

116 *Greve*, Korruptionsbekämpfung und Whistleblowing, ZD 2014, 336 (337).

117 Mit Bezug zu Wettbewerbsmechanismen *Reifner*, Bankentransparenz und Bankengeheimnis, JZ 1993, 273 (273).

118 *Reifner*, Bankentransparenz und Bankengeheimnis, JZ 1993, 273 (273).

119 Recommendation CM/Rec(2014)7 des *Ministerkomitees des Europarats* zum Schutz von Whistleblowern, S. 5.

120 *Benkler*, A Public Accountability Defense, 8 Harv. L. & Pol.'y Rev. 2014, 282 (284).

staatliche Einrichtungen notwendig sein kann. Im privaten Sektor können je nach Unternehmensgegenstand auch besonders sensible Rechtsgüter betroffen sein. Die Bedeutung der Korrektivfunktion ist aber insbesondere deshalb vergleichbar zum öffentlichen Sektor, da es in der Regel an einem System der gegenseitigen Kontrolle fehlt. Dem staatlichen System ist die gegenseitige Kontrolle durch die Gewaltenteilung immanent, was für die Erforderlichkeit interner Kontrollmechanismen im privaten Sektor spricht. Aus diesen Erkenntnissen lässt sich ableiten, dass es sowohl im öffentlichen als auch im privaten Sektor eines Kontrollmechanismus' aus dem Inneren bedarf.

e) Rechtsgüterschutz

Zuletzt spricht für eine einheitliche Behandlung von Whistleblowing im öffentlichen Sektor und im privaten Sektor der Schutz der durch den Missstand beeinträchtigten Rechtsgüter. Eine Beeinträchtigung von Rechtsgütern ist gleichermaßen gravierend, unabhängig davon, ob sie aus dem öffentlichen oder privaten Sektor stammt.[121]

Das ergibt sich anhand eines hypothetischen Beispiels eines großen Internetkonzerns in Europa. Ein solches Unternehmen ist in der Lage, enorme Datenmengen seiner Nutzer zu sammeln und zu speichern und dadurch das private Leben der Bürger genau nachzuzeichnen. Die gesammelten Datenmengen aus dem Internet enthalten eine große Anzahl persönlicher Informationen wie zum Beispiel private Verbindungsdaten, Inhalte intimer Nachrichten oder Fotografien. Missstände in Bezug auf solche Daten beschneiden den eigentlich rechtlich gesicherten Raum, den das Recht auf Achtung des Privat- und Familienlebens aus Art. 8 EMRK zu schützen bestimmt. Es sollte nicht darauf ankommen, ob die Beeinträchtigung der Rechtsgüter ihren Ursprung im staatlichen oder privaten Bereich hat. Vielmehr ist der Grad der Beeinträchtigung des Rechtsguts entscheidend.

Deshalb lässt sich folgern, dass sich ein umfassender Rechtsgüterschutz durch Whistleblowing nur ergibt, wenn Rechtmäßigkeitskriterien im öffentlichen und privaten Sektor dasselbe Anforderungsniveau erreichen.

f) Zwischenergebnis

Vor dem Hintergrund der hier dargestellten Argumente ist anzunehmen, dass Art und Umfang der in nationalen Gesetzen festgelegten Loyalitätspflichten nicht entscheidend sind, um die Rechtmäßigkeitskriterien für Whistleblowing festzulegen. Der Arbeitgeber verwirkt sein Loyalitätsrecht als Verursacher von Missständen durch Rechtsverstöße und sonstige Rechtsgutsbeeinträchtigungen. Die Transparenz- und die Korrektivfunktion des Whistleblowings haben im öffentlichen und im privaten Sektor jeweils eine vergleichbare Bedeutung. Es kann gefolgert werden,

121 Siehe auch *Fenster*, Disclosure's Effects: Wikileaks and Transparency, 97 Iowa Law Review 2012, 753 (774).

dass für die Rechtmäßigkeit externen Whistleblowings nicht entscheidend ist, ob der Whistleblower aus dem öffentlichen oder aus dem privaten Sektor stammt. Rechtsgutsbeeinträchtigungen durch einen Missstand können unabhängig von der Art ihres Verursachers gleichermaßen schwerwiegend sein, sodass dieselben Rechtmäßigkeitsvoraussetzungen gelten müssen.

IV. Anwendbarkeit der Menschenrechte im Privatrechtsverhältnis

Offen bleibt, ob die Presse- oder Informationsfreiheit gemäß Art. 10 EMRK auch im Verhältnis zwischen dem Whistleblower und dem betroffenen Unternehmen Anwendung findet.[122] Ist das zu bejahen, gelten etwaige Rechtmäßigkeitskriterien als Konkretisierung der Presse- und Informationsfreiheit auch unmittelbar in diesem Privatrechtsverhältnis.

Eine unmittelbare Geltung der genannten Kommunikationsfreiheiten hat in der Praxis insbesondere dann Bedeutung, wenn in Unternehmen Verhaltensnormen für die Belegschaft aufgestellt werden. Solche Normen enthalten in der Regel Vorschriften zur Korruptionsbekämpfung innerhalb des Unternehmens und zum Umgang mit Insider-Informationen.[123] Verbietet eine solche Norm uneingeschränkt externes Whistleblowing, verstößt sie gegen die Presse- bzw. Informationsfreiheit des Whistleblowers gemäß Art. 10 EMRK. Das gilt ebenso in Bezug auf vertragliche Geheimhaltungsklauseln zwischen dem Unternehmer und seinen Mitarbeitern.

Es waren die Mitgliedsstaaten, die die Europäische Menschenrechtskonvention unterzeichneten, wodurch sie sich verpflichteten, die in der Konvention aufgeführten Menschenrechte einzuhalten.[124] Das bedeutet, dass den Mitgliedsstaaten die Pflicht zum Schutz und die Pflicht zur Durchsetzung der Menschenrechte obliegen. Darüber hinaus könnte auch eine unmittelbare Geltung der Informationsfreiheit zwischen dem Whistleblower und dem betroffenen Unternehmen im privaten Sektor bestehen.

1. Argumente zugunsten einer unmittelbaren Geltung

An eine unmittelbare Geltung der Presse- oder Informationsfreiheit zwischen einem Unternehmen und dem Whistleblower lässt sich aufgrund der Vergleichbarkeit dieser Beziehung mit derjenigen zwischen Staat und Whistleblower denken. In

---

122 Vgl. Harris/O'Boyle/Warbrick/*Arai*, Law of the European Convention on human rights, S. 617; *Wesch*, Whistleblowing, Der Betrieb 2013, 994 (996); mit Bezug zu Art. 5 Abs. 1 GG *Deiseroth*, Zivilcourage am Arbeitsplatz – Whistleblowing, in: Meyer/Dovermann/Frech/Gugel, Zivilcourage lernen, S. 133.

123 Siehe zum Beispiel die Verhaltensnormen des VW-Konzerns, abrufbar unter: http://www.volkswagenag.com/content/vwcorp/content/de/the_group/compliance.html (zuletzt abgerufen: 15.07.2016).

124 *Grabenwarter/Pabel*, EMRK, § 17 Rn. 6.

privaten Unternehmen erfolgen zwar keine Wahlen, aber Konzernentscheidungen können einen Prozess des Dialogs durchlaufen, um in Angelegenheiten von allgemeinem Interesse Einigkeit zu erzielen. Die Bürger sind in diesen Prozess als mögliche Ideenquellen beteiligt, weshalb es sich um eine „industrielle Demokratie" handeln könnte.[125] Dieser Theorie ist allerdings insoweit zu widersprechen, als der Staat gegenüber dem Bürger Recht setzen und Recht sprechen kann, wozu ein privates Unternehmen nicht imstande ist. Der Bürger ist verpflichtet, die Ge- und Verbote unmittelbar zu befolgen, da ihm ansonsten Strafen drohen oder andere staatliche Durchsetzungsmechanismen zur Anwendung kommen. Ein solches Gewaltverhältnis besteht in der Beziehung zwischen Bürger und einem Unternehmen der Privatwirtschaft nicht, sodass Verbindlichkeiten dem Einzelnen nur auferlegt werden können, wenn er sich selbstbestimmt durch Verträge bindet. Im Rahmen dieser Privatautonomie legt der Einzelne selbst fest, welche Verpflichtungen er einzugehen bereit ist und wessen Regelungen er sich selbstbestimmt unterwerfen möchte.

Der Einfluss großer Unternehmen auf die Gesetzgebung könnte für eine unmittelbare Geltung der Presse- oder Informationsfreiheit gemäß Art. 10 EMRK sprechen. Insbesondere große transnational agierende Unternehmen gestalten durch ihre Interessensvertretung in Brüssel oder den Hauptstädten der Mitgliedsstaaten wichtige Politikbereiche wie die Umwelt- oder Wirtschaftspolitik mit.[126] Interessensvertretung ist in einem demokratischen Staat erforderlich und legitimiert.[127] Sie ermöglicht es, dass sich der einzelne Abgeordnete über die Belange der durch eine Gesetzesinitiative betroffenen Organisationen informieren kann. Die Interessensvertretung durch Unternehmen oder Verbände wird auf diese Weise nicht formell, aber tatsächlich Teil des Gesetzgebungsprozesses. Die mittelbare Einflussmöglichkeit auf den Gesetzgebungsprozess kann angeführt werden, um große Unternehmen auch in eine korrespondierende Verantwortung zu nehmen und sie unmittelbar an die Achtung der Menschenrechte zu binden. Mit einer wachsenden Machtposition von Unternehmen geht eine wachsende Verantwortung für die Einhaltung der Menschenrechte einher.[128] Insbesondere große, global agierende Unternehmen sind sehr mobil und damit in der Lage, dort zu agieren, wo das für sie vorteilhafteste Recht gilt. Sie könnten sich damit staatlichen Regulierungen weitestmöglich entziehen, wodurch sich ein Wettbewerb zwischen den Staaten entwickelt hat, günstige Bedingungen für Unternehmen zu schaffen.[129] Daraus lässt sich ableiten, dass die bislang

125 *Vandekerckhove*, Whistleblowing and organizational social responsibility, S. 98.

126 Vgl. *Beise*, Die Einflüsterer, Süddeutsche Zeitung v. 17.05.2010, abrufbar unter: http://www.sueddeutsche.de/wirtschaft/wirtschafts-lobbyismus-die-einflueste rer-1.272896 (zuletzt abgerufen: 15.07.2016); vgl. *Teubner*, Die anonyme Matrix, 44 Der Staat 2006, 161 (164).

127 *Gerig*, Der rechtliche Rahmen für Lobbyisten, ZRP 2014, 247 (247).

128 *Vandekerckhove*, Whistleblowing and organizational social responsibility, S. 95.

129 *Cragg*, Human Rights and Business Ethics: Fashioning a New Social Contract, 27 Journal of Business Ethics 2000, 205 (209).

geltende strikte Trennung der Zuständigkeiten zwischen dem Staat als Garant der Menschenrechte und der Wirtschaft als Erzeuger von Wohlstand aufgeweicht ist.[130] Allein aufgrund der Einflussmöglichkeiten durch Interessensvertretung aber eine unmittelbare Bindung der Menschenrechte anzunehmen, geht zu weit. Die Entscheidung für oder gegen ein Gesetz und die detaillierte Ausgestaltung der Normen liegen letztlich immer noch beim Abgeordneten.

Art. 10 Abs. 1 S. 1 EMRK ist letztlich aber eine offen formulierte Norm, in der es heißt, dass jede Person das Recht auf freie Meinungsäußerung genießt. Aus dieser Formulierung ergibt sich nicht, dass Unternehmen nicht an die Presse- oder Informationsfreiheit gebunden sein können.

2. Argumente gegen eine unmittelbare Geltung

Gegen eine unmittelbare Geltung der Informationsfreiheit im Verhältnis zwischen dem Whistleblower und dem betroffenen Unternehmen spricht jedoch, dass Unterzeichner der Konvention die Regierungen der Vertragsstaaten sind. Sie haben sich in Art. 1 EMRK dazu verpflichtet, die in der Konvention verbürgten Rechte ihren Bürgern gegenüber zu sichern. Eine unmittelbare Verpflichtung Privater zur Einhaltung der Menschenrechte wird dort nicht erwähnt.

Darüber hinaus spricht die Struktur des Gesetzesvorbehalts in Art. 10 Abs. 2 EMRK gegen eine unmittelbare Wirkung zwischen dem Whistleblower und dem Unternehmen.[131] Danach kann die Ausübung der Meinungsäußerungsfreiheit eingeschränkt werden durch Formvorschriften, Bedingungen und Strafdrohungen, wenn sie gesetzlich vorgesehen sind. Das private Unternehmen kann jedoch keine Gesetze im Sinne von Art. 10 Abs. 2 EMRK erlassen, um derartige Beschränkungen vorzusehen. Ein privates Unternehmen müsste deshalb die Presse- oder Informationsfreiheit in vollstem Umfang gewähren, ohne Einschränkungen aufgrund nachvollziehbarer Gründe zulassen zu können. Der staatliche Gesetzgeber hingegen kann solche Einschränkungen erlassen, die dazu führen, dass er einer weniger strengen Bindung an den Schutzbereich der Presse- oder Informationsfreiheit unterliegt als das private Unternehmen. Die in Art. 10 Abs. 2 EMRK genannten Gründe für eine Einschränkung, wie die territoriale Unversehrtheit oder die Unparteilichkeit der Rechtsprechung, spiegeln zudem vielfach staatliche Interessen wider. Die dort genannten Gründe sollen einen Ausgleich zwischen der betroffenen Kommunikationsfreiheit des Einzelnen und den Interessen des Staates herstellen. Wird diese Zielrichtung auf die Konstellation übertragen, in der auch private Unternehmen an die Menschenrechte des Whistleblowers gebunden sind, müssten dort solche

130 Vgl. *Cragg*, Human Rights and Business Ethics: Fashioning a New Social Contract, 27 Journal of Business Ethics 2000, 205 (206).

131 Vgl. in Bezug auf die EU-Grundfreiheiten *Canaris*, Drittwirkung der gemeinschaftsrechtlichen Grundfreiheiten, in: *Bauer/Czybulka/Kahl/Voßkuhle*, Umwelt, Wirtschaft und Recht, 2002, S. 43; Anm. *Röthel* zu *EuGH*, U. v. 13.4.2000, Az. C-176/96, EuZW 2000, 375 (380).

Gründe aufgeführt sein, die einen Ausgleich mit den Interessen des Unternehmens herbeiführen sollen.[132]

Es mangelt ferner an einem Durchsetzungsmechanismus der Presse- oder Informationsfreiheit gemäß Art. 10 EMRK gegenüber privaten Unternehmen. Gemäß Art. 34 EMRK ist eine Individualbeschwerde vor dem *EGMR* dann möglich, wenn eine Person geltend macht, *durch eine der Vertragsparteien* der Konvention in einem Menschenrecht verletzt worden zu sein. Wären auch private Unternehmen unmittelbar an die Presse- oder Informationsfreiheit gebunden, könnten Verletzungen durch sie nicht vor dem Gerichtshof geltend gemacht werden, da sie gerade nicht Vertragspartei der Konvention sind. Ohne einen Durchsetzungsmechanismus läuft ein Menschenrechtsschutz jedoch leer.

Anhand der dargestellten Argumente lässt sich ableiten, dass eine unmittelbare Wirkung der Presse- oder Informationsfreiheit gemäß Art. 10 EMRK zwischen einem privaten Unternehmen und dem Whistleblower zu negieren ist. Mögliche Rechtmäßigkeitskriterien, die sich aus der Presse- und Informationsfreiheit ergeben, haben demzufolge nur im Verhältnis zwischen dem Staat und einem Whistleblower unmittelbare Geltung. Dem Gesetzgeber ist zu empfehlen, Rechtmäßigkeitskriterien zu normieren, um eine Geltung im privatrechtlichen Verhältnis zu erreichen.

V. Zwischenergebnis

Die Tätigkeit eines Whistleblowers, der seine Informationen selbst veröffentlicht und dabei journalistisch tätig wird, ist über die Pressefreiheit geschützt. Whistleblowing in Form der Informationsweitergabe an ein Veröffentlichungsmedium fällt nicht unter die Pressefreiheit, sondern unter die Informationsfreiheit aus Art. 10 EMRK.

Auf dieser Grundlage kann externes Whistleblowing rechtmäßig sein, wobei in Bezug auf Whistleblowing aus dem öffentlichen Sektor und Whistleblowing aus dem privaten Sektor dieselben Rechtmäßigkeitsanforderungen zu stellen sind.

Rechtmäßigkeitskriterien, die sich aus der Ausübung der Informations- und Meinungsfreiheit gemäß Art. 10 EMRK ergeben, sind im Privatrechtsverhältnis nicht unmittelbar anwendbar.

B. Rechtmäßigkeitsvoraussetzungen

Ein externer Whistleblower macht von seiner Presse- oder Informationsfreiheit Gebrauch. Allerdings kann ein Eingriff in eines dieser Menschenrechte zum Beispiel durch ein Verbot externen Whistleblowings oder eine Geheimhaltungsklausel unter den Bedingungen von Art. 10 EMRK gerechtfertigt sein. Im Wege einer ausführlichen Interessenabwägung sind die kollidierenden Rechte und Interessen miteinander bestmöglich in Einklang zu bringen. Dabei sind insbesondere die Transparenz- und die

---

132 Vgl. Anm. *Röthel* zu EuGH, U. v. 13.04.2000, Az. C-176/96, EuZW 2000, 375 (380).

Kontrollfunktion des externen Whistleblowings zu berücksichtigen, die unabhängig davon bestehen, ob ein Whistleblower selbst publiziert, sich an die traditionelle Presse oder eine Whistleblowingplattform wendet. Fällt die Interessenabwägung zugunsten des externen Whistleblowers aus, ist der Whistleblowingvorgang rechtmäßig.

Ziel dieses Abschnitts ist es deshalb, die konkreten Voraussetzungen der Rechtmäßigkeit externen Whistleblowings auf dieser Basis aufzuzeigen. Externes Whistleblowing ist dann rechtmäßig, wenn ein berechtigtes öffentliches Informationsinteresse vorliegt und die Veröffentlichung erforderlich ist.

I. Das berechtigte öffentliche Informationsinteresse

Das *berechtigte öffentliche Informationsinteresse* könnte das erste Kriterium sein, das vorliegen muss, um die Rechtmäßigkeit externen Whistleblowings festzustellen. Nur wenn die Kundgabe einer Information das öffentliche Informationsinteresse befriedigt, kann sie legitim und rechtmäßig sein.[133]

Ein Whistleblowingvorgang ist legitim, weil er im öffentlichen Informationsinteresse liegt. Das lässt sich zum Beispiel aus der Begründung für eine Whistleblowerschutzregelung in der Richtlinie zum Schutz von Geschäftsgeheimnissen der EU[134] ableiten. In Erwägungsgrund Nr. 20 heißt es dort, dass die Regelungen zum Schutz von Geschäftsgeheimnissen Whistleblowing nicht einschränken sollen. Sie sollen demnach nicht auf Konstellationen Anwendung finden, in denen die Offenbarung von Geschäftsgeheimnissen dem öffentlichen Interesse dient, weil Fehlverhalten oder illegale Aktivitäten aufgedeckt werden.[135] In Art. 5 b) der Richtlinie wird herausgestellt, dass der Whistleblower zum Zweck des Schutzes des allgemeinen öffentlichen Interesses gehandelt haben muss. Das öffentliche Informationsinteresse ist deshalb die Legitimationsgrundlage für die Rechtmäßigkeit eines externen Whistleblowingvorgangs. Das Informationsinteresse ist aber nur dann auch berechtigt, wenn es höher als die anderen involvierten Interessen im Rahmen der Abwägung zu gewichten ist, und wenn die Information, um die es geht, wahr[136] ist.

---

133 *Ministerkomitee des Europarats*, Appendix zur Recommedation CM/Rec(2014)7, I; vgl. Art. 3 des Rumänischen Gesetzes zum Schutz von Whistleblowern, abrufbar unter: http://www.whistleblowing.it/Romanian%20Law%20571-2004%20-%20whistle blowingEN.pdf (zuletzt abgerufen: 15.07.2016); so auch *EGMR*, U. v. 12.02.2008, Nr. 14277/04, *Guya v. Moldawien*, Rn. 74; vgl. *Fasterling/Lewis*, Leaks, Legislation and Freedom of Speech, 153 Int'l Lab. Rev. 71 2014, S. 74.

134 Richtlinie über den Schutz vertraulichen Know-hows und vertraulicher Geschäftsinformationen, Stand v. 26.04.2016 abrufbar unter: http://data.consilium.europa.eu/doc/document/PE-76-2015-INIT/de/pdf (zuletzt abgerufen: 15.07.2016).

135 Richtlinie über den Schutz vertraulichen Know-hows und vertraulicher Geschäftsinformationen, Stand v. 26.04.2016 abrufbar unter: http://data.consilium.europa.eu/doc/document/PE-76-2015-INIT/de/pdf (zuletzt abgerufen: 15.07.2016).

136 Zum Begriff „wahr" in diesem Sinne siehe unten S. 46.

Das Kriterium des berechtigten öffentlichen Informationsinteresses setzt demnach eine Interessenabwägung voraus.

1. *Interessenabwägung als Mittel der Ausgleichsfindung*

Kollidieren verschiedene Rechte und Interessen wie im Fall externen Whistleblowings miteinander, ist eine Gesamtabwägung erforderlich.[137] Das Mittel der Abwägung ist insbesondere aufgrund von Willkürgefahr, Irrationalität und Subjektivität immer wieder Kritik[138] ausgesetzt. Sie ist allerdings das einzige Mittel, um verschiedene Interessen bestmöglich miteinander in Einklang zu bringen. Für den Gesetzgeber ist es nicht möglich, jede denkbare Interessenkollision im Vorfeld zu normieren.[139] Das Ergebnis einer Abwägung ist aber dann nicht willkürlich, wenn begründet objektive Bedingungen und Vorrangregeln formuliert werden, unter denen ein involviertes Prinzip einem anderen vorgeht. Auf diese Weise lassen sich allgemeingültige Regeln aufstellen, die für größtmögliche Rechtsklarheit sorgen.[140]

2. *Die sich gegenüber stehenden Interessen*

Gibt ein Whistleblower Informationen zur Veröffentlichung an ein Veröffentlichungsmedium oder unmittelbar selbst an die Öffentlichkeit weiter, stehen sich unterschiedliche Prinzipien, Regeln und Interessen in ihren differenzierten Ausprägungen gegenüber. Der Whistleblower macht von seiner Presse- oder Informationsfreiheit zugunsten eines potenziellen öffentlichen Informationsinteresses Gebrauch. Es besteht die Möglichkeit, dass durch die Offenlegung der geheimen Informationen

---

137 *Fischer-Lescano*, Mäßigung der Verhältnismäßigkeit – Whistleblowing im transnationalen Recht, in: Calliess, Transnationales Recht, S. 438; *Papandrea*, Balancing and the Unauthorized Disclosure of National Security Information, 97 Iowa Law Rev. Bull 2012/2013, 94 (104); *Stone*, WikiLeaks and the First Amendment, 64 Federal Comm. Law Journal 2011/2012, 477 (481).

138 *Fischer-Lescano*, Mäßigung der Verhältnismäßigkeit – Whistleblowing im transnationalen Recht, in: Calliess, Transnationales Recht, S. 443; siehe auch *Franck*, Proportionality in International Law, 4 Law and Ethics of Human Rights 2010, 230 (242); darauf hinweisend auch *Fenster*, Disclosure's Effects: Wikileaks and Transparency, 97 Iowa Law Review 2012, 753 (783); vgl. auch *Koch*, Die normtheoretische Basis der Abwägung, in: Erbguth/Oebbecke/Rengeling/Schulte, Abwägung im Recht, S. 20.

139 Vgl. *Simonet*, Notwendigkeit eines Gesetzes, RdA 2013, 236 (236).

140 In Bezug auf die deutschen Grundrechte *Alexy*, Theorie der Grundrechte, S. 79ff; zum Ziel der Abwägung im internationalen Recht *Franck*, Proportionality in International Law, 4 Law and Ethics of Human Rights 2010, 230 (242); vgl. auch *Koch*, Die normtheoretische Basis der Abwägung, in: Erbguth/Oebbecke/Rengeling/Schulte, Abwägung im Recht, S. 19; die Abwägung im deutschen Verfassungsrecht beleuchtend *Ossenbühl*, Abwägung im Verfassungsrecht, in: Erbguth/Oebbecke/Rengeling/Schulte, Abwägung im Recht, S. 30.

den Missständen abgeholfen wird und dadurch weitere konkrete Schäden verhindert werden. Dem stehen die Geheimhaltungsinteressen der betroffenen Organisationen gegenüber, die Schäden durch die Veröffentlichung verhindern möchten.[141]

a) Das öffentliche Informationsinteresse

Externes Whistleblowing ist demokratiefördernd, wenn das öffentliche Informationsinteresse befriedigt wird. In einem demokratischen System unterliegt das Handeln und Unterlassen des Staates der Kontrolle sowohl durch die Gewaltenteilung und durch die Medien als auch durch die öffentliche Meinung.[142] Öffentliche Meinungsbildung ist möglich, wenn die Öffentlichkeit aufgrund einer hinreichenden Informationsgrundlage diskutieren und mitbestimmen kann.

aa) Allgemeine Ausführungen

Vor dem funktionalen Hintergrund von Art. 10 EMRK als demokratiekonstituierendes Menschenrecht könnte das öffentliche Informationsinteresse folgendermaßen näher beschrieben werden: Das öffentliche Informationsinteresse ist das Interesse der Öffentlichkeit an der Veröffentlichung einer Information in Bezug auf Angelegenheiten, die die Öffentlichkeit objektiv etwas angehen.[143] Durch die Veröffentlichung soll öffentliche Meinungsbildung ermöglicht werden.[144] Das Kriterium muss objektiv beurteilen werden, um unberechtigte Sensationslust auszuschließen.

Es ergibt sich, dass der Inhalt der Information entscheidend ist, um ein öffentliches Informationsinteresse zu bejahen. Die dargestellte Beschreibung ist sehr weit gefasst und beinhaltet unbestimmte Rechtsbegriffe. Informationen sind allerdings in einer demokratischen Gesellschaft erforderlich, sodass eine zu enge Beschreibung dem Erfordernis der Transparenz[145] in einer europäischen Gesellschaft nicht gerecht würde. Daraus folgt, dass der Begriff des öffentlichen Interesses weit gefasst zu verstehen ist. Bei staatlichem Handeln sollte das öffentliche Informationsinteresse deshalb unzweifelhaft bejaht werden,[146] um die in einer Demokratie erforderliche öffentliche Meinungsbildung zu ermöglichen. Die öffentliche Meinung kann zu notwendigen Korrekturen führen, sodass künftige Schäden durch den Missstand verhindert werden können.

Für ein sehr weites Verständnis des öffentlichen Informationsinteresses spricht ferner, dass es gesellschaftliche Wandlungen einbezieht. Die aktuelle Gesellschaft

---

141 *Papandrea*, Balancing and the Unauthorized Disclosure of National Security Information, 97 Iowa Law Rev. Bull 2012/2013, 94 (104).

142 *EGMR*, U. v. 12.02.2008, Nr. 14277/04, *Guya v. Moldawien*, Rn. 74.

143 Vgl. *BVerfG*, B. v. 20.04.1982, Az. 1 BvR 426/80, NJW 1982, 2655 (2655) = GRUR 1982, 498 (499).

144 *Beater*, Informationsinteressen der Allgemeinheit, ZUM 2005, 602 (603).

145 Siehe ausführlich zur Transparenzfunktion S. 13.

146 Vgl. *EGMR*, U. v. 12.02.2008, Nr. 14277/04, *Guya v. Moldawien*, Rn. 74.

kann selbst auf Grundlage ihrer Werte definieren, woran sie ein Interesse hat.[147] Die Auseinandersetzung der Rechtsprechung mit dem Begriff des öffentlichen Informationsinteresses wird stets zu einer Konkretisierung des Begriffes führen.[148]

Im privaten Sektor hat die Öffentlichkeit ein Informationsinteresse, wenn die Information Missstände betrifft. Dabei sollte die Dimension des Missstandes für die Bejahung des öffentlichen Informationsinteresses nicht erheblich sein.[149] Auch ein Missstand, der nicht einen ganzen Wirtschaftszweig betrifft, kann von allgemeiner Bedeutung sein und die Öffentlichkeit etwas angehen. Vielmehr ist zu untersuchen, ob ein Missstand eine rein private Angelegenheit betrifft.[150] Diese Untersuchung könnte anhand einer Negativabgrenzung erfolgen.[151] Das öffentliche Informationsinteresse liegt nicht vor, wenn es sich um eine Information handelt, die allein die internen Vorgänge in einer privaten Organisation betrifft, ohne dass irgendein Außenbezug etwa wegen Verstoßes gegen die Rechtsordnung besteht. In solchen Fällen liegt es nahe, das öffentliche Informationsinteresse zu verneinen, weil private, rein interne Angelegenheiten die Öffentlichkeit nichts angehen.

Problematisch bleibt aufgrund des weiten Verständnisses des Begriffs aber, dass kein näherer Beurteilungsmaßstab genannt wird und dadurch insbesondere beim Whistleblowing Rechtsunsicherheit besteht.[152] Es ist gerade die Rechtsklarheit, die ein Whistleblower benötigt, um zu wissen, ob er Informationen rechtmäßig veröffentlichen kann. Der Ausgang des Verfahrens ist für Whistleblower jedenfalls schwer einschätzbar, wenn Rechtsbegriffe nicht klar definiert werden können. Die Wahrscheinlichkeit, dass ein Whistleblower Missstände offenlegen wird, erhöht sich, wenn er im Vorfeld weiß, dass er keine Sanktionen zu erwarten hat. Deshalb hat die fehlende Präzisierung von Rechtmäßigkeitsvoraussetzungen einerseits einen abhaltenden Effekt, andererseits ist nicht jede Fallkonstellation vorhersehbar und präzisierbar.

bb) Das erhebliche öffentliche Informationsinteresse

Um größere Rechtsklarheit zu erreichen, könnten Fallgruppen zur Eingrenzung gebildet werden, in denen das öffentliche Informationsinteresse zu bejahen ist. Deshalb wird im Rahmen dieser Arbeit in diesen Fällen von einem erheblichen öffentlichen Informationsinteresse gesprochen. Die Legitimation für diese gesteigerte Form des öffentlichen Informationsinteresses resultiert daraus, dass die Gefahren und

---

147 *Beater*, Informationsinteressen der Allgemeinheit, ZUM 2005, 602 (608).

148 Allgemein *Franck*, Proportionality in International Law, 4 Law and Ethics of Human Rights 2010, 230 (242).

149 Vorsichtig angedeutet in *BVerfG*, B. v. 20.04.1982, Az. 1 BvR 426/80, NJW 1982, 2655 (2655) = GRUR 1982, 498 (499).

150 Vgl. *Fischer-Lescano*, Mäßigung der Verhältnismäßigkeit – Whistleblowing im transnationalen Recht, in: Calliess, Transnationales Recht, S. 440.

151 *Beater*, Informationsinteressen der Allgemeinheit, ZUM 2005, 602 (604).

152 *Fischer-Lescano*, Mäßigung der Verhältnismäßigkeit – Whistleblowing im transnationalen Recht, in: Calliess, Transnationales Recht, S. 440.

Schäden, die von den bestehenden Missständen ausgehen, die wichtigsten Rechtsgüter betreffen.[153]

Je größer das öffentliche Informationsinteresse ist, desto eher müssen anderen Interessen dahinter zurücktreten.[154] Das erhebliche öffentliche Informationsinteresse wird wie im Folgenden ausgeführt deshalb insbesondere zu bejahen sein bei

- schweren Menschenrechtsverletzungen,
- schweren Rechtsverstößen,
- Gefahren für die öffentliche Sicherheit,
- Gefahren für die öffentliche Gesundheit,
- großen Gefahren für die Umwelt und
- schwerwiegender Steuerhinterziehung und schwerwiegender Korruption.

Das erhebliche öffentliche Informationsinteresse besteht im Rahmen dieser Fallgruppen unabhängig davon, ob der Missstand von einer staatlichen oder einer privaten Organisation ausgeht. Der Stellenwert der betroffenen Rechtsgüter in einer europäischen, demokratischen Gesellschaft legt die Annahme nahe, dass ein erhebliches öffentliches Interesse an Informationen über die Verletzung dieser Rechtsgüter besteht. Sie betreffen entweder wichtige Rechtsgüter, die verfassungsrechtlich geschützt sind, oder aber Rechtsgüter, die für das Funktionieren unseres gesellschaftlichen Zusammenlebens erforderlich sind. Dazu zählen zum Beispiel eklatante Steuerverstöße, die zu Lasten unserer Staatskasse gehen und damit jeden aufrichtigen Steuerzahler belasten.

Die Definitionen der einzelnen Fallgruppen bieten eine Angriffsfläche für Kritik, weil sie erneut unbestimmte Rechtsbegriffe beinhalten. Trotzdem werden sie zu einer Klarstellung führen. Die Fallgruppen werden durch die künftige Fallpraxis konkretisiert werden, bleiben aber offen für gesellschaftlichen Wandel und viele vorstellbare Einzelfälle.

(1) Schwere Menschenrechtsverletzungen

Ein erhebliches öffentliches Informationsinteresse besteht bei solchen Menschenrechtsverletzungen, deren Intensität oder Quantität der Verletzung den Betroffenen objektiv erheblich belastet. Ziel der Europäischen Menschenrechtskonvention ist die Einhaltung der Menschenrechte, sodass Verstöße gegen sie verhindert werden müssen.[155] Sind die Verletzungen schwerer Natur, ist anzunehmen, dass ein erhebliches öffentliches Informationsinteresse gegeben ist.

Als Beispiel könnte ein erhebliches, ungerechtfertigtes Eingreifen in das Recht auf Privat- und Intimsphäre der Bürger angeführt werden, das der Rechtsordnung nicht entspricht.

---

153 Recommendation CM/Rec(2014)7 des *Ministerkomitees des Europarats*, S. 7, Nr. I. 2; UN Konvention gegen Korruption v. 31.10.2003, Art. 33.

154 *Beater*, Informationsinteressen der Allgemeinheit, ZUM 2005, 602 (602).

155 Art. 1 der Europäischen Menschenrechtskonvention.

(2) Schwere Rechtsverstöße

An Rechtsverstößen hat die Öffentlichkeit immer dann ein erhebliches öffentliches Informationsinteresse, wenn der Grad der Beeinträchtigung des Rechts mit der Fallgruppe der schweren Menschenrechtsverletzungen vergleichbar ist. Die Fallgruppe wird insbesondere einschlägig sein, wenn wichtige Rechtsgüter betroffen sind. Unter anderem ist das der Fall, wenn schwere strafrechtliche Delikte verwirklicht werden, wie zum Beispiel beim Pferdefleischskandal in Europa aus dem Jahr 2013, bei dem Pferdefleisch in Produkten gefunden wurde, die laut Deklaration Rindfleisch enthalten sollten.

(3) Gefahren für die (öffentliche) Gesundheit

Die Fallgruppe betrifft Gefahren, die von gemeingefährlichen oder schwerwiegenden, übertragbaren Krankheiten ausgehen. Sie ist auch betroffen, wenn der Missstand zu erheblichen Gesundheitsbeeinträchtigungen Einzelner führt oder führen kann, wie zum Beispiel während des BSE-Skandals in Europa in den neunziger Jahren geschehen.

Die Gesundheit ist ein wichtiges Rechtsgut, weshalb Missstände, die sie betreffen, zu einem erheblichen öffentlichen Informationsinteresse führen.

(4) Gefahren für die öffentliche Sicherheit

Auch schwerwiegende Gefahren für die öffentliche Sicherheit sollten zu einem erheblichen öffentlichen Informationsinteresse führen. Dazu gehören sowohl Gefahren für die äußere Sicherheit als auch für die innere Sicherheit eines Landes.[156] Der *EuGH* hat diesbezüglich entschieden, dass die Beeinträchtigung des Funktionierens der Einrichtungen des Staates und seiner wichtigen öffentlichen Dienste sowie das Überleben der Bevölkerung ebenso wie die Gefahr einer erheblichen Störung der auswärtigen Beziehungen oder des friedlichen Zusammenlebens der Völker oder eine Beeinträchtigung der militärischen Interessen die öffentliche Sicherheit berühren können.[157]

(5) Gefahren für die Umwelt

Diese Fallgruppe beschreibt Missstände in Form von Umweltkatastrophen und Umweltverschmutzungen schwerwiegenden Ausmaßes, zum Beispiel durch giftige Chemikalien, die austreten und schwere Schäden bei Mensch, Tier und Natur verursachen können.

---

156 *EuGH*, U. v. 26.10.1999, Az. C-273/97, NJW 2000, 499 (499f.) = EuZW 2000, 27 (28).

157 Statt vieler *EuGH*, U. v. 23.11.2010, Az. C-145/09, NJW 2011, 1201 (Ls.) = NVwZ 2011, 221 (223).

(6) Schwerwiegende Korruption und Steuerhinterziehung

Diese Fallgruppe erfasst schwerwiegende finanzielle Schädigungen zunächst in Form von Steuerhinterziehungen, da sie zu Lasten aller Bürger eines Landes gehen.

Durch Korruption werden das Rechtsstaatsprinzip, die Stabilität der demokratischen Einrichtungen sowie soziale und ökonomische Werte gefährdet,[158] sodass sie einen Angriff auf die Grundwerte eines europäischen, demokratischen Staates darstellt.[159] Whistleblowing sollte als ein wirksames Werkzeug gegen Korruption anerkannt werden.[160] Das lässt sich aus der Korrektivfunktion des Whistleblowing ableiten. Danach kann durch Whistleblowing ein Selbstheilungsprozess aus dem Inneren der betroffenen Organisation ausgelöst werden.

Unter den Begriff der Korruption fallen das direkte sowie indirekte Anfragen, Anbieten, Abgeben oder Annehmen von Bestechungsgeldern oder anderer unangemessener Vorteile oder der Aussicht darauf, die die ordnungsgemäße Ausführung von Pflichten oder das Verhalten des Empfängers verfälscht.[161] An Fällen, die aufgrund ihrer Qualität oder Quantität schwerwiegend sind, wird ein erhebliches öffentliches Informationsinteresse bestehen.

b) Geheimhaltungsinteressen

Dem öffentlichen Informationsinteresse stehen die Geheimhaltungsinteressen der betroffenen Organisation gegenüber. Die betroffene Organisation wird zwar auch ein Interesse daran haben, den Missstand aufzuklären,[162] in der Regel wird allerdings das Mittel der Veröffentlichung nicht in ihrem Interesse liegen.[163]

aa) Allgemeine Ausführungen

Die Geheimhaltungsinteressen sind vom konkreten Einzelfall abhängig, denn sie bestimmen sich danach, welche Schäden durch die Veröffentlichung des Geheimnisses entstehen.[164] Diese Schäden können materieller oder immaterieller Natur sein. Das Geheimhaltungsinteresse eines konkreten Falls kann auf verschiedenen Gründen beruhen, zum Beispiel wenn zum Einen eine Rufbeeinträchtigung befürchtet wird und zum Anderen die Funktionsfähigkeit der Organisation beeinträchtigt wird. Darüber hinaus können durch die Offenbarung einer Information auch Rechtsgüter

---

158 Civil Law Convention on Corruption des *Europarats*, ETS No. 174, Rn. 1.

159 Civil Law Convention on Corruption des *Europarats*, ETS No. 174, Rn. 1 ; *Priebe*, Forderung der Kommission nach verstärkter Korruptionsbekämpfung, EuZW 2014, 241 (241).

160 Seventh General Activity Report of GRECO (2006) v. 21.03.2007, Greco (2007) 1 E final, S. 10; UN Konvention gegen Korruption v. 31.10.2003, Art. 33.

161 Civil Law Convention on Corruption des *Europarats*, ETS No. 174, Rn. 32.

162 *Simonet*, Notwendigkeit eines Gesetzes, RdA 2013, 236 (236).

163 *Busekist/Fahrig*, Whistleblowing und der Schutz von Hinweisgebern, BB 2013, 119 (120).

164 *EGMR*, U. v. 12.02.2008, Nr. 14277/04, *Guya v. Moldawien*, Rn. 76.

Dritter beeinträchtigt werden. Es ist beispielsweise denkbar, dass sich Einzelne, Gruppierungen oder sogar andere Länder bewogen fühlen, gegen die Verantwortlichen eines Missstandes vorzugehen.

bb) Erhebliche Geheimhaltungsinteressen

Korrespondierend zum Vorliegen eines erheblichen öffentlichen Informationsinteresses ist ein erhebliches Geheimhaltungsinteresse zu bejahen, wenn besonders wichtige Rechtsgüter durch die Offenbarung beeinträchtigt werden.[165] Zu diesen Rechtsgütern zählen demzufolge insbesondere die Menschenrechte, die öffentliche Gesundheit, die öffentliche Sicherheit[166] oder die Umwelt. In extremen Fallkonstellationen können sich konkrete Gefahren zum Beispiel für das Leben Einzelner ergeben, wenn deren Namen in der Information enthalten sind.

3. Gewichtung der Interessen

Im Rahmen der Abwägung, die Bestandteil des Kriteriums *berechtigtes öffentliches Informationsinteresse* ist, genießt weder das öffentliche Informationsinteresse noch das Geheimhaltungsinteresse der betroffenen Organisation schlechthin Vorrang.[167]

a) Berücksichtigung der Aufgabe der Presse

Aufgrund der Kontrollfunktion des Whistleblowings, entweder weil der Whistleblower selbst publiziert oder weil er diese Funktion als Informationsquelle mittelbar ausübt, ergibt sich der Grundsatz, dass, je größer das Informationsinteresse im konkreten Fall ist, desto eher müssen die Geheimhaltungsinteressen zurücktreten.[168] Die Aufgabe der Presse in einer demokratischen Gesellschaft, die unabhängig von der Art des Vorgehens des Whistleblowers vorliegt,[169] ist im Rahmen einer Abwägung zu berücksichtigen und besonders zu gewichten.[170] Die Presse nimmt eine bedeutsame Rolle in einer demokratischen Gesellschaft ein. Sie darf zwar bestimmte Grenzen nicht überschreiten, unter Einhaltung der ihr obliegenden Pflichten und

---

165 Vgl. mit Bezug zum Rechtsgut der öffentlichen Sicherheit *Papandrea*, Balancing and the Unauthorized Disclosure of National Security Information, 97 Iowa Law Rev. Bull 2012/2013, 94 (98).

166 Vgl. *Fenster*, Disclosure's Effects: Wikileaks and Transparency, 97 Iowa Law Review 2012, 753 (782).

167 Anders beklagt dies mit Bezug zum US-Recht *Papandrea*, Balancing and the Unauthorized Disclosure of National Security Information, 97 Iowa Law Rev. Bull 2012/2013, 94 (97).

168 Für die Bundesrepublik Deutschland so *BGH*, U. v. 19.12.1995, Az. VI/ZR 15/95, NJW 1996, 1128 (1130) = GRUR 1996, 923 (926).

169 Siehe oben S. 19.

170 *EGMR*, U. v. 07.06.2007, Nr. 1914/02, *Dupuis u.a. v. Frankreich*, Rn. 35; *EGMR*, U. v. 25.06.1992, Nr. 47/1991/299/370, *Thorgeir Thorgeirson v. Island*, Rn. 62; *EGMR*, U. v. 08.07.1986, Nr. 12/1984/84/131, *Lingens v.* Österreich, Rn. 41.

Verantwortung ist es jedoch ihre Aufgabe im Staat, Informationen über Fragen von öffentlichem Interesse zu verbreiten.[171] Im Rahmen der Interessenabwägung bei Eingriffen in die Pressefreiheit kommt diesem Aspekt ein derart großes Gewicht zu, dass Einschränkungen der Pressefreiheit nur schwer zu rechtfertigen sind.[172]

Wenn ein Whistleblower Informationen von öffentlichem Interesse veröffentlicht oder zur Veröffentlichung weitergibt, ermöglicht er die Wahrnehmung der soeben hervorgehobenen Aufgabe der Presse in der Gesellschaft. Aus diesem Grund ist die Bedeutung des Whistleblowings für die Demokratie und die Gesellschaft stets hervorzuheben und bei der Abwägung zu berücksichtigen, unabhängig davon, ob ein Schutz über die Presse- oder die Informationsfreiheit besteht.

b) Vorliegen eines erheblichen öffentlichen Informationsinteresses

Liegt ein erhebliches öffentliches Informationsinteresse[173] vor, z.B. eine schwere Menschenrechtsverletzung oder eine große Gefahr für die Umwelt, sollte das Informationsinteresse nur in begründeten Ausnahmefällen zurücktreten müssen. Das ergibt sich zum einen aufgrund der wichtigen Transparenz- und Kontrollfunktionen externen Whistleblowings. Zum anderen lässt sich diese Vorrangregel aufgrund der überragenden Bedeutung der den Inhalt der Information betreffenden Rechtsgüter ableiten. Sind die überragenden Rechtsgüter Leben, Körper, Gesundheit, öffentliche Sicherheit oder Umwelt ernstlich betroffen, sollte das öffentliche Informationsinteresse gegenüber Geheimhaltungsinteressen in der Regel überwiegen.[174]

Eine Ausnahme von dieser Abwägungsvorrangregel ist vorstellbar, wenn durch die Veröffentlichung ein anderes überragendes Rechtsgut beeinträchtigt wird, das im Einzelfall höher zu gewichten ist. Wird zum Beispiel die öffentliche Sicherheit aufgrund einer Veröffentlichung eines schwerwiegenden Korruptionsfalls ernsthaft beeinträchtigt, sind die Geheimhaltungsinteressen im Einzelfall höher zu gewichten. In diesem Einzelfall wird es wichtiger sein, die öffentliche Sicherheit zu schützen, als finanzielle Einbußen hinzunehmen. Insofern lassen sich kleine Abstufungen auch im Rahmen der hochrangigen Rechtsgüter vornehmen.

Bei anderen Menschenrechtsverstößen und sonstigen Rechtsverstößen, aufgrund derer ein erhebliches öffentliches Informationsinteresse zu bejahen ist,[175] ergibt sich diese Gewichtung aufgrund der vergleichbaren Beeinträchtigung der Rechtsordnung. Die Intensität derartiger Verletzungen oder die Vielzahl solcher Rechtsverstöße reichen wertungsmäßig an die oben genannten höchsten Rechtsgüter heran,

---

171 *EGMR*, U. v. 21.01.1999, Nr. 26/1998/929/1141, *Fressoz u. Roire v. Frankreich*, Rn. 45.

172 Statt vieler *EGMR*, U. v. 25.06.1992, Nr. 47/1991/299/370, *Thorgeir Thorgeirson v. Island*, Rn. 63.

173 Siehe oben S. 39.

174 Siehe das Vorbringen der Regierung in *EGMR*, U. v. 12.02.2008, Nr. 14277/04, *Guya v. Moldawien*, Rn. 67.

175 Siehe ausführlich S. 39.

sofern sie eine bestimmte Schwelle erreichen. Nur in begründeten Ausnahmefällen ist dem Geheimhaltungsinteresse Vorrang zu geben.

c) *Vorliegen eines einfachen öffentlichen Informationsinteresses*

Ist ein einfaches öffentliches Informationsinteresse gegeben, das auf einfache Geheimhaltungsinteressen trifft, ist eine Gewichtung im Einzelfall vorzunehmen. Dabei kommt es auf die Art der durch den Missstand betroffenen Rechtsgüter, die Schwere und Dauer sowie die Aktualität und nachteiligen Auswirkungen der Verletzungen oder des Missstandes an. Höherrangige Rechtsgüter haben Vorrang vor weniger wichtigen Rechtsgütern, während lang anhaltende und erhebliche Verletzungen kurzweiligen und geringen Verstößen vorgehen. Das öffentliche Informationsinteresse sollte mehr Gewicht erhalten, wenn der Missstand noch andauert, da ihm durch die Herstellung von Öffentlichkeit abgeholfen werden kann. Zugunsten des Informationsinteresses zu berücksichtigen sollten aus demselben Grund auch Schäden sein, die der Whistleblower durch seine Veröffentlichung noch abwenden kann. Andernfalls besteht ein Ungleichgewicht, wenn Schäden aufseiten der betroffenen Organisation in der Abwägung berücksichtigt werden während abgewendete Schäden der Allgemeinheit oder Einzelner keinen Einfluss auf die Gewichtung nehmen sollen. Ein abgewendeter Schaden sollte allerdings nur dann zu berücksichtigen sein, wenn konkrete Anhaltspunkte vorliegen.

Im Rahmen der Abwägung ist überdies zu berücksichtigen, dass der Whistleblower nicht der erste ist, der durch die Informationspreisgabe möglicherweise gegen bestehende Gesetze verstößt, sondern dass der Missstand den Ursprung der Aktionskette darstellt.

Bei Bagatellverstößen, die in ihrer Auswirkung nur sehr geringfügig sind, überwiegt das öffentliche Informationsinteresse nicht. Es handelt sich zwar um Rechtsverstöße, sodass ein öffentliches Informationsinteresse zu bejahen ist.[176] Im Rahmen der Abwägung muss es gegenüber dem Geheimhaltungsinteresse aber in der Regel zurücktreten. Unter die Bagatellgrenze fallen allerdings nur sehr geringfügige Verstöße, die nur von kurzer Dauer oder einmalig erfolgt sind und sich in ihrer Intensität kaum bemerkbar gemacht haben.[177] Denn nur dann lässt sich ein grundsätzlicher Vorrang der Geheimhaltungsinteressen begründen. Es kommt demnach auf die Dauer und Intensität der Missstände an, sodass kurzzeitige Verstöße von geringer Intensität in der Regel nicht zur Rechtmäßigkeit externen Whistleblowings rechtfertigen können. Dafür spricht die Bedeutung des Begriffes Missstand. Ein Missstand beschreibt einen Zustand, der nicht der Ordnung oder den Vorschriften entspricht.[178] Ein Zustand ist etwas Andauerndes. Damit beinhaltet schon der Begriff

176 *Rudkowski*, Kernprobleme, CCZ 2013, 204 (207).

177 Vgl. Communication from Vice-President Sefcovic to the Commission on Guidelines on Whistleblowing v. 06.12.2012, SEC(2012) 679 final, S. 4.

178 *Duden online*, abrufbar unter: http://www.duden.de/rechtschreibung/Missstand (zuletzt abgerufen: 15.07.2016).

des Missstandes an sich ein dauerhaftes Element. Ist die Dauer nicht gegeben, muss der Missstand von gewisser Schwere sein, um nicht unter die Bagatellgrenze zu fallen. Der Nutzen, der mit der Meldung solch geringfügiger Verstöße einhergeht, ist im Vergleich zu den Kosten zu gering. In der Praxis wird dieser Grundsatz allerdings kaum Bedeutung haben. Whistleblowing ist auch persönlich mit erheblichen Risiken verbunden, als dass jemand, der auf einen Bagatellverstoß aufmerksam wird, an die Öffentlichkeit treten wollen würde.

4. *Wahrheitsgehalt der Information*

Das überwiegende öffentliche Informationsinteresse ist nur dann berechtigt, wenn die Information wahr ist. Denn das vorsätzliche Veröffentlichen einer falschen Information entgegen den Interessen anderer ist im Rahmen der Presse- und Informationsfreiheit nicht schützenswert.

Der Wahrheitsgehalt der Information könnte im Rahmen der Rechtmäßigkeitskriterien auch derart berücksichtigt werden, dass der Whistleblower verpflichtet wäre, ihn aktiv zu überprüfen.[179] Für die Annahmen einer solchen aktiven Überprüfungspflicht spricht, dass der Whistleblower bei Ausübung seiner Kommunikationsfreiheiten gewissen Pflichten und einer bestimmten Verantwortung unterliegt, Art. 10 Abs. 2, 1. Hs. EMRK. Daraus könnte abgeleitet werden, dass sich der Whistleblower vergewissern muss, dass es sich um wahrheitsgetreue und verlässliche Informationen handelt. Nur dann kann ihm Schutz der EMRK zugesprochen werden.[180] Diese Argumentation ist nachvollziehbar, dennoch ist die Annahme einer aktiven Überprüfungspflicht des Whistleblowers anfechtbar. Ein solches Rechtmäßigkeitskriterium könnte zu einem unbefriedigenden Ergebnis führen: Ein Whistleblower, der die Echtheit nicht überprüft hat, würde unrechtmäßig handeln, obgleich die Information wahr ist und er möglicherweise einen eklatanten Missstand aufgedeckt hat. Die Rechtmäßigkeit externen Whistleblowings darf deshalb nicht von einer Pflicht zur Überprüfung des Wahrheitsgehaltes abhängig sein.

Der Wahrheitsgehalt der Information könnte derart im Rahmen der Rechtmäßigkeit berücksichtigt werden, dass er als Bestandteil des Rechtmäßigkeitskriteriums des *berechtigten öffentlichen Informationsinteresses* angesehen wird. Das *berechtigte öffentliche Informationsinteresse* liegt nur dann vor, wenn objektiv aus Sicht des Whistleblowers keine vernünftigen Zweifel dahingehend bestehen, dass die Information wahr ist.[181] Auf diese Weise wird der Whistleblower nicht zur Überprüfung der Information verpflichtet, die Rechtmäßigkeit ergibt sich dennoch nur, wenn keine vernünftigen Zweifel in Bezug auf den Wahrheitsgehalt gegeben sind. Denn aufgrund der gesellschaftlichen Funktion des externen Whistleblowings ergibt sich,

---

179 So *EGMR*, U. v. 12.02.2008, Nr. 14277/04, *Guya v. Moldawien*, Rn. 75.

180 *EGMR*, U. v. 12.02.2008, Nr. 14277/04, *Guya v. Moldawien*, Rn. 75.

181 *Benkler*, A Public Accountability Defense, 8 Harv. L. & Pol.'y Rev. 2014, 282 (305).

dass eine Fahrlässigkeit allein in Bezug auf die Überprüfung des Wahrheitsgehalts nicht zu einer Unrechtmäßigkeit des Vorgangs führen darf.

Der Whistleblower trägt auf diese Weise noch ein Risiko, dass die Information falsch ist und sein Handeln von der europäischen Rechtsordnung als rechtswidrig eingestuft wird. Deshalb sollte ihm geraten werden, die Echtheit seiner Informationen, soweit möglich, zu überprüfen, wozu er allerdings nicht verpflichtet ist. In der Praxis wird der Whistleblower den Beweis erbringen müssen, dass eine objektive Person mit seinem Kenntnisstand die Informationen als wahr eingestuft hätte.[182]

An dieser Stelle ist an eine Beweiserleichterung zugunsten des Whistleblowers zu denken. In der Praxis wird der Whistleblower Schwierigkeiten haben, den Wahrheitsbeweis zu erbringen, weil er nicht erneut dorthin vordringen kann, wo sich die notwendigen Beweise befinden. Vielmehr sollte die Beweislast bei dem für den Missstand Verantwortlichen liegen, der einfacher beweisen kann, dass die Unwahrheit kundgetan wurde.

Die Kundgabe falscher Informationen ist nicht schützenswert, denn falsche Informationen können irreversible Schäden für die betroffenen Behörden oder Unternehmen herbeiführen. Allerdings wird dieser Prüfungspunkt in der Praxis vermutlich selten Schwierigkeiten bereiten, da sich Whistleblower in der Regel nur an die Öffentlichkeit wenden werden, wenn sie sich des Missstands sicher sind.

5. Zeitpunkt für das Vorliegen

Das *berechtigte öffentliche Informationsinteresse* muss zum Zeitpunkt der Informationskundgabe durch den Whistleblower vorliegen. Bestand das berechtigte öffentliche Informationsinteresse einmal, liegt es allerdings zum Zeitpunkt der Veröffentlichung nicht mehr vor, kann das Handeln des Whistleblowers nicht rechtmäßig sein. Ein späterer Beurteilungszeitpunkt ex post, etwa zu Beginn eines Gerichtsverfahrens, ist unvorhersehbar und würde aufgrund des unterschiedlichen Verfahrensbeginns nicht alle Whistleblower gleich behandeln.

Problematisch bleibt allerdings, dass das Vorliegen eines Missstands auch von den aktuellen Werten einer Gesellschaft abhängig ist. Deshalb ist es möglich, dass sich erst mit der Informationskundgabe ein Bewusstsein für ein Thema entwickelt, das zum Zeitpunkt der Veröffentlichung noch keinen Missstand dargestellt hat. In der „Post-Veröffentlichungsgesellschaft" liegt ein berechtigtes öffentliches Informationsinteresses in Bezug auf einen Missstand vor, weil sich erst durch die anschließende Diskussion ein Wandel im Rahmen der Rechtsordnung ergeben hat. Im US-amerikanischen Rechtskreis wird eine Vermutungslösung diskutiert. Lässt sich das Vorliegen dieses Missstandes erst im Nachhinein aus vernünftiger Sicht

182 Mit Bezug zum US-Recht *Papandrea*, National Security Information Disclosures and the Role of Intent, 56 Wm. & Mary Law Review 2014/2015, 1381 (1427).

feststellen, wird zugunsten des Whistleblowers vermutet, dass das Kriterium bereits zum Zeitpunkt der Veröffentlichung vorgelegen hat.[183]

Dieser Gedanke lässt sich auf die europäische Rechtsordnung und auf Whistleblower aus anderen Bereichen als der nationalen Sicherheit übertragen. Befindet eine Gesellschaft erst zeitnah nach Veröffentlichung, dass ein berechtigtes öffentliches Informationsinteresse in Bezug auf einen Missstand gegeben ist, könnte eine Vermutung zugunsten des Whistleblowers greifen. Es könnte vermutet werden, dass das Kriterium bereits zum Zeitpunkt der Veröffentlichung vorgelegen hat. Eine solche Vermutung lässt sich insbesondere aus der Korrektivfunktion des externen Whistleblowings ableiten. Durch die Veröffentlichung bislang geheim gehaltener Informationen können fehlerhafte Verhaltensweisen korrigiert und öffentliche Diskussionen angestoßen werden, die zu positiven Veränderungen führen.

6. Zwischenergebnis

Das erste Rechtmäßigkeitskriterium des *berechtigten öffentlichen Informationsinteresses* setzt zunächst eine Abwägung zwischen dem öffentlichen Informationsinteresse und den Geheimhaltungsinteressen voraus. Geschützt ist nur die Übermittlung einer wahren Information, wobei keine vernünftigen Zweifel am Wahrheitsgehalt der Information bestehen dürfen. Das berechtigte öffentliche Informationsinteresse muss grundsätzlich zum Zeitpunkt der Informationsweitergabe zur Veröffentlichung vorliegen.

II. Erforderlichkeit der Offenbarung

Die Rechtmäßigkeit eines Whistleblowingakts verlangt neben einem *berechtigten öffentlichen Informationsinteresse* ein weiteres Kriterium: Das externe Whistleblowing muss erforderlich gewesen sein. Es darf kein gleich geeignetes, aber milderes Mittel zur Verfügung gestanden haben, um dem Missstand abzuhelfen.

Die Erforderlichkeit ist in zweierlei Hinsicht zu überprüfen. Zunächst ist zu fragen, wann eine Anrufung der Öffentlichkeit erforderlich ist. In der Regel stehen interne Abhilfemöglichkeiten zur Verfügung. Darüber hinaus ist die Erforderlichkeit in Bezug auf den Umfang der veröffentlichten Informationen zu prüfen. Es sollten nur die Informationen veröffentlicht werden, die notwendig sind, um das Informationsinteresse der Öffentlichkeit zu befriedigen.

1. Dogmatische Anknüpfung des Erforderlichkeitskriteriums

Gemäß Art. 10 Abs. 2, 1. Hs. EMRK ist die Ausübung der Presse- und Informationsfreiheit mit Pflichten und Verantwortung verbunden. Die Freiheiten können unter anderem zum Schutz des guten Rufs oder der Rechte anderer beschränkt werden. Externes Whistleblowing kollidiert mit den Rechten und Interessen der betroffenen

183 *Benkler*, A Public Accountability Defense, 8 Harv. L. & Pol.'y Rev. 2014, 282 (305).

Organisationen oder gar Dritter. Das Rechtmäßigkeitskriterium der Erforderlichkeit berücksichtigt diese Rechte anderer, indem es externes Whistleblowing nur soweit erlaubt, als der Verstoß gegen die Rechte und Interessen anderer so gering wie möglich ausfällt. Verantwortungsvolles externes Whistleblowing im Sinne des Art. 10 Abs. 2, 1. Hs. EMRK berücksichtigt das Interesse, einen Missstand zunächst intern lösen zu wollen. Zudem erlaubt es eine Weitergabe der Information nur in dem Umfang, der ausreicht, um die Öffentlichkeit über den Missstand zu informieren.

2. *Erforderlichkeit der direkten Anrufung der Öffentlichkeit*

Der rechtmäßige Gang an die Öffentlichkeit könnte einem Whistleblower nur als letztes Mittel zur Verfügung stehen, wenn interne Abhilfemöglichkeiten keinen Erfolg versprechen.[184] Bevor geheime Informationen an die Öffentlichkeit geraten dürfen, könnte der Whistleblower zunächst verpflichtet sein, zu überprüfen, ob er sich an einen Vorgesetzten oder an eine andere interne Instanz hätte wenden können und müssen.[185] Für dieses abgestufte Prinzip, „Kaskadenprinzip“[186], „Stufenmodell“[187] oder „Three-tiered model“[188] spricht vornehmlich, dass der betroffene Unternehmer oder die betroffene Behörde auf den Missstand selbst reagieren kann, ohne Beeinträchtigungen des Rufs oder andere Schädigungen hinnehmen zu müssen. Jede Organisation hat das nachvollziehbare Interesse, solche Missstände zunächst selbst intern und ohne öffentliche Aufmerksamkeit zu lösen.

Das Ausschöpfen interner Abhilfemöglichkeiten stellt das mildeste Mittel dar. Allerdings stellt die Ausschöpfung interner Kommunikationskanäle nicht immer auch ein gleich geeignetes Mittel dar, um Abhilfe zu schaffen. Es gibt Konstellationen, in denen das Herstellen von Öffentlichkeit und die anschließende Diskussion für die Beseitigung des Missstands geeigneter sind. Die direkte Anrufung der Öffentlichkeit ist in diesen Fällen zielführend, berücksichtigt darüber hinaus aber auch das Recht der Öffentlichkeit auf Wissen.

Der Inhalt der Information sollte ausschlaggebend sein. Es gibt Informationen, die rechtmäßig direkt veröffentlicht werden dürfen, ohne dass zuvor interne

---

184 *EGMR*, U. v. 12.02.2008, Nr. 14277/04, *Guya v. Moldawien*, Rn. 73; *BGH*, U. v. 08.11.1965, Az. 8 StE 1/65, NJW 1965, 1227 = MDR 1965, 557; so auch *Konopatsch*, Whistleblowing in der Schweiz, NZWiSt 2012, 217 (221); *Rieder*, Whistleblowing als interne Risikokommunikation, Rn. 381 ff.; *Zimmer/Seebacher*, Whistleblowing – Wichtige Erkenntnisquelle oder gefährliches Pflaster? CCZ 2013, 31 (32); vgl. auch *Ohly*, Geheimnisschutz im deutschen Recht, GRUR 2014, 1 (6f.).

185 *EGMR*, U. v. 12.02.2008, Nr. 14277/04, *Guya v. Moldawien*, Rn. 73; vgl. auch *Konopatsch*, Whistleblowing in der Schweiz, NZWiSt 2012, 217 (220).

186 *Konopatsch*, Whistleblowing in der Schweiz, NZWiSt 2012, 217 (221); *Rieder*, Whistleblowing als interne Risikokommunikation, Rn. 381f.

187 *Bäcker*, Whistleblower im Amt, Die Verwaltung 2015, 499 (504).

188 *Vandekerckhove*, European whistleblower protection: tiers or tears?, in: Lewis, A global aaproach to public interest disclosure, S. 15.

Abhilfemöglichkeiten versucht worden sein müssen.[189] Das ist der Fall bei Informationen, an denen ein erhebliches öffentliches Informationsinteresse[190] besteht.

a) Recht der Öffentlichkeit auf Wissen

Es gibt Missstände und Fehlverhalten, bezüglich derer der Öffentlichkeit ein Recht auf Wissen zuzusprechen ist. Dieses Recht wird übergangen, wenn eine direkte Anrufung der Öffentlichkeit nur bei fehlender Zweckmäßigkeit erlaubt wird.[191] Es wird auch nicht berücksichtigt, wenn ein Gang an die Öffentlichkeit als überflüssig deklariert wird, immer wenn vernünftige interne Lösungsmöglichkeiten vorliegen[192] oder eine direkte Anrufung gänzlich abgelehnt wird.[193] Wird im privaten Sektor eine direkte Anrufung der Öffentlichkeit per se als verfassungswidriger Eingriff in die Unternehmensfreiheit angesehen,[194] wird überdies übersehen, dass das Recht der Öffentlichkeit auf Wissen auch im privaten Sektor besteht.

Es gibt Informationen, die die Öffentlichkeit erfahren muss.[195] Nur wenn die Informationen in einer möglichst objektiven, unbeeinflussten Weise an sie herangetragen werden,[196] kann die Öffentlichkeit eigene aufgeklärte Entscheidungen treffen.[197] Dazu ist transparentes Staatshandeln erforderlich.[198] Diese Entscheidungen betreffen aber nicht nur den Rahmen staatlicher Mitgestaltung,[199] sondern auch den Wirtschaftsmarkt. Der kritische Verbraucher möchte eine aufgeklärte Entscheidung darüber treffen, ob er Produkte von einem integeren Unternehmen erwerben möchte oder von einem Unternehmen, das regelmäßig gegen umweltrechtliche Vorschriften verstößt. Eine direkte Veröffentlichung von Informationen durch einen Whistleblower muss deshalb in bestimmten Fällen rechtmäßig sein.

Ein Recht auf Wissen wird in unterschiedlichen Zusammenhängen zur Begründung rechtlicher oder politischer Schritte oder zur Lösung rechtlicher Konflikte

---

189 So auch schon *BGH*, U. v. 08.11.1965, Az. 8 StE 1/65, NJW 1966, 1227 (1231).

190 Siehe oben S. 39.

191 So aber *EGMR*, U. v. 12.02.2008, Nr. 14277/04, *Guya v. Moldawien*, Rn. 73.

192 So aber *Bauschke*, Whistleblowing – ein Zwischenbericht, öAT 2012, 271 (274).

193 So aber *Konopatsch*, Whistleblowing in der Schweiz, NZWiSt 2012, 217 (223).

194 So aber *Busekist/Fahrig*, Whistleblowing und der Schutz von Hinweisgebern, BB 2013, 119 (124).

195 Siehe auch *Tinnefeld*, Plädoyer für Qualitätsjournalismus und Pressefreiheit, MMR 2008, XXVI (XXVII).

196 *Arendt*, Crisis of the Repulic, S. 45.

197 *Schmale/Tinnefeld*, Öffentlichkeit, Geheimhaltung und Privatheit, MMR 2011, 786 (788).

198 Vgl. *Bohnert*, Der beschuldigte Amtsträger, NStZ 2004, 301 (306).

199 Joint Statement on WikiLeaks der OAS und der UNO v. 21.12.2010, Rn. 1, abrufbar unter: http://www.oas.org/en/iachr/expression/showarticle.asp?artID=829&lID=1 (zuletzt abgerufen: 15.07.2016).

herangezogen.[200] In Frankreich hat ein Gericht zum Beispiel ein „droit de savoir" zur Rechtfertigung in einem Urheberrechtsfall herangezogen.[201] Zwar mögen die Konturen variieren. Die Tatsache, dass ein solches Recht zur Begründung und Problemlösung erwogen wird, lässt zunächst darauf schließen, dass es anerkannt wird. Auch der *Europäische Gerichtshof für Menschenrechte* hat festgestellt, dass die Öffentlichkeit das Recht hat, Informationen von allgemeinem Interesse zu erhalten.[202] Darüber hinaus wird in politischen und medienwissenschaftlichen Beiträgen ein solches Recht auf Wissen angedeutet.[203]

In der Europäischen Rechtsordnung finden sich dogmatische Anknüpfungspunkte für ein Recht auf Wissen. Ziel der Europäischen Menschenrechtskonvention ist die Schaffung einer wahrhaft demokratischen politischen Ordnung. Sie wird in der Präambel der Konvention als bestmögliche Grundlage für die Achtung der Menschenrechte erklärt. Eine wahrhaft demokratische Ordnung ist nur möglich, wenn der Bürger aufgeklärt ist und weiß, wem er seine Stimme verleiht. Ein solch transparentes System stellt die Basis in einem demokratischen Staat dar. Eine Parallele lässt sich ferner zu Art. 15 Abs. 3 S. 3, 1. Hs. AEUV ziehen, wonach die Organe, Einrichtungen und sonstigen Stellen der EU die Transparenz ihrer Tätigkeit gewährleisten müssen. Die EU legt für die eigenen Institutionen ein transparentes Handeln fest. Der Schutz der Menschenrechte, die die Grundlage von Gerechtigkeit und Frieden bilden, stellt jedoch den entscheidenden Anknüpfungspunkt in der Präambel der Europäischen Menschenrechtskonvention dar. Liegen Missstände im öffentlichen oder privaten Sektor vor, lässt sich ein Recht auf Wissen aus diesem Schutzgedanken ableiten. Die Öffentlichkeit sollte über Missstände im öffentlichen und privaten Sektor aufgeklärt werden, um zumindest die Möglichkeit zu haben, die beeinträchtigten individuellen und allgemeinen Rechtsgüter künftig zu schützen. Deshalb ist sie über erhebliche Verstöße gegen die Rechtsordnung und Beeinträchtigungen wichtiger Rechtsgüter zu unterrichten. Das Recht auf Wissen ist demzufolge Ausfluss des Ziels der EMRK, einen effektiven Menschenrechtsschutz herzustellen. Dabei stellt es allerdings kein einklagbares Individualrecht wie das in Art. 15 Abs. 3 S. 1 AEUV verbürgte Recht dar. Dafür lassen sich keine Anknüpfungspunkte in der EMRK finden.

Externes Whistleblowing ist ein wichtiges Mittel, um die Öffentlichkeit zu unterrichten.[204] Da ein Whistleblower aus dem Inneren der betroffenen Organisation

---

200 Z.B. Gesetzesentwurf der Fraktion DIE LINKE v. 05.07.2011, BT-Drucksache 17/6492, S. 2.

201 *Tribunal de grande instance de Paris,* U. v. 23.02.1999, No. 98/7053.

202 EGMR, U. v. 14.04.2009, Nr. 37374/05, *Társaság a Sabadságjogokért v. Ungarn,* Rn. 26.

203 *Arendt*, Crisis of the Repulic, S. 45; *Thomaß*, WikiLeaks and the question of responsibility within a global democracy, European View 2011, 17 (20).

204 Eine Pflicht als Whistleblower zu agieren, deuten an *Bäcker,* Whistleblower im Amt, Die Verwaltung 2015, 499, 516; *Leys/Vandekerckhove*, Whistleblowing duties, in: Brown/Lewis/Moberly/Vandekerckhove, International Handbook on Whistleblowing Research, S. 129f.

stammt, ist externes Whistleblowing oftmals das einzige Mittel, um die Informationen nach außen gelangen zu lassen. Diese Funktion des Whistleblowers wird auch in der Gesellschaft immer positiver aufgenommen.[205] Der Begriff Whistleblowing wird nicht nur mit Denunziantentum und Verrat in Verbindung gebracht, sondern enthält eine positive Wertung im Sinne eines Aufklärers, der die Wahrheit erzählt. Jüngstes Beispiel ist der derzeit berühmteste Whistleblower Edward Snowden, der im August 2013 trotz aller Kritik mit dem Whistleblower-Preis von der Vereinigung Deutscher Wissenschaftler und der deutschen Sektion der Organisation IALANA (International Association of Lawyers against nuclear arms) sowie Tranparency International[206] ausgezeichnet wurde. Im Dezember 2014 erhielt er darüber hinaus den Alternativen Nobelpreis.[207]

Das Recht der Öffentlichkeit auf Wissen greift in Bezug auf diejenigen Angelegenheiten, bei denen ein erhebliches öffentliches Informationsinteresse[208] besteht.[209] Das bedeutet, dass der Missstand von gewissem Ausmaß sein muss.[210] Neben schweren Menschenrechtsverletzungen und anderen Rechtsverstößen ist das der Fall bei Gefahren für die öffentliche Sicherheit, Gefahren für die Gesundheit, großen Gefahren für die Umwelt sowie schwerwiegender Korruption und Steuerhinterziehung. In den genannten Konstellationen fällt die Gewichtung in der Regel zugunsten des öffentlichen Informationsinteresses aus. Nur in begründeten Ausnahmefällen wird das Geheimhaltungsinteresse überwiegen. Diese Wertung erfolgt insbesondere aufgrund der Wichtigkeit der betroffenen Rechtsgüter. Auf dieser Begründung beruht auch das Recht auf Wissen. Sind Rechtsgüter dieser Art betroffen, ist die Öffentlichkeit in Kenntnis zu setzen. Fehlverhalten, das zu Schädigungen dieser Rechtsgüter führt, hat schwerwiegende Auswirkungen, sodass es der Öffentlichkeit gemeldet werden sollte, um Diskussions- und Abhilfemöglichkeiten zu schaffen. Deshalb rechtfertigt das Recht der Öffentlichkeit auf Wissen den unmittelbaren Gang an die Öffentlichkeit.

Diese Auffassung kann anhand des Whistleblowingfalls *Bucur und Toma gegen Rumänien* aus dem Jahr 2013 veranschaulicht werden. Ein ehemaliger Mitarbeiter des rumänischen Informationsdienstes SRI hatte auf einer Pressekonferenz Informationen über unberechtigte Abhörpraktiken der Behörde an die Öffentlichkeit weitergegeben. Zuvor hatte er sich sowohl an seine Kollegen als auch den Direktor

---

205 Z.B. *Zeit Online* v. 09.04.2014, Uni Rostock will Snowden Ehrendoktorwürde verleihen, abrufbar unter: http://www.zeit.de/studium/hochschule/2014-04/universitaet-rostock-edward-snowden-ehrendoktor (zuletzt abgerufen: 15.07.2016).

206 http://neu.vdw-ev.de/wp-content/uploads/2015/09/Online_Information_Whistleblo wing.pdf (zuletzt abgerufen: 15.07.2016).

207 http://www.rightlivelihood.org/laureates.html?&no_cache=1 (zuletzt abgerufen: 15.07.2016).

208 Siehe S. 39.

209 Vgl. *Holoubek*, Medienfreiheit in der Europäischen Menschenrechtskonvention, AfP 2003, 193 (194).

210 *BGH*, U. v. 08.11.1965, Az. 8 StE 1/65, NJW 1966, 1227 (1231).

der Behörde gewandt. Dort hatte er allerdings keine Abhilfe gefunden. Daraufhin wandte er sich an einen Abgeordneten des rumänischen Parlaments, der auch Mitglied der Kontrollkommission des Parlamentes in Bezug auf den Informationsdienst SRI war. Auf Anraten des Abgeordneten hat der Beschwerdeführer Bucur die Informationen auf der Pressekonferenz veröffentlicht. Unberechtigte Abhörpraktiken einer Behörde verletzen das Recht auf Privatsphäre aus Art. 8 EMRK und damit ein bedeutendes Menschenrecht. Der Mitarbeiter hätte die internen Abhilfeversuche theoretisch nicht unternehmen müssen. Die Öffentlichkeit hatte ein Recht auf Wissen.

b) Interne Abhilfemöglichkeiten

Liegt ein erhebliches öffentliches Informationsinteresse nicht vor, muss der Whistleblower vor einem Gang an die Öffentlichkeit alle zumutbaren, internen Abhilfemöglichkeiten ausgeschöpft haben. Zwar kann das Recht auf Wissen auch dann bestehen, nur muss es den Interessen der betroffenen Organisation weichen. Das gilt auch dann, wenn ein erhebliches öffentliches Informationsinteresse besteht, gleichzeitig aber ein erhebliches Geheimhaltungsinteresse vorliegt. Dann ist Gleichrangigkeit in Bezug auf die aufeinander treffenden Interessen gegeben. Vorstellbar ist das etwa, wenn das Geheimhaltungsinteresse aufgrund der nationalen Sicherheit erheblich ist.

In diesen Fällen sollte dem abgestuften Prinzip oder dem „Kaskadenprinzip“[211] gefolgt werden, das unterschiedlich konzipiert werden kann.[212] Danach sollte sich der Whistleblower zunächst an interne Stellen wenden. Zu überlegen ist ferner, ob er sich gleichzeitig an externe Stellen wie die zuständige Behörde wenden darf.[213] Jedenfalls sollte sich der Whistleblower rechtmäßig erst in einem zweiten oder dritten Schritt an die Öffentlichkeit wenden dürfen. Wäre der unmittelbare Gang an die Öffentlichkeit auch dann rechtmäßig, wenn nur ein einfaches öffentliches Informationsinteresse vorliegt, würden die Interessen der betroffenen Organisation nicht hinreichend berücksichtigt. Das ist zum Beispiel auch der Fall, wenn der Whistleblower von Beginn an selbst wählen können soll, ob er die Informationen unmittelbar publiziert oder zunächst interne Abhilfemöglichkeiten versucht.[214]

---

211 *Konopatsch*, Whistleblowing in der Schweiz, NZWiSt 2012, 217 (221).

212 Z.B. *EGMR*, U. v. 12.02.2008, Nr. 14277/04, *Guya v. Moldawien*, Rn. 73; Gesetzesentwurf der Fraktion Bündnis 90/Die Grünen v. 04.11.2014, BT-Drucksache 18/3039, S. 4; *Kiraly*, Der rechtliche Schutz von Whistleblowern, ZRP 2011, 146 (148); in Bezug auf das Grundgesetz Maunz/Dürig/*Grabenwarter*, GG, Art. 5 Rn. 184.

213 Gesetzesentwurf der Fraktion SPD v. 07.02.2012, BT-Drucksache 17/8567, S. 3; *Kiraly*, Der rechtliche Schutz von Whistleblowern, ZRP 2011, 146 (148).

214 So aber vorgeschlagen in Art. 5 einer möglichen Whistleblowing-Richtlinie für Europa v. 03.05.2016, abrufbar unter: http://www.greens-efa.eu/fileadmin/dam/Images/Transparency_campaign/WB_directive_draft_for_consultation_launch_May_2016.pdf (zuletzt abgerufen: 15.07.2016).

Der erste Vorschlag der *Icelandic Modern Media Initiative* klingt, als solle ein Schutz des Whistleblowers durch ein absolutes Recht auf Informationsweitergabe an Mitglieder des Parlaments erreicht werden.[215] Ein solch absolutes Recht führt auf der einen Seite zu einer sehr klaren Rechtslage, weil keine Unterscheidung nach Art des Informationsinteresses getroffen wird. Auf der anderen Seite aber wird es den Geheimhaltungsinteressen der betroffenen Behörde oder des Unternehmens nicht gerecht. Ihnen wird die Möglichkeit verwehrt, den Konflikt selbst intern zu lösen und dadurch ihre Geheimhaltungsinteressen zu berücksichtigen. Ein absolutes Recht auf externes Whistleblowing berücksichtigt deshalb nicht ausgewogen die involvierten Rechte und Interessen aller Beteiligten.

Zum Beispiel kann durch eine Veröffentlichung der Information die Funktionsfähigkeit des Unternehmens oder der Behörde beeinträchtigt werden. In Extremfällen besteht die Möglichkeit, dass der gewohnte Behörden- bzw. Betriebsablauf erheblich gestört oder gar unmöglich wird. Die Öffentlichkeit hat sogar selbst ein Interesse an der Funktionsfähigkeit von Behörden, um ihre Dienste nutzen zu können. Auch in Bezug auf bestimmte Unternehmen wird ein solches Allgemeininteresse zu bejahen sein, wenn lebenswichtige Produkte wie Medikamente oder wichtige Dienstleistungen angeboten werden. Verantwortungsvolles externes Whistleblowing im Sinne von Art. 10 Abs. 2, 1. Hs. EMRK ist, wenn der Whistleblower versucht, solche und weitere Schäden möglichst zu vermeiden. Diese Möglichkeit besteht, wenn er zunächst interne Lösungsversuche unternimmt.

Liegt ein einfaches öffentliches Informationsinteresse vor, hat sich der Whistleblower zunächst an seinen Vorgesetzten, an eine unternehmensintern eingerichtete Whistleblowinghotline[216] oder an die Leitung der Behörde oder des Unternehmens zu wenden. Dabei besteht die Gefahr, dass interne Kommunikationskanäle als Einschüchterungsmittel genutzt werden, um den Gang an die Öffentlichkeit zu verhindern.[217] Über das rechtliche Kriterium der Zumutbarkeit kann dieser Gefahr teilweise begegnet werden. Alle dem Whistleblower zumutbaren internen Stellen sind in Kenntnis zu setzen, bevor sich der Whistleblower einer externen Stelle zuwenden darf. Selbst wenn er sich als externer Whistleblower an eine Stelle außerhalb der betroffenen Organisation wendet, wird das mildere Mittel nicht der unmittelbare Gang an die Öffentlichkeit sein. In Betracht kommen vor allem Meldungen an die zuständige Aufsichtsbehörde oder die Strafverfolgungsbehörden.[218] Das lässt sich aus internationalen Empfehlungen der UN oder des Europarats selbst ableiten. In Art. 33 der UN-Konvention gegen Korruption empfiehlt die UN den Vertragsparteien, nationale Vorschriften zum Schutz derjenigen Personen zu erlassen, die Verstöße gegen die Konvention an

---

215 https://en.immi.is/immi-resolution/ (zuletzt abgerufen: 15.07.2016).

216 Telefonnummer, die Mitarbeiter eines Unternehmens, zur meist anonymen Meldung von Missständen im Unternehmen wählen können.

217 *Fischer-Lescano*, Internationalrechtliche Regulierung des Whistleblowing – Teil 1, AuR 2016, 4, II. 2.

218 Recommendation CM/REC(2014)7 des *Komitees der Minister* vom 30.04.2014.

die zuständigen Behörden melden. In Artikel 9 der *Civil Law Convention on Corruption* des Europarats wird auch ein Schutz zugunsten derjenigen Whistleblower empfohlen, die Korruption an die zuständigen Personen oder Behörden melden. Externes Whistleblowing, das direkt in einer Veröffentlichung mündet, wird in diesen Empfehlungen nicht behandelt. Daraus lässt sich folgern, dass externes Whistleblowing an die zuständige Behörde Priorität hat. Erst zuletzt sollte sich ein Whistleblower deshalb an einen Parlamentsabgeordneten oder die Presse wenden.[219]

Dieses Vorgehen sollte nur in Ausnahmefällen durchbrochen werden, wenn interne Abhilfe mit überwiegender Wahrscheinlichkeit nicht zu erwarten ist. Ist der Vorgesetzte zum Beispiel selbst Verursacher der Missstände und besteht keine anderweitige interne Stelle, kann sich der Whistleblower direkt an eine externe Stelle wenden.

3. *Erforderlichkeit hinsichtlich des Umfangs der Informationen*

Neben der Erforderlichkeit bezüglich einer direkten Veröffentlichung muss beim externen Whistleblowing auch Erforderlichkeit hinsichtlich des Umfangs der veröffentlichten Informationen bestehen. Damit wird an die Pflichten und die Verantwortung angeknüpft, die dem Whistleblower bei Ausübung seiner Presse- oder Informationsfreiheit obliegen. Die Tatsache, dass die Interessenabwägung des ersten Kriteriums zugunsten des Whistleblowers ausgefallen ist, bedeutet gerade nicht, dass die Interessen der anderen Betroffenen außer Acht zu lassen sind. Ein Erforderlichkeitskriterium hinsichtlich des Umfangs der publizierten Informationen führt zu einer Schadensbegrenzung.[220] Der Whistleblower sollte nur die Informationen veröffentlichen, die im öffentlichen Interesse liegen. Ein verantwortungsvoller Whistleblower gibt zum Schutz der anderen deshalb nur die Informationen weiter, die erforderlich sind, um das öffentliche Informationsinteresse zu befriedigen. Es dürfen die Informationen veröffentlicht werden, die das Ausmaß des Missstandes wiedergeben.

Durch dieses Erfordernis wird dem Whistleblower eine Prüfpflicht auferlegt. Vor Weitergabe seiner Informationen obliegen ihm die Sichtung der Informationen und die Auswahl derjenigen Dokumente, die veröffentlicht werden sollen. Ein verantwortungsbewusster Umgang mit den Informationen kann von ihm auf Basis von Art. 10 Abs. 2, 1. Hs. EMRK auch verlangt werden, obgleich die Prüfpflicht nicht in dem Umfang besteht, wie sie der organisierten, traditionellen Presse oder anderen Presseorganisationen obliegt. Der Whistleblower sollte sich Gedanken machen, welche Informationen bedeutend für das Inkenntnissetzen der Öffentlichkeit über den Missstand sind. Namen und andere persönliche Daten zum Beispiel sollte er schwärzen oder streichen, wenn

219 *EGMR*, U. v. 12.02.2008, Nr. 14277/04, *Guya v. Moldawien*, Rn. 73; Gesetzesentwurf der Fraktion Bündnis 90/Die Grünen v. 04.11.2014, BT-Drucksache 18/3039, S. 4; in Bezug auf das Grundgesetz Maunz/Dürig/*Grabenwarter*, GG, Art. 5 Rn. 184.

220 Vgl. *Benkler*, A Public Accountability Defense, 8 Harv. L. & Pol.'y Rev. 2014, 282 (306f.).

sie keine wesentliche Bedeutung für die Darstellung des Missstandes haben. Ein Name wird in der Regel Bedeutung für die Öffentlichkeit haben, wenn eine bestimmte Person zur Verantwortung gezogen werden soll. Ist allerdings eine ganze Abteilung für einen Missstand verantwortlich, wird es in der Regel genügen, wenn die Öffentlichkeit den Namen der Abteilung und ggf. des Direktors erfährt. Es ist dann regelmäßig nicht erforderlich, dass der Name jedes einzelnen Mitarbeiters in der Veröffentlichung genannt wird. Das ist allerdings vom Einzelfall abhängig.

Dieser Prüfungspunkt beinhaltet ein nicht unerhebliches Maß an Rechtsunsicherheit für den Whistleblower. Letztlich kann allerdings keine spezifischere Regel bezüglich der Erforderlichkeit formuliert werden, da sich die Fälle unterscheiden und individuell zu bewerten sind. Dem Whistleblower bleibt die Option, zurückgehaltene Informationen später zu veröffentlichen, wenn die Voraussetzungen dafür vorliegen.

Bei einem Verstoß gegen die Erforderlichkeit hinsichtlich des Umfangs ist der Whistleblowingakt nicht im Ganzen unrechtmäßig. Es ist zu unterscheiden zwischen den veröffentlichten Informationen, die erforderlich sind, und denjenigen, die es nicht sind. Der Whistleblowingvorgang ist nur bezüglich der nicht erforderlichen Informationen unrechtmäßig.

III. Notwendigkeit eines subjektiven Kriteriums?

Es ist fraglich, ob die Rechtmäßigkeit eines Whistleblowingvorgangs auch ein subjektives Kriterium voraussetzt.[221] Durch die Forderung eines subjektiven Rechtmäßigkeitskriteriums könnte der moralische Hintergrund des Whistleblowers überprüft werden. Ein subjektives Kriterium basiert auf der Annahme, dass die Veröffentlichung aus einer gewissen Selbstlosigkeit heraus erfolgt sein muss. Der Einzelne muss danach persönlich motiviert im Dienst des öffentlichen Interesses agiert haben. Nur dann wird sein Handeln als schutzwürdig bewertet.

Externes Whistleblowing könnte deshalb nur rechtmäßig sein, wenn der Whistleblower in gutem Glauben gehandelt hat.[222] In Art. 33 der UN Konvention gegen Korruption wird den Mitgliedsstaaten beispielsweise empfohlen, Schutzmechanismen zugunsten von Whistleblowern einzuführen, die in gutem Glauben Verstöße an die zuständigen Behörden weitergeben.

---

221 So Communication from Vice-President Sefcovic to the Commission on Guidelines on Whistleblowing v. 06.12.2012, SEC(2012) 679 final, S. 4; Resolution 1729 (2010) der *Parlamentarischen Versammlung des Europarats*, Rn. 6.2.4.; den Gewissenskonflikt eines Whistleblowers in den Vordergrund rückend *Haigh/Bowal*, Whistleblowing and Freedom of Conscience, 35 Dalhousie Law Journal 2012, 89 (105ff).

222 Communication from Vice-President Sefcovic to the Commission on Guidelines on Whistleblowing v. 06.12.2012, SEC(2012) 679 final, S. 4; Joint Statement on WikiLeaks der OAS und der UNO v. 21.12.2010, Rn. 3, abrufbar unter: http://www.oas.org/en/iachr/expression/showarticle.asp?artID=829&lID=1 (zuletzt abgerufen: 15.07.2016); Resolution 1729 (2010) der Parlamentarischen *Versammlung des Europarats*, Rn. 6.2.4.

Unabhängig vom möglichen Inhalt eines solchen Kriteriums könnte ein rechtlicher Anknüpfungspunkt vor allem in Art. 10 Abs. 2, 1. Hs. EMRK gesehen werden, der dem Ausübenden der Presse- oder Informationsfreiheit Pflichten und Verantwortung auferlegt. Nur ein verantwortungsbewusst handelnder Whistleblower soll den Schutz der Meinungsfreiheit genießen. Das lässt sich dahingehend interpretieren, dass ein nicht gutgläubig handelnder Whistleblower auch nicht rechtmäßig vorgehen kann.

In diesem Sinne spricht auch Pressefreiheit gemäß Art. 10 EMRK bzw. beim Schutz über die Informationsfreiheit die funktionelle Nähe zur Pressefreiheit dafür, die Frage nach der Voraussetzung eines Gutglaubenskriteriums zu bejahen. Im Rahmen der Pressefreiheit bedeutet ein Handeln in gutem Glauben, dass das, was der Journalist schreibt und veröffentlicht, seinem Wissen nach der Wahrheit entsprechen muss.[223] Auf der Ebene der Pressefreiheit wird folglich ein Gutglaubenskriterium mit dem gerade dargestellten Inhalt vorausgesetzt. Da beim Whistleblowing dieselben Funktionen wie die der Presse ausgeführt werden,[224] könnte ein solches Moralkriterium auch Voraussetzung externen Whistleblowings sein.[225] Die Institution Presse wird gemäß Art. 10 EMRK gewährleistet, konkrete Handlungen der Presse unterliegen der Regelung des Art. 10 Abs. 2, 1. Hs. EMRK. Die der Presse dort auferlegte Verantwortung setzt voraus, dass sie im Einklang mit berufsethischen Regeln handelt. Daraus lässt sich schließen, dass eine Presse, die zwar alle wichtigen Informationen zutage fördert, dabei jedoch die Moralvorstellungen der Gesellschaft grundlegend missachtet, nicht geschützt wird. Um die Einhaltung solcher Prinzipien zu gewährleisten, gibt sich die Presse selbst Verhaltensregeln im Pressekodex zur Selbstkontrolle.

Das presserechtliche Gutglaubenskriterium setzt voraus, dass das, was der Journalist veröffentlicht, seinem Wissen nach der Wahrheit entsprochen haben muss. Würde von der Presse mehr als nur ein guter Glaube an den Wahrheitsgehalt der Information verlangt, wäre eine effektive Ausübung der Pressefreiheit kaum möglich. Könnte die Presse rechtmäßig nur wahre Informationen veröffentlichen, könnte die Bevölkerung nicht täglich mit Informationen versorgt werden. Jede unmittelbare Berichterstattung über Ereignisse würde so verhindert. Whistleblowing ist hingegen ein einmaliges Phänomen, denn Whistleblower handeln nicht berufsmäßig. Es gibt kein etabliertes Geflecht aus Whistleblowern, die regelmäßig Informationen über Missstände an die Öffentlichkeit bringen und die sich selbst eigene Verhaltensregeln geben könnten. Beim externen Whistleblowing wird die Kundgabe einer wahren Information geschützt,[226] weshalb es eines Gutglaubenskriteriums bezüglich des

---

223 Frohwein/Peukert/*Frohwein*, EMRK, Art. 10 Rn. 27; Karpenstein/Mayer/*Mensching*, EMRK, Art. 10 Rn. 90; *Meyer-Ladewig*, EMRK, Art. 10 Rn. 52.

224 Siehe oben S. 18.

225 Communication from Vice-President Sefcovic to the Commission on Guidelines on Whistleblowing v. 06.12.2012, SEC(2012) 679 final, S. 4; Resolution 1729 (2010) der *Parlamentarischen Versammlung des Europarats*, Rn. 6.2.4.

226 Siehe oben S. 46.

Wahrheitsgehalts nicht bedarf. Der Vergleich des externen Whistleblowings mit dem Vorgehen der organisierten Presse führt folglich nicht zu der Annahme eines vergleichbaren Gutglaubenskriteriums.

Allerdings könnte ein Gutglaubenskriterium mit einem anderen Inhalt Voraussetzung der Rechtmäßigkeit externen Whistleblowings sein.

Teilweise wird vertreten, dass der Whistleblower in gutem Glauben gehandelt haben muss und in dem Glauben, dass die Information wahr sei, dass die Veröffentlichung dem öffentlichem Interesse entsprochen habe und der Whistleblower nicht auf ein milderes Mittel zugreifen konnte, um die Missstände zu beseitigen.[227] Neben einem guten Glauben muss der Whistleblower nach dieser Meinung das Vorliegen der Umstände gekannt haben, die im Rahmen der Abwägung für die Rechtmäßigkeit des Whistleblowings sprechen. Das Gutglaubenskriterium selbst bezieht sich nicht darauf, dass der Whistleblower daran glauben muss, dass die Information wahr sei. Der Glaube an den Wahrheitsgehalt der Information wird eigens aufgeführt. Vielmehr wird erläutert, dass Whistleblowing dann kaum Schutz verdiene, wenn der Akt des Hinweisgebens zum Beispiel durch persönlichen Groll motiviert ist oder in Erwartung eines persönlichen Vorteils erfolgt.[228] Daraus lässt sich ableiten, dass sich der Begriff des guten Glaubens allein auf das persönliche Motiv des Whistleblowers beziehen soll.

Bevor ausführliche Überlegungen zum möglichen Inhalt eines Gutglaubenskriteriums angestellt werden, ist allerdings die Frage zu klären, ob ein Gutglaubenskriterium überhaupt Bestandteil der Rechtmäßigkeitsprüfung ist.

Da nur die im oben beschriebenen Sinne wahre Information eines Whistleblowers schützenswert ist, könnte vorausgesetzt werden, dass ein Whistleblower an die Echtheit der von ihm veröffentlichten Informationen glauben muss.[229] Wird dieses Gutglaubenskriterium gefordert, wird die Rechtmäßigkeit jedoch von einem Faktor abhängig gemacht, um den es im Rahmen des Whistleblowings eigentlich nicht geht: von der Person des Whistleblowers.[230] Die Rechtmäßigkeit eines Whistleblowingvorgangs ist mit der Transparenz- und der Korrektivfunktion zu begründen. Durch die Veröffentlichung einer Information über einen Missstand kann diesem abgeholfen werden. Der subjektive Glaube der Person des Whistleblowers steht mit der Transparenz- oder der Korrektivfunktion in keinem Zusammenhang. Die dem Whistleblower auferlegten Pflichten und die Verantwortung gemäß Art. 10 Abs. 2, 1. Hs. EMRK werden bereits im Rahmen der objektiven Rechtmäßigkeitskriterien

227 *EGMR*, U. v. 12.02.2008, Nr. 14277/04, *Guya v. Moldawien*, Rn. 77.

228 *EGMR*, U. v. 12.02.2008, Nr. 14277/04, *Guya v. Moldawien*, Rn. 77.

229 Communication from Vice-President Sefcovic to the Commission on Guidelines on Whistleblowing v. 06.12.2012, SEC(2012) 679 final, S. 4; Resolution 1729 (2010) der *Parlamentarischen Versammlung des Europarats*, Rn. 6.2.4.

230 Anders sehen das *Haigh/Bowal*, Whistleblowing and Freedom of Conscience, 35 Dalhousie Law Journal 2012, 89 (105), die den Gewissenskonflikt des Whistleblowers im Vordergrund sehen.

berücksichtigt. Daraus ergibt sich, dass ein subjektives Kriterium keine Voraussetzung für die Rechtmäßigkeit sein darf.

Das wird veranschaulicht, wenn hypothetisch geprüft wird, welche Folgen sich ergeben, wenn ein Gutglaubenskriterium vorausgesetzt wird. Bestünde der Inhalt eines Gutglaubenskriteriums beispielsweise darin, dass der Whistleblower an die Echtheit der veröffentlichten Informationen geglaubt haben muss, ergibt sich Folgendes: Ist eine veröffentlichte Information falsch, ist unerheblich, ob der Whistleblower selbst an die Echtheit geglaubt hat oder nicht. Das Veröffentlichen einer falschen Information ist im Rahmen des Whistleblowing nicht geschützt. Der gute Glaube des Whistleblowers führt nicht dazu, dass die Veröffentlichung einer falschen Information rechtmäßig wird. Das würde dem hinter dem Whistleblowing stehenden Gedanken, die Öffentlichkeit zu informieren, nicht gerecht. Ist die Information wahr und glaubt der Whistleblower an die Echtheit der Information, ist der Whistleblowingvorgang rechtmäßig. Diese Folgerung ergibt sich unabhängig davon, ob das Gutglaubenskriterium vorausgesetzt wird oder nicht. Einzig problematisch ist die eher theoretische Fallgruppe, in der es sich um eine wahre Information über einen Missstand handelt, die veröffentlicht wird, obwohl der Whistleblower sich in Bezug auf die Echtheit nicht sicher ist. Wird ein Gutglaubenskriterium vorausgesetzt, ist der Whistleblowingvorgang im Ergebnis nicht rechtmäßig. Der Whistleblower war nicht gutgläubig. Wird das Gutglaubenskriterium nicht vorausgesetzt, ist der Whistleblowingvorgang rechtmäßig. Diese Rechtmäßigkeit besteht zu Recht, da sich herausgestellt hat, dass ein berechtigtes öffentliches Informationsinteresse besteht und die Veröffentlichung erforderlich ist. Anhand dieser objektiven Rechtmäßigkeitskriterien ergibt sich die Wertung, dass die Veröffentlichung überwiegende öffentliche Interessen bedient und dabei andere Interessen hinreichend berücksichtigt. Der individuelle böse oder gute Glaube des Whistleblowers führt zu keiner anderen Bewertung. Die Veröffentlichung des Missstandes erfolgt zugunsten allgemeiner Interessen und nicht zugunsten des Whistleblowers. Unabhängig davon, ob der Whistleblower in gutem Glauben oder nicht gehandelt hat, hat er einen Missstand aufgedeckt und damit wichtige gesellschaftliche Interessen an Transparenz und Wahrung der Rechtsordnung verteidigt. Der individuelle Glaube des Übermittlers der Information hat an dieser Stelle keine Bedeutung. Aufgrund des funktionalen Hintergrunds des Whistleblowings ergibt sich, dass rechtmäßiges Whistleblowing keine subjektive Komponente voraussetzt.

Dieselbe Argumentation greift, wenn das Gutglaubenskriterium die Redlichkeit des Whistleblowers bezüglich der objektiven Rechtmäßigkeitskriterien voraussetzt.[231] Ob der Whistleblower gewusst hat, dass die Umstände, die zur Rechtmäßigkeit führen, vorgelegen haben, ist für die Erfüllung der Transparenzfunktion und der Korrektivfunktion unerheblich.

Der Kenntnisstand oder die Motive des Whistleblowers haben aus denselben Gründen keinen Einfluss auf die Rechtmäßigkeitsprüfung. Es wird vertreten, dass

---

231 *EGMR*, U. v. 12.02.2008, Nr. 14277/04, *Guya v. Moldawien*, Rn. 77.

externes Whistleblowing unrechtmäßig ist, wenn es dem Whistleblower nur darum geht, durch die Publikmachung anderen zu schaden oder persönliche Fehden auszufechten.[232] Die Motive des Whistleblowers sind nach dieser Auffassung Bestandteil der Rechtmäßigkeitsprüfung.

Für die Rechtmäßigkeit ist es allerdings unerheblich, ob der Whistleblower aus persönlichem Groll oder aus rein selbstlosen Gründen den Weg in die Öffentlichkeit gesucht hat. Diejenigen, die ein moralisch einwandfreies Motiv voraussetzen, wollen damit überprüfen, ob der Whistleblower altruistisch zugunsten allgemeiner Interessen gehandelt hat.[233] Sie sehen Whistleblower nicht stets als Persönlichkeiten mit einem starken moralischen Anspruch[234]. Sie wenden deshalb ein, dass im Fall eines Verzichts auf einen moralisch einwandfreien Beweggrund Whistleblower gefördert würden, die mit einer Schädigungsabsicht oder aus persönlicher Rachsucht handelten.[235] Das sei aus moralischen Gründen nicht erwünscht. In der Regel werden gemischte Motive beim Whistleblower vorliegen.[236] Allerdings hat der Whistleblower auch in diesen Fällen allgemeinen Interessen gedient, weil er die Öffentlichkeit über einen Missstand informiert hat und dadurch möglicherweise einen korrigierenden Prozess angestoßen hat.

Die Korrekturkräfte aus dem Inneren einer Behörde oder eines Unternehmens mangels externer Kontrolle wirken unabhängig von einer Motivation des Whistleblowers. Ein „Selbstheilungsprozess" der Behörde oder des Unternehmens wird in Gang gesetzt[237] und das berechtigte öffentliche Informationsinteresse einer Gesellschaft wird durch die Veröffentlichung befriedigt. Diese Funktionen legitimieren die Rechtmäßigkeit der Veröffentlichung unter Verstoß gegen Geheimhaltungsvorschriften.

Die Rechtmäßigkeit externen Whistleblowings ergibt sich nicht nur aufgrund des subjektiven Freiheitsschutzes des einzelnen Whistleblowers, sondern insbesondere aufgrund seiner gesellschaftlichen Funktionen. Es werden gesellschaftliche Korrektivkräfte freigesetzt, die einen Widerspruch zum Status Quo erzeugen.[238]

---

232 *EGMR*, U. v. 12.02.2008, Nr. 14277/04, *Guya v. Moldawien*, Rn. 77; *Haigh/Bowal*, Whistleblowing and Freedom of Conscience, 35 Dalhousie Law Journal 2012, 89 (105).

233 Vgl. Seventh General Activity Report of GRECO (2006) v. 21.03.2007, Greco (2007) 1 E final, S. 13.

234 Siehe das Profil bei *Benne*, Whistleblowing – Wenn Wissen Sensibilität erfordert, CCZ 2014, 189.

235 Vgl. Seventh General Activity Report of GRECO (2006) v. 21.03.2007, Greco (2007) 1 E final, S. 13.

236 *Kaptein*, From Inaction to External Whistleblowing, Journal of Business Ethics 2011, 513 (515).

237 *Fischer-Lescano*, Mäßigung der Verhältnismäßigkeit – Whistleblowing im transnationalen Recht, in: Calliess, Transnationales Recht, S. 450.

238 Vgl. *Fischer-Lescano*, Mäßigung der Verhältnismäßigkeit – Whistleblowing im transnationalen Recht, in: Calliess, Transnationales Recht, S. 449f.

Dadurch kann ein Selbstheilungsprozess in Gang gesetzt werden. Zwar basiert die Rechtmäßigkeit von Whistleblowing auf den persönlichen Freiheitsrechten gemäß Art. 10 EMRK. Sie haben eine weitaus größere Funktion in einer Gesellschaft als nur die Sicherung des persönlichen Freiraums des Einzelnen, denn sie ermöglichen notwendigen, gesellschaftlichen Diskurs.

Whistleblowing ist kein Massenphänomen. Selbst wenn die Rechtmäßigkeitskriterien für Whistleblower herausgearbeitet und normiert werden, wird Whistleblowing nicht zu einem alltäglichen Phänomen. Starke persönliche Eigenschaften sind erforderlich, um sich gegen seinen eigenen Wirkungskreis zu stellen und geheime Informationen an die Öffentlichkeit zu bringen. Den inneren, moralischen Konflikt und die Pflichtenkollision wird deshalb nicht jeder zugunsten der Öffentlichkeit lösen. In der Regel wird es einfacher sein, sich entsprechend den Geheimhaltungsregeln der Behörde oder des Unternehmens zu verhalten. Erst wenn der Whistleblower es persönlich nicht mehr verantworten kann, den Missstand geheim zu halten, wird er an die Öffentlichkeit treten.[239] Die Hürde für das Whistleblowing wird auch ohne die Einbeziehung der Motivation des Whistleblowers in die Rechtmäßigkeit groß sein.

Überdies sprechen Praktikabilitätsgründe gegen die Einbeziehung des Beweggrunds in die Rechtmäßigkeitsprüfung. Unredliche Motive lassen sich leicht negieren.[240] Die Gegenseite könnte zudem versuchen, in der Vergangenheit liegende Konflikte als Beweis für eine Unredlichkeit zu nutzen.[241] Nicht selten werden solche Konflikte dem Whistleblowingvorgang vorausgegangen sein.[242] Selbst eine Vermutung zugunsten der Gutgläubigkeit[243] vermag diese Bedenken nicht auszuräumen.

Bei Einbeziehung des Beweggrunds wäre es zudem äußerst schwierig, den Maßstab für ein moralisch einwandfreies Motiv festzulegen. Welcher Grad moralischen Handelns könnte realistischerweise vom Recht gefordert werden? Unsicher wäre zum Beispiel, ob ein Whistleblower dann noch mit einwandfreiem Motiv handelt, wenn er zwar das Motiv verfolgt, die Öffentlichkeit aufzuklären, daneben aber andere egoistische Motive verfolgt. Selbst wenn er handelt, um einem Vorgesetzten

---

239 *Hesch*, Whistleblower Rights and Protections, 6 Liberty U. L. Rev. 2011–2012, 51 (52).

240 *Király*, Der rechtliche Schutz von Whistleblowern, ZRP 2011, 146 (148).

241 *Király*, Der rechtliche Schutz von Whistleblowern, ZRP 2011, 146 (148).

242 Siehe *Roberts*, Motivations for whistleblowing: Personal, private and public interests, in: Brown/Lewis/Moberly/Vandekerckhove, International Handbook on Whistleblowing Research, S. 217.

243 So klingt es an in *EGMR*, U. v. 21.7.2011, Nr. 28274/08, *Heinisch v. Deutschland*, Rn. 83 = NJW 2011, 3501 (3505); Resolution 1729 (2010) der *Parlamentarischen Versammlung des Europarats* zum Schutz von Whistleblowern, Rn. 6.2.4; Communication from Vice-President Sefcovic to the Commission on Guidelines on Whistleblowing v. 06.12.2012, SEC(2012) 679 final, S. 4.

Schaden zuzufügen, möchte er vielleicht auch die Öffentlichkeit aufklären. Was moralisch genügen würde und was nicht, wäre schwer festzulegen und abzugrenzen.[244]

Aufgrund dieser Erwägungen bedarf es keines subjektiven Elementes im Rahmen der Rechtmäßigkeit von externem Whistleblowing. Weder der Beweggrund[245] noch ein anderes Gutglaubenskriterium, gleich welchen Inhalts, sind Bestandteil der Rechtmäßigkeitsprüfung beim Whistleblowing. Sie ist von jeglicher Subjektivität zu befreien.[246] Das gebieten insbesondere die Transparenz- und die Korrektivfunktion, die durch die Voraussetzung eines subjektives Elements in ihrer Bedeutung verkannt werden.

IV. Berücksichtigung strafrechtlicher Konsequenzen

Das Ausmaß der dem Whistleblower potenziell drohenden Strafen könnte im Rahmen der Rechtmäßigkeit externen Whistleblowings zu berücksichtigen sein.[247] So prüft der EGMR. Eine allumfassende Analyse der Strafe an sich sowie der Konsequenzen für den Betroffenen könnten die Bewertung der Rechtmäßigkeit beeinflussen.

Für ein solches Kriterium ist jedoch schon kein rechtlicher Anknüpfungspunkt ersichtlich. Dagegen spricht auch, dass durch solch ein Kriterium das Erfordernis eines Whistleblowingschutzes wieder relativiert wird. Wird die dem Whistleblower drohende Strafe in die Rechtmäßigkeitsprüfung einbezogen, wird einem Whistleblower bei nur geringen Strafen eher zugemutet, dass gegen die Rechtmäßigkeit seiner Handlung entschieden wird. Das Kriterium scheint daher eher auf Mitgefühl zu fußen und von individuellen Umständen abhängig zu sein als auf einer rechtlichen Legitimationsgrundlage zu beruhen. Ein solches Kriterium trifft keine Aussage zugunsten des Konflikts zwischen öffentlichem Informationsinteresse und dem Geheimhaltungsinteresse des Betroffenen. Vielmehr sollte die Rechtmäßigkeit einer konkreten Whistleblowinghandlung unabhängig von möglichen strafrechtlichen Konsequenzen beurteilt werden. Zunächst ist eine Aussage über die Rechtmäßigkeit des Vorgangs zu treffen. Daran knüpfen dann mögliche Konsequenzen an; nicht aber umgekehrt.

Darüber hinaus könnte ein solches Kriterium gegen den Gleichheitsgrundsatz gemäß Art. 14 EMRK verstoßen, da sich das Strafmaß in verschiedenen Ländern unterscheidet. Derselbe Akt des Whistleblowings würde in einem Land für rechtmäßig erklärt, weil härtere Strafen drohen, während die Handlung in einem anderen Land rechtswidrig gewesen wäre. Ein solches Ergebnis verstößt gegen das Diskriminierungsverbot. Eine Gleichbehandlung der Whistleblower ist nicht möglich,

---

244 Vgl. *Roberts*, Motivations for whistleblowing: Personal, private and public interests, in: Brown/Lewis/Moberly/Vandekerckhove, International Handbook on Whistleblowing Research, S. 224.

245 *Király*, Der rechtliche Schutz von Whistleblowern, ZRP 2011, 146 (148).

246 *Fischer-Lescano*, Mäßigung der Verhältnismäßigkeit – Whistleblowing im transnationalen Recht, in: Calliess, Transnationales Recht, S. 447.

247 So *EGMR*, U. v. 12.2.2008, Nr. 14277/04, *Guya v. Moldawien*, Rn. 78.

wenn das Strafmaß im jeweiligen Land das Zünglein an der Waage für die Rechtmäßigkeit sein kann.

Ein Kriterium, das die strafrechtlichen Konsequenzen in dem betroffenen Mitgliedsstaat beleuchtet, ist deshalb kein Bestandteil der Rechtmäßigkeitsprüfung.

V. Zwischenergebnis

Whistleblowingkonstellationen werden durch einen Interessenskonflikt bestimmt, der insbesondere anhand einer Abwägung der widerstreitenden Positionen zu lösen ist. Der Prozess der Abwägung erfolgt auf Grundlage vorformulierter Vorrangregeln, die kennzeichnen, unter welchen Bedingungen welchem Interesse Vorrang einzuräumen ist. Aufgrund der Untersuchungen ergibt sich:

- Ein Whistleblowingvorgang ist rechtmäßig, wenn das berechtigte öffentliche Informationsinteresse vorliegt und die Whistleblowinghandlung erforderlich ist. Weitere Kriterien sind nicht Bestandteil der Rechtmäßigkeitsprüfung.
- Ein berechtigtes öffentliches Informationsinteresse besteht, wenn das Informationsinteresse das Geheimhaltungsinteresse überwiegt und die Information wahr ist.
- Ein erhebliches öffentliches Informationsinteresse überwiegt in der Regel das Geheimhaltungsinteresse.
- Liegt ein einfaches öffentliches Informationsinteresse vor, entscheiden Art und Ausmaß des Missstandes im konkreten Fall, ob das Informationsinteresse der Öffentlichkeit oder das Geheimhaltungsinteresse der Behörde oder des Unternehmens überwiegt.
- Im Fall eines erheblichen öffentlichen Informationsinteresses darf sich der Whistleblower unmittelbar an die Öffentlichkeit wenden. Interne Abhilfeversuche muss er nicht ergreifen.
- In anderen Fällen hat der Whistleblower zunächst alle internen, zumutbaren Maßnahmen zu treffen, um die Interessen der Behörde oder des Unternehmens bestmöglich zu wahren.
- Ein Gutglaubenskriterium, das den moralischen Hintergrund des Whistleblowers beleuchtet, ist nicht erforderlich. Auch das Motiv des Whistleblowers wird im Rahmen der Rechtmäßigkeit nicht berücksichtigt.
- Das Ausmaß der Strafe, die ein Whistleblower zu erwarten hat, ist auch kein Teil der Rechtmäßigkeitsprüfung.

VI. Handlungsempfehlung: Kodifizierung eines Whistleblowergesetzes

Der Mitgliedsstaat ist nach Art. 1 EMRK verpflichtet, die Kommunikationsrechte und -freiheiten aus der EMRK seinen Bürgern gegenüber zu sichern. Das gilt insbesondere, wenn wichtige öffentliche Interessen berührt werden und der zu schützende Kommunikationsvorgang einen relevanten Beitrag zu öffentlichen

Debatten leisten kann.[248] Die Kriterien zur Beurteilung der Rechtmäßigkeit eines Whistleblowingvorgangs könnten von den Mitgliedsstaaten in einem Whistleblowergesetz festgehalten werden.[249] Auf diese Weise kommt der nationale Gesetzgeber seiner Regelungsverantwortung in Bezug auf die Kommunikationsfreiheiten nach.[250] Um internationale Einheitlichkeit zu erreichen, bietet sich eine Lösung auf völkerrechtlicher Ebene zum Beispiel in Form eines völkerrechtlichen Vertrags an oder der europäische Gesetzgeber wird aktiv. Zwar gelten die Kriterien bereits auf Grundlage der EMRK. Die Normierung setzt allerdings ein Zeichen nach außen und macht die Rechtmäßigkeitskriterien „sichtbar", da Rechtssicherheit für einen Whistleblower von entscheidender Bedeutung ist.[251] Er darf aufgrund einer unklaren Rechtslage faktisch nicht davon abgehalten werden, im Dienst der Demokratie und Transparenz eine Information über einen Missstand zu veröffentlichen. Auf Basis der vorangegangenen Überlegungen und Erklärungen erfolgt der gleich folgende Formulierungsvorschlag, der keine Festlegung der Darlegungs- und Beweislast beinhalten soll. Da die Richtlinie zum Schutz von Geschäftsgeheimnissen einen sehr weit gefassten Ausnahmetatbestand zugunsten von Whistleblowern enthält, steht der folgende Formulierungsvorschlag auch im Einklang mit den aktuellen Vorgaben des europäischen Gesetzgebers.

(1) Externes Whistleblowing ist das Offenbaren von unrechtmäßigem Verhalten gegenüber einem außerhalb der eigenen Organisation stehenden Adressaten.

(2) Externes Whistleblowing ist rechtmäßig, wenn eine wahre Information zugunsten des überwiegenden öffentlichen Informationsinteresses offenbart wird und die Offenbarung erforderlich ist.

(3) Eine unmittelbare Veröffentlichung ist nur erforderlich, wenn das Informationsinteresse erheblich ist.

(4) Liegt kein erhebliches öffentliches Informationsinteresse vor, hat der Whistleblower vor der Offenbarung alle zumutbaren internen Abhilfemöglichkeiten zu auszuschöpfen.

---

248 *EGMR*, U. v. 06.05.2003, Nr. 44306/98, *Appleby v. Vereinigtes Königreich*, Rn. 41ff; Harris/O'Boyle/Warbrick/*Arai*, Law of the European Convention on human rights, S. 617.

249 Für die Normierung der Rechtssprechungslinie des EGMR eintretend *Greve*, Korruptionsbekämpfung und Whistleblowing, ZD 2014, 336 (342); für ein Whistleblowergesetz eintretend *OECD*, Committing to effective whistleblower protection – highlights, S. 4, abrufbar unter: http://www.oecd.org/daf/anti-bribery/Committing-to-Effective-Whistleblower-Protection-Highlights.pdf (zuletzt abgerufen: 15.07.2016).

250 Vgl. *Fischer-Lescano*, Internationalrechtliche Regulierung des Whistleblowing – Teil 1, AuR 2016, 4, II. 3.

251 Ein Plädoyer für mehr Rechtsklarheit hält *Bäcker*, Whistleblower im Amt, Die Verwaltung 2015, 499 (521ff.); siehe auch *Fischer-Lescano*, Internationalrechtliche Regulierung des Whistleblowing – Teil 2, AuR 2016, 48, III. 2. b) (2) (a); *Deiseroth/Derleder*, Whistleblower und Denunziatoren, ZRP 2008, 248 (249).

C. Eröffnung des Schutzbereichs der Pressefreiheit bei Whistleblowingplattformen, Art. 10 EMRK

Whistleblower bedienen sich mittlerweile vermehrt Online-Whistleblowingplattformen wie WikiLeaks[252], BrusselsLeaks[253] oder BalkanLeaks[254], um ihre Informationen zu publizieren. Die Whistleblowingplattform WikiLeaks zum Beispiel wurde im Jahr 2006 registriert. WikiLeaks bietet die Möglichkeit, anonym Informationen hochzuladen, die von Mitarbeitern der Plattform analysiert und auf Originalität geprüft werden.[255] Zusammen mit einem kurzen Bericht über die Bedeutung der Veröffentlichung werden die Original-Dokumente auf der Webseite öffentlich zugänglich gemacht. Whistleblowingplattformen sind von sog. Intermediaries wie zum Beispiel Free Press Unlimited[256] aus den Niederlanden zu unterscheiden, die die Reportagen lokal tätiger Journalisten veröffentlichen. Whistleblowingplattformen hingegen veröffentlichen in der Regel Originaldokumente. WikiLeaks selbst bezeichnet das Medium der Whistleblowingplattform als eine neue Art des Journalismus.[257] Ob die Tätigkeit im Rahmen von Whistleblowingplattformen über die Grundsätze der Pressefreiheit der EMRK geschützt ist, gilt es zu untersuchen.

I. Die Whistleblowingplattform als Begünstigte der Pressefreiheit

Unter dem Begriff der Presse wird allgemein das Zeitungswesen verstanden. Es gibt Whistleblowingplattformen, die eindeutig dem Pressebegriff gemäß Art. 10 EMRK zuzuordnen sind. Dazu werden Plattformen der traditionellen Presse zählen, wie zum Beispiel der WAZ. Unter www.derwesten-recherche.org ermöglicht es die WAZ Mediengruppe, anonym Informationen oder Dateien hochzuladen, die von einem Rechercheteam, bestehend aus Journalisten, aufbereitet und publiziert werden. Die eindeutige Zuordnung zur Pressetätigkeit resultiert aus dem Umstand, dass die Plattform als neue Informationsquelle für die traditionell tätigen Journalisten dient. Im Gegensatz dazu sollten Webseiten wie Facebook, auf denen Informationen von den Nutzern offenbart und geteilt werden, nicht unter den Pressebegriff fallen. Solche Webseiten dienen zwar unter anderem auch der Informationskundgabe,

252 https://wikileaks.org/index.de.html (zuletzt abgerufen: 15.07.2016).

253 https://brusselsleaks.wordpress.com/ (zuletzt abgerufen: 15.07.2016).

254 http://www.balkanleaks.eu/ (zuletzt abgerufen: 15.07.2016).

255 So beschreibt WikiLeaks die eigene Tätigkeit auf http://www.wikileaks.org/About.html (zuletzt abgerufen: 15.07.2016).

256 https://www.freepressunlimited.org/en/people-deserve-to-know (zuletzt abgerufen: 15.07.2016).

257 http://www.wikileaks.org/About.html (zuletzt abgerufen: 15.07.2016); so auch *Corneil*, Harboring WikiLeaks, Cal West Int Law Journal, Vol. 41 2011, 477 (481); anders *Toberer*, Wikileaks, in: Krebs/Pfändler/Pieper/Gholipour/Luchsinger, Globale Zivilgesellschaft, S. 223, der WikiLeaks im Jahr 2009 noch als politischen Akteur in Form einer NGO einstufte.

jedoch findet durch die Betreiber der Plattform keine Tätigkeit statt, durch die die Informationen redaktionell aufbereitet werden. Auszuschließen ist allerdings nicht, dass ein einzelner Nutzer einen Beitrag veröffentlicht, der presserechtlich geschützt ist. Die Betreiber des sozialen Netzwerks sind es allerdings nicht. Zwischen den beschriebenen Beispielen existieren Whistleblowingplattformen, die unter den Pressebegriff von Art. 10 EMRK fallen könnten, obwohl sie gegenüber der traditionellen Presse erkennbare Unterschiede aufweisen.

1. *Abgrenzung zur Rundfunkfreiheit*

Neben der Pressefreiheit kommt eine Anwendbarkeit der Rundfunkfreiheit in Betracht. Die Rundfunkfreiheit bezieht sich laut Art. 10 Abs. 1 S. 3 EMRK auf Hörfunk und Fernsehen und zählt damit die geschützten Medien explizit auf. An dieser Aufzählung ist erkennbar, dass der Schutz der Rundfunkfreiheit von der Art der Übertragung abhängig ist. Der Schutz der Pressefreiheit hingegen ergibt sich aus der inhaltlichen Darstellung der Informationen und der damit einhergehenden Funktion der Presse. Bei Festlegung der auf Whistleblowingplattformen einschlägigen Kommunikationsfreiheit stellt sich deshalb die Frage, wo der entscheidende Charakter ihrer Veröffentlichungen liegt. Liegt er auf der Art der Übertragung, könnte die Rundfunkfreiheit einschlägig sein. Ist der entscheidende Charakter der Veröffentlichung an der inhaltlichen Darstellung der Information festzumachen, liegt die Anwendung der Pressefreiheit näher. Da es sich Whistleblowingplattformen insbesondere zur Aufgabe gemacht haben, Informationen über Missstände möglichst in Form von Originaldokumenten zu veröffentlichen, ist erkennbar, dass die inhaltliche Darstellung im Vordergrund steht. Die Anwendbarkeit der Pressefreiheit liegt näher als eine Anwendbarkeit der Rundfunkfreiheit.

Aufgrund der expliziten Aufzählung von Hörfunk und Fernsehen in Art. 10 Abs. 1 S. 3 EMRK ergibt sich darüber hinaus aus systematischen Gesichtspunkten, dass die Rundfunkfreiheit auf andere als die aufgezählten Medien nicht anwendbar ist.[258] Publikationen über das Internet werden nicht aufgeführt und sind deshalb über die Rundfunkfreiheit nicht geschützt.

2. *Presseveröffentlichungen im Internet*

In Bezug auf die Pressefreiheit gemäß Art. 10 EMRK ist fraglich, ob sie sich nur auf periodisch erscheinende Druckschriften bezieht[259] oder ob sie auch auf Veröffentlichungen im Internet anwendbar ist.

258 *Grabenwarter/Pabel*, EMRK, § 23 Rn. 10; Karpenstein/Mayer/*Mensching*, EMRK, Art. 10 Rn. 17.

259 *Grabenwarter/Pabel*, EMRK, § 23 Rn. 8.

Bei Veröffentlichungen über das Internet könnte nicht das Greifen der Pressefreiheit, sondern der allgemeinen Meinungsäußerungsfreiheit und der Informationsfreiheit anzunehmen sein.[260] Allerdings ist zweifelhaft, ob eine solche Unterscheidung im Schutzbereich der Pressefreiheit noch zeitgemäß ist.

Denn entscheidend ist die Darstellung der Inhalte der Informationen.[261] Vor dem funktionalen Hintergrund der Pressefreiheit werden die Art der Übertragung und die Reichweite zweitrangig sein, sodass die Pressefreiheit entsprechend auf journalistische Tätigkeiten in Medien beispielsweise im Fernsehen angewandt werden kann.[262]

Der Gerichtshof versteht die EMRK als ein Instrument, das im Licht der aktuellen wirtschaftlichen und sozialen Gegebenheiten auszulegen ist.[263] Heute ist es nicht allein die gedruckte Presse zusammen mit entsprechenden journalistischen Inhalten in Hörfunk und Fernsehen, die den Bürger über aktuelle Geschehnisse informiert. Vielmehr ist die Verbreitung von Informationen über das Internet allgegenwärtig. Neben die Internetseiten der traditionellen Medienunternehmen treten neue, ausschließlich online auftretende Redaktionen sowie private Informationswebseiten. Viele Printartikel erscheinen sowohl in der Printausgabe als auch auf den Online-Präsenzen der Zeitschriften, sodass im Vorfeld der Veröffentlichung teilweise sogar dieselbe redaktionelle Arbeit stattgefunden hat. Auch die Online-Redaktionen treten als „öffentlicher Wachhund" auf, selbst wenn sie ein anderes Übermittlungsmedium nutzen. Viele Bürger verschaffen sich im Alltag ihre Informationen über das Internet, indem sie sich von Webseiten die Informationen zum Beispiel über eine App auf dem Smartphone zukommen lassen. Auf diese Weise werden sie über wichtige Meldungen unmittelbar in Kenntnis gesetzt.

Veröffentlichungen in der gedruckten Presse und im Internet unterscheiden sich lediglich in Bezug auf die Reichweite des Mediums. Internetartikel sind auf der gesamten Welt abrufbar. Im Vergleich zur gedruckten Presse birgt das ein erhöhtes Risiko für Schäden und Beeinträchtigungen der Rechte anderer.[264] Um den Schutz über die Grundsätze der Pressefreiheit nicht von vornherein auszuschließen, sollte diese Tatsache im Rahmen von Art. 10 Abs. 2, 1. Hs. EMRK in der Abwägung Berücksichtigung finden.

Die Reichweite der Printmedien ist begrenzt. Die überregionale, gedruckte Presse zum Beispiel ist in Deutschland und in wenigen Verkaufsstellen im Ausland erhältlich. Die regionale, gedruckte Presse ist im Vergleich zur überregionalen Presse nur in bestimmten Städten oder Regionen erhältlich. Zweifelsohne fallen auch die letztgenannten Veröffentlichungen unabhängig von ihrer sehr begrenzten

260 *EGMR*, U. v. 19.12.1994, Nr. 34/1993/429/508, *Vereinigung demokratischer Soldaten Österreich und Gubi v. Österreich* = ÖJZ 1995, 314.
261 Vgl. Karpenstein/Mayer/*Mensching*, EMRK, Art. 10 Rn. 17.
262 *EGMR*, U. v. 23.09.1994, Nr. 15890/89, *Jersild v. Dänemark.*
263 *Meyer-Ladewig*, EMRK, Einl. Rn. 37.
264 *EGMR*, U. v. 05.08.2011, Nr. 33014/05, *Editorial Board of Pravoye Delo und Shtekel v. Ukraine*, Rn. 63.

Reichweite unter die Pressefreiheit. Daran ist erkennbar, dass die Reichweite des Mediums nicht ausschlaggebend für die Frage sein kann, ob eine Veröffentlichung über die Pressefreiheit geschützt wird. Vielmehr beziehen sich die Grundsätze der Pressefreiheit auf den Inhalt der Darstellung. Ob eine Veröffentlichung nun über die Printmedien oder das Internet erfolgt, verändert die für die Berichterstattung erforderliche Tätigkeit und oftmals auch die inhaltliche Darstellung nicht. Daraus folgt, dass die Grundsätze der Pressefreiheit auch auf Pressepublikationen im Internet anwendbar sein müssen. Es sind jedoch die spezifischen Besonderheiten wie die sehr rasante Übermittlung und die weltweite Verbreitung von Informationen über das Internet zu berücksichtigen.

Der ursprüngliche Schutzbereich der Pressefreiheit umfasste gedruckte Presseerzeugnisse, wobei diese Begrenzung des Schutzbereichs nicht mehr zeitgemäß erscheint. Die Grundsätze der Pressefreiheit sind deshalb ebenso auf journalistische Online-Veröffentlichungen anzuwenden.

3. *Art der Informationsvermittlung*

Die Anwendung der Pressefreiheit auf Whistleblowingplattformen ist zunächst fraglich, da sich die Art der Informationsvermittlung von derjenigen traditioneller Medien unterscheidet. Whistleblowingplattformen nutzen in der Regel Originaldokumente zur Veröffentlichung während die traditionellen Medien eigene Berichte erstellen. Gegen einen Schutz von Whistleblowingplattformen über die Pressefreiheit könnte deshalb sprechen, dass unbearbeitetes Material veröffentlicht wird.[265] Der Leser von Whistleblowingplattformen erhält dort weitestgehend keine aufbereitete Information in Form einer klassischen Berichterstattung, der im besten Fall eine tiefgehende Recherche sowie Stellungnahmen von allen Beteiligten vorausgegangen sind. Er hat aber die Möglichkeit, sich durch das Lesen der Originaldokumente seine eigene Meinung zu bilden. Durch das Einstellen von Originaldokumenten wird der Zweck verfolgt, möglichst die Wahrheit abzubilden[266] und noch objektivere Informationsvermittlung zu erreichen. Ein traditioneller Journalist legt bei der Beurteilung eines Sachverhalts und beim Schreiben seiner Artikel unwillkürlich sein eigenes Wertemuster zugrunde, weshalb Berichterstattung immer von einer gewissen Subjektivität geprägt ist. Diese Subjektivität wird durch das Einstellen von Originaldokumenten gemindert. Es handelt sich um eine andere Form der „Berichterstattung“, die objektiver ausfallen kann als die der traditionellen Medien.[267] Das spricht wiederum für die Einordnung von Whistleblowingplattformen unter den Pressebegriff.

---

265 In Bezug auf das US-Amerikanische Recht *Clark/Barnette*, The Application of the Reporter's Privilege, University Dayton Law Review 2012, 165 (178).

266 Vgl. *Corneil*, Harboring WikiLeaks, 41 Cal West Int Law Journal, 2011, 477 (483).

267 So auch *Scott*, Threat to Democracy or Integral to Transparency? King's Inns Student Law Review 2013, 117 (122).

Zweifel an der Vergleichbarkeit zur Pressetätigkeit könnten sich aber ergeben, wenn umfangreiche Dokumentenpakete eingestellt werden, die die Öffentlichkeit realistischerweise nicht verarbeiten kann.[268] Die Inhalte sind zwar im Netz abrufbar, aber aufgrund ihres Umfangs nimmt sich die Bevölkerung ihrer nicht an. Die Materie ist entweder zu komplex oder es macht sich niemand aufgrund der Masse an Dokumenten die Mühe, die relevanten Informationen herauszufiltern und zu analysieren. Es werden aber nicht immer nur umfangreiche Datenpakete eingestellt, weshalb dieser Aspekt nicht per se gegen die Einordnung als Pressetätigkeit im Sinne der EMRK sprechen darf. Zudem gibt es auch Fachartikel der etablierten Presse, die aufgrund der Komplexität ihres Inhalts dem Durchschnittsbürger keine Informationen vermitteln. Die Pressetätigkeit wird in diesen Fällen auch nicht verneint. Es muss deshalb eine potentielle Erreichbarkeit genügen, die auch beim Einstellen umfangreicher Datenpakete gegeben ist.

Dabei ist jedoch zu bedenken, dass die Konsequenzen durch das Einstellen umfangreicher Mengen an Originaldokumenten unvorhersehbarer sein können als bei der Veröffentlichung von aufbereiteten Informationen. Bei der Veröffentlichung von Originaldokumenten fehlen die Äußerungen Betroffener, die das Recht haben, sich zu einer Sache zu erklären. Gewöhnlich bezieht objektive Berichterstattung die Position Betroffener in die Informationsvermittlung mit ein. Es ist deshalb erkennbar, dass die oben beschriebene potenzielle größere Objektivität durch das Einstellen von Originaldokumenten an anderer Stelle wieder geschmälert werden kann.

Tatsächlich zeigt aber die Entwicklung in den letzten Jahren, dass auch die traditionelle Presse auf die Veröffentlichung von Originaldokumenten auf ihren Online-Präsenzen zurückgreift. Der „Spiegel" hat zum Beispiel Originaldokumente mit Deutschlandbezug aus dem Fundus von Edward Snowden auf seiner Internetseite veröffentlicht.[269] Bislang wird dem Autor dieses Artikels niemand den Pressestatus abgesprochen haben. Es lässt sich folgern, dass die Art der Informationsvermittlung von Whistleblowingplattformen und der traditionellen Presse nicht scharf getrennt werden kann. Vielmehr kommt es zu einer Vermengung der Tätigkeiten der traditionellen Presse und Whistleblowingplattformen, deren Tätigkeit als neues Modell der Presse bezeichnet werden kann.[270] Das spricht dafür, dass auch diese neue Art der Informationsvermittlung unter den Pressebegriff des Art. 10 EMRK einzuordnen ist.

4. *Umfang der redaktionellen Tätigkeit*

Auch der Umfang der redaktionellen Tätigkeit bei Whistleblowingplattformen spricht nicht gegen die Einordnung unter den Pressebegriff. Verschiedene Whistleblowingplattformen werden sich hinsichtlich des Umfangs der durch sie vorgenommenen

268 *Roberts*, The WikiLeaks Illusion, Wilson Quarterly 2011, 16 (18).

269 Z.B. http://www.spiegel.de/netzwelt/web/snowdens-deutschland-akte-alle-dokumente-als-pdf-a-975885.html (zuletzt abgerufen: 15.07.2016).

270 *Benkler*, A free irresponsible press, 46 Harv. C.R.-C.L. L. Rev. 2011, 311 (396).

redaktionellen Tätigkeit unterscheiden. Werten die Mitarbeiter einer Whistleblowingplattform die Informationen gar nicht aus, sondern leiten sie ungesehen vom Whistleblower in ihrer Gesamtheit an die Öffentlichkeit weiter, findet redaktionelle Bearbeitung nicht statt.

Auf WikiLeaks.org wird jedoch zum Beispiel ausgeführt, dass eine Analyse der Information durch die Mitarbeiter stattfinde. Die Originaldokumente werden anschließend zusammen mit einem kurzen Begleitartikel veröffentlicht.[271] Darüber hinaus wird beschrieben, dass die Organisation die Dokumente in Bezug auf den Wahrheitsgehalt überprüfe. Neben bestimmten technischen Methoden zur Überprüfung der Echtheit der Dokumente versuchten Mitarbeiter auch „vor Ort" zu recherchieren, ob die für die Öffentlichkeit bestimmten Informationen wahr seien. Beispielhaft wird angeführt wie einige Mitarbeiter von WikiLeaks vor der Veröffentlichung des „Collateral-Murder-Videos"[272] in den Irak gefahren seien, um Opfer und Augenzeugen zu befragen und weitere Beweise zu sammeln.[273]

Auf Grundlage dieser Beschreibung ist erkennbar, dass auch hinter der Veröffentlichung von Originaldokumenten redaktionelle Tätigkeit steht. Denn das geschilderte Vorgehen weist einige wesentliche Methoden der traditionellen Presse auf.[274] Auch der traditionelle Journalist versucht durch Recherchen, Interviews und das Sammeln von Beweisen die Wahrheit in Bezug auf eine Angelegenheit herauszufinden, bevor er sie in einem Bericht darstellt. Bei Whistleblowingplattformen, die die ihnen zugespielten Dokumente sichten, wird im Anschluss anstelle des ausführlichen Berichts eine Auswahl von Originaldokumenten veröffentlicht.

In der Regel kann davon ausgegangen werden, dass die ankommenden Dokumente durchgesehen, auf Echtheit geprüft, ausgewählt und erst dann veröffentlicht werden.[275] Letztlich muss ein Mitarbeiter der Plattform entscheiden, zu welchem Zeitpunkt, welche Information veröffentlicht werden soll. Wenigstens in dieser Auswahl ist redaktionelle Tätigkeit zu sehen, denn der Mitarbeiter muss eine eigene Entscheidung treffen, welche Dokumente oder Fragmente veröffentlicht werden. Dieser Umfang redaktioneller Tätigkeit genügt, um den Gefahren zu begegnen, die von der Veröffentlichung ungesehener Informationen ausgehen können. In ihrer Gesamtheit stellen die veröffentlichten Dokumente letztlich eine Art Berichterstattung dar.

Somit handelt es sich bei der Tätigkeit von Mitarbeitern von Whistleblowingplattformen nur um eine andere Form redaktioneller Tätigkeit als die der traditionellen

---

271 Siehe https://wikileaks.org/-Leaks-.html (zuletzt abgerufen: 15.07.2016).

272 Das Video zeigt einen Hubschrauberangriff im Irak, der den Tod von 12 Zivilisten zur Folge hatte, http://www.zeit.de/politik/ausland/2010-07/wikileaks-militaergeheimvideo (zuletzt abgerufen: 15.07.2016).

273 Unter 1.4 auf http://www.wikileaks.org/About.html (zuletzt abgerufen: 15.07.2016).

274 Anders *Clark/Barnette*, Application of the Reporter's Privilege, University of Dayton Law Review 2012, 165 (179).

275 https://wikileaks.org/About.html (zuletzt abgerufen: 15.07.2016); *Benkler*, A free irresponsible press, 46 Harv. C.R.-C.L. L. Rev. 2011, 311 (333f.); anders mit Bezug zu WikiLeaks *Trips-Hebert*, Cicero, WikiLeaks und Web 2.0, ZRP 2012, 199 (201).

Presse. Diese ist allerdings durch die andere Art der Veröffentlichung in Form von Originaldokumenten bedingt. Hinter der Veröffentlichung von Originaldokumenten auf der Plattform steht auch ein gewisser Aufbereitungsprozess, sodass eine Vergleichbarkeit zur traditionellen Presse zu ziehen ist. Dass der Umfang der redaktionellen Tätigkeit geringer und anders ist als derjenige der traditionellen Presse, spricht nicht gegen die Anwendung der Grundsätze der Pressefreiheit. Die Pressefreiheit ist vielmehr ein Menschenrecht, das aktuelle Gegebenheiten mit einbezieht[276] und deshalb auch für andere Formen der Informationsvermittlung offen ist.

Das Ziel der EMRK besteht in der Gewährleistung eines effektiven Grundrechtsschutzes. Deshalb liegt es nahe, den Schutzbereich der Pressefreiheit gerade im Hinblick auf die vielen neuen Erscheinungsformen der Informationsvermittlung in der heutigen Informationsgesellschaft weit zu fassen. Der große Unterschied zur traditionellen Presse besteht wie bereits geschildert darin, dass bei Whistleblowingplattformen eine andere Art der Informationsvermittlung stattfindet, indem Originaldokumente veröffentlicht werden. Es gibt teilweise Begleitberichte zu einigen Originaldokumenten, die aber mit der Berichterstattung in traditionellen Presseartikeln in ihrem Umfang nicht vergleichbar sind.

Inwieweit das in Selbstdarstellungen beschriebene Vorgehen von Whistleblowingplattformen der Wirklichkeit entspricht, ist mangels eigener interner Einblicke in die Organisationsstrukturen nicht festzumachen. Teilweise wird der Whistleblowingplattform WikiLeaks vorgeworfen, die eigene Tätigkeit juristisch spitzfindig so darzustellen, dass ein Schutz über den ersten Zusatzartikel zur US-amerikanischen Verfassung, wo Meinungs- und Pressefreiheit verankert sind, bestehen muss. Der Inhalt der Darstellung basiere auf strategischen Gründen und nicht auf moralischen Aspekten.[277] Ohne tatsächlichen Einblick in das exakte praktische Vorgehen der Plattformen lässt sich diese Frage nicht abschließend klären. Bei Zugrundelegung der Selbstdarstellung der Plattform ist jedoch eine redaktionelle Tätigkeit wie die der traditionellen Presse zu bejahen, die lediglich weniger umfangreich ist.

Zusammengefasst spricht für die Einordnung von Whistleblowingplattformen als Presse, dass redaktionelle Tätigkeit stattfindet. Sie unterscheidet sich zwar in ihrer Art und ihrem Umfang von der Tätigkeit der Presse, doch auch sie führt zur Aufbereitung einer Information.

5. Professioneller Hintergrund des Publizierenden

Dass bei Whistleblowingplattformen häufig Gelegenheitsjournalisten tätig sind, könnte gegen die Einordnung unter den Pressebegriff sprechen. Allerdings kann es auf den professionellen Hintergrund des Publizierenden nicht ankommen, wenn

276 *Meyer-Ladewig*, EMRK, Einl. Rn. 37

277 *Fenster*, Disclosure's Effects: Wikileaks and Transparency, 97 Iowa Law Review 2012, 753 (777).

beurteilt wird, ob Pressetätigkeit im Sinne des Art. 10 EMRK vorliegt.[278] Die Pressefreiheit würde ihrer Bedeutung in einem demokratischen Staat nicht gerecht, wenn nur professionelle Journalisten ihren Schutz genössen. Vielmehr können zum Beispiel auch Blogger und Gelegenheitsjournalisten die öffentliche Debatte mit wichtigen Informationen bereichern,[279] wenn die Funktion der Presse in Form der Schaffung von Foren zur Meinungsbildung erfüllt wird.[280] Es ist nicht die Professionalität des Publizierenden, die den öffentlichen Diskurs ermöglicht, sondern es kommt auf die Art der Informationskundgabe an.[281] Dass bei Whistleblowingplattformen in der Regel eher Gelegenheitsjournalisten tätig werden, schließt deshalb nicht aus, dass eine Tätigkeit als Presse im Sinne von Art. 10 EMRK einzuordnen ist.

6. *Abhängigkeit von der traditionellen Presse*

Die gegenwärtig bestehende, faktische Abhängigkeit der Whistleblowingplattformen von der traditionellen Presse steht einer Einordnung unter den Pressebegriff ebenso wenig entgegen. Derzeit haben die Veröffentlichungen auf Plattformen wie WikiLeaks vor allen Dingen eine derart große Reichweite, weil die traditionelle Presse auf die dort veröffentlichten Informationen zugreift und darüber Bericht erstattet. Der Durchschnittsbürger wird nicht regelmäßig die Webseiten der Whistleblowingplattformen auf neue Dokumente überprüfen und sich die teilweise große Anzahl an Originaldokumenten durchlesen, die auf der Plattform hochgeladen werden.[282] Um den Bürger zu erreichen, bedarf es derzeit daher einer Vermittlung über die traditionellen Medien, die über die Informationen berichten. Teilweise wird durch Linksetzung auf einige Originaldokumente verwiesen, sodass sich der Leser einige dieser bereits ausgewählten Dokumente selbst anschauen kann. Aufgrund dieser faktischen Abhängigkeit können Whistleblowingplattformen als Quelle und nicht als Presse angesehen werden.[283] Die Plattform ist allen Medien zugänglich und

---

278 Mit Bezug zum US-Recht *Markham*, Punishing the publishing of classified materials: The Espionage Act and WikiLeaks, 23 B.U. Public Interest Law Journal 2014, 1 (11).

279 *Papandrea*, Publication in the Digital Age, Journal of National Security Law & Policy 2011, 119 (124).

280 *EGMR*, U. v. 14.07.2009, Nr. 37374/05, *Társaság a Szabadságjogokért v. Ungarn*, Rn. 27.

281 *EGMR*, U. v. 14.04.2009, Nr. 37374/05, *Társaság a Szabadságjogokért v. Ungarn*, Rn. 27.

282 Siehe *Fenster*, Disclosure's Effects: Wikileaks and Transparency, 97 Iowa Law Review 2012, 753 (799).

283 *Freedman*, Protecting state secrets as intellectual property: a strategy for prosecuting WikiLeaks, 48 Stanford Journal of International Law 2012, 187 (207); *Strom*, Pentagon sees a threat from online muckrakers, New York Times v. 17.03.2010, abrufbar unter: http://www.nytimes.com/2010/03/18/us/18wiki.html (zuletzt abgerufen: 15.07.2016); vgl. auch *Keller*, Dealing with Assange and the WikiLeaks Secrets, New York Times v. 26.01.2011, abrufbar unter: http://www.nytimes.com/2011/01/30/ma gazine/30Wikileaks-t.html?pagewanted=print (zuletzt abgerufen: 15.07.2016).

hält Materialien und Quellen in Form von Originaldokumenten bereit, worin sie sich vom klassischen Journalismus unterscheidet.[284]

Es ist allerdings anfechtbar, deshalb die Einordnung als Presse zu verneinen. Denn die Tätigkeit einer Quelle und der Presse müssen sich nicht gegenseitig ausschließen. Immer wieder wird in Zeitungsartikeln darauf verwiesen, was andere Zeitungen berichtet haben. In dem Moment ist die zitierte Zeitung auch eine Quelle für eine Information. Der Pressestatus wird ihr deshalb nicht abgesprochen.[285]

Die derzeit faktisch bestehende Abhängigkeit der Whistleblowingplattformen ist darum kein Argument gegen deren Einordnung als Presse.

7. *Verstoß gegen journalistische Berufsregeln*

Auch der Verstoß gegen journalistische Berufsregeln wie die Pflicht zur neutralen Berichterstattung ist kein Grund, der gegen die Einordnung von Whistleblowingplattformen als Presse spricht.[286] Die Argumentationslinie ist deshalb anfechtbar, weil sie von der falschen Prämisse ausgeht. Sie geht von der Prämisse aus, dass derjenige, der sich nicht an die journalistischen Berufsregeln hält, nicht Presse ist. Es ist in Frage zu stellen, ob anhand eines eventuellen Fehlverhaltens der Status festzumachen ist. Vielmehr ist der Status zuerst und zwar unabhängig von eventuellem Fehlverhalten festzustellen. Ein Schüler bleibt ein Schüler, auch wenn er sich auf dem Schulhof nicht an alle Schulregeln hält. Deshalb sollte die Prämisse folgendermaßen lauten: Derjenige, der die Aufgabe der Presse in einem demokratischen Staat erfüllt, ist Presse. Verstöße gegen journalistische Regeln werden Konsequenzen haben, allerdings ändert es nichts an ihrer Einordnung als Presse. Auf Rechtfertigungsebene im Rahmen der Pressefreiheit gemäß Art. 10 EMRK wird die mangelnde Regelkonformität dazu führen, dass ein Eingriff in die Pressefreiheit eher zu rechtfertigen ist.

8. *Übereinstimmung mit der Aufgabe der Presse*

Letztlich spricht die Übereinstimmung des Ziels von Whistleblowingplattformen mit der Aufgabe der Presse in einer Gesellschaft für eine Einordnung unter den Pressebegriff.[287] Es ist die wesentliche Funktion der Presse, Foren für die öffentliche

---

284 *Thomaß*, WikiLeaks and the question of responsibility within a global democracy, European View 2011, 17 (19).

285 *Benkler*, A free irresponsible press, 46 Harv. C.R.-C.L. L. Rev. 2011, 311 (357).

286 So aber *Thomaß*, WikiLeaks and the question of responsibility within a global democracy, European View 2011, 17 (19); in Bezug auf das US-Amerikanische Recht *Petersen*, Federal Reporter's Privilege, Federal Communications Law Journal 2010, 667 (683f.); vgl. auch *Fenster*, Disclosure's Effects: Wikileaks and Transparency, 97 Iowa Law Review 2012, 753 (768ff.).

287 Ohne expliziten Bezug zu Whistleblowingplattformen van Dijk/van Hoof/van Rijn/Zwaak/*van Rijn*, Theory and Practice of the European Convention on human rights, S. 799.

Meinungsbildung zu schaffen und in der Gesellschaft die Funktion eines „öffentlichen Wachhunds" auszuüben.[288] Das Ziel von Whistleblowingplattformen liegt in der Schaffung von Transparenz.[289]

Transparenz schafft eine bessere gesellschaftliche Ordnung, da auf diese Weise Korruption gemindert werden kann und die Demokratie als Organisationsform gestärkt wird.[290] Whistleblowingplattformen wie WikiLeaks schaffen Transparenz, indem sie die Öffentlichkeit mit Informationen über Missstände versorgen und dadurch einen Beitrag zur öffentlichen Debatte leisten. Diese Informationen wären andernfalls geheim geblieben, obgleich an ihnen ein öffentliches Interesse besteht. Wie im Fall der Informationsvermittlung durch die traditionelle Presse können die Bürger auf dieser Grundlage am politischen Meinungsbildungsprozess teilnehmen. Da Missstände aufgedeckt werden, übernimmt die Whistleblowingplattform die Rolle eines „öffentlichen Wachhunds". Es ist erkennbar, dass das Ziel von Whistleblowingplattformen mit der Aufgabe und Funktion der traditionellen Presse in einer demokratischen Gesellschaft übereinstimmt.[291] Der besondere Schutz der Presse besteht aufgrund dieser besonderen Funktion, sodass Whistleblowingplattformen, die diese Funktion ebenso erfüllen, unter den Pressebegriff des Art. 10 EMRK einzuordnen sind.[292]

Die Wichtigkeit der Aufgabe der Presse, als „öffentlicher Wachhund" zu fungieren, wird regelmäßig betont.[293] Diese Kontrollfunktion wird mit Veröffentlichung von Originaldokumenten durch Whistleblowingplattformen ebenso erfüllt, denn der Bürger erhält notwendige Informationen. Sie werden zwar in einer unbearbeiteten Form[294] präsentiert, ermöglichen es dem Bürger aber auch, sich auf ihrer Grundlage eine Meinung zu bilden. Teilweise besteht sogar eine enge Kooperation zwischen

---

288 Statt vieler *EGMR*, U. v. 25.06.1992, Nr. 47/1991/299/370, *Thorgeir Thorgeirson v. Island*, Rn. 62 = ÖJZ 1992, 810 (813).

289 *Toberer*, Wikileaks, in: Krebs/Pfändler/Pieper/Gholipour/Luchsinger, Globale Zivilgesellschaft, S. 222; den journalistischen Beitrag, den Whistleblowingplattformen leisten können, hebt hervor *Corneil*, Harboring WikiLeaks, Cal West Int Law Journal, Vol. 41 2011, 477 (483)

290 http://www.wikileaks.org/About.html (zuletzt abgerufen: 15.07.2016).

291 In Bezug auf die amerikanische Debatte *Ingram*, Like it or not, WikiLeaks is a media entity, abrufbar unter: https://gigaom.com/2010/12/04/like-it-or-not-wikileaks-is-a-media-entity/ (zuletzt abgerufen: 15.07.2016); *Lewis*, Wikifreak-out, Washington University Journal of Law and Policy 2012, 417 (439).

292 So auch *Scott*, Threat to Democracy or Integral to Transparency? King's Inns Student Law Review 2013, 117 (122).

293 Z.B. *EGMR*, U. v. 25.06.1992, Nr. 47/1991/299/370, *Thorgeir Thorgeirson v. Island*, Rn. 62 = ÖJZ 1992, 810 (813); *EGMR*, U. v. 27.03.1996, Nr. 16/1994/463/544, *Goodwin v. Vereintes Königreich* = ÖJZ 1996, 795 (796).

294 *Thomaß*, WikiLeaks and the question of responsibility within a global democracy, European View 2011, 17 (19).

Presse und Regierung,[295] sodass die Frage zu stellen ist, ob dann die Funktion des öffentlichen Wachhunds noch unbeeinflusst ausgeübt werden kann.[296] Es ist deshalb zu vermuten, dass unabhängige, alternative Informationsplattformen als neuartige Medien[297] diese Kontrollfunktion unbeeinflusst ausüben können.

Die Medienlandschaft hat sich so verändert, dass neben der traditionellen Presse Whistleblowingplattformen und Blogs als Informationskanäle dienen.[298] Der Einzelne kann auf diese Weise sogar publizieren und die öffentliche Meinungsbildung theoretisch unmittelbar beeinflussen.[299] Im anglo-amerikanischen Rechtskreis wird in der Literatur die Auffassung vertreten, dass eine Unterscheidung zwischen privilegierten und nicht privilegierten Medien zu einer beschränkten Anwendung der Pressefreiheit führe.[300] Diese Aussage ist nicht kulturspezifisch für den anglo-amerikanischen Rechtskreis, sondern lässt sich ebenso in Bezug auf die europäische Medienlandschaft treffen. Die Privilegien der Presse werden aufgrund ihrer Kontrollfunktion in einer Demokratie gewährleistet, sodass kleinen wie großen, traditionellen und neuen Medien, die diese Kontrollfunktion erfüllen, die Privilegien zuteilwerden müssen.[301] Andernfalls wird das Grund- und Menschenrecht der Pressefreiheit nicht effektiv ausgeübt, was dem Ziel der EMRK zuwiderläuft.

Die Funktion der Presse ist das entscheidende Argument, das für eine weite Auslegung des Pressebegriffs spricht.[302] Dahin deutet das Urteil des Europäischen Gerichtshofs *Tietosuojavaltuutettu v. Satakunnan Markkinapörssi Oy und Satamedia Oy* hin. In der Praxis berücksichtigen der *EGMR* und der *EuGH* einander, um Auslegungsdivergenzen zu vermeiden.[303] Urteile des EuGH können deshalb auch für die Auslegung der EMRK herangezogen werden können. Zwar hatte der Europäische Gerichtshof bislang weder direkt noch indirekt darüber zu entscheiden, ob eine Veröffentlichung über eine Whistleblowingplattform als Presse zu klassifizieren ist. In dem Vorabentscheidungsverfahren wurde jedoch entschieden, dass der Begriff

295 *Keller*, Dealing with Assange and the WikiLeaks Secrets, New York Times v. 26.01.2011, abrufbar unter: http://www.nytimes.com/2011/01/30/magazine/30Wikileaks-t.html?pagewanted=print (zuletzt abgerufen: 15.07.2016).

296 Z.B. in den Vereinigten Staaten von Amerika, *Benkler*, A free irresponsible press, 46 Harv. C.R.-C.L. L. Rev. 2011, 311 (330).

297 So wird WikiLeaks von *Corneil* bezeichnet, Harboring WikiLeaks, Cal West Int Law Journal, Vol. 41 2011, 477 (481).

298 *Markham*, Punishing the publishing of classified materials: The Espionage Act and WikiLeaks, 23 B.U. Public Interest Law Journal 2014, 1 (12); *Nederveen Pieterse*, Leaking Superpower, 33 Third World Quarterly, 2012, 1909 (1916).

299 *Marsh*, The Illusion of Transparency, The Political Quarterly 2011, 531 (533); *Padis*, L'affaire WikiLeaks: une pédagogie du journalisme ?, Esprit 2011, 185 (186).

300 *Benkler*, A free irresponsible press, 46 Harv. C.R.-C.L. L. Rev. 2011, 311 (362).

301 So bezüglich Art. 5 GG auch *Franck/Steigert*, Die strafrechtliche Verantwortlichkeit von WikiLeaks, CR 2011, 380 (385).

302 *EuGH*, U. v. 16.12.2008, Az. C-73/07, *Tietosuojavaltuutettu v. Satakunnan Markkinapörssi Oy und Satamedia Oy*.

303 *Meyer-Ladewig*, EMRK, Einl Rn. 56; Karpenstein/*Mayer*, EMRK, Einl Rn.151.

des Journalismus in der europäischen Datenschutzrichtlinie 95/46 in einer demokratischen Gesellschaft weit auszulegen sei. Zur Begründung führte der Gerichtshof die erhebliche Bedeutung der allgemeinen Meinungsäußerungsfreiheit gemäß Art. 11 EU-Charta an. Tätigkeiten könnten dann als journalistisch klassifiziert werden, wenn sie den Zweck verfolgten, Informationen, Meinungen oder Ideen in der Öffentlichkeit zu verbreiten. Das Veröffentlichungsmedium spiele dabei keine Rolle für die Einteilung.[304] Zwar hatte der *Europäische Gerichtshof* den Begriff des Journalismus' in der vorliegenden Entscheidung in Bezug auf die Datenschutzrichtlinie auszulegen, sodass nicht auszuschließen ist, dass der Begriff in einem anderen Kontext enger auszulegen ist. Doch auch in diesem Verfahren ging es um die abstrakte Frage, ob ein bestimmtes Informationsangebot ein Presseprivileg genießt. Zusammengefasst plädiert der *Europäische Gerichtshof* für eine weite Auslegung des Journalismusbegriffs. Die Presse hat eine spezifische Aufgabe in einer Gesellschaft, aufgrund derer sie rechtlich privilegiert wird. Um eine effektive Ausübung der Pressefreiheit zu gewährleisten, müssen die presserechtlichen Privilegien allen zugesprochen werden, die diese Aufgabe erfüllen.

Whistleblowingplattform erfüllen diese Kontrollfunktion auf die oben dargestellte Art und Weise. Sie fallen deshalb unter den Pressebegriff des Art. 10 EMRK und genießen den Schutz der Pressefreiheit.

II. Grundsätze der Abwägung

Aus der Gewährleistung der Pressefreiheit folgen gemäß Art. 10 Abs. 2, 1. Hs. EMRK Pflichten und Verantwortung für Whistleblowingplattformen.

Eingriffe in die Pressefreiheit von Whistleblowingplattformen können dann gerechtfertigt werden, wenn ein höherrangiges Interesse zum Beispiel in Form eines Geheimhaltungsinteresses besteht. Ein Eingriff muss gesetzlich vorgesehen sein und in einer demokratischen Gesellschaft notwendig sein. Das ist er nur, wenn er eines der in Art. 10 Abs. 2, 2. Hs. EMRK genannten Ziele verfolgt.

1. *Pflichten und Verantwortung*

Whistleblowingplattformen tragen dieselbe Verantwortung und dieselben Pflichten wie sie der traditionellen Presse auferlegt sind. Ein gerechtfertigter Eingriff ist insbesondere möglich, wenn Whistleblowingplattformen die Pflichten und Verantwortung, die ihnen nach Art. 10 Abs. 2, 1. Hs. EMRK auferlegt sind, nicht berücksichtigen.[305] Denn verstößt eine von der Pressefreiheit geschützte Person gegen die

304 *EuGH*, U. v. 16.12.2008, Az. C-73/07, *Tietosuojavaltuutettu v. Satakunnan Markkinapörssi Oy und Satamedia Oy*, Rn. 56ff.

305 Siehe *EGMR*, U. v. 07.01.2014, Nr. 21666/09, *Ringier Axel Springer Slowakei A.S. v. Slowakei* = AfP 2014, 237 (238); *EGMR*, U. v. 16.11.2004, Nr. 56767/00, *Selistö v. Finnland*, Rn. 54.

Sorgfaltspflichten, erfüllt sie ihren Zweck in einer demokratischen Gesellschaft nicht mehr verantwortungsbewusst.

Whistleblowingplattformen werden durch den Schutz über die Pressefreiheit deshalb auch in ein Korsett von Regeln gepresst, denn ihnen werden Prüfpflichten auferlegt. Die Einordnung unter den Pressebegriff wird aus diesem Grund nicht per se auf Zustimmung stoßen. Allerdings haben sich die berufsethischen Regeln der Presse nicht grundlos entwickelt, denn erst durch die Sorgfalts- und Prüfpflichten könnten die Interessen Dritter berücksichtigt werden. Aufgrund des Schutzes über die Pressefreiheit erhalten die Whistleblowingplattformen einerseits Privilegien, andererseits obliegen ihnen besondere Pflichten.

Der *EGMR* hat in seiner Rechtsprechung die für die Presse geltenden Sorgfaltspflichten näher konkretisiert. Für den Umfang dieser Pflichten sind auch die Lage des Journalisten und die technischen Mittel maßgeblich, die der Pressevertreter zur Publikmachung nutzt.[306] Die Tatsache, inwieweit Sorgfaltspflichten von Whistleblowingplattformen eingehalten werden, muss sich auf Abwägungsebene widerspiegeln.[307] Je gewissenhafter die Sorgfaltspflichten der Presse von der Whistleblowingplattform eingehalten werden, desto schwerer sind Eingriffe in die Pressefreiheit zu rechtfertigen.[308] Dabei haben Mitarbeiter von Whistleblowingplattformen insbesondere die folgenden Sorgfaltspflichten zu berücksichtigen.

a) Reichweite des Mediums

Der Journalist hat stets die Reichweite seines Veröffentlichungsmediums zu bedenken. Es macht einen Unterschied, ob ein Beitrag über die Printzeitung veröffentlicht wird oder über andere Medien, die Informationen schneller, in ständiger Wiederholung übertragen können und ein weitaus größeres Publikum erreichen.[309] Eine Veröffentlichung über eine digitale Whistleblowingplattform hat eine globale Reichweite und ist deshalb sofort für jeden auf der Welt zugänglich.[310] Das haben die Betreiber einer Whistleblowingplattform zu bedenken, wenn sie auswählen, welche Informationen sie veröffentlichen und welche sie nicht auf der Webseite darstellen.

b) Umfang der Veröffentlichung

Der Journalist hat darüber hinaus zu bedenken, in welchem Umfang Informationen veröffentlicht werden sollen. Auch wenn ein sehr umfangreiches Dokumentenpaket

---

306 *EGMR*, U. v. 07.12.1976, *Handyside v. Vereintes Königreich*, Nr. 5493/72, Rn. 49.

307 *EGMR*, U. v. 07.01.2014, Nr. 21666/09, *Ringier Axel Springer Slowakei A.S. v. Slowakei* = AfP 2014, 237 (238).

308 *EGMR*, U. v. 20.05.1999, *Bladet Tromso and Stensaas v. Norwegen*, Nr. 21980/93, Rn. 66 = NJW 2000, 1015; Karpenstein/Mayer/*Mensching*, EMRK, Art. 10 Rn. 89.

309 *EGMR*, U. v. 30.03.2004, *Radio France u.a. v. Frankreich*, Nr. 53984/00, Rn. 39; *Harris/O'Boyle/Warbrick*, Law of the European Convention on Human Rights, S. 687.

310 Vgl. *Corneil*, Harboring WikiLeaks, Cal West Int Law Journal, Vol. 41 2011, 477 (481).

veröffentlicht wird, das detaillierte Informationen enthält, sind alle Informationen auf ihre möglichen Auswirkungen hin zu untersuchen. Andernfalls fehlt der Filter eines verantwortungsbewussten Journalisten, der abwägt, welche Information veröffentlichungswürdig ist und welche, insbesondere zum Schutz der Persönlichkeitsrechte oder vor Schädigungen anderer, nicht zu veröffentlichen sind. Insbesondere bei großen Datenpaketen ist die Gefahr groß, dass Daten veröffentlicht werden, die keinem überwiegenden öffentlichen Informationsinteresse dienen. Langfristig würde eine solche Praxis nicht mehr Transparenz, sondern mehr Geheimhaltung zur Folge haben. Denn eine unkontrollierte Veröffentlichung von Informationen wird dazu führen, dass jeder möglichst geheim vorgeht, um die Gefahr der Veröffentlichung bestimmter Informationen zu reduzieren.[311] Es ist zu bedenken, dass sich die Information aufgrund des digitalen Mediums in der Regel auf eine äußerst schnelle, virale Weise verbreitet. Die Sorgfaltspflicht der Presse erfordert es deshalb, sich eine einzelne Information anzusehen und abzuwägen, ob und in welchem Umfang sie öffentlichen Informationsinteressen dient. Möglicherweise ist nur die Nennung bestimmter Namen oder anderer spezifischer Informationen als Verstoß gegen die Sorgfaltspflichten zu werten. Dabei kann die Publikation der übrigen Informationen trotzdem rechtmäßig sein.[312]

Die Interessen Dritter sind stets vorab zu berücksichtigen. Umfassende Transparenz ist zwar ein Ziel der Demokratie. Allerdings gibt es beispielsweise Informationen, die ein öffentliches Informationsinteresse nicht bedienen und deshalb keinerlei Nutzen für die Transparenz in einem Staat haben. Ein Staat oder ein Unternehmen darf Geheimnisse haben und diese müssen von der Presse respektiert werden. Vor diesem Hintergrund wird etwa die Veröffentlichung der US-Botschaftsdepeschen von WikiLeaks kritisch betrachtet.[313] Aus ihnen ging unter anderem hervor, dass ein Diplomat die Bundeskanzlerin Angela Merkel als Angela „Teflon" Merkel bezeichnet hat, weil von ihr vieles abprallen würde.[314] Der Veröffentlichende muss sich die Frage stellen, welchen Nutzen diese Veröffentlichung für eine Demokratie hat. So wird in diesem Zusammenhang vertreten, dass dem öffentlichen Informationsinteresse solche Informationen dienen, die dem Bürger ein Verständnis von Außenpolitik näher gebracht haben.[315] Andere Informationen, die kein öffentliches Informationsinteresse

---

311 *Chesterman*, WikiLeaks, Secrets, and Lies, Proceedings of the Annual Meeting (American Society of International Law 2011, 150 (151).

312 Anders klingt es in Bezug auf das US-Amerikanische Recht an bei *Wolbers*, Is WikiLeaks a hit man handbook? W. Res. J. L. Tech & Internet 2012, 365 (392ff.).

313 *Thomaß*, WikiLeaks and the question of responsibility within a global democracy, European View 2011, 17 (19); ähnlich *Schmale/Tinnefeld*, Öffentlichkeit, Geheimhaltung und Privatheit, MMR 2011, 786 (790).

314 http://www.spiegel.de/politik/ausland/us-depeschen-ueber-deutschland-im-netz-der-de nunzianten-a-731601.htmll (zuletzt abgerufen: 15.07.2016).

315 *Keller*, Dealing with Assange and the WikiLeaks Secrets, 26.01.2011, New York Times, abrufbar unter: http://www.nytimes.com/2011/01/30/magazine/30Wiki leaks-t.html? pagewanted=print (zuletzt abgerufen: 15.07.2016).

bedienen, sollten jedoch geheim bleiben. Auch in der Diplomatie muss es Geheimnisse geben dürfen.[316]

Nur eine differenzierte Betrachtung wird der Bedeutung der Pressefreiheit gerecht, sodass jede Information separat zu untersuchen ist. Teilweise wird beschrieben, dass zum Beispiel WikiLeaks die Dokumente ungeprüft publiziert habe, die an die Whistleblowingplattform übermittelt worden seien.[317] Ob diese Behauptungen wahr sind oder nicht, lässt sich nicht nachprüfen. Jedenfalls erfüllt solch ein Vorgehen nicht die Anforderungen an die presserechtlichen Sorgfaltspflichten, was letztlich das Schutzniveau der Pressefreiheit sinken lässt. Eingriffe in die Pressefreiheit des veröffentlichenden Mediums können in solchen Fällen eher gerechtfertigt werden.

c) Gutgläubigkeit

Mit der soeben beschriebenen Sorgfaltspflicht zu den Auswirkungen einer Veröffentlichung hängt auch die Anforderung gutgläubigen Handelns eng zusammen. Darunter wird im Rahmen der Pressefreiheit verstanden, dass das, was der Journalist schreibt und veröffentlicht, seinem Wissen nach der Wahrheit entsprechen muss.[318] Ist zum Beispiel eine rufschädigende, falsche Information einmal veröffentlicht, ist es schwer, den Ruf des Betroffenen wieder einwandfrei herzustellen. Deshalb ist eine ausgeprägte Sensibilität des Journalisten in Bezug auf den Wahrheitsgehalt der Informationen, die er veröffentlichen möchte, erforderlich. Whistleblowingplattformen recherchieren eigenen Angaben zufolge zum Wahrheitsgehalt einer Information, indem zum Beispiel vor Ort mit Betroffenen gesprochen wird.[319] Gutgläubigkeit erfordert, dass der Journalist eine Authentizitätsprüfung gleich welcher Art durchführt. Andernfalls können leichtfertig falsche Informationen veröffentlicht werden und irreversible Schäden für die Betroffenen herbeigeführt werden. Die Sorgfaltspflicht des guten Glaubens führt dazu, dass ein verantwortungsbewusster Umgang der Journalisten mit den Informationen erreicht wird.

Während ein Whistleblower nur wahre Informationen rechtmäßig veröffentlichen kann,[320] genügt in Bezug auf die Presse die Gutgläubigkeit. Die strengeren Rechtmäßigkeitsanforderungen in Bezug auf den Whistleblower rechtfertigen sich dadurch, dass der Whistleblower selbst Einblick in die inneren Vorgänge einer Behörde oder eines Unternehmens hat. Er ist dadurch in der Lage, die Prozesse genau zu beobachten. Ein Journalist hingegen hat selbst in der Regel keinen Einblick in innere Vorgänge, die er überprüfen könnte. Um die Öffentlichkeit regelmäßig mit Informationen zu versorgen, muss er sich auf seine Gutgläubigkeit berufen dürfen.

---

316 *Schmale/Tinnefeld*, Öffentlichkeit, Geheimhaltung und Privatheit, MMR 2011, 786 (790).

317 *Domscheit-Berg*, Inside WikiLeaks, S. 34.

318 Frohwein/Peukert/*Frohwein*, EMRK, Art. 10 Rn. 27.

319 Siehe 1.4 auf http://wikileaks.org/About.html (zuletzt abgerufen: 15.07.2016).

320 Siehe oben S. 46.

Andernfalls wird die Ausübung der Pressefreiheit eingeschränkt, da kein Journalist mehr Informationen veröffentlichen wird, die er nicht selbst vor Ort überprüft hat. Ob Gutgläubigkeit vorliegt, ist eine Frage des Einzelfalls. Das presserechtliche Schutzniveau ist aufgrund der sonst drohenden Gefahr unrechtmäßiger Schädigungen immens einzuschränken, wenn Gutgläubigkeit nicht gegeben ist.

d) Objektive und neutrale Berichterstattung

Die Grundsätze der journalistischen Berufsregeln[321] erfordern insbesondere eine objektive und neutrale Berichterstattung,[322] wobei der Journalist über Freiheiten in der Darstellung seiner Publikationen verfügt.[323] Eine objektive Berichterstattung wird durch das Einstellen von Originaldokumenten erreicht. Der Leser hat auf diese Weise die Möglichkeit, sich anhand von Primärquellen selbst ein Urteil zu bilden. Eine gewisse subjektive Beeinflussung findet über die Auswahl der eingestellten Dokumente statt. Es lässt sich allerdings vermuten, dass der Umfang der Beeinflussung geringer ausfällt als bei einer klassischen Berichterstattung.

Eine neutrale Presseberichterstattung erfordert, dass eine Information von allen Seiten beleuchtet wird. Es sollen auch Stellungnahmen derjenigen Personen oder Institutionen oder Unternehmen eingeholt werden, die in einem Beitrag gerade kritisiert werden.[324] Jedoch prägt eine schlagartige Offenbarung von Dokumenten das Wesen von Whistleblowingplattformen. Die Veröffentlichung der Informationen ist gefährdet, wenn die Mitarbeiter der Whistleblowingplattform vor der Veröffentlichung versuchen, die Stellungnahme eines Betroffenen einzuholen. Es macht einen Unterschied, ob ein Bürger eine Information erhält, die zum Beispiel ein Betroffener zu rechtfertigen versucht hat oder nicht. Ist die Stellungnahme des Betroffenen mit einbezogen, kann sich der Bürger auf Grundlage aller Argumente ein eigenes Urteil bilden.[325] Die mehrseitige Beleuchtung eines Sachverhalts wird von Whistleblowingplattformen in der Regel nicht vorgenommen. Dabei gilt es allerdings zu bedenken, dass eine Rechtfertigung eines erheblichen Missstandes durch die Verursacher in der Regel nicht möglich sein wird. Im Rahmen der Rechtfertigung von Eingriffen in

---

321 *EGMR*, U. v. 20.05.1999, *Bladet Tromso and Stensaas v. Norwegen*, Nr. 21980/93, Rn. 65; *EGMR*, U. v. 21.01.1999, *Fressoz und Roire v. Frankreich*, Nr. 29183/95, Rn. 54.

322 Siehe Ethik-Kodex des Deutschen Fachjournalisten-Verbandes, abrufbar unter: https://www.dfjv.de/documents/10180/95735/DFJV%20Ethik-Kodex_20130109.pdf (zuletzt abgerufen: 15.07.2016).

323 Vgl. *EGMR*, U. v. 16.11.2004, Nr. 56767/00, *Selistö v. Finnland*, Rn. 59; *Harris/O'Boyle/Warbrick*, Law of the European Convention on Human Rights, S. 687.

324 Vgl. *EGMR*, U. v. 02.08.2000, Nr. 26132/95, *Bergens Tidende u.a. v. Norwegen*, Rn. 15, 58; siehe auch *Gutjahr*, Im Zweifel sind wir vogelfrei, Interview mit Georg Mascolo, abrufbar unter: http://www.journalist.de/ratgeber/handwerk-beruf/menschen-und-meinungen/ex-spiegel-chefredakteur-georg-mascolo-ueber-snowden-die-nsa-und-die-rolle-der-journalisten.html (zuletzt abgerufen: 15.07.2016).

325 *EGMR*, U. v. 08.07.1986, Nr. 12/1984/84/131, *Lingens v. Österreich* Rn. 42 = EuGRZ 1986, 424 (428).

die Pressefreiheit von Whistleblowingplattformen ist es zu berücksichtigen, wenn eine zu einseitige Darstellung erfolgt, obwohl eine mehrseitige Darstellung möglich gewesen wäre.

e) *Unschuldsvermutung*

Darüber hinaus handelt es sich stets um belastende Veröffentlichungen, sodass die Unschuldsvermutung auch von Whistleblowingplattformen zu berücksichtigen ist.[326]

2. *Quellenschutz*

Als Begünstigte der Pressefreiheit findet der Quellenschutz auf Whistleblowingplattformen uneingeschränkt Anwendung. Er ist grundlegender Bestandteil der Pressefreiheit und beinhaltet das Recht des Journalisten, seine Quellen nicht offenbaren zu müssen.[327] Die Argumentation ist folgende: Wird der Journalist verpflichtet, seine Quellen preiszugeben, werden die Informanten abgeschreckt, überhaupt Hinweise an die Presse weiterzugeben. Die Presse kann ihre Kontrollfunktion dann nicht effektiv ausüben, sodass die umfassende Berichterstattung, die für die öffentliche Meinungsbildung in einem transparenten demokratischen Staat wesentlich ist, beeinträchtigt wird.[328] Insbesondere wird die Fähigkeit, präzise und verlässliche Informationen zu veröffentlichen, behindert.[329] Einschränkungen dieses Schutzes dürfen deshalb nur in Fällen von überragendem öffentlichem Interesse erfolgen.[330]

Whistleblowingplattformen genießen wie oben herausgearbeitet den Schutz der Pressefreiheit, sodass auch ihnen alle Privilegien dieses Menschenrechts zuteilwerden. Im Geltungsbereich der EMRK besteht ein effektiver und stark ausgeprägter Quellenschutz, damit der Informationsfluss zwischen der Quelle und der Presse nicht beeinträchtigt wird. Da der *EGMR* bisher in allen Fällen, in denen Journalisten ihre Quellen preisgeben mussten, eine Verletzung der Pressefreiheit gemäß Art. 10

326 *Hoeren*, IMMI and Whistleblowing in Iceland, abrufbar unter: http://nome.unak.is/wordpress/volume-10-no-1-2015/c88-conference-paper/immi-and-whistleblowing-in-iceland-the-new-regulatory-framework/ (zuletzt abgerufen: 15.07.2016).

327 *EGMR*, U. v. 27.03.1996, Nr. 16/1994/463/544, *Goodwin v. Vereintes Königreich* = ÖJZ 1996, 795 (796); Frowein/Peukert/*Frowein*, EMRK, Art. 10 En. 17; *Harris/O'Boyle/Warbrick*, Law of the European Convention on Human Rights, S. 641; *Meyer-Ladewig*, EMRK, Art. 10 Rn. 39.

328 *EGMR*, U. v. 27.03.1996, Nr. 16/1994/463/544, *Goodwin v. Vereintes Königreich* = ÖJZ 1996, 795 (796); Harris/O'Boyle/Warbrick/*Arai*, Law of the European Convention on Human Rights, S. 641.

329 *EGMR*, U. v. 27.11.2007, Nr. 20477/05, *Tillack v. Belgien* = NJW 2008, 2565 (2566).

330 *EGMR*, U. v. 27.11.2007, Nr. 20477/05, *Tillack v. Belgien* = NJW 2008, 2565 (2565); *EGMR*, U. v. 27.03.1996, Nr. 16/1994/463/544, *Goodwin v. Vereintes Königreich* = ÖJZ 1996, 795 (796).

EMRK festgestellt hat,[331] kann eine Einschränkung des Quellenschutzes nur bei eklatanten Verstößen gegen die Sorgfaltspflichten gemäß Art. 10 Abs. 2, 1. Hs. EMRK angenommen werden.

Das Gesetz gibt Aufschluss darüber, ob und wann eine Beschränkung des Quellenschutzes erfolgen kann: Es ist erneut auf Art. 10 Art. 2, 1. Hs. EMRK zu verweisen, der explizit die Einhaltung von Pflichten und Verantwortung bei Ausübung der Pressefreiheit normiert. Beachten Whistleblowingplattformen diese Pflichten nicht, wird bei uneingeschränkter Anwendung des Quellenschutzes Art. 10 Abs. 2, 1. Hs. EMRK übergangen. Andernfalls wird jemand gezielt gefördert, der nicht verantwortungsbewusst mit der Aufgabe der Aufklärung der Bürger umgeht. Quellenschutz soll dort gewährleistet werden, wo die Kontrollfunktion der Presse verantwortungsbewusst ausgeführt wird. Informanten sollen sich dazu entschließen, ihre Informationen an die verantwortungsbewusst handelnde Presse weiterzugeben. Das bedeutet keinesfalls, dass die Informationen nur an konforme, regierungsnahe oder wirtschaftsnahe Pressevertreter weitergegeben werden dürfen. Vielmehr sollen nur nicht diejenigen Pressevertreter privilegiert werden, die eklatant gegen journalistische Regeln auf Kosten überragender Rechtsgüter anderer verstoßen.

Der Quellenschutz besteht allerdings nicht nur deshalb, weil er den Informationsfluss an die Presse begünstigt. Ein Informant benötigt den Schutz der Anonymität insbesondere dann, wenn er brisante Informationen zur Veröffentlichung weitergibt.[332] Hat er die im öffentlichen Interesse liegende Information weitergegeben, muss er sich darauf verlassen können, dass sein Leben, seine Gesundheit, seine Freiheit und andere wichtige Rechtsgüter geschützt werden. Der Quellenschutz ist daher von immenser Bedeutung für die Quelle selbst. Quellen werden bei mangelndem Schutz davon abgehalten, ihre Informationen an die Presse weiterzugeben. Eine Whistleblowingplattform funktioniert nur deshalb, weil ihr Informationen zugespielt werden. Ohne einen effektiven Quellenschutz kann sie darum ihre Kontrollfunktion nicht ausüben.

Die Notwendigkeit eines effektiven und starken Quellenschutzes ist auch Grundlage der *IMMI*-Initiative, die unter anderem das Ziel hat, Whistleblowingplattformen zu fördern. Die Resolution zielt auf einen umfassenden Quellenschutz ab, um den Informationsfluss zwischen Einzelnen, Medienvertretern und der Bevölkerung zu schützen und auf diese Weise die im Staat notwendige Transparenz zu schaffen. Die aktuellen isländischen Ausnahmeregelungen vom Quellenschutz seien zu weit gefasst, weshalb der Schutz der Quelle durch künftige Regelungen weiter gestärkt

---

331 Siehe z. B. *EGMR*, U. v. 28.06.2012, Nr. 15054/07 u. 15066/07, *Ressiot u.a. v. Frankreich* = NJW 2013, 3709; *EGMR*, U. v. 27.11.2007, Nr. 20477/05, *Tillack v. Belgien* = NJW 2008, 2565; *EGMR*, U. v. 22.11.2007, Nr. 64752/01, *Voskuil v. Niederlande* = NJW 2008, 2563; *EGMR*, U. v. 27.03.1996, Nr. 16/1994/463/544, *Goodwin v. Vereintes Königreich* = ÖJZ 1996, 795.

332 Vgl. *Corneil*, Harboring WikiLeaks, Cal West Int Law Journal, Vol. 41 2011, 477 (485).

werden müsse.[333] Erkennbar ist deshalb, dass auch bei Whistleblowingplattformen nicht irgendein Quellenschutz genügt, sondern dass ein starker Schutz erreicht werden soll, der nur durch wenige, eng auszulegende Ausnahmen beeinträchtigt werden darf.[334] Der Quellenschutz ist notwendig, um die gewünschte Transparenz sicherzustellen.

Da dieses Ziel ebenso in der EMRK angelegt ist, ist ein starker Quellenschutz in Bezug auf Whistleblowingplattformen im Geltungsbereich der EMRK beizubehalten.

III. Zwischenergebnis

Der Pressebegriff von Art. 10 EMRK ist grundsätzlich weit auszulegen, sodass Whistleblowingplattformen als neue Formen der journalistischen Medien über die Grundsätze dieses Menschenrechts geschützt werden. Je weniger die der Presse obliegenden Sorgfaltspflichten eingehalten werden, desto eher lässt sich ein Eingriff in die Pressefreiheit rechtfertigen. Zur effektiven Ausübung der Pressefreiheit wird Whistleblowingplattformen ein umfassender Quellenschutz gewährt.

333 https://en.immi.is/immi-resolution/ (zuletzt abgerufen: 15.07.2016).

334 *Ritchie*, Why IMMI matters, Suffolk Transnational Law Review 2012, 451 (468).

Dritter Teil

A. Whistleblowing und das Strafrecht

I. Tatbestands- oder Rechtfertigungslösung?

Das deutsche Strafrecht schützt Geheimnisse. Es schützt Staats- und Dienstgeheimnisse sowie Privat-, Geschäfts- und Betriebsgeheimnisse. Ein Staatsgeheimnis gemäß § 93 Abs. 2 StGB wird unmittelbar geschützt, wenn dessen Preisgabe zur Gefahr eines schweren Nachteils für die äußere Sicherheit der Bundesrepublik führt. Die Verletzung von Privatgeheimnissen steht unter den Voraussetzungen des § 203 StGB unter Strafe, wenn das offenbarte, fremde Geheimnis einem Amtsträger in dessen Funktion anvertraut worden ist. Die Verletzung eines Dienstgeheimnisses oder einer besonderen Geheimhaltungspflicht führt nach § 353b StGB zur Strafbarkeit, sofern durch die Offenbarung wichtige öffentliche Interessen gefährdet werden. Whistleblower und Whistleblowingplattformen geben Geheimnisse an die Öffentlichkeit weiter. Es liegt daher nahe, dass mit diesem Verhalten der Tatbestand einer strafrechtlich relevanten Norm erfüllt wird.[335]

Anhand der in dieser Arbeit vorgenommenen Wertungen auf Grundlage der EMRK ergibt sich, dass Whistleblowing unter bestimmten Voraussetzungen rechtmäßig ist. Diese Wertungen müssen sich im nationalen Recht widerspiegeln, denn in der Bundesrepublik Deutschland ist die EMRK von den Gerichten und Behörden bei der Auslegung des nationalen Rechts zu beachten.[336] Im Strafrecht besteht die Möglichkeit, diese Wertungen entweder im Rahmen der Auslegung von Tatbestandsmerkmalen oder des Tatbestandes als solchem (Tatbestandslösung) oder im Rahmen der Rechtfertigungsgründe (Rechtfertigungslösung) einfließen zu lassen. Nur diese Lösungen können zu einem Ausschluss der Strafbarkeit führen, der aufgrund der in dieser Arbeit vorgeschlagenen Wertungen folgerichtig erscheint.

Eine Tatbestandslösung hat den Vorteil, dass von ihr eine Signalwirkung zugunsten von Whistleblowing ausgeht. Werden die Wertungen auf Grundlage der EMRK bereits auf tatbestandlicher Ebene berücksichtigt, erfüllt der Whistleblower, der rechtmäßig handelt, schon nicht den Tatbestand einer strafrechtlichen Norm. Sein Verhalten ist damit generell strafrechtlich nicht verwerflich. Davon unterscheidet sich die Rechtfertigungslösung, bei der das Verhalten deliktstypisch und nur im eingetretenen Ausnahmefall nicht verwerflich ist. Die Entscheidung, ob die auf der EMRK basierenden Wertungen bereits auf Tatbestandsebene oder erst auf Rechtfertigungsebene zu berücksichtigen sind, enthält somit eine Aussage über

---

335 *Zimmer/Seebacher*, Whistleblowing – Wichtige Erkenntnisquelle oder gefährliches Pflaster? CCZ 2013, 31 (32).

336 *BVerfG*, B. v. 14.10.2004, Az. 2 BvR 1481/04, NJW 2004, 3407 (3408) = IStR 2005, 31 (31).

die rechtliche Akzeptanz der Veröffentlichung. In rechtspolitischer Hinsicht ist es daher von Bedeutung, an welcher Stelle diese Wertungen zu berücksichtigen sind.[337]

1. Tatbestandslösung über den Geheimnisbegriff

Zunächst besteht die Möglichkeit, auf Tatbestandsebene im Rahmen der Auslegung des Geheimnisbegriffs anzuknüpfen. Illegale Geheimnisse könnten per se aus dem strafrechtlichen Geheimnisbegriff herausgenommen werden.[338] Dabei handelt es sich um Geheimnisse, deren Inhalt gegen die Rechtsordnung verstößt. Beim Whistleblowing wäre dann schon das Merkmal des Geheimnisses nicht erfüllt, sodass eine Strafbarkeit wegen der Offenbarung von Geheimnissen ausgeschlossen wäre. Es ist deshalb zu überlegen, ob ein Geheimnis, das einen Missstand betrifft und dementsprechend gegen die Rechtsordnung verstößt, überhaupt ein strafrechtlich schützenswertes Geheimnis ist. Ausgangspunkt dieser Überlegungen sind die Straftatbestände, die den Geheimnisbegriff enthalten.

Nach allgemeinem Verständnis ist ein Geheimnis eine Information, die nur einem bestimmten und begrenzten Personenkreis bekannt ist und bekannt sein soll. Es ist zu vermuten, dass der durchschnittliche Bürger davon ausgeht, dass der Geheimnisbegriff auch Geheimnisse erfasst, die gegen die Rechtsordnung verstoßen. Gerade an Geheimnissen, die einen Missstand zum Inhalt haben, besteht häufig ein besonderes, persönliches Geheimhaltungsbedürfnis. Der Begriff „Geheimnis" wird in der Regel deshalb so verstanden werden, dass auch illegale Inhalte davon erfasst sind.

Auf rechtlicher Ebene spricht auch die strafrechtliche Systematik dagegen, jegliche illegale Geheimnisse aus den Geheimnisbegriffen der Straftatbestände herauszunehmen. In § 93 Abs. 2 StGB hat der Gesetzgeber das Problem eines illegalen Geheimnisses auf tatbestandlicher Ebene gelöst, indem er bestimmte illegale Geheimnisse vom Staatsgeheimnisbegriff des StGB ausgenommen hat. Die Problematik illegaler Geheimnisse ist ihm bekannt, allerdings hat er jene Geheimnisse nur aus dem Geheimnisbegriff der §§ 93 ff. StGB herausgenommen. Im Übrigen hat er keinen begrifflichen Ausschluss in den Straftatbeständen formuliert, in denen ein Geheimnis geschützt wird, wie in § 353b Abs. 1 StGB bei der Verletzung von Dienstgeheimnissen oder in § 17 UWG bei der Verletzung von Betriebs- und Geschäftsgeheimnissen. Nur gemäß § 93 Abs. 2 StGB sind Staatsgeheimnisse, die gegen die freiheitlich demokratische Grundordnung verstoßen oder unter Geheimhaltung gegenüber den Vertragspartnern der Bundesrepublik Deutschland gegen zwischenstaatlich vereinbarte Rüstungsbeschränkungen verstoßen, keine Staatsgeheimnisse. Daraus folgt, dass der Gesetzgeber derartige Geheimnisse nicht als strafrechtlich schützenswert ansieht. Allerdings wurde in § 93 Abs. 2 StGB nicht jedes illegale Geheimnis vom Geheimnisbegriff ausgenommen, sondern die Ausnahme ist auf

337 Bereits angesprochen von *Arndt*, Anmerkung zu BVerfG, B. v. 15.03.1967, Az. 1 BvR 161/63, NJW 1967, 871 (872).

338 Mit Bezug zu § 17 UWG *Engländer/Zimmermann*, Whistleblowing als strafbarer Verrat von Geschäfts- und Betriebsgeheimnissen? NZWiSt 2012, 328 (331f.).

bestimmte, schwere Verstöße beschränkt. Im Umkehrschluss kann daraus die Wertung gezogen werden, dass der Gesetzgeber andere illegale Geheimnisse als die in § 93 Abs. 2 StGB genannten als strafrechtlich schützenswert ansieht. Ansonsten hätte er § 93 Abs. 2 StGB so weit formuliert, dass überhaupt kein illegales Geheimnis unter den Geheimnisbegriff der §§ 93 ff. StGB fallen würde.

In Bezug auf Staatsgeheimnisse wurde bereits 1963 vertreten, dass es keinen Unterschied zwischen dem Schutz des Staates und dem Schutz der Verfassung gebe. Der Staat entstehe gerade aus der Verfassung und sei deshalb auch nur über diese schützbar. Werden Verstöße durch Geheimhaltung geschützt, agiere der Staat gegen seine Verfassung und damit gegen sich.[339] Auch aus heutiger Sicht könnten nur solche Dienst- und Staatsgeheimnisse schützenswert sein, die einen Inhalt aufweisen, der mit dem Recht in Einklang steht.[340] Ein demokratischer Staat, in dem das Volk regiert und sich eine Verfassung und eine Rechtsordnung gegeben hat, handelt widersprüchlich, wenn er Verstöße gegen die eigene Rechtsordnung durch Geheimhaltung schützt. Der Staat hat eine Vorbildfunktion. Ein Einzelner wird sich schwer an die Rechtsordnung halten können, wenn der Staat selbst gegen sie verstößt und das auch noch über den Weg der Geheimhaltung schützt. Diese Argumente sprechen gegen die strafrechtliche Schutzwürdigkeit von illegalen Geheimnissen.

Diese Argumentation müsste auch unabhängig von der Quelle des Rechtsverstoßes gelten. Entscheidend kann nicht sein, aus welchem Bereich, dem öffentlichen oder privaten, der Missstand stammt. Entscheidend ist vielmehr die Tatsache, dass Rechtsgüter und Interessen anderer beeinträchtigt werden oder worden sind. Aus diesem Grund ist eine Unterscheidung zwischen Geheimnissen aus dem privaten oder öffentlichen Bereich auch in Bezug auf das Strafrecht nicht erforderlich. Die Beeinträchtigungen der Rechtsgüter Dritter führen sogar zu der Annahme, von einer generellen fehlenden Schutzwürdigkeit illegaler Geheimnisse im Strafrecht auszugehen. Das hätte zur Folge, dass jedes illegale Geheimnis aus den Geheimnisbegriffen der Strafvorschriften herauszunehmen wäre. Das betrifft etwa die Geheimnisbegriffe der Tatbestände des § 17 UWG, des § 353b StGB und sogar des § 203 StGB.

Allerdings kann auch an illegalen Geheimnissen ein schützenswertes Geheimhaltungsinteresse bestehen. Das ist zum Beispiel der Fall, wenn aufgrund der Geheimhaltung eine schlimmere Rechtsgutsverletzung verhindert werden kann. Um das herauszufinden, ist eine Abwägung vorzunehmen. Wird aber per se jedes illegale Geheimnis aus den Geheimnisbegriffen des StGB herausgenommen, bleibt kein Raum für diese Abwägung. An dieser Stelle lassen sich erneut systematische

339 *Arndt*, Demokratische Rechtsauslegung am Beispiel des Begriffes „Staatsgeheimnis", NJW 1963, 24 (25).

340 *Prantl*, Nothilfe für das Recht, Süddeutsche Zeitung v. 04.08.2014, abrufbar unter: http://www.sueddeutsche.de/kultur/debatte-um-whistleblower-nothilfe-fuer-das-recht-1.2074634 (zuletzt abgerufen: 15.07.2016).

Erwägungen anführen. Dass der Gesetzgeber den Geheimnisbegriff auf tatbestandlicher Ebene nur in Bezug auf bestimmte illegale Geheimnisse in den §§ 93 ff. StGB begrenzt hat, ist ein Indiz dafür, dass er in allen anderen Fällen eine Abwägung für erforderlich gehalten hat. Liegen zum Beispiel nur geringfügige Missstände vor, deren Offenbarung jedoch zu einem schweren Nachteil für ein anderes hochrangiges Rechtsgut führen würde, sollte eine Offenbarung vermieden werden. Werden solche Geheimnisse von vornherein vom Schutz des strafrechtlichen Tatbestandes ausgeschlossen, fehlt es an dieser Abwägung mit den anderen involvierten Interessen. Aufgrund der in dieser Arbeit vertretenen Wertungen auf Grundlage von Art. 10 EMRK ist im Sinne einer einheitlichen Rechtsordnung eine Abwägung aber in der Regel erforderlich. Das Ergebnis der Abwägung sollte bestimmen, ob die Offenbarung im konkreten Fall unter Einbeziehung aller Umstände von der Rechtsordnung gewünscht wird.

Es könnte die Auffassung vertreten werden, sich von der bestehenden strafrechtlichen Systematik zu lösen und § 93 Abs. 2 StGB auch auf die übrigen Tatbestände, die einen Geheimnisbegriff enthalten, zu übertragen. Danach könnten zumindest Geheimnisse, die schwerwiegende Missstände betreffen, aus den Geheimnisbegriffen der Tatbestände herausgenommen werden. Die Abwägung fällt bei schwerwiegenden Missständen in der Regel zugunsten einer Offenbarung aus, sodass sie nicht mehr erforderlich sein dürfte. In Bezug auf alle anderen illegalen Geheimnisse könnte die erforderliche Abwägung auf Rechtfertigungsebene erfolgen.

Aber auch diese „Übertragungslösung" bereitet teleologische und systematische Schwierigkeiten.

Selbst wenn nur schwerwiegende Missstände aus den Geheimnisbegriffen des StGB herausgenommen würden, würde das dem Telos des § 203 StGB zuwiderlaufen. Durch die Übertragung des § 93 Abs. 2 StGB, in Form einer Analogie oder einer Normierung, werden die Offenbarungsbefugnisse in § 203 StGB erweitert. Dabei handelt es sich nicht um eine Analogie zulasten des Täters, etwa des § 138 StGB, sondern um eine bloße Erweiterung der Offenbarungsbefugnisse und damit eine Reduzierung der Strafbarkeit. § 203 StGB schützt jedoch das Individualinteresse an der Geheimhaltung bestimmter Tatsachen im Rahmen einer Vertrauensbeziehung mit den im Tatbestand genannten Berufsgruppen.[341] Die Ausübung der in § 203 StGB aufgeführten Berufe würde erschwert, wenn der Geheimnisinhaber sein Geheimnis nicht grundsätzlich in dem Bewusstsein der Schweigepflicht an den Berater mitteilen könnte. Wirksame Hilfe kann der Klient nur dann erhoffen, wenn er sich bedenkenlos offenbaren kann.[342] Aufgrund dessen ist es sehr bedenklich, den

341 *BGH*, U. v. 10.07.1991, Az. VIII ZR 296/90, NJW 1991, 2955 (2956) = MDR 1991, 1035 (1036); *Fischer*, StGB, § 203 Rn. 2; NK/*Kargl*, StGB, § 203 Rn. 4; Schönke/Schröder/*Lenckner/Eisele*, StGB, § 203 Rn. 3; a.A. MüKO/*Ciernaiak/Pohlit*, StGB, § 203 Rn. 5.

342 *BVerfG*, B. v. 24.05.1977, Az. 2 BvR 988/75, NJW 1977, 1489 (1491) = EuGRZ 1977, 334 (338).

Geheimnisbegriff im Rahmen des § 203 StGB zu verengen, indem schwerwiegende illegale Geheimnisse vom Begriff ausgenommen werden.

Zudem hat der Gesetzgeber das Problem illegaler Geheimnisse mit Ausnahme von § 93 Abs. 2 StGB auf Rechtfertigungsebene gelöst. In § 203 StGB etwa hat er das Problem der Offenbarungsbefugnisse, die der eigentlichen Schweigepflicht zuwiderlaufen, auf Rechtfertigungsebene im Rahmen des Merkmals „unbefugt" verortet. Ein begrifflicher Ausschluss auf tatbestandlicher Ebene entspricht deshalb nicht der vom Gesetzgeber gewählten Systematik.

Zuletzt läuft dieser begriffliche Ausschluss auch den hier vertretenen Wertungen zur Rechtmäßigkeit von Whistleblowing entgegen, da eine notwendige Abwägung gar nicht mehr möglich ist. Zwar fällt bei schwerwiegenden Missständen die Abwägung in der Regel zugunsten einer Offenbarung aus. Allerdings werden die Ausnahmefälle, in denen eine Abwägung doch einmal anders ausfallen kann, durch die Verengung des Geheimnisbegriffs juristisch nicht aufgefangen.

Diese Gründe sprechen letztlich gegen jede Lösung, bei der illegale Geheimnisse bereits begrifflich aus den betroffenen Tatbeständen ausgeschlossen werden. Für die Signalwirkung, dass insbesondere solche Geheimnisse, die gegen die höchsten Rechtsgüter verstoßen, eigentlich nicht schützenswert sind, ist das misslich. Die Vorgehensweise ist aber ein Kompromiss, der einzugehen ist, um eine differenzierte Lösungsmöglichkeit im Wege einer Abwägung zu finden.

2. *Tatbestandsbeschränkende Auslegung*

Die Abwägung könnte aber im Rahmen einer tatbestandsbeschränkenden Auslegung eingebracht werden. Auch dabei handelt es sich um eine Lösung, bei der die Problematik des Whistleblowings bereits auf tatbestandlicher Ebene berücksichtigt wird. Eine einschränkende Auslegung des Tatbestands ist geboten, wenn dieser nach dem Wortlaut des Gesetzes erfüllt ist, die übrigen Auslegungsmethoden jedoch zu einem anderen, einschränkenden Verständnis führen. Sofern die Rechtmäßigkeitskriterien des Whistleblowings[343] eingehalten werden, könnte der jeweils betroffene Tatbestand einschränkend dahingehend auszulegen sein, dass er trotz des Wortlauts nicht erfüllt ist. Auch diese Tatbestandslösung enthält anders als eine Rechtfertigungslösung die Aussage, dass das Verhalten des Whistleblowers generell nicht missbilligt wird.

Der historische Gesetzgeber wird die Whistleblowerproblematik bei Schaffung der Tatbestände, die das Weiterreichen von Geheimnissen unter Strafe stellen, nicht bedacht haben. Denn gesellschaftlich werden Menschen, die Geheimnisse, insbesondere Staatsgeheimnisse, weitergetragen haben, als Verräter geächtet worden sein. In der heutigen gesellschaftlichen Diskussion fällt das Urteil nicht mehr so eindeutig aus. Vielfach wird für Whistleblower, die zugunsten des öffentlichen Interesses

343 Siehe oben S. 35f.

einen Missstand aufdecken, rechtlicher Schutz und Rückhalt gefordert.[344] Die dadurch geschaffene Transparenz wird begrüßt.

Diese Wandlung drückt auch der Gesetzgeber selbst aus. Zunächst hat der europäische Gesetzgeber in Art. 5 b) der Richtlinie über den Schutz vertraulichen Know-hows und vertraulicher Geschäftsinformationen den Schutz von Whistleblowern geregelt. Ein Whistleblower, der einen Rechtsverstoß zugunsten des allgemeinen öffentlichen Interesses offenbart, soll keine negativen Rechtsfolgen aufgrund der Weitergabe von Geschäftsgeheimnissen erfahren.[345] Es wird begonnen, explizite Schutzmechanismen für Whistleblower rechtlich zu verankern.[346] Auch die Marktmissbrauchsverordnung der EU setzt Anreize für Whistleblower, Marktmissbrauch den zuständigen Behörden zu melden.[347] In ihrem Erwägungsgrund Nr. 74 wird dieser Schritt begründet. Die Meldung von Verstößen sei erforderlich, damit die zuständigen Behörden Marktmissbrauch aufdecken und Sanktionen verhängen können. Diese Vorstöße des europäischen Gesetzgebers spiegeln nicht nur die positive Rezeption von Whistleblowing wider, sondern fordern sogar direkt auf, Whistleblowing zu betreiben.[348]

Auch im Deutschen Bundestag sind Gesetzesvorschläge von den Grünen[349], der SPD[350] und den Linken[351] zum Schutz von Whistleblowern eingebracht worden. Zwar haben sich die Initiativen im Gesetzgebungsverfahren nicht durchgesetzt, allerdings zeigen sie, dass ein geregelter Schutz von Whistleblowern von Teilen der Bevölkerung politisch gewünscht wird. Die gesellschaftliche Entwicklung zeigt, dass Whistleblower nicht mehr grundsätzlich als Verräter angesehen werden. Im Rahmen einer tatbestandsbeschränkenden Auslegung könnten solche aktuellen Entwicklungen ins Gesetz eingebracht werden.

---

344 Z.B. *Prantl*, Nothilfe für das Recht, Süddeutsche Zeitung v. 04.08.2014, abrufbar unter: http://www.sueddeutsche.de/kultur/debatte-um-whistleblower-nothilfe-fuer-das-recht-1.2074634 (zuletzt abgerufen: 15.07.2016); *Sorge*, Wie Deutschland und die EU den Whistleblower-Schutz aushöhlen, Cicero v. 25.06.2015, abrufbar unter: http://www.cicero.de/berliner-republik/hinweisgeber-schutzgesetz-weiter-ferne-schlechte-zeiten-fuer-whistleblower/59439 (zuletzt abgerufen: 15.07.2016); *Transparency International*, Standpunkte, abrufbar unter: https://www.transparency.de/Hinweisgeber.60.0.html (zuletzt abgerufen: 15.07.2016).

345 Richtlinie über den Schutz vertraulichen Know-hows und vertraulicher Geschäftsinformationen, Stand v. 26.04.2016 abrufbar unter: http://data.consilium.europa.eu /doc/document/PE-76-2015-INIT/de/pdf (zuletzt abgerufen: 15.07.2016).

346 Anders sieht das insgesamt *Reuter*, Panama Papers: Neue EU-Richtlinie bedroht Pressefreiheit, 07.04.2016, abrufbar unter: https://netzpolitik.org/2016/panama-papers-neue-eu-richtlinie-bedroht-pressefreiheit/ (zuletzt abgerufen: 15.07.2016).

347 Kritisch *Buchert*, Der Irrweg der EU-Kommission, CCZ 2013, 144 (147f.).

348 So auch *Poelzig*, Durchsetzung und Sanktionierung des neuen Marktmissbrauchsrechts, NZG 2016, 492 (501).

349 BT-Drucksache 18/3039.

350 BT-Drucksache 17/8567.

351 BT-Drucksache 17/6492.

Zudem bietet eine tatbestandsbeschränkende Auslegung anders als eine Lösung über den Geheimnisbegriff die Möglichkeit einer Abwägung. Nur wenn die Abwägung zugunsten einer Offenbarung ausfällt, werden die hier vorgeschlagenen Rechtmäßigkeitskriterien erfüllt und der Tatbestand wird einschränkend ausgelegt.

Problematisch an einer tatbestandsbeschränkenden Auslegung ist allerdings, dass darunter die Vorhersehbarkeit der strafrechtlichen Konsequenzen für den Bürger leidet. Der Bürger muss wissen, welches Verhalten strafrechtlich verboten ist, damit er es vermeiden kann. Eine Abwägung auf tatbestandlicher Ebene führt hingegen zu Unvorhersehbarkeit und zu Unsicherheit.

Darüber hinaus ist eine tatbestandsbeschränkende Auslegung unter systematischen Gesichtspunkten anfechtbar. In den Ausführungen zu einer Lösung über den Geheimnisbegriff wurde aufgezeigt, dass der Gesetzgeber die Problematik von Offenbarungsbefugnissen, mit Ausnahme von § 93 Abs. 2 StGB, auf Rechtfertigungsebene gelöst hat. Zwar kann aus der bereits erwähnten Vorschrift des § 93 Abs. 2 StGB die Wertung gezogen werden, dass die Illegalität von Geheimnissen bereits auf tatbestandlicher Ebene zu berücksichtigen ist. Allerdings betrifft die Vorschrift nur jene Geheimnisse, die gegen die obersten Verfassungsgüter verstoßen. Missstände, die diese Schwelle nicht erreichen, durchaus aber von besonderer Schwere sein können, werden nicht erfasst. Zudem hat der Gesetzgeber keine mit § 93 Abs. 2 StGB vergleichbaren Regelungen für die übrigen Tatbestände geschaffen, die den Geheimnisschutz zum Gegenstand haben.

Vielmehr hat er sich in § 353b Abs. 3a StGB sogar für die Schaffung eines Rechtfertigungsgrundes entschieden. Danach sind Beihilfehandlungen bei der Verletzung von Dienstgeheimnissen nicht rechtswidrig, wenn sie von berufsmäßig handelnden Journalisten begangen werden. Der Gesetzgeber berücksichtigt dabei die besondere Aufgabe der Presse in einem demokratischen Staat. Auch hier hat er sich nicht dafür entschieden, bereits eine tatbestandliche Erfüllung auszuschließen, sondern er verortet den Interessenskonflikt auf Rechtfertigungsebene. Andernfalls hätte er schon die Tatbestandsmäßigkeit der Beihilfehandlung an sich ausgeschlossen. Dahinter steht die Wertung, dass ausnahmsweise kein strafbewehrtes Unrecht vorliegt, wenn eine geheime Information durch die Presse veröffentlicht wird. Der Pressefreiheit in einem demokratischen Staat wird dadurch Geltung verliehen. Ein Whistleblower, der eine geheime Information zur Veröffentlichung zum Beispiel an eine Whistleblowingplattform weitergibt, erfüllt eine pressevorbereitende Funktion.[352] Diese Vergleichbarkeit spricht auch dafür, die Wertung des Gesetzgebers im Rahmen des § 353b Abs. 3a StGB in Whistleblowingkonstellationen aufzugreifen und die Problematik auf Rechtfertigungsebene zu verorten.

Diese Linie wird auch in neuen Gesetzgebungsvorschlägen beibehalten. Die Bundestagsfraktion Bündnis 90/Die Grünen hat in ihrer Initiative den Vorschlag

352 Siehe oben S. 18ff.

gemacht, Rechtfertigungsgründe in § 97c StGB-E und § 353c StGB-E zum Schutz von Whistleblowern einzuführen.[353]

Vor dem Hintergrund der oben dargestellten Argumente ist eine tatbestandsbeschränkende Auslegung abzulehnen.

3. Rechtfertigungslösung

Für eine Rechtfertigungslösung spricht auch die übrige strafrechtliche Systematik, namentlich die Abgrenzung zwischen der Ebene der eigentlich nur im Rahmen von Erfolgsdelikten zu prüfenden objektiven Zurechnung und der Rechtfertigung. Könnte durch die Veröffentlichung geheimer Informationen zugunsten des öffentlichen Informationsinteresses theoretisch bereits so wie bei Erfolgsdelikten der Zurechnungszusammenhang ausgeschlossen werden, wäre die Problematik nicht erst auf Rechtfertigungsebene, sondern bereits auf Tatbestandsebene relevant. Der Vergleich mit einigen Fallgruppen der objektiven Zurechnung zeigt aber, dass sie nicht einschlägig wären. Der objektive Zurechnungszusammenhang ist im Rahmen der Fallgruppe der Risikoverringerung ausgeschlossen, wenn der Täter den Kausalverlauf in der Weise modifiziert, dass er die für das Opfer bereits bestehende Gefahr verringert und damit die Situation des Opfers verbessert. Eine solche Konstellation wird aufgrund der Verbesserung nicht als deliktstypische Rechtsgutsverletzung angesehen, weshalb bereits auf tatbestandlicher Ebene der Zurechnungszusammenhang ausgeschlossen wird.[354] Ein Whistleblower verbessert allerdings in der Regel nicht die Situation desjenigen, dessen Geheimnis er offenbart, indem er eine bestehende Gefahr abschwächt. Er verbessert vielmehr die Situation eines anderen, namentlich der Öffentlichkeit bzw. der vom Missstand konkret Betroffenen.

Fallkonstellationen, in denen der Täter nicht eine bestehende Gefahr mindert, sondern durch eine für das Opfer mildere, aber andere Gefahr ersetzt, werden auf der Ebene der Rechtswidrigkeit verortet.[355] Der Täter verwirklicht Handlungen, die deliktstypisch sind, er kann aber ausnahmsweise gerechtfertigt sein. Selbst diese Konstellation würde beim Whistleblowing nicht vor liegen. Durch das Whistleblowing wird nicht eine weniger schädliche Gefahr für das Opfer geschaffen. Die Gefahr für das Opfer bleibt, es werden vielmehr gleichzeitig Interessen anderer gefördert. An dem Fallbeispiel ist aber erkennbar, dass das Aufeinanderprallen verschiedener Interessen eine Problematik ist, die auf Rechtfertigungsebene gelöst wird. Die Übertragung der strafrechtlichen Systematik bei Erfolgsdelikten spricht daher für eine Rechtfertigungslösung.

---

353 BT-Drucksache 18/3039, S. 7.

354 *Jescheck/Weigend*, Lehrbuch des Strafrechts AT, § 28 IV 2; *Otto*, Risikoerhöhungsprinzip, NJW 1980, 417 (422); *Roxin*, Strafrecht AT, § 11 B Rn. 53; *Wessels/Beulke/Satzger*, Strafrecht AT, § 6 III 6 Rn. 284.

355 *Jescheck/Weigend*, Lehrbuch des Strafrechts AT, § 28 IV 2; *Otto*, Risikoerhöhungsprinzip, NJW 1980, 417 (422); *Roxin*, Strafrecht AT, § 11 B Rn. 54; *Wessels/Beulke/Satzger*, Strafrecht AT, § 6 III 6 b) Rn. 287.

Einer Rechtfertigungslösung ist aber auch dann der Vorzug zu geben, wenn von der bestehenden strafrechtlichen Systematik abgewichen würde. Es wurde bereits darauf aufmerksam gemacht, dass es Konstellationen gibt, in denen auch illegale Geheimnisse schützenswert sein können. Auf Rechtfertigungsebene wird dann abgewogen, welches Interesse wann den Vorzug verdient.[356] Dabei ist hinzunehmen, dass durch diese juristische Vorgehensweise rechtspolitisch das Signal gesendet wird, rechtswidrige Geheimnisse verdienten den Schutz mittels eines Straftatbestandes. Im Ergebnis tun sie das nur, wenn der Schutz einem höheren Zweck dient.

Angesichts der aufgeführten Argumente, insbesondere systematischer Natur, ist eine Rechtfertigungslösung zu bevorzugen. Offen bleibt aber die Frage, ob es der Schaffung eines neuen Rechtfertigungsgrundes im strafrechtlichen System bedarf oder ob sich die Rechtmäßigkeitskriterien und Wertungen des Whistleblowings in das bestehende System der Rechtfertigungsgründe eingliedern lassen.

II. Rechtfertigungsmöglichkeiten

1. Nichtanzeige geplanter Straftaten, § 138 StGB

§ 138 StGB ist ein Tatbestand, der die Nichtanzeige geplanter Straftaten unter Strafe stellt. Dadurch verpflichtet er zur Weitergabe von Informationen und kann in diesem Sinn auch ein Rechtfertigungsgrund sein.[357] So kommt § 138 StGB auch als Rechtfertigungsgrund in Fällen des externen Whistleblowings in Betracht.[358] Allerdings muss der Missstand eine der dort aufgeführten Straftaten betreffen wie zum Beispiel eine Geld- oder Wertpapierfälschung. § 138 StGB erlaubt nicht eine Veröffentlichung der Information über die bevorstehenden Straftaten, sondern verpflichtet den Wissenden der Behörde oder dem Bedrohten Mitteilung zu machen. Die Norm kann in ihrem Anwendungsbereich deshalb nur den Whistleblower rechtfertigen, der sich an die Behörde wendet.

2. Informationsrecht der Presse, § 4 LPresseG

Die Landespressegesetze enthalten einen Auskunftsanspruch der Presse. § 4 Abs. 1 LPresseG[359] verpflichtet die Behörden, Pressevertretern Auskunft zu erteilen, damit die Presse ihre öffentliche Aufgabe wahrnehmen kann. Ein Beamter, der eine unveröffentlichte Information als Whistleblower weitergibt und dabei ein fremdes

356 Vgl. den Gesetzesvorschlag von *Trips-Hebert*, Cicero, WikiLeaks und Web 2.0, ZRP 2012, 199 (201).

357 *Fischer*, StGB, § 203 Rn. 38.

358 *Deiseroth/Derleder*, Whistleblower und Denunziatoren, ZRP 2008, 248 (249); *Engländer/Zimmermann*, Whistleblowing als strafbarer Verrat von Geschäfts- und Betriebsgeheimnissen? NZWiSt 2012, 328 (330).

359 Pressegesetz für das Land Nordrhein-Westfalen (Landespressegesetz NRW) v. 24.05.1966 (GV. NRW. S. 340); § 4 Abs. 1 LPresseG ist in den Bundesländern weitgehend einheitlich, siehe Löffler/*Bullinger*, Presserecht, Einl Rn. 93.

Geheimnis offenbart, könnte dadurch gerechtfertigt sein, dass er mit Auskunfterteilung auch seiner dienstlichen Verpflichtung nachkommt.[360]

Gemäß § 4 Abs. 2 LPresseG können Auskünfte unter anderem verweigert werden, wenn ihnen Vorschriften über die Geheimhaltung entgegenstehen oder sie ein überwiegendes öffentliches oder schutzwürdiges privates Interesse verletzen. Aufgrund des Auskunftsanspruchs sind die Behörden dazu verpflichtet, die Presse allumfassend zu informieren. Abgesehen von den in § 4 Abs. 2 LPresseG aufgeführten Beschränkungen dürfen sie keine Informationen zurückhalten.[361] Folglich handelt es sich um einen sehr umfangreichen Auskunftsanspruch, was mit der überragenden Aufgabe der Presse in einem demokratischen Staat zu erklären ist.

Der Gesetzgeber wird bei Schaffung des § 4 LPresseG nicht den Fall des Whistleblowings vor Augen gehabt haben. Der ausgeprägte Umfang des presserechtlichen Informationsanspruchs spricht aber dafür, auch Whistleblowingkonstellationen unter § 4 LPresseG zu fassen. Auch der Wortlaut der Norm ist nicht limitiert auf bestimmte Auskünfte, etwa auf eine Auskunft im Rahmen einer Pressekonferenz. Untermauert wird diese Annahme durch den Sinn und Zweck der Vorschrift. § 4 Abs. 1 LPresseG soll der Presse diejenigen Informationen verschaffen, die sie zur Erfüllung ihrer öffentlichen Aufgabe benötigt.[362] Insbesondere im Fall von Missständen ist die Kontrollfunktion der Presse von erheblicher Bedeutung.[363]

a) Entgegenstehende Geheimhaltungsvorschriften

§ 4 Abs. 2 LPresseG bestimmt wie bereits erwähnt, dass eine Auskunft aber dann verweigert werden kann, wenn Vorschriften über die Geheimhaltung entgegenstehen. Geheimhaltungsvorschriften sind Vorschriften, die dem Schutz öffentlicher Geheimnisse dienen und zumindest auch an die auskunftsverpflichtete Behörde adressiert sind.[364] Die Straftatbestände, die die Offenbarung von Geheimnissen unter Strafe stellen, wie beispielsweise § 203 Abs. 2 StGB, könnten Geheimhaltungsvorschriften im Sinne des § 4 Abs. 2 LPresseG sein. § 4 LPresseG wäre dann als Rechtfertigungsgrund für § 203 Abs. 2 StGB von vornherein ausgeschlossen. § 4 Abs. 2 Nr. 3, 2. Var. LPresseG zeigt aber, dass die Privatsphäre nicht schlechthin vorrangig gegenüber dem Auskunftsverlangen der Presse ist.[365] Denn das private Interesse muss überwiegen, damit die Auskunftspflicht gegenüber der Presse nicht eingreift.

---

360 Lackner/Kühl/*Heger*, StGB, § 203 Rn. 21; Schönke/Schröder/*Lenckner/Eisele*, StGB, § 203 Rn. 53a.

361 Löffler/*Burkhardt*, Presserecht, § 4 LPresseG Rn. 12.

362 Löffler/*Burkhardt*, Presserecht, § 4 LPresseG Rn. 37.

363 Soehring/Hoene/*Soehring*, Presserecht, § 4 Rn. 1.

364 Löffler/*Burkhardt*, Presserecht, § 4 LPresseG Rn. 100.

365 *OVG Münster*, B. v. 19.02.2004, Az. 5 A 640/02, NJW 2005, 618 (618) = ZUM-RD 2005, 90 (90).

b) Erfordernis einer Abwägung

Um den Geheimhaltungsinteressen des betroffenen Einzelnen und der Pressefreiheit Rechnung zu tragen, wird stets eine Abwägung der beteiligten Positionen befürwortet.[366] Auf diese Weise kann sichergestellt werden, dass alle Umstände des Einzelfalls berücksichtigt werden. Nur wenn die Abwägung zulasten der Auskunft ausfällt, darf die Auskunft verweigert werden. Demgemäß kommt die Rechtfertigung eines Whistleblowers gemäß § 4 Abs. 1 LPresseG auch nur nach einer ausführlichen Abwägung in Betracht.[367]

Im Ergebnis kann § 4 LPresseG in den eng begrenzten Fällen seines Anwendungsbereichs in Whistleblowingkonstellationen als Rechtfertigungsgrund dienen. Um einen allgemeinen Rechtfertigungsgrund in Whistleblowingkonstellationen handelt es sich jedoch nicht.

3. Wahrnehmung berechtigter Interessen, § 193 StGB analog

§ 193 StGB enthält den speziellen Rechtfertigungsgrund der Wahrnehmung berechtigter Interessen und könnte in analoger Anwendung als Rechtfertigungsgrund in Whistleblowingkonstellationen dienen. Gemäß § 193 StGB sind tadelnde Urteile über wissenschaftliche, künstlerische oder gewerbliche Leistungen, desgleichen Äußerungen, welche zur Ausführung oder Verteidigung von Rechten oder zur Wahrnehmung berechtigter Interessen gemacht werden, sowie Vorhaltungen und Rügen der Vorgesetzten gegen ihre Untergebenen, dienstliche Anzeigen oder Urteile von Seiten eines Beamten und ähnliche Fälle nur insofern strafbar, als das Vorhandensein einer Beleidigung aus der Form der Äußerung oder aus den Umständen, unter welchen sie geschah, hervorgeht.

Die Norm, die sich im Abschnitt der Beleidigungsdelikte befindet, regelt die Kollision der Rechtsgüter der Meinungsfreiheit und der Ehre.[368] Sinn und Zweck der Norm ist es, der Bedeutung des geistigen Kampfes der Meinungen gerecht zu werden. Diese besondere Berücksichtigung der Meinungsfreiheit in einem Rechtfertigungsgrund könnte auch bei anderen Delikten als den Beleidigungsdelikten Anwendung finden.[369] Ob § 193 StGB außerhalb der §§ 185 ff. StGB analog angewendet werden kann, ist unabhängig von der Art des tatbestandlichen Verhaltens, das gerechtfertigt werden soll, jedoch fragwürdig.

Zwar ist der Titel des Rechtfertigungsgrundes „Wahrnehmung berechtigter Interessen" so offen formuliert, dass man annehmen könnte, eine entsprechende Anwendung auf andere Tatbestände sei möglich. Der Wortlaut und die systematische

---

366 *OVG Münster*, B. v. 19.2.2004, Az. 5 A 640/02, NJW 2005, 618 (618) = ZUM-RD 2005, 90 (90); Schönke/Schröder/*Leckner/Eisele*, StGB, § 203 Rn. 53a; Soehring/Hoene/*Soehring*, Presserecht, § 4 Rn. 41.

367 *Fischer*, StGB, § 203 Rn. 44; Schönke/Schröder/*Leckner/Eisele*, StGB, § 203 Rn. 53a.

368 LK/*Hilgendorf*, StGB, § 193 Rn. 5; NK/*Zaczyk*, StGB, § 193 Rn. 6; Schönke/Schröder/*Leckner/Eisele*, StGB, § 193 Rn. 1.

369 So *Rogall*, Die Verletzung von Privatgeheimnissen (§ 203 StGB), NStZ 1983, 1 (6).

Stellung des § 193 StGB zeigen jedoch, dass der Rechtfertigungsgrund auf die Delikte der Ehrverletzungen in den §§ 185 ff. StGB Anwendung finden soll.[370] Es ist deshalb schwer, die erste Voraussetzung einer Analogie, eine planwidrige Regelungslücke, zu bejahen. Der Gesetzgeber hätte den Regelungsinhalt des § 193 StGB auch im allgemeinen Teil des StGB regeln können, wenn er dessen Anwendung auf andere Tatbestände als die §§ 185 ff. StGB gewünscht hätte. Teleologisch würde § 193 StGB, der den geistigen Kampf der Meinungen ermöglichen und fördern soll, auch zum externen Whistleblowing passen. Im Unterschied zu § 34 StGB geht es im Rahmen des § 193 StGB gerade darum, neue Werte zu schaffen und nicht nur bereits bestehende Rechtspositionen zu verteidigen.[371] Allerdings ist der Regelungsinhalt auf die Kollision von Meinungsfreiheit und dem Rechtsgut Ehre ausgerichtet, was letztlich gegen eine entsprechende Anwendung auf andere Tatbestände spricht.[372] Der Gesetzgeber hat gewusst, dass die Kommunikationsdelikte mit der Meinungsfreiheit kollidieren können. § 193 StGB hat er trotzdem nicht als allgemeinen Rechtfertigungsgrund formuliert.

§ 193 StGB kann deshalb in analoger Anwendung nicht[373] als Rechtfertigungsgrund in Fällen des externen Whistleblowings herangezogen werden.

4. Nothilfe, § 32 Abs. 2, 2. Var. StGB

Eine Rechtfertigung über Nothilfe gemäß § 32 StGB kommt im Rahmen des Whistleblowings nicht in Betracht. Nach § 32 StGB handelt derjenige nicht rechtswidrig, der eine Tat begeht, die durch Notwehr geboten ist. Es muss sich um eine Verteidigungshandlung handeln, die erforderlich ist, um einen gegenwärtigen rechtswidrigen Angriff von einem anderen abzuwenden. Der externe Whistleblower versucht zunächst durch die Publikation, das öffentliche Informationsinteresse zu befriedigen. Ungeklärt ist im Rahmen des § 32 StGB, ob Rechtsgüter der Allgemeinheit überhaupt

---

370 Kindhäuser/Neumann/Paeffgen/*Zaczyk*, StGB, § 193 Rn. 12; Lackner/Kühl/*Kühl*, StGB, § 193 Rn. 4; Schönke/Schröder/*Lenckner/Eisele*, StGB, § 193 Rn. 3.

371 Schönke/Schröder/*Lencker/Eisele*, StGB, § 193 Rn. 1; siehe auch Schönke/Schröder/*Perron*, StGB, § 34 Rn. 1.

372 *RGSt* 31, 63 (66); *OLG Düsseldorf*, U. v. 25. 10. 2005, Az. III-5 Ss 63/05 – 33/05 I, NStZ 2006, 243 (244) = NJW 2006, 630 (631); *Fischer*, StGB, § 193 Rn. 4; NK/*Zaczyk*, StGB, § 193 Rn. 12; MüKo/*Joecks*, StGB, § 193 Rn. 6; Schönke/Schröder, *Lencker/Eisele*, StGB, § 193 Rn. 3.

373 So im Ergebnis h.M. *RG*, U. v. 08.03.1898, Az. 359/98, RGSt 31, 63 (66); Kindhäuser/Neumann/Paeffgen/*Zaczyk*, StGB, § 193 Rn. 12; Lackner/Kühl/*Kühl*, StGB, § 193 Rn. 4; Schönke/Schröder/*Lenckner/Eisele*, StGB, § 193 Rn. 3; v. Heintschel-Heinegg/*Valerius*, StGB, § 193 Rn. 3; a.A.: eine analoge Anwendung des § 193 StGB im Hinblick auf § 823 Abs. 1 i.V.m. § 1004 Abs. 1 S. 2 BGB analog bejahend *LG*, U. v. 16.05.2008, Az. 324 O 847/07, MMR 2008, 550 (550) = NJW-RR 2009, 699 (699); in Grenzen bejahend auch *Noll*, Tatbestand und Rechtswidrigkeit, ZStW 1965, 1 (32).

nothilfefähige Rechtsgüter darstellen.[374] Dagegen spricht zum einen der Wortlaut des § 32 Abs. 2 StGB, der eine Verteidigung zugunsten *eines anderen* erlaubt. Ein anderer ist ein Mensch und nicht die Allgemeinheit.[375] Zum anderen wäre es aufgrund der Schärfe des Notwehrrechts nicht angemessen, den Rechtfertigungsgrund bei der Verteidigung der Rechtsgüter der Allgemeinheit anzuwenden. Das würde zu einer ausufernden Anwendbarkeit dieses weitreichenden Rechtfertigungsgrundes führen.

Nothilfe ist vielmehr erst dann möglich, wenn zugleich Individualinteressen betroffen sind.[376] Zunächst stellt sich deshalb die Frage, ob das öffentliche Informationsinteresse zugleich ein individuelles Informationsinteresse des Einzelnen enthält. Das öffentliche Informationsinteresse beschreibt das Interesse an einer Publikation, das heißt eine Informationskundgabe an einen unbestimmten Personenkreis, und nicht die Informationskundgabe an einen Einzelnen. Zwar wird bei Bejahung eines öffentlichen Informationsinteresses in der Regel bei den betroffenen Personen auch ein individuelles Informationsinteresse bestehen. Das steht allerdings neben dem öffentlichen Informationsinteresse, um das es beim externen Whistleblowing geht. Es mangelt daher bereits an einem nothilfefähigen Rechtsgut. Aufgrund des Missstandes können auch individuelle Rechtsgüter bedroht sein. Allerdings hängt das von den jeweiligen Umständen des Einzelfalls ab, sodass keine Aussage bezüglich einer allgemeinen Rechtfertigung über Nothilfe getroffen werden kann.

Darüber hinaus passt die Nothilfe als Rechtfertigungsgrund in Whistleblowingfällen deshalb nicht, weil die Nothilfe keine Abwägung der Rechtsgüter verlangt. Auf diese Weise werden die Interessen des Angreifers nur *nachrangig* im Rahmen der Erforderlichkeit berücksichtigt.[377] Die hier vertretenen Wertungen auf Grundlage der EMRK berücksichtigen jedoch im Rahmen des Merkmals des berechtigten öffentlichen Informationsinteresses im Ansatz *gleichrangig* auch die Interessen des für den Missstand Verantwortlichen. Diese Gewichtung passt nicht mit der Gewichtung in § 32 StGB zusammen, da bereits der Ausgangspunkt der Abwägung ein anderer ist.

Zuletzt wird durch externes Whistleblowing die Voraussetzung der Erforderlichkeit im Sinne des § 32 StGB nicht eingehalten. § 32 StGB enthält den schärfsten Rechtfertigungsgrund der Strafrechtsordnung. Er gibt die Erlaubnis, die Mittel zu ergreifen, die erforderlich sind, um den gegenwärtigen Angriff zu beenden. Beim externen Whistleblowing geht es zwar auch darum, dem gegenwärtigen Missstand abzuhelfen. Das primäre Ziel ist es jedoch, die Öffentlichkeit zu informieren, denn das öffentliche Informationsinteresse soll befriedigt werden. Die Verteidigung durch

---

374 Verneinend *BGH*, U. v. 02.10.1953, Az. 3 StR 151/53, BGHSt 5, 245 (247); Lackner/Kühl/*Kühl*, StGB § 32 Rn. 2; MüKo/*Erb*, StGB § 32 Rn. 2; Schönke/Schröder/*Perron*, StGB, § 32 Rn. 8.

375 Schönke/Schröder/*Perron*, StGB, § 32 Rn. 8.

376 Lackner/Kühl/*Kühl*, StGB § 32 Rn. 3; Schönke/Schröder/*Perron*, StGB, § 32 Rn. 9.

377 MüKo/*Erb*, StGB § 32 Rn. 1.

externes Whistleblowing ist nicht erforderlich im Sinne der Norm, da sie nicht mit dem mildesten Mittel begangen wird. Durch die Nothilfe soll der Angriff auf das betroffene Rechtsgut abgewendet werden. Um einen Missstand im Unternehmen oder im staatlichen Bereich abzustellen, wird ein Gespräch mit dem Vorgesetzten oder ein Einschalten der zuständigen Behörden wie der Strafverfolgungsbehörden in nicht wenigen Fällen hinreichend sein. Das externe Whistleblowing zielt aber gerade darauf ab, die Informationen über den Missstand zu publizieren. Die hier vertretenen Wertungen auf Grundlage der EMRK haben ergeben, dass das direkte Anrufen der Öffentlichkeit in bestimmten Konstellationen rechtmäßig ist.[378]

Offenbar lassen sich die herausgearbeiteten Wertungen nicht mit den Voraussetzungen des § 32 StGB zusammenfügen. Die Nothilfe ist als Rechtfertigungsgrund für externes Whistleblowing nach dieser Auffassung deshalb nicht geeignet.

5. Notstand, § 34 StGB

Es bleibt die Frage zu klären, ob eine Rechtfertigung des Whistleblowers über den Notstand gemäß § 34 StGB möglich ist.[379] Der Notstand beruht auf dem Prinzip überwiegenden Interesses, das zu den anhand der EMRK erarbeiteten Wertungen passt. § 34 StGB beschreibt die Ausnahmekonstellation, bei der Rechtsnormen und eigentlich von der Rechtsordnung geschützte Rechtsgüter einem anderen, im konkreten Fall höherwertigen Interesse weichen müssen.[380] Die Rechtfertigungsnorm gewährt ein Eingriffsrecht und damit korrespondiert eine Duldungspflicht des nachteilig Betroffenen. Dabei erfasst sie auch den Defensivnotstand, bei dem in die Gütersphäre derjenigen Person eingegriffen wird, die die Gefahr erst geschaffen hat.[381] Diese Konstellation passt ebenso zum externen Whistleblowing, bei dem gerade die Geheimhaltungsinteressen desjenigen beeinträchtigt werden, der für den Missstand verantwortlich ist. Das spricht für die Möglichkeit der Anwendung des § 34 StGB auf externes Whistleblowing.

Allerdings könnte der Wortlaut des Rechtfertigungsgrundes einer Anwendung entgegenstehen. Der Notstand setzt eine gegenwärtige, nicht anders abwendbare Gefahr für ein Rechtsgut voraus. Explizit aufgezählt werden dabei die Rechtsgüter Leben, Leib, Freiheit, Ehre und Eigentum. Bei anderen Rechtsgütern ist die Anwendung des § 34 StGB aufgrund der offenen Formulierung „oder ein anderes Rechtsgut“ nicht ausgeschlossen. Im Fall des externen Whistleblowings sind je nach Fallgestaltung ein oder mehrere Rechtsgüter konkret durch den Missstand, über den berichtet wird, betroffen. Bestimmte Handlungen werden je nach Fallgestaltung über § 34 StGB zu rechtfertigen sein, wenn unmittelbar nur durch das Whistleblowing ein

378 Siehe oben S. 49.

379 Siehe *Engländer/Zimmermann*, Whistleblowing als strafbarer Verrat von Geschäfts- und Betriebsgeheimnissen? NZWiSt 2012, 328 (330f.).

380 LK/*Zieschang*, StGB, § 34 Rn. 1f; MüKo/*Erb*, StGB, § 34 Rn. 4; Schönke/Schröder/*Perron*, StGB, § 34 Rn. 1

381 Statt vieler Lackner/Kühl/*Kühl*, StGB, § 34 Rn. 9 m.w.N.

bestehendes Rechtsgut geschützt werden kann.[382] Das ist allerdings eine Frage des Einzelfalls. Darüber hinaus ist es fraglich, ob der Akt der Informationskundgabe durch den Whistleblower wegen Notstands gerechtfertigt ist, wenn kein anderes Rechtsgut einzig durch das externe Whistleblowing geschützt werden kann. Beim externen Whistleblowing geht es nicht nur darum, eine konkrete Rechtsgutsverletzung abzustellen, sondern es geht gerade darum, Informationen über den Missstand an die Öffentlichkeit zu bringen. Die Öffentlichkeit soll informiert werden und wissen, welche Missstände bestehen und wer dafür verantwortlich ist, um einen öffentlichen Diskurs zu ermöglichen. Externes Whistleblowing ist vor allem ein Akt zugunsten des öffentlichen Informationsinteresses.

Es ist jedoch fragwürdig, ob das öffentliche Informationsinteresse ein notstandsfähiges Rechtsgut darstellt. Anders als im Rahmen des § 32 StGB sind grundsätzlich auch Rechtsgüter der Allgemeinheit notstandsfähig.[383] Notstandsfähig sind allerdings auch nur Rechtsgüter, während einem bloßen Interesse der Schutz des § 34 StGB nicht zuteilwird.[384] Ein strafrechtlicher Schutz ist nach allgemeiner Meinung keine Voraussetzung, sondern es genügt irgendein Schutz der Rechtsordnung.[385] § 4 LPresseG ist nur ein Beispiel für eine Norm, die das öffentliche Informationsinteresse schützt. Es ist irreführend, dass die Begrifflichkeit von einem Interesse spricht, da es sich um ein Rechtsgut handelt.

Problematisch ist aber, dass die sehr weite Auslegung des Rechtsgutsbegriffs im Rahmen des § 34 StGB dazu führt, dass der Notstand zu einem allgemeinen Rechtfertigungsgrund der Wahrnehmung berechtigter Interessen umfunktioniert wird.[386] Während es beim Notstand darum geht, etwas Bestehendes zu erhalten, geht es bei der Wahrnehmung berechtigter Interessen darum, etwas Neues zu schaffen. Der Gesetzgeber hat mit § 193 StGB gerade einen besonderen und keinen allgemeinen Rechtfertigungsgrund geschaffen. Externes Whistleblowing ermöglicht einen öffentlichen Diskurs. Es geht unmittelbar darum, etwas zu verändern und zu korrigieren sowie Transparenz neu zu schaffen. Es zielt nur mittelbar darauf ab, etwas Bestehendes zu erhalten, indem das vom Missstand betroffene Rechtsgut erhalten wird. Diese teleologische Ausrichtung spricht dagegen, das öffentliche Informationsinteresse im Rahmen des externen Whistleblowings vom Rechtsgutsbegriff des § 34 StGB erfasst anzusehen.

Hingegen wurde in einem Fall des *OLG Köln* eine Rechtfertigungsmöglichkeit über den mit § 34 StGB identischen § 16 OWiG bejaht.[387] Bedrohtes Rechtsgut war das Aufklärungsinteresse über einen Unfallhergang. Auf den ersten Blick könnte

---

382 Mit Bezug zu § 17 UWG *Koch*, Korruptionsbekämpfung, ZIS 2008, 500 (503).

383 *Erb*, Der rechtfertigende Notstand, JuS 2010, 108 (108); *Roxin*, Strafrecht AT, § 16 Rn. 13.

384 NK/*Neumann*, StGB, § 34 Rn. 23.

385 *Roxin*, Strafrecht AT, § 16 Rn. 12.

386 NK/*Neumann*, StGB, § 34 Rn. 24; *Köhler*, Strafrecht AT S. 285; *Pawlik*, Der rechtfertigende Notstand, S. 150, 162ff.

387 *OLG Köln*, B. v. 12.12.1978, Az. Ss 932/78, DAR 1979, 226 (226).

eine Vergleichbarkeit zum externen Whistleblowing bestehen, da das öffentliche Informationsinteresse im Fall von Missständen in Form eines Aufklärungsinteresses auftritt. In dem genannten Fall weigerte sich eine Frau den Anweisungen zweier Polizeibeamten nach einem Unfall Folge zu leisten, die sie nacheinander gebeten hatten, ihr Auto von der Unfallstelle zu entfernen. Es wurde entschieden, dass die Betroffene nach § 16 OWiG gerechtfertigt handelte, da durch das Wegfahren des PKW eine erhebliche Erschwerung der Unfallaufklärungsmöglichkeiten eingetreten wäre. Daran scheitert die Vergleichbarkeit zum externen Whistleblowing: Es besteht zwar auch ein Aufklärungsinteresse in Bezug auf die Missstände. Allerdings tritt keine konkrete, erhebliche Erschwerung der Aufklärung wie bei einem Unfall nicht auf.

Darüber hinaus ist es schwierig, läge einer Prüfung das öffentliche Informationsinteresse als Erhaltungsrechtsgut zugrunde, die nächste Voraussetzung, die Gefahr, zu bejahen. Die Gefahr ist ein Zustand, bei dem der Eintritt eines Schadens für ein Rechtsgut naheliegt.[388] Inwieweit am Rechtsgut des öffentlichen Informationsinteresses ein Schaden eintreten kann, ist fragwürdig. Das öffentliche Informationsinteresse wird ohne den Akt des Whistleblowings in der Regel nicht befriedigt, wobei es aber auch vorher nicht befriedigt wurde. Anders als in dem geschilderten Fall des *OLG Köln* findet kein plötzliches Ereignis statt, das diesen Zustand verschlechtert. An dem Ist-Zustand ändert sich nichts. Bei weiter Auslegung könnte der sich nicht ändernde Zustand, das heißt die andauernde Nichtbefriedigung des öffentlichen Informationsinteresses, mit einer Gefahr im Sinne des § 34 StGB gleichgesetzt werden. Dabei würde es sich jedoch um einen konstruierten Vorgang handeln. Dass eine solche Konstruktion erforderlich ist, um die Voraussetzung der Gefahr bejahen zu können, spricht gegen die Anwendung von § 34 StGB in Whistleblowingkonstellationen. Denn es ist ein Hinweis darauf, dass der Notstand nicht auf Konstellationen, in denen es um die Schaffung neuer Werte geht, zugeschnitten ist.

Insgesamt ist § 34 StGB aus diesen Gründen nicht als Rechtfertigungsgrund in den Konstellationen des externen Whistleblowings anwendbar, sofern das geschützte Rechtsgut das öffentliche Informationsinteresse ist.

6. Handlungsempfehlung: Externes Whistleblowing als neuen Rechtfertigungsgrund einführen

Es mangelt an einem Rechtfertigungsgrund, der in Bezug auf das externe Whistleblowing greift. Auch der *Bundesgerichtshof* hat in seinem Urteil im Fall Pätsch vom 8. November 1965 Kriterien aufgestellt, die zu einer Rechtfertigung eines externen Whistleblowers führen können. Die Richter führen im Urteil aus, dass das Grundrecht der freien Meinungsäußerung gemäß Art. 5 Abs. 1 GG jede Person dazu berechtige, Missstände im öffentlichen Bereich zu rügen. Darunter fielen insbesondere

388 Statt vieler *BGH*, B. v. 15.02.1963, Az. 4 StR 404/62, NJW 1963, 1069 (1069) = MDR 1963, 513 (513); LK/*Zieschang*, StGB, § 34 Rn. 26.

Gesetzes- und Verfassungsverstöße durch die Behörden.[389] Aus diesen Gründen ist ein gesetzgeberisches Tätigwerden sinnvoll.

Die bestehenden Rechtfertigungsgründe zeigen auf, dass der Gesetzgeber auch eine Rechtfertigungsgelegenheit geschaffen hat, bei der nicht etwas Bestehendes erhalten, sondern etwas Neues geschaffen werden soll. Um der besonderen Bedeutung der Meinungsfreiheit gerecht zu werden, hat er den § 193 StGB in das Strafgesetzbuch eingefügt. Die Wahrnehmung berechtigter Interessen in Bezug auf das Whistleblowing könnte in Form eines neuen, allgemeinen Rechtfertigungsgrunds, der nicht nur auf bestimmte Straftatbestände Anwendung findet, für Rechtsklarheit sorgen.

Im Bundestag gab es bereits einen entsprechenden Vorstoß. In dem Entwurf eines Whistleblowerschutzgesetzes werden Rechtfertigungsgründe in §§ 97c, 97d und 353c StGB-E vorgesehen.[390] Der Vorteil eines solchen Vorschlags besteht darin, dass klare und auf den jeweils erfüllten Tatbestand zugeschnittene Voraussetzungen definiert werden können. Die Schaffung eines allgemeinen Rechtfertigungsgrunds aber sorgt für eine umfassende Lösung in Bezug auf alle durch das Whistleblowing betroffenen Tatbestände.

Ein Vorschlag für einen Rechtfertigungsgrund, der die im ersten Teil der Arbeit erarbeiteten Wertungen berücksichtigt, könnte folgendermaßen lauten:

Externes Whistleblowing

Nicht rechtswidrig handelt, wer eine wahre Information zugunsten des überwiegenden öffentlichen Informationsinteresses offenbart, wenn die Offenbarung erforderlich ist. Eine unmittelbare Veröffentlichung ist nur erforderlich, wenn das Informationsinteresse erheblich ist.

a) Wortlaut

Der Wortlaut des Vorschlags gibt die Voraussetzungen wieder, unter denen Whistleblowing rechtmäßig ist. Dementsprechend ist der Wortlaut auch in dem Sinne zu verstehen, in dem die Kriterien im ersten Teil der Arbeit ausführlich dargestellt werden. Es müssen das berechtigte öffentliche Informationsinteresse sowie die Erforderlichkeit der Offenbarung bejaht werden können.

Diese Kriterien lassen sich mit den grundlegenden Wertungen des fünfzig Jahre zurückliegenden Pätsch-Urteils in Einklang bringen. Der Bundesgerichtshof erklärte im Fall Pätsch Folgendes: Einem Whistleblower ständen verschiedene Rügewege offen. Er habe dabei denjenigen zu wählen, der den größtmöglichen Schutz des Geheimnisses bedeute. Der Kreis der Eingeweihten solle auf möglichst wenige Personen beschränkt sein und der Whistleblower solle nur die Informationen preisgeben, die unbedingt notwendig seien. Erst bei besonders schweren Gesetzes- und Verfassungsverstößen könne die Öffentlichkeit unmittelbar informiert werden.[391]

---

389 *BGH*, U. v. 08.11.1965, Az. 8 StE 1/65, NJW 1966, 1227 (1227).
390 BT-Drucksache 18/3039, S. 7.
391 *BGH*, U. v. 8.11.1965, Az. 8 StE 1/65, NJW 1966, 1227 (1231).

Aus § 97b Abs. 1 S. 2 StGB könne im deutschen Strafrecht allerdings der folgende allgemeine Grundgedanke abgeleitet werden: Die Offenlegung kann nur dann rechtmäßig sein, wenn sich der Whistleblower zuvor an ein Mitglied des Bundestages gewandt hat und um Abhilfe gebeten hat.[392] Ein allgemeiner Grundgedanke müsste auch außerhalb der §§ 93ff. StGB – wie hier im Rahmen eines neu geschaffenen Rechtfertigungsgrundes in Bezug auf das Erforderlichkeitskriterium – gelten. Der Abgeordnete, der keine besonderen Befugnisse zur Abwehr von Gefahren besitzt, ist jedoch nicht immer das geeignete Mittel, um einen Missstand zu beseitigen.[393] Die Beseitigung eines Missstands ist nur dann erfolgsversprechend, wenn die staatliche Institution aufgesucht wird, bei der Abhilfe am effektivsten gewährt werden kann. Dabei handelt es sich nicht zwangsläufig um einen Bundestagsabgeordneten.

Die Wertungen in Bezug auf die Erforderlichkeit, die im ersten Teil erarbeitet wurden, sollten deshalb im Strafrecht nicht durch ein solches zusätzliches Erforderlichkeitskriterium ergänzt werden.

b) Sinn und Zweck

Der Rechtfertigungsgrund beruht auf dem Prinzip des überwiegenden Interesses und schützt nicht nur die Erhaltung von etwas Bestehendem, sondern insbesondere die Schaffung neuer Werte. Durch den Rechtfertigungsgrund sollen der Presse- und Informationsfreiheit und der Transparenz im Fall von Missständen Rechnung getragen werden.

c) Systematische Eingliederung

Der Rechtfertigungsgrund könnte im Rahmen eines Whistleblowergesetzes erlassen werden. Denn eine Wiederholung des Rechtfertigungsgrundes in allen durch das Whistleblowing betroffenen Straftatbeständen ist keine ökonomische Lösung. Die Einfügung in einen bestimmten Abschnitt des StGB würde zudem dem allgemeinen Charakter des Rechtfertigungsgrunds nicht gerecht.

Alternativ ist eine Eingliederung in den allgemeinen Teil des StGB denkbar. Zwar finden sich dort wenige themenspezifische allgemeine Rechtfertigungsgründe. Es ist allerdings möglich, im zweiten Abschnitt einen sechsten Titel mit einem solchen Rechtfertigungsgrund zu schaffen. Thematisch ließe sich der Rechtfertigungsgrund deshalb gut einfügen, weil der fünfte Abschnitt Regelungen zur Straflosigkeit parlamentarischer Äußerungen und Berichte enthält.

d) Subjektives Rechtfertigungselement

Die Lehre von den subjektiven Rechtfertigungselementen besagt, dass für die Rechtfertigung tatbestandsmäßigen Handelns der Täter auch ein subjektives

392 *BGH*, U. v. 8.11.1965, Az. 8 StE 1/65, NJW 1966, 1227 (1231); Schönke/Schröder/*Sternberg-Lieben*, StGB, § 95 Rn. 18.

393 NK/*Paeffgen*, StGB, § 95 Rn. 8.

Rechtfertigungselement erfüllen muss.[394] Andernfalls wird das Handlungsunrecht der strafrechtlichen Tat nicht aufgehoben.[395] Der Täter muss deshalb zumindest in Kenntnis der rechtfertigenden Sachlage gehandelt haben.[396]

Fraglich ist, ob diese Voraussetzung des deutschen Strafrechts den Wertungen im ersten Teil der Arbeit widerspricht, wonach gerade kein subjektives Element Bestandteil der grundlegenden Rechtmäßigkeitsprüfung sein soll. Die Kriterien im ersten Teil ergeben, wann eine Information über Whistleblowing rechtmäßig an die Öffentlichkeit gelangt ist. Es wird eine Aussage darüber getroffen, ob die Information in der Gesellschaft sein darf oder nicht. Dabei handelt es sich um Kriterien, die unabhängig von der handelnden Person bestehen.

Im nationalen Strafrecht geht es hingegen um das Verhalten einer Person, an das angeknüpft wird, wenn persönliche Strafen verhängt werden. Dabei wird die Aussage getroffen, dass eine Person nur dann keine nachteiligen strafrechtlichen Folgen treffen sollen, wenn sie in Kenntnis der rechtfertigenden Lage gehandelt hat. Es geht um das Verhalten der Person und nicht darum, ob die Information rechtmäßig in der Öffentlichkeit ist. Deshalb widersprechen sich die Rechtmäßigkeitskriterien aus dem ersten Teil der Arbeit und die Voraussetzung eines subjektiven Rechtfertigungselements im Strafrecht nicht.

7. *Zwischenergebnis*

Whistleblower erfüllen Straftatbestände, obwohl sie möglicherweise zugunsten eines überwiegenden berechtigten Interesses handeln. Durch einen neuen Rechtfertigungsgrund kann diesem Umstand Rechnung getragen werden. Offen bleibt, welche Straftatbestände durch das Whistleblowing überhaupt betroffen sind. Der Beurteilung wird die oben dargestellte Grundkonstellation zugrundegelegt. Dabei sind die Fragen der Täterschaft und Teilnahme vom jeweiligen Einzelfall abhängig.

III. Die Strafbarkeit bei Staatsgeheimnissen

1. *Der Begriff des Staatsgeheimnisses*

Eine Strafbarkeit im Zusammenhang mit Staatsgeheimnissen ergibt sich nur, wenn es sich um ein Staatsgeheimnis handelt. Der Gesetzgeber hat im Rahmen der §§ 93 ff. StGB den Konflikt zwischen Geheimhaltungsinteressen und öffentlichen Informationsinteressen bei Missständen im Rahmen der Begrifflichkeit des Staatsgeheimnisses verortet. Staatsgeheimnisse sind nach § 93 Abs. 1 StGB Tatsachen, Gegenstände

394 *Rath*, Das subjektive Rechtfertigungselement, S. 576ff.

395 Statt vieler *Jescheck/Weigend*, Strafrecht AT, § 31 IV.

396 So z.B. in Bezug auf § 193 StGB BeckOK/*Valerius*, StGB, § 193 Rn. 43; MüKo/*Joecks*, StGB, § 193 Rn. 70; Schönke/Schröder/*Lencker/Eisele*, StGB, § 193 Rn. 23; in Bezug auf allgemeine Rechtfertigungsvoraussetzungen *Roxin*, Strafrecht AT, § 14 Rn. 97.

oder Erkenntnisse, die nur einem begrenzten Personenkreis zugänglich sind und vor einer fremden Macht geheimgehalten werden müssen, um die Gefahr eines schweren Nachteils für die äußere Sicherheit der Bundesrepublik Deutschland abzuwenden. Tatsachen, die gegen die freiheitlich demokratische Grundordnung verstoßen, sind unter anderem gemäß § 93 Abs. 2 StGB keine Staatsgeheimnisse. Da durch Whistleblowing Missstände offenbart werden, wird diese Voraussetzung des § 93 Abs. 2 StGB oftmals erfüllt sein.

a) Verstoß gegen die freiheitlich demokratische Grundordnung

Der Gesetzgeber versteht unter dem Begriff der freiheitlich demokratischen Grundordnung die obersten Grundwerte des freiheitlich demokratischen Verfassungsstaates entsprechend der Rechtsprechung des Bundesverfassungsgerichts.[397] In ständiger Rechtsprechung hat das *BVerfG* herausgestellt, dass es sich um eine Ordnung handelt, die unter Ausschluss jeglicher Gewalt- und Willkürherrschaft eine rechtsstaatliche Herrschaftsordnung auf der Grundlage der Selbstbestimmung des Volkes nach dem Willen der jeweiligen Mehrheit und der Freiheit und Gleichheit darstelle. Unter anderem gehörten die Achtung der Menschenrechte, insbesondere des Rechts der Persönlichkeit auf Leben und freie Entfaltung, die Souveränität des Volkes, die Gewaltenteilung, die Verantwortlichkeit der Regierung, die Gesetzmäßigkeit der Verwaltung, die Unabhängigkeit der Gerichte, das Mehrparteiensystem und die Chancengleichheit der politischen Parteien dazu.[398]

Deckt ein Whistleblower nun staatliches Handeln auf, das gegen einen der obersten Verfassungswerte verstößt, liegt kein Staatsgeheimnis vor. Das wäre beispielsweise der Fall, wenn ein staatlicher Mitarbeiter enthüllen würde, dass die Bundesrepublik ohne Anlass und ohne richterliche Beschlüsse die gesamte elektronische Kommunikation seiner Bürger jederzeit überwachen würde. In einem solchen Fall werden die Menschenrechte, die ein Recht auf Privatsphäre gewährleisten, missachtet. Ein staatlicher Mitarbeiter wird Missstände in der Regel nur dann veröffentlichen, wenn er glaubt, dass die Öffentlichkeit ein Interesse daran hat. Das wird etwa bei gravierenden Menschenrechtsverletzungen der Fall sein, während er bei kleinen Unregelmäßigkeiten ein solches Interesse nicht bejahen wird. Bei wenig gravierenden staatlichen Missständen wird sich ein Mitarbeiter selten dem Risiko von Kündigung, einer Strafbarkeit sowie gesellschaftlicher Ablehnung aussetzen, mit denen Whistleblower nach einer Offenbarung rechnen müssen.

Das negative Tatbestandsmerkmal aus § 93 Abs. 2 StGB berücksichtigt das Bedürfnis einer modernen Demokratie nach Transparenz zum Schutz der obersten Grundwerte der Verfassung. Es setzt das öffentliche Informationsinteresse der Bevölkerung um, von Missständen Kenntnis zu erlangen. Denn ein Geheimnis, das

---

397 BT-Drucksache 05/2860, S. 16f.

398 Erstmals in *BVerfG*, U. v. 23.10.1952, Az. 1 BvB 1/51, BVerfGE 2, 1 (12f.) = NJW 1952, 1407 (1408).

Missstände betrifft, die gegen die obersten Verfassungswerte verstoßen, ist nicht schützenswert.

b) *Begrenzte Zugänglichkeit*

Gemäß § 93 Abs. 1 StGB dürfen die Tatsachen und Erkenntnisse außerdem nur einem begrenzten Personenkreis zugänglich sein und müssen vor einer fremden Macht geheim gehalten werden, um die Gefahr eines schweren Nachteils für die äußere Sicherheit der Bundesrepublik abzuwenden.

Die Tatsachen, um die es geht, müssen somit zur Zeit der Tat noch geheim sein. Dabei ist entscheidend, dass die betroffene Information nur einem bestimmten abgrenzbaren Personenkreis zugänglich ist.[399] Die Informationen, die ein Whistleblower an die Öffentlichkeit gelangen lässt, werden in der Regel nur einem eng begrenzten Personenkreis zugänglich sein. Beispielhaft kann der bereits erwähnte Fall des Werner Pätsch herangezogen werden. Mithilfe des „Spiegel"-Magazins informierte er die Öffentlichkeit 1963 über illegale Abhörpraktiken des Deutschen Bundesamts für Verfassungsschutz. Bei seiner Einstellung in die entsprechende Abteilung wurde er zuvor von seinem Abteilungsleiter auf seine besonderen Geheimhaltungspflichten aufmerksam gemacht und darauf hingewiesen, dass er auch nicht mit seinen Kollegen über seine Arbeit sprechen dürfe. In diesem Fall handelte es sich um einen eng begrenzten Personenkreis, der Kenntnis von den Abhörpraktiken des Amtes hatte. Diese Voraussetzung wird beim Whistleblowing in der Regel erfüllt sein.

Es ist aber fraglich, ob Informationen auch dann noch begrenzt zugänglich sind, wenn sie aus internen Netzwerken stammen, auf die eine große Anzahl an Personen zugreifen kann. Das scheint zum Beispiel der Fall beim Secret Internet Protocol Router Networks (SIPRNet) in den Vereinigten Staaten zu sein.[400] Die 2010 von Chelsea Manning (damals Bradley Manning) veröffentlichten Botschaftsdepeschen sollen diesem Netzwerk entnommen worden sein. Zu dem Netzwerk hatten etwa 2,5 Millionen US-Beamte und Soldaten Zugang.[401] Es ist fraglich, ob in solchen Fällen noch von einem (eng) begrenzten Personenkreis gesprochen werden kann.

Schon 500.000 Zugangsberechtigte sind ein derart großer Personenkreis, dass er nicht mehr als begrenzter Personenkreis angesehen werden kann.[402] Je mehr Personen Zugang zu einem solchen Netzwerk haben, desto höher ist das Risiko, dass ein Zugangsberechtigter eine Information nach außen trägt. Ab einer gewissen Größe ist die Wahrscheinlichkeit aufgrund der allgemeinen Lebenserfahrung so groß, dass

---

399 LK/*Schmidt*, StGB, § 93 Rn. 3; NK/*Paeffgen*, StGB, § 93 Rn. 13; Schönke/Schröder/*Sternberg-Lieben*, StGB, § 93 Rn. 5ff.

400 *Franck/Steigert*, Die strafrechtliche Verantwortlichkeit von WikiLeaks, CR 2011, 380 (382).

401 http://www.tagesschau.de/ausland/wikileaks198.html (zuletzt abgerufen: 15.07.2016).

402 *Franck/Steigert*, Die strafrechtliche Verantwortlichkeit von WikiLeaks, CR 2011, 380 (382).

Information aus dem Netzwerk nach außen gelangen, dass nur noch schwerlich von einer begrenzten Zugänglichkeit gesprochen werden kann.

Es kann aber auch dahingehend argumentiert werden, dass es bezüglich des Tatbestandsmerkmals der begrenzten Zugänglichkeit allein auf die Möglichkeit ankommt, dass nur eine begrenzte Anzahl an Personen Kenntnis nehmen kann. Zufällige Dritte dürfen hingegen keinerlei Zugang dazu haben.[403] Danach ist eine Information auch dann noch geheim, wenn sie sich in einem internen Netzwerk befindet, zu dem eine große Anzahl an Personen Zugang hat.

Zuletzt kann vertreten werden, dass es auf den zahlenmäßigen Umfang nicht ankommt. Der Umfang darf jedoch nach allgemeiner Erfahrung nicht erwarten lassen, dass die Information allgemein bekannt wird.[404] In Bezug auf das obige Beispiel bedeutet das, dass bei 2,5 Millionen Zugangsberechtigten nach allgemeiner Erfahrung damit gerechnet werden muss, dass es „undichte Stellen“ im Netzwerk gibt. Die Information ist nach dieser Ansicht nicht mehr als geheim zu qualifizieren. Ein Staatsgeheimnis im Sinne der §§ 93 ff. StGB liegt nicht vor.

Wer argumentiert, dass der Personenkreis sogar relativ eng begrenzt sein muss, wird das Merkmal erst recht nicht mehr als erfüllt ansehen können.[405]

Schon die allgemeine Lebenserfahrung spricht für diejenige Ansicht, nach der es nicht zu erwarten sein darf, dass die Information allgemein bekannt wird. Bei einer zu großen Anzahl an Zugangsberechtigten muss davon ausgegangen werden, dass es „undichte Stellen“ geben wird. Der Wortlaut von § 93 Abs. 1 StGB lässt zwar nicht erkennen, dass es sich um einen eng begrenzten Personenkreis handeln muss. Doch der Sinn der Straftatbestände zum Schutz von Staatsgeheimnissen zeigt, dass eine Information nicht weitgehend bekannt sein darf. Ist die geheime Information bereits bekannt, kann die Gefahr, die möglicherweise von der Veröffentlichung der Information ausgeht, nicht mehr realisiert werden. In den Fällen, in denen die Informationen in internen Netzwerken zugänglich waren, muss zunächst geklärt werden, ob aufgrund der Anzahl der Nutzungsberechtigten mit einer allgemeinen Kenntnisnahme zu rechnen ist. Dies kann im Einzelfall schwierig sein und hängt von einer Prognose ab.

c) Geheimhaltungsbedürftigkeit

Sofern die begrenzte Zugänglichkeit nicht ausgeschlossen ist, ist zu untersuchen, ob die offenbarten Informationen geheimhaltungsbedürftig gewesen sind. Das ist der Fall, wenn es wegen ihres Inhalts vonnöten ist, sie vor einer fremden Macht geheim zu halten, um die Gefahr eines schweren Nachteils für die äußere Sicherheit der Bundesrepublik Deutschland abzuwenden. Die äußere Sicherheit der Bundes-

---

403 Schönke/Schröder/*Sternberg-Lieben*, StGB, § 93 Rn. 8.
404 LK/*Schmidt*, StGB, § 93 Rn. 3; MüKo/*Lampe/Hegmann*, StGB, § 93 Rn. 7.
405 So NK/*Paeffgen*, StGB, § 93 Rn. 13.

republik ist die Fähigkeit, sich gegen Angriffe von außen erwehren zu können,[406] was bedeutet, dass die äußere Machtposition in nachteiliger Weise betroffen sein muss.[407] Darüber hinaus muss der drohende Nachteil schwer wiegen. Ob diese Tatbestandsvoraussetzung beim Whistleblowing gegeben ist, hängt von den Umständen des Einzelfalls ab.

In Bezug auf die Veröffentlichung der US-Botschaftsdepeschen beispielsweise über die Plattform WikiLeaks lässt sich vertreten, dass die erforderliche Schwelle der Geheimhaltungsbedürftigkeit nicht erreicht wird.[408] Im Fall diplomatischer Geheimnisse wird diese Schwelle erst erreicht sein, wenn durch deren Offenbarung Veränderungen der Machtstellungen erfolgen, wodurch die äußere Sicherheit der Bundesrepublik gefährdet wird. Denn die Offenbarung diplomatischer Geheimnisse an sich führt nach Ansicht des Gesetzgebers noch nicht zu einer Gefährdung der äußeren Sicherheit. Es müssen vielmehr Umstände hinzutreten, die zu einer Gefährdung der äußeren Sicherheit führen. Deshalb hat der Gesetzgeber diplomatische Geheimnisse explizit aus dem Schutzbereich der Staatsgeheimnisse herausgenommen. Aus Rechtssicherheitsgründen sollte der Begriff des Staatsgeheimnisses so eng wie möglich gefasst und verstanden werden.[409]

Das enge Verständnis des Begriffs Staatsgeheimnis bedeutet für Whistleblower einen gewissen Schutz vor Strafbarkeit. Zunächst einmal ist der Begriff des Staatsgeheimnisses ausdrücklich eng zu verstehen. Darüber hinaus muss der drohende Nachteil von einer gewissen Schwere sein und es wird ausschließlich die äußere Sicherheit der Bundesrepublik Deutschland vom Straftatbestand geschützt. Diese Voraussetzungen begrenzen den Anwendungsbereich der §§ 94 ff. StGB beim Whistleblowing.

2. *Strafbarkeit wegen Landesverrats, § 94 StGB*

a) Strafbarkeit des Whistleblowers

Ein Whistleblower könnte sich gemäß § 94 Abs. 1 Nr. 1 StGB wegen Landesverrates strafbar machen, wenn er Informationen aus seinem staatlichen Arbeitsumfeld an ein Veröffentlichungsmedium weitergibt. Der Tatbestand erfordert, dass ein Staatsgeheimnis einer fremden Macht oder einem ihrer Mittelsmänner mitgeteilt wird und dadurch die Gefahr eines schweren Nachteils für die äußere Sicherheit der Bundesrepublik Deutschland herbeigeführt wird.

406 NK/*Paeffgen*, StGB, § 93 Rn. 23; Schönke/Schröder/*Sternberg-Lieben*, StGB, § 93 Rn. 17.

407 *BGH*, U. v. 28.03.1963, Az. 9 StE 1/63, BGHSt 18, 336 (338); MüKo/*Lampe/Hegmann*, StGB, § 93 Rn. 17.

408 *Franck/Steigert*, Die strafrechtliche Verantwortlichkeit von WikiLeaks, CR 2011, 380 (382).

409 BT-Drucksache 05/2860, S. 16.

Das Geheimnis muss dabei unmittelbar gegenüber der fremden Macht und deren Mittelsmännern mitgeteilt werden.[410] Der Whistleblower erfüllt dementsprechend den Tatbestand, wenn er sich direkt an die fremde Macht wendet. Bei einer Veröffentlichung durch die Presse oder einem vergleichbaren Veröffentlichungsmedium werden die Voraussetzungen nicht erfüllt,[411] sodass eine Strafbarkeit wegen Landesverrats gemäß § 94 Abs. 1 Nr. 1 StGB bei einem Whistleblower ausscheidet.

Die Tatbestandsmäßigkeit ergibt sich allerdings gemäß § 94 Abs. 1 Nr. 2 StGB. Gibt der Whistleblower Informationen im Sinne eines Staatsgeheimnisses an die Öffentlichkeit weiter, lässt er sie an einen Unbefugten gelangen oder macht sie öffentlich bekannt. Erforderlich ist aber, dass er die Veröffentlichung tätigt, um die Bundesrepublik Deutschland zu benachteiligen oder eine fremde Macht zu begünstigen.

aa) Verrat

Für den Fall, dass dennoch eine Information preisgegeben wird, die unter den engen Begriff des Staatsgeheimnisses zu subsumieren ist, ist erforderlich, dass der Whistleblower sie an einen Unbefugten hat gelangen lassen oder öffentlich bekannt gemacht hat.

(1) Gelangenlassen an einen Unbefugten

Der Whistleblower lässt die Information an einen Unbefugten gelangen, wenn er einer Person die Möglichkeit der Kenntnisnahme verschafft, der er gegenüber weder mitteilungspflichtig noch mitteilungsberechtigt ist.[412]

Es ist fraglich, ob die Presse und dementsprechend auch Whistleblowingplattformen aufgrund ihrer Bedeutung in einem demokratischen Staat das Recht haben, ein Staatsgeheimnis zu erfahren. Sie wäre dann nicht als Unbefugter im Sinne des Tatbestandes zu beurteilen. Die Presse kann jedoch nicht als generell mittteilungsberechtigt angesehen werden.[413] Selbst Bundestagsabgeordnete haben nicht per se das Recht, eine Information zu erhalten.[414] Der Gesetzgeber hat jedoch in der Begründung zu § 93 Abs. 2 StGB dargelegt, dass zumindest der Abgeordnete nicht als Unbefugter im Sinne der Landesverratsvorschriften gelte.[415] Die Presse erwähnt aber auch er nicht. Das spricht dafür, die Presse nicht als generell mitteilungsberechtigt anzusehen. Ein Whistleblower, der seine Informationen an die Presse weitergibt, lässt das Staatsgeheimnis daher an einen Unbefugten gelangen.

---

410 BT-Drucksache 05/2860, S. 17.

411 Schönke/Schröder/*Sternberg-Lieben*, StGB, § 94 Rn. 7.

412 *Fischer*, StGB, § 93 Rn. 10; NK/*Paeffgen*, StGB, § 94 Rn. 16f; MüKo/*Lampe/Hegmann*, StGB, § 94 Rn. 9f; Schönke/Schröder/*Sternberg-Lieben*, StGB, § 94 Rn. 9f.

413 Schönke/Schröder/*Sternberg-Lieben*, StGB, § 94 Rn. 10.

414 *Fischer*, StGB, § 93 Rn. 10; NK/*Paeffgen*, StGB, § 94 Rn. 16; LK/*Schmidt*, StGB, § 94 Rn. 4; MüKo/*Lampe/Hegmann*, StGB, § 94 Rn. 9; Schönke/Schröder/*Sternberg-Lieben*, StGB, § 94 Rn. 10.

415 BT-Drucksache 05/2860, S. 17.

(2) Öffentliches Bekanntmachen

Darüber hinaus könnte auch die zweite Variante der Tathandlung erfüllt sein, wenn der Whistleblower seine Informationen an die Presse weitergibt. Das öffentliche Bekanntmachen ist jede Handlung, die einer unbestimmten Personenmehrheit die Kenntnisnahme von dem Geheimnis selbst ermöglicht.[416] Eine Publikation beispielsweise über Whistleblowingplattformen, die für jedermann zugänglich sind, ermöglicht zu einem späteren Zeitpunkt die Kenntnisnahme eines unbestimmten Personenkreises. Allerdings ist der Whistleblower nicht derjenige, der unmittelbar publiziert. Er übergibt die Informationen zwar in dem Wissen, dass sie publiziert werden, an die Mitarbeiter einer Whistleblowingplattform, wenn er sie dort hochlädt. Doch es sind die Betreiber der Plattform, die die Informationen ggf. aufbereiten, prüfen und letztlich unmittelbar an die Öffentlichkeit gelangen lassen, wenn sie sie online stellen. Dazwischen steht die Entscheidung des Mediums, eine Information nicht zu veröffentlichen. Dieser Prüfungsschritt durch die Whistleblowingplattform verhindert es, dass die Tathandlung des öffentlichen Bekanntmachens vom Whistleblower selbst erfüllt wird. Es bleibt daher dabei, dass der Whistleblower die Information durch die Weitergabe an einen Unbefugten gelangen lässt.[417]

Zuletzt muss die Tathandlung die Gefahr eines schweren Nachteils für die äußere Sicherheit der Bundesrepublik Deutschland herbeiführen. Das ist im konkreten Einzelfall zu klären. Das Merkmal erfordert, anders als im Rahmen der Begriffsbestimmung des Staatsgeheimnisses, jedoch eine konkrete Gefährdung.[418] Aufgrund der vom Gesetzgeber gewünschten engen Auslegung des Tatbestandsmerkmals werden nur wenige Whistleblower den Tatbestand des Landesverrats gemäß § 94 Abs. 1 Nr. 2 StGB erfüllen.

bb) Subjektiver Tatbestand

Der subjektive Tatbestand des § 94 Abs. 1 Nr. 2 StGB erfordert den bedingten Vorsatz[419] in Bezug auf die objektiven Tatumstände sowie die Absicht, die Bundesrepublik Deutschland zu benachteiligen oder eine fremde Macht zu begünstigen. Ein Whistleblower handelt im besten Fall aus Gewissensgründen. Es besteht jedoch die Möglichkeit, dass er neben anderen Motiven auch eines der Absichtsmerkmale des § 94 Abs. 1 Nr. 2 StGB verwirklicht. Das Absichtsmerkmal in § 94 Abs. 1 Nr. 2 StGB hat den Sinn und Zweck, den für die Sicherheit der Bundesrepublik gefährlichen Täter zu bestrafen. Deshalb ist an dieser Stelle nicht von Bedeutung, ob die Schädigungsabsicht das ausschlaggebende Motiv des Täters darstellt.[420] Weist der

---

416 SK/*Rudolphi/Pasedach/Wolter*, StGB, § 94 Rn. 12.

417 Zu diesem Ergebnis kommt auch *Gercke*, Die Entwicklung des Internetstrafrechts 2010/2011, ZUM 2011, 609 (617).

418 BT-Drucksache 05/2860, S. 17.

419 *Fischer*, StGB, § 94 Rn. 7; SK/*Rudolphi/Pasedach/Wolter*, StGB, § 94 Rn. 14.

420 *BGH*, U. v. 21.12.1955, Az. 6 StR 113/55, BGHSt 9, 142 (146); *Roxin*, Strafrecht AT, § 12 A Rn. 10.

Täter auch die Schädigungsabsicht auf, ist er gefährlich für die sicherheitspolitischen Interessen der Bundesrepublik. Der subjektive Tatbestand des § 94 Abs. 1 Nr. 2 StGB ist dann erfüllt.

Beispielhaft wird diesbezüglich der hypothetische Fall der Veröffentlichung von Botschaftsdepeschen in der Bundesrepublik Deutschland hervorgehoben. Für den Fall, dass es sich um deutsche Dokumente gehandelt hätte, werden die Tatbestandsmerkmale des § 94 Abs. 1 Nr. 2 StGB „mit großer Wahrscheinlichkeit" bejaht.[421]

Es bleibt daher festzuhalten, dass die Strafbarkeit eines Whistleblowers wegen Landesverrats nach § 94 Abs. 1 Nr. 2 StGB unwahrscheinlich, aber möglich ist. Es bleibt insbesondere aufgrund der gebotenen engen Auslegung des Staatsgeheimnisbegriffs und der Anforderungen des subjektiven Tatbestands der Norm nur noch ein sehr eingeschränkter Anwendungsbereich beim Whistleblowing.

cc) Externes Whistleblowing als Rechtfertigungsgrund

Da der Tatbestand des § 94 Abs. 1 Nr. 2 StGB eine schädigende Absicht gegenüber der Bundesrepublik voraussetzt, wird aufgrund der daraus resultierenden Gefährlichkeit des Täters eine Rechtfertigung in der Regel ausgeschlossen sein.[422]

De lege ferenda könnte im seltenen Ausnahmefall eine Rechtfertigung wegen externen Whistleblowings[423] in Frage kommen. In aller Regel wird dabei aber das Geheimhaltungsinteresse aufgrund der schädigenden Umstände gegenüber dem öffentlichen Informationsinteresse überwiegen.[424]

Gegen eine Rechtfertigungsmöglichkeit spricht auch der Gesetzgebungsvorschlag, den die Fraktion Bündnis 90/Die Grünen im Deutschen Bundestag eingereicht hat. Es wird vorgeschlagen, § 97c StGB-E in den Abschnitt der Staatsschutzdelikte einzufügen, um das rechtmäßige Offenbaren von Staatsgeheimnissen zu normieren.[425] Danach handelt nicht rechtswidrig, wer Staatsgeheimnisse zum Zwecke der Aufklärung, Verhinderung oder Beendigung einer Grundrechtsverletzung oder schweren sonstigen Rechtsverletzung oder der Begehung einer schweren Straftat offenbart. Der Wortlaut weist auf einen Rechtfertigungsgrund hin. Es ist aber fraglich, ob sich der Vorschlag auch auf den Verrat von Staatsgeheimnissen nach § 94 Abs. 1 StGB bezieht. Dagegen spricht, dass sich die konkreten Absichtsmerkmale von § 94 Abs. 1 StGB und die Voraussetzungen von § 97c StGB-E vermutlich häufig gegenseitig ausschließen werden. Offenbart ein Täter das Geheimnis, um Grundrechtsverletzungen und Straftaten entgegen zu wirken, hat er nach der Vorstellung der Entwurfsverfasser regelmäßig nicht die Absicht, die Bundesrepublik

---

421 *Gercke*, Die Entwicklung des Internetstrafrechts 2010/2011, ZUM 2011, 609 (617).

422 LK/*Schmidt*, StGB, § 94 Rn. 11; Schönke/Schröder/*Sternberg-Lieben*, StGB, § 94 Rn. 19.

423 Siehe oben S. 100.

424 SK/*Rudolphi/Pasedach/Wolter*, StGB, § 94 Rn. 14a.

425 BT-Drucksache 18/3039, S. 6 f.

zu schädigen.[426] § 97c StGB-E käme daher in Bezug auf die Strafbarkeit nach § 94 Abs. 1 Nr. 2 StGB auch dann nicht in Betracht, wenn es sich um geltendes Recht handelte.

b) Strafbarkeit der Betreiber von Whistleblowingplattformen

Whistleblowingplattformen stellen im Gegensatz zum Whistleblower das unmittelbar publizierende Medium dar. Eine exakte juristische Analyse der Strafbarkeit der Mitarbeiter ist nur dann möglich, wenn die Abfolge eines Veröffentlichungsprozesses durch die Plattform bekannt ist.[427] Um eine Überprüfung der Voraussetzungen vornehmen zu können, wird deshalb dieser Untersuchung zunächst der Veröffentlichungsprozess zugrunde gelegt, der auf der Internetseite von WikiLeaks beschrieben und in Erfahrungsberichten erläutert wird. Der Betreiber einer Whistleblowingplattform, der eine Information, bei der es sich um ein Staatsgeheimnis handelt, auf einer öffentlichen Plattform hochlädt, offenbart sie der Öffentlichkeit.[428] Diese Merkmale werden zweifelsfrei erfüllt.

Doch die Erfüllung des subjektiven Tatbestandes ist zweifelhaft. Es wird darauf hingewiesen, dass Betreiber von Whistleblowingplattformen wie WikiLeaks Transparenz schaffen wollten.[429] WikiLeaks selbst führt das ebenso aus: Durch Schaffung von Transparenz werde eine bessere Gesellschaft geschaffen, Korruption gemindert und Demokratie gestärkt.[430] Aber auch hier gilt es, das Motiv oder die Motive einer jeden Veröffentlichung im konkreten Einzelfall herauszuarbeiten.

Für eine Rechtfertigung aufgrund der Wertungen der bei Betreibern der Whistleblowingplattform einschlägigen Pressefreiheit gem. Art. 10 EMRK bleibt auch hier wenig Raum. Eine Rechtfertigung des publizierenden Täters könnte allerdings trotz Erfüllung des Tatbestandes des § 94 StGB dann in Betracht kommen, wenn der Täter neben seiner Schädigungsabsicht noch gegen einen schwerwiegenden Verfassungsverstoß vorzugehen versucht.[431] Sollte es zu einer Rechtfertigungskonstellation kommen, ist Art. 10 EMRK unmittelbar als Rechtfertigungsgrund heranzuziehen.

Eine Strafbarkeit von Whistleblowern oder Betreibern von Whistleblowingplattformen nach § 94 Abs. 1 Nr. 2 StGB ist insbesondere aufgrund der engen Auslegung des Begriffs des Staatsgeheimnisses sowie der im subjektiven Tatbestand erforderlichen Absicht regelmäßig ausgeschlossen.

---

426 BT-Drucksache 18/3039, S. 20.

427 Auf diese Problematik hinweisend *Gercke*, Die Entwicklung des Internetstrafrechts 2010/2011, ZUM 2011, 609 (618).

428 Vgl. *Fischer*, StGB, § 94 Rn. 4, der beispielhaft die unverschlüsselte Mitteilung in Massenkommunikationsmitteln nennt.

429 *Franck/Steigert*, Die strafrechtliche Verantwortlichkeit von WikiLeaks, CR 2011, 380 (382).

430 Siehe 1.3 auf http://wikileaks.org/About.html (zuletzt abgerufen: 15.07.2016).

431 NK/*Paeffgen*, StGB, § 94 Rn. 23.

3. *Strafbarkeit wegen des Offenbarens von Staatsgeheimnissen, § 95 StGB*

a) Strafbarkeit des Whistleblowers

Ein Whistleblower könnte sich wegen des Offenbarens von Staatsgeheimnissen gemäß § 95 StGB strafbar machen.

aa) Geheimhaltung durch eine amtliche Stelle

Ein Unterschied zu § 94 StGB besteht darin, dass es sich in § 95 StGB um ein Staatsgeheimnis handeln muss, das von einer amtlichen Stelle oder auf deren Veranlassung geheimgehalten wird. Eine amtliche Stelle ist eine staatliche Aufgaben erfüllende Dienststelle unabhängig von der Frage, ob sie der Judikative, Exekutive oder Legislative angehört.[432] Dabei ist erforderlich, dass das Geheimnis auch tatsächlich geheimgehalten worden ist. Die bloße Absicht, es geheim zu halten, genügt nicht.[433] Bei Whistleblowern aus dem öffentlichen Bereich, die bislang geheimgehaltene Informationen an die Öffentlichkeit gelangen lassen möchten, wird das regelmäßig der Fall sein.

bb) Gelangenlassen an einen Unbefugten oder öffentliches Bekanntmachen

Wie in § 94 StGB ist erforderlich, dass das Gelangenlassen an einen Unbefugten oder die öffentliche Bekanntmachung zur Herbeiführung der Gefahr eines schweren Nachteils für die äußere Sicherheit der Bundesrepublik Deutschland führen muss. In Bezug auf die Tathandlung ergeben sich daher keine Unterschiede zu § 94 StGB. Anders als in § 94 StGB ist nach § 95 StGB aber auf subjektiver Tatbestandsebene keine besondere Absicht erforderlich. Es genügt Vorsatz in Bezug auf alle Tatumstände, was für die Strafbarkeit von Whistleblowern wesentlich ist. Entgehen aufgrund der erforderlichen Absicht, die Bundesrepublik zu benachteiligen oder eine fremde Macht zu begünstigen, noch einige Whistleblower einer Strafbarkeit nach § 94 Abs. 1 Nr. 2 StGB, so erfüllen sie nun regelmäßig den Tatbestand des § 95 StGB.

cc) Externes Whistleblowing als Rechtfertigungsgrund

Darüber hinaus käme de lege ferenda eine Rechtfertigung aufgrund externen Whistleblowings[434] in Betracht. Danach handelt derjenige nicht rechtswidrig, der eine wahre Information zugunsten des überwiegenden öffentlichen Informationsinteresses offenbart. Im Rahmen des § 95 StGB bestehen die Geheimhaltungsinteressen vor allem darin, die konkrete Gefahr eines schweren Nachteils für die äußere

---

432 BT-Drucksache 05/2860, S. 18; NK/*Paeffgen*, StGB, § 95 Rn. 4; MüKo/*Lampe/Hegmann*, StGB, § 95 Rn. 7; Schönke/Schröder/*Sternberg-Lieben*, StGB, § 95 Rn. 5.

433 NK/*Paeffgen*, StGB, § 95 Rn. 3; MüKo/*Lampe/Hegmann*, StGB, § 95 Rn. 4; Schönke/Schröder/*Sternberg-Lieben*, StGB, § 95 Rn. 6; SK/*Rudolphi/Pasedach/Wolter*, § 95 Rn. 6.

434 Siehe oben S. 100.

Sicherheit der Bundesrepublik Deutschland zu verhindern. Die nationale Sicherheit ist ein ranghohes Rechtsgut, sodass die Abwägung mit besonderer Sensibilität vorzunehmen ist. Selbst die Empfehlung des Europarats zum Schutz von Whistleblowern lässt unter anderem bei der nationalen Sicherheit Ausnahmeregelungen vom Schutz des Whistleblowers zu.[435] Die Abwägung wird in der Regel deshalb nur dann zugunsten des öffentlichen Informationsinteresses ausfallen können, wenn das öffentliche Informationsinteresse erheblich ist. Dabei sind die Einzelfallumstände entscheidend, wobei insbesondere die Bedeutung der durch die Missstände beeinträchtigten Rechtsgüter ausschlaggebend ist.

Sofern das öffentliche Informationsinteresse zu bejahen ist, muss die Weitergabe an einen Unbefugten zur Veröffentlichung entsprechend dem vorgeschlagenen Rechtfertigungsgrund erforderlich sein. Die Erforderlichkeit der Weitergabe zur unmittelbaren Offenbarung ist jedoch aufgrund der Bedeutung der nationalen Sicherheit in der Regel nicht gegeben. Aufgrund der hohen Bedeutung des Rechtsguts ist dem abgestuften System zu folgen, wonach zunächst interne Lösungsversuche durchzuführen sind. Darüber hinaus muss die Erforderlichkeit auch hinsichtlich des Umfangs der weitergegebenen Informationen bejaht werden.

Es ist festzuhalten, dass eine Rechtfertigung insbesondere aufgrund externen Whistleblowings möglich ist. Da die nationale Sicherheit als Rechtsgut betroffen ist, ist die Abwägung im Rahmen der Voraussetzungen von besonderer Bedeutung.

b) Strafbarkeit der Betreiber von Whistleblowingplattformen

Auch die Betreiber von Whistleblowingplattformen können den Tatbestand des § 95 StGB als Täter erfüllen, wenn sie ein Staatsgeheimnis öffentlich bekanntmachen und dadurch die Gefahr eines schweren Nachteils für die äußere Sicherheit der Bundesrepublik Deutschland herbeiführen.

§ 93 Abs. 2 StGB, wonach Staatsgeheimnisse, die unter anderem gegen die freiheitlich demokratische Grundordnung verstoßen, keine Staatsgeheimnisse sind, gilt auch hier. Die §§ 93 ff. StGB sind durch das 8. Strafrechtsänderungsgesetz insbesondere auch deshalb derart verändert worden, um diejenigen Täter aus der Strafbarkeit herauszunehmen, die Staatsgeheimnisse im Rahmen ihrer journalistischen Tätigkeit publizieren. Die Veränderungen in § 93 Abs. 2 StGB auf Tatbestandsebene sind vorgenommen worden, um die wichtige Bedeutung journalistischer Tätigkeit zu berücksichtigen.[436] Dementsprechend hat das Tatbestandsmerkmal sinngemäß zur Folge, dass die Strafbarkeit von Mitarbeitern von Whistleblowingplattformen beschränkt wird.

Sind die Voraussetzungen des Tatbestands allerdings erfüllt, ist eine Rechtfertigung aufgrund einer Abwägung mit der Pressefreiheit gemäß Art. 10 EMRK möglich. Diese Rechtfertigungsmöglichkeit entspricht der Zielsetzung des Gesetzgebers, die

---

435 Recommendation CM/Rec(2014)7 v. 30.04.2014 des *Ministerkomitees des Europarats*, Appendix II 5.

436 LK/*Schmidt*, StGB § 93 Rn. 33.

journalistische Tätigkeit vor einer Strafbarkeit zu schützen. Dem Recht der Presse zu publizieren, entspricht das Recht des Adressaten, die Informationen zu erhalten.[437] Dieses Recht der Bevölkerung kann die Veröffentlichung einer als Staatsgeheimnis qualifizierten Information legitimieren. Abzuwägen ist die Pressefreiheit und damit auch das öffentliche Informationsinteresse gegen die im konkreten Fall vorliegende Gefahr für die öffentliche Sicherheit als geschütztes Rechtsgut. Das *Bundesverfassungsgericht* nimmt an, dass das Schutzgut der äußeren Sicherheit der Bundesrepublik Deutschland in der Regel gegenüber der Pressefreiheit nur überwiegen wird, wenn die äußere Sicherheit ernsthaft gefährdet wird. In Ausnahmefällen, in denen die äußere Sicherheit der Bundesrepublik nicht ernsthaft gefährdet ist, ist eine überwiegende Bedeutung der Pressefreiheit und damit des Informationsinteresses denkbar.[438]

Entscheidend für die Reichweite des Schutzes über die Pressefreiheit ist auch die Einhaltung der Sorgfaltspflichten, die der Presse obliegen. Wird eklatant gegen die presseethischen Sorgfaltspflichten verstoßen, ist der Schutzbereich der Pressefreiheit reduziert. Der verantwortungsbewusste Plattformmitarbeiter hat etwa je nach Art der Information zu überlegen und abzuwägen, ob sie veröffentlichungswürdig ist oder ob er durch ihre Veröffentlichung gegen Persönlichkeitsrechte verstößt. Die Einhaltung der Sorgfaltspflichten wirkt sich entsprechend auf die Abwägung auf Rechtfertigungsebene aus.

4. *Strafbarkeit wegen landesverräterischer Ausspähung, § 96 StGB*

a) Strafbarkeit des Whistleblowers

§ 96 StGB stellt die Vorbereitungshandlung unter Strafe, bei der sich ein Täter ein Staatsgeheimnis verschafft, um es im Sinne des § 94 StGB zu verraten oder nach § 95 StGB zu offenbaren. Ob das Staatsgeheimnis in verkörperter Form vorliegt, zum Beispiel als Papierdokument, oder digital oder nur mündlich weitergegeben wird, ist unerheblich. Für das Merkmal des Verschaffens ist erforderlich, dass der Täter ein verkörpertes Geheimnis in seinen Gewahrsam überführt oder sich sonst in Kenntnis von einem Staatsgeheimnis versetzt.[439] Dabei kann das Sich-Verschaffen jede Handlung sein, die auf die Erlangung eines Staatsgeheimnisses gerichtet ist.[440] Ein Whistleblower, der an seinem Arbeitsplatz Unterlagen kopiert, scannt oder Dateien auf einem USB-Stick speichert, die ein Staatsgeheimnis enthalten, kann sich gemäß § 96 StGB strafbar machen. Die Tatbestandsmäßigkeit besteht jedoch nur, wenn der Whistleblower zum Zeitpunkt des Sich-Verschaffens bereits mit Verrats- oder

437 So z.B. *EGMR*, U. v. 25.06.1992, Nr. 47/1991/299/370, *Thorgeir Thorgeirson v. Island*, Rn. 62 = ÖJZ 1992, 810 (813).

438 *BVerfG*, B. v. 15.3.1967, Az. 1 BvR 161/63, NJW 1967, 871 (872).

439 *Fischer*, StGB, § 96 Rn. 2; NK/*Paeffgen*, StGB, § 96 Rn. 5; MüKo/*Lampe/Hegmann*, StGB, § 96 Rn. 3; Schönke-Schröder/*Sternberg-Lieben*, StGB, § 96 Rn. 4; SK/*Rudolphi/Pasedach/Wolter*, StGB, § 96 Rn. 4.

440 MüKo/*Lampe/Hegmann*, StGB, § 96 Rn. 3.

mit Offenbarungsabsicht gehandelt hat. Die Absicht bezieht sich dabei auf die in § 94 StGB oder § 95 StGB beschriebenen Tathandlungen. In Bezug auf die übrigen Merkmale wie die Eigenschaft als Staatsgeheimnis und die Gefährdung der äußeren Sicherheit der Bundesrepublik Deutschland genügt bedingter Vorsatz.[441]

Wie in § 94 StGB oder § 95 StGB käme de lege ferenda eine Rechtfertigung wegen externen Whistleblowings in Betracht. Die Vorbereitungshandlungen des § 96 StGB beschreiben im Vergleich zu § 94 StGB und § 95 StGB ein geringeres Unrecht, sodass erst recht eine Rechtfertigung möglich sein muss. In Bezug auf die Gewichtung in der Abwägung wird auf die Ausführungen zum Landesverrat und zur Offenbarung von Staatsgeheimnissen verwiesen. Dabei ist allerdings zu bedenken, dass sich die Gefahr, die sich durch eine Publikation oder Weitergabe eines Staatsgeheimnisses realisiert, im Rahmen des § 96 StGB noch nicht realisiert hat. Demzufolge wird die Abwägung mit hoher Wahrscheinlichkeit zugunsten des Whistleblowers ausfallen.

b) Strafbarkeit der Betreiber von Whistleblowingplattformen

aa) Sich-Verschaffen eines Staatsgeheimnisses

Ob sich auch die Betreiber von Whistleblowingplattformen wegen landesverräterischer Ausspähung nach § 96 StGB strafbar machen, ist wegen des Merkmals des Sich-Verschaffens fraglich. Der Begriff des Sich-Verschaffens deutet auf ein aktives Handeln des Täters hin. Den Betreibern einer Whistleblowingplattform wird hingegen meist ein Geheimnis von einem Informanten zugespielt, sodass ein aktives Verhalten nicht bejaht werden kann.

Das Konzept von Whistleblowingplattformen beruht teilweise allerdings auf einem „digitalen Briefkastensystem“[442].[443] Informationen werden von Informanten in den virtuellen Briefkästen abgelegt, woraufhin die von den Betreibern ausgewählten Informationen veröffentlicht werden. Dabei stellt sich die Frage, ob nicht allein das Bereitstellen des Briefkastens auf der Whistleblowingplattform als aktives Verhalten ausreicht, um das Merkmal des Sich-Verschaffens zu bejahen. Bejaht wird das Merkmal zum Beispiel beim Ankauf, Abnötigen oder dem Diebstahl von Staatsgeheimnissen.[444]

Zwar ist das Ziel einer Whistleblowingplattform gerade darauf ausgerichtet, empfangene Informationen zu verwerten. Der „digitale Briefkasten“ lädt somit dazu ein, einer Plattform unveröffentlichte Informationen wie Staatsgeheimnisse zuzuspielen. Dadurch dass der Briefkasten nur diesen einen und keinen anderen

---

441 LK/*Schmidt*, StGB, § 96 Rn. 6; MüKo/*Lampe/Hegmann*, StGB, § 96 Rn. 7; SK/*Rudolphi/Pasedach/Wolter*, StGB, § 96 Rn. 5.

442 *Viefhus*, Digitaler Briefkasten für Whistleblower, ZD-Aktuell 2012, 03065.

443 So wie es offenbar bei OpenLeaks.org der Fall war, siehe http://www.heise.de/newsticker/meldung/re-publica-Openleaks-als-digitale-Babyklappe-1228162.html (zuletzt abgerufen: 15.07.2016).

444 Den Grundgedanken hat auch *Fenster*, Disclosure's Effects, 97 Iowa L. Rev. 2012, 765.

allgemeinen Zweck wie zum Beispiel den üblichen Schriftverkehr verfolgt, ist das Einstellen eines solchen Briefkastens auf die Erlangung von Geheimnissen gerichtet.

Allerdings genügt dieser nur passive Empfang der Geheimnisse nicht, da die Betreiber der Plattform das Staatsgeheimnis ohne eigenes aktives Verhalten erlangen.[445] Der Einsatz eines „digitalen Briefkastens" ist nicht mit den genannten Beispielen des Ankaufens, Abnötigens oder Diebstahls vergleichbar. Zwar wollen Whistleblowingplattformen die empfangenen Staatsgeheimnisse verwerten. Darin aber aktives Verhalten zu sehen, das einem Sich-Verschaffen im Sinne des Tatbestandes gleichzusetzen ist, ist zu weitgehend. Die Ansicht, die zur Bejahung des Merkmals nur irgendein aktives Verhalten fordert, das nur auf das Behaltendürfen des Geheimnisses gerichtet ist,[446] ist anfechtbar. Denn diese Gleichstellung hält das Gesetzlichkeitsprinzip nicht mehr ein, da der Wortlaut ein aktives Verhalten schon in Bezug auf das Erhalten des Geheimnisses erfordert. Der allgemeine Sprachgebrauch versteht unter dem Begriff des Sich-Verschaffens ein aktives Zutun. So kann der Einsatz eines „digitalen Briefkastens" als eine Art Provokation gewertet werden. Es darf jedoch nicht vergessen werden, dass die Entscheidung, Informationen hochzuladen und der Whistleblowingplattform zuzuspielen, letztlich immer noch beim Whistleblower selbst liegt. Aus diesen Gründen ist das Merkmal des Sich-Verschaffens zu verneinen. Die bloße Existenz eines Briefkastens, der auf der Homepage eingerichtet ist, nötigt niemanden dazu, Geheimnisse zu verraten.

bb) Verrats- oder Offenbarungsabsicht

Darüber hinaus verlangt der subjektive Tatbestand des § 96 StGB neben Vorsatz bezüglich der Tatumstände eine besondere Verrats- (i.S.d. § 94 StGB) oder Offenbarungsabsicht (i.S.d. § 95 StGB), die bereits zum Zeitpunkt des Sich-Verschaffens vorliegen muss.[447] Das macht der Gesetzeswortlaut deutlich.[448] Sofern eine Whistleblowingplattform ungefiltert die Dokumente, die ihr durch den „digitalen Briefkasten" zugeführt werden, veröffentlicht, weist sie das erforderliche Absichtsmerkmal in Bezug auf alle Informationen auf. Anders ist das zu beurteilen, wenn die Plattformbetreiber eine Filterung der Dokumente vornehmen. In diesen Fällen wird nur ein Teil der Informationen an die Öffentlichkeit weitergegeben, sodass eine generelle Verratsabsicht bezüglich aller Dokumente nicht angenommen werden darf. Erst im Rahmen des Filterprozesses wird entschieden, welche Information zu veröffentlichen ist.[449] Die Betreiber von Whistleblowingplattformen haben bei Empfang der Informationen noch nicht die Absicht, sie zu veröffentlichen. Die Entscheidung, ob die Information der Öffentlichkeit zugespielt wird oder nicht, wird erst nach Erhalt

---

445 NK/*Paeffgen*, StGB, § 96 Rn. 5.

446 MüKo/*Lampe/Hegmann*, StGB, § 96 Rn. 5.

447 MüKo/*Lampe/Hegmann*, StGB, § 96 Rn. 8.

448 SK/*Rudolphi/Pasedach/Wolter*, StGB, § 96 Rn. 6.

449 *Franck/Steigert*, Die strafrechtliche Verantwortlichkeit von WikiLeaks, CR 2011, 380 (383).

und Einsichtnahme der Dokumente getroffen. Dabei sind für die Entscheidung das Thema des Missstandes und der genaue Inhalt der Information ausschlaggebend. Diesen Inhalt erfahren die Betreiber der Whistleblowingplattformen aber erst zu einem Zeitpunkt, zu dem ihnen die Informationen bereits zugespielt worden sind. Das genügt für das Absichtsmerkmal nicht, da es zum Zeitpunkt des Sich-Verschaffens vorzuliegen hat.

Eine Strafbarkeit der Betreiber von Whistleblowingplattformen gemäß § 96 StGB besteht daher nicht.

5. *Strafbarkeit wegen der Preisgabe von Staatsgeheimnissen, § 97 StGB*

§ 97 Abs. 1 StGB bestraft den Täter, der die Voraussetzungen des § 95 StGB erfüllt, aber die Gefahr eines schweren Nachteils für die äußere Sicherheit der Bundesrepublik Deutschland fahrlässig herbeiführt. Sowohl Whistleblower als auch Betreiber einer Whistleblowingplattform können diesen Tatbestand erfüllen, wenngleich wegen des geringeren Unrechts erst recht eine Rechtfertigungsmöglichkeit bestehen muss.

6. *Strafbarkeit wegen des Verrats illegaler Geheimnisse, § 97a StGB*

§ 97a StGB erfasst ausnahmsweise solche Geheimnisse, die etwa aufgrund ihres Verstoßes gegen die freiheitlich demokratische Grundordnung aus dem Begriff des Staatsgeheimnisses herausfallen (§ 93 Abs. 2 StGB). Für den Whistleblower und Whistleblowingplattformen könnte diese Norm daher von großer Relevanz sein. Allerdings ist erforderlich, dass der Täter das Geheimnis direkt an eine fremde Macht oder an deren Mittelsmänner weitergibt. Solch ein unmittelbares, kollusives Zusammenwirken zwischen Whistleblower und fremden Staaten macht den Charakter des Whistleblowings nicht aus.[450] Eine Strafbarkeit nach § 97a StGB besteht daher nicht.

7. *Zwischenergebnis*

Als Zwischenergebnis lässt sich festhalten, dass eine strafrechtliche Verantwortlichkeit des Whistleblowers aus Staatsschutzdelikten nur dann in Betracht kommt, wenn die äußere Sicherheit der Bundesrepublik ernstlich gefährdet ist. Wenngleich der Tatbestand einzelner Vorschriften erfüllt sein mag, kann die Tat wegen externen Whistleblowings gerechtfertigt sein. Die Betreiber von Whistleblowingplattformen, die den Tatbestand eines Staatsschutzdelikts erfüllen, können gemäß Art. 10 EMRK gerechtfertigt sein. Dabei ist zu bedenken, dass die journalistische Tätigkeit wegen der Weitergabe von Geheimnissen möglichst straffrei sein soll.

450 Siehe zum Begriff des Whistleblowingprozesses oben S. 7ff.

IV. Die Strafbarkeit bei Dienstgeheimnissen oder einer besonderen Geheimhaltungspflicht, § 353b StGB

1. *Strafbarkeit des Whistleblowers*

Bei den von Whistleblowern weitergereichten Informationen kann es sich um Dienstgeheimnisse handeln. Möglicherweise wird auch gegen besondere Geheimhaltungspflichten im Sinne des § 353b Abs. 2 StGB verstoßen. Ein Whistleblower könnte sich deshalb gemäß § 353b Abs. 1 S. 1 Nr. 1, 2 StGB strafbar machen, wenn er Amtsträger oder ein für den öffentlichen Dienst besonders Verpflichteter ist. Zwar erfasst dieses strafrechtliche Delikt nur Whistleblower aus dem öffentlichen Bereich. Aufgrund der Tatbestandsalternative des § 353b Abs. 1 S. 1 Nr. 2 StGB muss es sich aber nicht um einen Amtsträger handeln. Es genügt, dass der Whistleblower eine Tätigkeit für eine Behörde ausübt und förmlich zur Geheimhaltung verpflichtet wurde. Hätte sich etwa die Veröffentlichung durch den Whistleblower Edward Snowden im Jahr 2013 auf deutschem Boden ereignet, wäre dieses Merkmal eventuell erfüllt worden. Snowden arbeitete als externer Mitarbeiter einer privaten Beratungsfirma für die Behörde *National Security Agency* auf Hawaii, als er auf jene geheimen staatlichen Dokumente zugriff, die er später mithilfe der Presse veröffentlichte.[451] Das Beispiel legt dar, wie eine Person, die kein Amtsträger ist, den Tatbestand erfüllen kann, wenn sie von der Behörde förmlich zur Geheimhaltung verpflichtet wurde.

a) Unbefugtes Offenbaren

Der Täter muss zur Erfüllung der Tatbestandsmerkmale ein Geheimnis unbefugt offenbaren. Ein unbefugtes Offenbaren liegt in der Weitergabe einer Information an eine Whistleblowingplattform, da dem Empfänger Wissen vermittelt wird, das er vorher aus Sicht des Offenbarenden noch nicht gehabt hat.[452] Es wird dadurch auch ein Geheimnis offenbart, denn ein Geheimnis im Sinne des § 353b Abs. 1 StGB ist eine Tatsache, die nur einem begrenzten Personenkreis bekannt ist und die zudem der Natur nach oder aufgrund einer Anordnung auch der Geheimhaltung bedarf.[453] Bei bislang unveröffentlichten Informationen, die sich auf Missstände beziehen sollen, wird das in der Regel der Fall sein. Es handelt sich um ein Dienstgeheimnis, wenn es der Whistleblower in Ausübung seines Amtes oder wegen seiner Zugehörigkeit zur Behörde erfahren hat.[454]

---

451 *Greenwald/MacAskill/Poitras*, Edwards Snowden: The whistleblower behind the NSA surveillance revelations, abrufbar unter: http://www.theguardian.com/world/2013/jun/09/edward-snowden-nsa-whistleblower-surveillance (zuletzt abgerufen: 15.07.2016).

452 Zum Begriff *BGH*, U. v. 9.02.1977, Az. 3 StR 498/76, NJW 1977, 769 (769).

453 Statt vieler *BGH*, U. v. 23.3.2001, Az. 2 StR 488/00, NJW 2001, 2032 (2032) = MMR 2001, 605 (605).

454 MüKo/*Graf*, StGB, § 353b Rn. 20.

b) *Gefährdung wichtiger öffentlicher Interessen*

aa) Unmittelbare Gefährdung?

Der Tatbestand erfordert zudem, dass durch die unbefugte Offenbarung wichtige öffentliche Interessen konkret gefährdet werden. Es ist ungeklärt, ob es sich dabei um eine unmittelbare Gefährdung handeln muss.[455] Eine unmittelbare Gefährdung ist nur dann gegeben, wenn die Offenbarung öffentliche Interessen beeinträchtigt, die gerade mithilfe des Geheimnisses geschützt werden sollten. Als Beispiel sind staatliche Maßnahmen wie strafrechtliche Ermittlungen zu nennen, die nicht abgeschlossen sind und deshalb durch die Offenbarung beeinträchtigt werden.[456]

Die Weitergabe nur unwichtiger Informationen genügt gerade nicht.[457] Denn allein die Tatsache, dass eine Geheimhaltungsvorschrift durch einen Amtsträger gebrochen wird, gefährdet nicht schon wichtige öffentliche Interessen. Zwar kann durch den Geheimnisbruch das Vertrauen der Öffentlichkeit in das ordnungsgemäße Funktionieren der Verwaltung erschüttert werden.[458] Das allein reicht jedoch nicht aus, um das Merkmal der Gefährdung wichtiger öffentlicher Interessen zu bejahen. Der Gesetzgeber hätte das Merkmal der Gefährdung wichtiger öffentlicher Interessen nicht in den Tatbestand mit aufgenommen, wenn er auch die Weitergabe unwichtiger Information stets für ausreichend gehalten hätte. Das Merkmal müsste dann nicht im Tatbestand als eigenes Merkmal aufgeführt werden.

Letztlich wird das Ansehen einer Behörde nicht dadurch gefährdet, dass die Information unter Bruch eines Geheimnisses veröffentlicht wird. Vielmehr schwindet das Vertrauen der Bevölkerung in die Funktionsweise der Behörde bereits aufgrund des vorhergehenden illegalen Verhaltens, das zutage gefördert wird.

bb) Förderung wichtiger öffentlicher Interessen

Fraglich ist, inwieweit zu berücksichtigen ist, dass ein Whistleblower bei Bejahung des objektiven Tatbestandsmerkmals in der Regel auch wichtige öffentliche Interessen schützt. Offenbart er einen Missstand beispielsweise über schwerwiegende Menschenrechtsverletzungen, wird es aufgrund der Offenbarung möglicherweise zur Einstellung des Missstandes oder zu einem öffentlichen Diskurs kommen. Der Whistleblower fördert somit wichtige öffentliche Interessen. Demzufolge könnte das Tatbestandsmerkmal erst nach einer Gesamtschau der gefährdeten und geförderten Interessen zu bejahen sein.

An dieser Stelle lässt sich erneut die Parallele zum Ausschlussgrund der objektiven Zurechnung bei Risikoverringerung ziehen. Die objektive Zurechenbarkeit ist zu verneinen, wenn ein Täter den Verlauf eines Geschehens so verändert,

---

455 So NK/*Kuhlen*, StGB, § 353b Rn. 25ff; Schönke/Schröder/*Perron*, StGB, § 353b Rn. 6.

456 NK/*Kuhlen*, StGB, § 353b Rn. 25.

457 *Fischer*, StGB, § 353b Rn. 23; MüKo/*Graf*, StGB, § 353b Rn. 39f; SK/*Hoyer*, StGB, § 353b Rn. 8.

458 *Fischer*, StGB, § 353b Rn. 23; MüKo/*Graf*, StGB, § 353b Rn. 39f.

dass eine bestehende Gefahr für das Opfer gemindert wird.[459] Dann entfällt die Tatbestandsmäßigkeit. Das Opfer ist im Fall des Whistleblowings die Allgemeinheit, deren wichtige Interessen gefährdet werden. Allerdings wird die Stellung der Allgemeinheit gleichzeitig dadurch verbessert, dass der Whistleblower wichtige öffentliche Interessen verteidigt und fördert. Es handelt sich dabei aber um andere öffentliche Interessen als diejenigen, die gefährdet werden. Hinter diesem Ausschlussgrund bei der objektiven Zurechnung steckt der Gedanke, dass es dem Sinn des Strafrechts entgegenläuft, wenn Handlungen strafrechtlich verboten werden, die zur Verbesserung der Situation eines Opfers führen.[460] Auf den ersten Blick vermag sich dieser Grundgedanke auf die Whistleblowingkonstellation übertragen lassen. Doch im Unterschied zum Ausschlussgrund bei Risikoverringerung wird beim Whistleblowing nicht eine bestehende Gefahr gemindert, sondern es werden andere Interessen desselben Opfers gefördert. Bei genauem Vorgehen hat der Whistleblower jedenfalls wichtige öffentliche Interessen gefährdet. Dass er auf der anderen Seite wichtige öffentliche Interessen fördert, ist eine Problematik, die auf Rechtfertigungsebene zu lösen ist.

Eine Abwägung der gefährdeten und geförderten öffentlichen Interessen findet an dieser Stelle deshalb nicht statt.

c) *Illegale Geheimnisse*

Auch im Rahmen des § 353b StGB ist zu diskutieren, inwieweit illegale Geheimnisse vom Straftatbestand geschützt werden.[461] § 93 Abs. 2 StGB könnte im Rahmen des § 353b StGB analog zur Anwendung kommen, da es sich hier zwar nicht um Staatsgeheimnisse, aber um Geheimnisse aus dem öffentlichen Bereich und deshalb um eine vergleichbare Interessenslage handelt. Aus dem Geheimnisbegriff des § 353b StGB wären dann jene Geheimnisse ausgeschlossen, die gegen die freiheitlich demokratische Grundordnung oder unter Geheimhaltung gegenüber den Vertragspartnern der Bundesrepublik Deutschland gegen zwischenstaatlich vereinbarte Rüstungsbeschränkungen verstoßen.

§ 97a StGB stellt losgelöst von der Problematik des Whistleblowings den Verrat illegaler Geheimnisse unter Strafe. Der Täter muss ein solches Geheimnis einer fremden Macht oder einem ihrer Mittelsmänner mitgeteilt haben und dadurch die Gefahr eines schweren Nachteils für die äußere Sicherheit der BRD herbeigeführt haben. Dabei handelt es sich um ein vom Täter realisiertes schweres Unrecht. Der Täter gibt nicht lediglich ein Geheimnis weiter, sondern er verhält sich der Bundesrepublik gegenüber in größtmöglichem Umfang illoyal, wenn er sich einem

---

459 *Jescheck/Weigend*, Strafrecht AT, § 28 IV 2; *Roxin*, Strafrecht AT, § 11 Rn. 53.

460 *Roxin*, Strafrecht AT, § 11 Rn. 53; *Wessels/Beulke/Satzger*, Strafrecht AT, § 6 III 6 Rn. 286.

461 Bejahend NK/*Kuhlen*, StGB, § 353b Rn. 15; LK/*Vormbaum*, StGB, § 353b Rn. 35; MüKo/*Graf*, StGB, § 353b Rn. 42; Schönke/Schröder/*Perron*, StGB, § 353b Rn. 5; verneinend SK/*Hoyer*, StGB, § 353b Rn. 5.

anderen Staat zuwendet. In § 353b StGB hingegen geht es wie in § 94 Abs. 1 Nr. 2, § 95 und § 97 StGB zunächst nur darum, dass ein Geheimnis an einen Unbefugten weitergegeben wird. Die bloße Weitergabe eines illegalen Geheimnisses an einen Unbefugten wird in den soeben genannten Vorschriften gerade nicht unter Strafe gestellt. Das könnte dafür sprechen, die Wertungen des § 93 Abs. 2 StGB auch auf § 353b StGB anzuwenden.[462]

Allerdings ist zu bedenken, dass auch an illegalen Geheimnissen ein schützenswertes Geheimhaltungsinteresse bestehen kann. Im Wege der Abwägung ist zu ermitteln, welchem Interesse im konkreten Fall Vorrang einzuräumen ist. Trotz illegalen Inhalts des Geheimnisses kann das auch das Geheimhaltungsinteresse sein. Auch aus systematischen Erwägungen ist eine analoge Anwendung des § 93 Abs. 2 StGB auf § 353b StGB abzulehnen. § 93 Abs. 2 StGB führt den Abschnitt Landesverrat und Gefährdung der äußeren Sicherheit im StGB an und § 353b StGB ist keine Norm dieses Abschnitts. Eine mit § 93 Abs. 2 StGB vergleichbare Norm lässt sich in Bezug auf § 353b StGB auch nicht finden. Darüber hinaus zeigt § 97a StGB, dass auch Geheimnisse mit illegalem Inhalt nicht per se von einer Strafbarkeit ausgeschlossen sind. § 93 Abs. 2 StGB ist deshalb nicht auf § 353b StGB auszuweiten.[463] Dem Gesetzgeber war das Problem illegaler Geheimnisse im öffentlichen Bereich bewusst; gelöst hat er es nur in Bezug auf die Staatsschutzdelikte. Die Problematik illegaler Geheimnisse ist deshalb auf Rechtfertigungsebene zu lösen.[464] Dort lassen sich im Rahmen einer Abwägung alle Umstände des konkreten Einzelfalls berücksichtigen.

d) Externes Whistleblowing als Rechtfertigungsgrund

Eine Rechtfertigungsmöglichkeit könnte de lege ferenda wegen externen Whistleblowings[465] in Betracht kommen. Die im konkreten Einzelfall betroffenen Rechtsgüter würden dabei den Gang der Abwägung bestimmen.

2. Strafbarkeit der Betreiber von Whistleblowingplattformen

Mitarbeiter von Whistleblowingplattformen sind in der Regel weder Amtsträger im Sinne des § 353b Abs. 1 S. 1 Nr. 1 StGB noch besonders Verpflichtete nach Nr. 2 oder förmlich Verpflichtete nach § 353b Abs. 2 Nr. 2 StGB. Sie können daher den Tatbestand der Verletzung des Dienstgeheimnisses und einer besonderen Geheimhaltungspflicht als Täter nicht erfüllen. In Betracht kommt allerdings eine Strafbarkeit wegen Beihilfe gemäß § 27 StGB durch die Veröffentlichung des Geheimnisses auf der Plattform.

---

462 So im Ergebnis auch SK/*Hoyer*, StGB, § 353b Rn. 5.

463 NK/*Kuhlen*, StGB, § 353b Rn. 15; LK/*Vormbaum*, StGB, § 353b Rn. 35.

464 NK/*Kuhlen*, StGB, § 353b Rn. 15; Schönke/Schröder/*Perron*, StGB, § 353b Rn. 5.

465 Siehe oben S. 100.

a) Beihilfehandlung

§ 27 StGB setzt eine vorsätzliche, rechtswidrige Haupttat voraus. Eine strafbare Beihilfehandlung kommt deshalb nur in Betracht, wenn der Whistleblower im konkreten Fall nicht gerechtfertigt gehandelt hat. Je nach Sachverhalt kann der Whistleblower § 353b Abs. 1 S. 1 Nr. 1, 2 StGB oder § 353 b Abs. 2 Nr. 2, 1. Var. StGB erfüllen. Da er mit Weitergabe des Geheimnisses die Tat bereits vollendet hat, ist als strafbare Handlung der Whistleblowingplattform nur eine sukzessive Beihilfe denkbar. Ob sukzessive Beihilfe überhaupt möglich ist, ist teilweise umstritten.[466] Wird die Möglichkeit einer sukzessiven Beihilfe gänzlich verneint, ist die Strafbarkeit der Betreiber von Whistleblowingplattformen zu verneinen.[467] In § 353b StGB ist die Möglichkeit einer sukzessiven Beihilfe hingegen zu bejahen.[468] Durch die Veröffentlichung des Geheimnisses zu einem späteren Zeitpunkt wird die Gefährdung des öffentlichen Interesses noch verstärkt und das Unrecht intensiviert.[469] Wie sich in § 353b Abs. 3a StGB zeigt, ist auch der Gesetzgeber von einer strafbaren Beilhilfemöglichkeit bezüglich § 353b StGB ausgegangen. Er hat diesbezüglich Handlungsbedarf gesehen und deshalb § 353b Abs. 3a StGB geschaffen. Eine strafrechtliche Verantwortlichkeit einer Whistleblowingplattform wegen Beihilfe zur Verletzung eines Dienstgeheimnisses ist deshalb möglich.

b) Presseprivileg des § 353b Abs. 3a StGB

Nach § 353b Abs. 3a StGB sind Beihilfehandlungen der in § 53 Abs. 1 S. 1 Nr. 5 StPO genannten journalistischen Personen nicht rechtswidrig, wenn sie sich auf die Entgegennahme, Auswertung oder Veröffentlichung des Geheimnisses oder des Gegenstandes oder der Nachricht, zu deren Geheimhaltung eine besondere Verpflichtung besteht, beschränken. Die in § 53 Abs. 1 S. 1 Nr. 5 StPO genannten Personen sind unter anderem solche, die bei der Vorbereitung, der Herstellung oder Verbreitung der Unterrichtung oder Meinungsbildung dienenden Informations- und Kommunikationsdiensten berufsmäßig mitwirken oder mitgewirkt haben. Mitarbeiter und Betreiber von Whistleblowingplattformen könnten zu diesem Personenkreis gehören.

aa) Wortlautanalyse

Der Wortlaut des § 53 Abs. 1 Nr. 5 StPO und die zur Norm gehörige Gesetzesbegründung geben einen Anhaltspunkt. Die Informations- und Kommunikationsdienste sind laut Gesetzesbegründung solche, die der „Unterrichtung oder der öffentlichen

---

466 Übersichtlich dargestellt bei MüKo/*Joecks*, StGB, § 27 Rn. 19.

467 *Franck/Steigert,* Die strafrechtliche Verantwortlichkeit von WikiLeaks, CR 2011, 380 (384); NK/*Kuhlen*, StGB, § 353b Rn. 58; LK/*Vormbaum*, StGB, § 353b Rn. 40; Schönke/Schröder/*Perron*, StGB, § 353b Rn. 23.

468 *Trips-Hebert*, Cicero, WikiLeaks und Web 2.0, ZRP 2012, 199 (200).

469 *BayOLG*, U. v. 15.1.1999, Az. 1 St RR 223–98, NStZ 1999, 568 (569) = JuS 2000, 301 (302); *Fischer*, StGB, § 353b Rn. 27.

Meinungsbildung dienen".[470] Davon sollen solche Dienste ausgenommen werden, die nur den Informationsbedürfnissen des Einzelnen dienen. Whistleblowingplattformen stellen dem Wortlaut entsprechend einen Informationsdienst dar. Sie haben das Ziel, bislang unveröffentlichte Informationen der breiten Masse zugänglich zu machen und dadurch öffentliche Meinungsbildung zu ermöglichen. Das spricht dafür, dass es sich bei Whistleblowingplattformen um solche Informations- und Kommunikationsdienste handelt, die der Gesetzgeber in § 53 Abs. 1 Nr. 5 StPO zu fassen versuchte.

Diese Auffassung wird dadurch untermauert, dass der Begriff der Informations- und Kommunikationsdienste vornehmlich auf die Kommunikation im Internet abzielt.[471] Whistleblowingplattformen operieren gerade im Internet. Die traditionellen Formen der Medien werden in § 53 Abs. 1 Nr. 5 StPO eigens aufgeführt.

Zweifel könnten an dieser Auffassung allerdings dadurch entstehen, dass § 53 Abs. 1 Nr. 5 StPO erfordert, dass die betroffene Person an den in der Norm aufgeführten Handlungen berufsmäßig mitgewirkt haben muss.[472] Bei Mitarbeitern von Whistleblowingplattformen wird es häufig der Fall sein, dass sie sich nur nebenberuflich oder ehrenamtlich am Betrieb der Plattform beteiligen. Dabei fällt unter eine berufsmäßige Mitwirkung jede haupt- und nebenberufliche Betätigung, die in der Absicht erfolgt, sie zu wiederholen und dadurch zu einer andauernden oder wiederkehrenden Beschäftigung zu machen.[473] Während nebenberuflich handelnde Mitarbeiter demnach erfasst werden, gilt das für Gelegenheitsjournalisten nicht.[474]

Die Mitarbeiter von Whistleblowingplattformen werden tätig, weil sie hinter der Idee stehen, die die Plattform repräsentiert. Zumindest bei einem Kern an Mitarbeitern wird daher davon auszugehen sein, dass sie sich wiederholt der Mitarbeit an der Whistleblowingplattform widmen und die Tätigkeit dadurch zu einer andauernden Beschäftigung für sie wird. Da es auch auf eine Gewinnerzielungsabsicht oder eine Entgeltlichkeit nicht ankommt,[475] ist es unschädlich, wenn die Mitarbeiter durch ihre Tätigkeit ihren Unterhalt nicht verdienen.[476] Das gilt ebenso für Hilfskräfte.[477] Viele der Mitarbeiter bei der bislang über Spenden finanzierten Whistleblowingplattform

470 BT-Drucksache 14/5166, S. 7.

471 SK/*Rogall*, StPO, § 53 Rn. 168.

472 *Trips-Hebert*, Cicero, WikiLeaks und Web 2.0, ZRP 2012, 199 (200).

473 *BGH*, U. v. 16.12.1954, Az. 3 St 384/54, BGHSt 7, 129 im Anschluss an *RG DR* 1943, 764; *Kohlhaas*, Das Zeugnisverweigerungsrecht der Journalisten, in: Studienkreis für Presserecht und Pressefreiheit, Festschrift für Martin Löffler, S. 147.

474 *Kunert*, Das Gesetz über das Zeugnisverweigerungsrecht der Mitarbeiter von Presse und Rundfunk, MDR 1975, 885 (886); LR/*Ignor/Bertheau*, StPO, § 53 Rn. 55.

475 BT-Drucksache 7/2539, S. 10.

476 Was bei WikiLeaks offenbar 2010 der Fall war, *Mey*, „WikiLeaks: Wir machen investigativen Journalismus billiger", abrufbar unter: http://www.carta.info/21005/wikileaks-finanzierung-julian-assange-interview/ (zuletzt abgerufen: 15.07.2016).

477 *Kohlhaas*, Das Zeugnisverweigerungsrecht der Journalisten, in: Studienkreis für Presserecht und Pressefreiheit, Festschrift für Martin Löffler, S. 147.

WikiLeaks sind allerdings Gelegenheitsmitarbeiter.[478] Das bedeutet, dass die meisten Mitarbeiter der Whistleblowingplattform aufgrund des Wortlauts durch § 353b Abs. 3a StGB nicht vor einer Strafbarkeit wegen Beihilfe zu § 353b StGB geschützt sind.[479] Der Schutz über § 353b Abs. 3a StGB scheint unabhängig vom Inhalt der Tätigkeit zu bestehen, sondern scheint vor allem aufgrund des berufsmäßigen Status zu greifen.

bb) Systematisch-teleologische Betrachtung

Systematisch betrachtet ist § 53 Abs. 1 Nr. 5 StPO, auf den § 353b Abs. 3a StGB verweist, aber eine einfache gesetzliche Ausgestaltung der Medienfreiheit gemäß Art. 5 Abs. 1 S. 2 GG.[480] Auf Grundlage von Art. 10 EMRK lassen sich die Wertungen treffen, wonach der Pressebegriff und die Pressefreiheit sehr weit zu verstehen sind.[481] Diese Wertungen können Beispielcharakter auch für die Auslegung von Art. 5 Abs. 1 S. 2 GG haben. Insbesondere die überragende Aufgabe der Medien in einem demokratischen Staat, Informationen zu verbreiten und Aufklärung zu leisten, gebietet einen weiten Anwendungsbereich der grundgesetzlich garantierten Privilegien der Presse.[482] Dass ein Großteil der Mitarbeiter von Whistleblowingplattformen derzeit nicht vom Wortlaut des § 353b Abs. 3a StGB erfasst wird, wird der grundgesetzlichen Medienfreiheit und der EMRK nicht gerecht. Was das journalistische Produkt, die Informationsmitteilung, angeht, macht es im Ergebnis keinen Unterschied, ob fünf ständige Mitarbeiter an einer Veröffentlichung arbeiten oder sich das Medienunternehmen aus 500 Gelegenheitsmitarbeitern zusammensetzt. Es unterscheidet sich lediglich die organisatorische Aufteilung innerhalb des Medienunternehmens. Am Ende erscheint stets eine Veröffentlichung, die öffentliche Meinungsbildung in der Bevölkerung ermöglicht. In beiden Konstellationen wird daher die in einer demokratischen Gesellschaft erforderliche Informationsvermittlung gleichermaßen durchgeführt.

Es wird gute Gründe für die Beschränkung auf haupt- und nebenberufliche Journalisten in Bezug auf ein Zeugnisverweigerungsrecht gemäß § 53 Abs. 1 Nr. 5 StPO geben. Bei nur gelegentlichen Veröffentlichungen durch Einzelne wird der Gesetzgeber nicht das Bedürfnis gesehen haben, der Medienfreiheit gegenüber Strafverfolgungsinteressen grundsätzlichen Vorrang einzuräumen. Durch das Einpflegen von § 53 Abs. 1 Nr. 5 StPO in den Rechtfertigungsgrund werden die darin

---

478 *Mey*, „WikiLeaks: Wir machen investigativen Journalismus billiger“, abrufbar unter: http://www.carta.info/21005/wikileaks-finanzierung-julian-assange-interview/ (zuletzt abgerufen: 15.07.2016).

479 Mit Bezug zum Zeugnisverweigerungsrecht *Fricke/Gerecke*, Informantenschutz und Informantenhaftung, AfP 2014, 293 (294).

480 HK/*Gercke*, StPO, § 53 Rn. 23; siehe auch *Gaede*, Neuere Ansätze zum Schutz der Pressefreiheit beim „Geheimnisverrat durch Journalisten“, AfP 2007, 410 (412).

481 Siehe S. 65ff.

482 Siehe auch *Franck/Steigert*, Die strafrechtliche Verantwortlichkeit von WikiLeaks, CR 2011, 380 (385).

enthaltenen Beschränkungen auf die Anwendung von § 353b Abs. 3a StGB übertragen, obwohl sie dort möglicherweise negative Auswirkungen haben. Die Arbeit von Whistleblowingplattformen betrifft schließlich eine andere Konstellation. Es geht dabei nicht darum, dass gelegentlich eine Veröffentlichung eines Einzelnen erscheint im Sinne eines „Gelegenheitsjournalismus“[483]. Die Struktur der Organisation ist nur derart aufgebaut, dass die regelmäßige Informationsvermittlung durch die Arbeit vieler Gelegenheitsmitarbeiter erfolgt. Die Grenzen zwischen einer nebenberuflichen Tätigkeit und einer Gelegenheitsmitarbeit können im Rahmen einer solchen Organisationsform schnell verschwimmen. Es ist nicht erkennbar, dass der Gesetzgeber eine solche Organisationsform durch das Merkmal der berufsmäßigen Mitwirkung ausschließen wollte. Das spricht dafür, auch Gelegenheitsmitarbeiter von Whistleblowingplattformen als Personen einzuordnen, die vom Schutz des Rechtfertigungsgrunds erfasst werden. Doch allein anhand des Wortlauts des § 353b Abs. 3a StGB, der auf § 53 Abs. 1 Nr. 5 StPO verweist, ohne das Merkmal der berufsmäßigen Mitwirkung einzuschränken, ist das nicht erkennbar. Für einen Straftäter fehlt somit die erforderliche Vorhersehbarkeit. Es liegt damit am Gesetzgeber oder an der Rechtsprechung, den Wortlaut von § 353b Abs. 3a StGB entsprechend zu verfeinern und so auf eine weiter gefasste Definition der berufsmäßigen Mitwirkung hinzuwirken.

cc) Entstehungsgrund

Die Entstehungsgeschichte des § 353b Abs. 3a StGB spricht ebenfalls dafür, dass alle journalistischen Mitarbeiter unabhängig von einer berufsmäßigen Mitwirkung von § 353b Abs. 3a StGB erfasst werden sollen. Der Rechtfertigungsgrund des § 353b Abs. 3a StGB wurde vom Gesetzgeber eingeführt, um die Medien in ihrer charakteristischen Funktion der Berichterstattung nicht einzuschränken.[484] Die Medienfreiheit soll hier vorrangig sein gegenüber dem Interesse an einer geordneten Rechtspflege,[485] sodass die Strafbarkeit wegen Beihilfe zu § 353b StGB durch Medienangehörige durch Abs. 3a ausgeschlossen wird. Auch Whistleblowingplattformen haben sich die Berichterstattung zur Aufgabe gemacht, um die Funktion eines „öffentlichen Wachhunds“ in einem demokratischen Staat wahrzunehmen. In dem Gesetzesentwurf der Bundesregierung ist stets von „Medienangehörigen“[486] oder „Personen, die in den Medien arbeiten“[487] die Rede. Dabei handelt es sich um sehr weit gefasste Formulierungen, die ebenso dafür sprechen, Mitarbeiter der Medien unabhängig von einer berufsmäßigen Mitwirkung in diesen Personenkreis einzuordnen. Dieses Auslegungsergebnis wird den internationalen Wertungen zum Beispiel auf Grundlage von Art. 10 EMRK gerecht.

---

483 Schönke/Schröder/*Perron*, StGB, § 353b Rn. 21c.
484 BT-Drucksache 17/3355, S. 1.
485 BT-Drucksache 17/3355, S. 6.
486 BT-Drucksache 17/3355, z.B. S. 1, 2.
487 BT-Drucksache 17/3355, S. 6.

Betreiber und Mitarbeiter von Whistleblowingplattformen können sich grundsätzlich auf den Rechtfertigungsgrund des § 353b Abs. 3a StGB berufen. Die Rechtswidrigkeit ihrer Tathandlung entfällt, sodass sie sich nicht wegen Beihilfe zur Verletzung eines Dienstgeheimnisses strafbar machen. In Bezug auf die Gelegenheitsmitarbeiter von Whistleblowingplattformen bedarf es einer Klarstellung durch den Gesetzgeber oder die Gerichte, um die Strafbarkeit mit Sicherheit auszuschließen.

V. Die Strafbarkeit bei Datengeheimnissen, § 202d StGB

Am 18. Dezember 2015 wurde der neue Straftatbestand der Datenhehlerei in § 202d des Strafgesetzbuchs eingefügt. Er ist in den fünfzehnten Abschnitt mit dem Titel „Verletzung des Lebens- und Geheimbereichs" eingegliedert und soll wie die übrigen Straftatbestände des Abschnitts die formelle Verfügungsbefugnis des Verfügungsberechtigten schützen.

1. *Strafbarkeit des Whistleblowers*

Der Whistleblower könnte sich wegen Datenhehlerei gemäß § 202d StGB strafbar machen. Bereits im Gesetzgebungsprozess ist dieser Tatbestand als „Anti-Whistleblower-Gesetz"[488] bezichtigt worden. Nach § 202d Abs. 1 StGB macht sich strafbar, wer Daten im Sinne des § 202a Abs. 2 StGB, die nicht allgemein zugänglich sind und die ein anderer durch eine rechtswidrige Tat erlangt hat, sich oder einem anderen verschafft, einem anderen überlässt, verbreitet oder sonst zugänglich macht, um sich oder einen Dritten zu bereichern oder einen anderen zu schädigen. Die Tathandlung des Whistleblowers könnte in der Weitergabe der Informationen an die Mitarbeiter einer Whistleblowingplattform liegen, wenn diese Informationen Daten im Sinne des § 202a Abs. 2 StGB enthalten. Da nach der Legaldefinition des § 202a Abs. 2 StGB solche Daten betroffen sind, die elektronisch, magnetisch oder sonst nicht unmittelbar wahrnehmbar gespeichert oder übermittelt werden, betrifft die Vorschrift Whistleblower, die mit digitalen Dokumenten agieren.

Der Whistleblower überlässt nicht allgemein, das heißt nicht öffentlich,[489] zugängliche Daten einem anderen, namentlich den Mitarbeitern einer Whistleblowingplattform; ggf. wirkt er auch an deren Verbreitung mit. Eine in § 202d Abs. 1 StGB beschriebene Tathandlung wird deshalb erfüllt. Allerdings ist die Vorschrift eindeutig, wenn sie die Art der Daten beschreibt, um die es sich handeln muss. Es muss sich um Daten handeln, die ein anderer durch eine rechtswidrige Tat zum Beispiel nach §§ 202a StGB oder 202b StGB oder auch durch Diebstahl, Betrug

488 *Buermeyer*, Maas und die Datenhehlerei, Süddeutsche Zeitung v. 04.10.2015, abrufbar unter: http://www.sueddeutsche.de/digital/netzpolitik-datenhehlerei-1.2676184 (zuletzt abgerufen: 15.07.2016).

489 BT-Drucksache 18/5088, S. 45.

oder Computerbetrug[490] erlangt hat. Die Norm hat deshalb einen unmittelbaren Zusammenhang mit den §§ 202a bis 202c StGB, weshalb sie in den Fünfzehnten Abschnitt des besonderen Teils des StGB eingefügt wurde.[491] Ein Whistleblower erlangt seine Daten aber im Regelfall nicht von jemand anderem, der sie sich rechtswidrig verschafft hat. Vielmehr ist es der Whistleblower selbst, der in seinem Arbeits- und Wirkungsumfeld den Missstand entdeckt und sich die entsprechenden Informationen aus Beweisgründen verschafft. Die Norm schützt laut Gesetzesbegründung das formelle Datengeheimnis, um demjenigen, der ein Verfügungsrecht an den Daten hat, die Herrschaft darüber zu sichern, ob und an wen diese Daten weitergegeben werden.[492] Mangels Vortat ist dieser Schutzzweck bei Whistleblowern nicht betroffen, sodass sie regelmäßig nicht den Tatbestand der Datenhehlerei erfüllen.

2. *Strafbarkeit der Betreiber von Whistleblowingplattformen*

Die Kritik als „Whistleblower-Bestrafungsgesetz" könnte dennoch berechtigt sein, wenn es um die Strafbarkeit von Mitarbeitern von Whistleblowingplattformen geht. Durch die Veröffentlichung von Informationen verbreiten sie Daten, die ihnen der Whistleblower überlassen hat.

a) Tatbestandsvoraussetzungen

Der Tatbestand der Datenhehlerei setzt voraus, dass es sich um Daten handeln muss, und verweist auf die Legaldefinition des § 202a Abs. 2 StGB. Danach werden nur solche Daten erfasst, die elektronisch, magnetisch oder sonst nicht unmittelbar wahrnehmbar gespeichert sind oder übermittelt werden. Dabei dürfen sie nicht allgemein zugänglich sein. Nach der Definition in § 10 Abs. 5 S. 2 BDSG, auf den die Begründung zu § 202d StGB verweist,[493] sind Daten allgemein zugänglich, wenn sie jedermann, sei es ohne oder nach vorheriger Anmeldung, Zulassung oder Entrichtung eines Entgelts, nutzen kann. Sind sie allgemein zugänglich, wird das Schutzgut des Tatbestands, das formelle Datengeheimnis, durch eine Weitergabe nicht beeinträchtigt,[494] weshalb eine Strafbarkeit dann nicht besteht. Darüber hinaus können die Tatbestandsvoraussetzungen des § 202d Abs. 1 StGB nur erfüllt werden, wenn ein anderer, also der Whistleblower, die Daten rechtswidrig erlangt hat. Diese Vortat muss sich gegen die formelle Verfügungsbefugnis gerichtet haben, die unabhängig von der datenschutzrechtlichen Betroffenheit besteht.[495] Entgegen dem Wortlaut des § 202d StGB kommt demzufolge nicht jede beliebige rechtswidrige Tat in Betracht.

490 BT-Drucksache 18/5088, S. 46.
491 BT-Drucksache 18/5088, S. 45.
492 BT-Drucksache 18/5088, S. 45.
493 BT-Drucksache 18/5088, S. 45.
494 BT-Drucksache 18/5088, S. 45.
495 BT-Drucksache 18/5088, S. 45.

Whistleblower werden die Daten oft rechtmäßig besitzen,[496] weil sie in ihrem Arbeitsumfeld berechtigten Zugang zu den Daten hatten. Es ist allerdings nicht ausgeschlossen, dass sich ein anderer Whistleblower unter Verwirklichung eines strafrechtlichen Delikts, zum Beispiel § 202 a StGB oder § 44 BDSG, Zugang zu den Daten verschafft hat. Die Strafbarkeit von Mitarbeitern von Whistleblowingplattformen ist deshalb nicht auszuschließen. Hat der Whistleblower unter Verstoß gegen Strafgesetze gehandelt, ist zu fragen, ob es sich um eine rechtswidrige Tat gehandelt hat. Denn nur wenn der Whistleblower nicht gerechtfertigt gehandelt hat, kann die Whistleblowingplattform Daten im Sinne des § 202d Abs. 1 StGB verbreiten.

Der vorgeschlagene Rechtfertigungsgrund zum Whistleblowing rechtfertigt schon die Weitergabe der Informationen an einen Unbefugten. Erst recht sollte die Rechtfertigungsmöglichkeit deshalb greifen, wenn sich der Whistleblower lediglich Zugang zu den Informationen, in diesem Fall Daten, verschafft. Sind die Voraussetzungen des Rechtfertigungsgrunds gegeben, handelt er gerechtfertigt. Eine rechtswidrige Vortat, wie sie § 202d Abs. 1 StGB voraussetzt, ist dann nicht gegeben. Ist eine rechtswidrige Vortat aber gegeben, weil der Whistleblower nicht gerechtfertigt gehandelt hat, muss sie vollendet sein, um als Voraussetzung für § 202d StGB in Frage zu kommen.[497] Davon wird auszugehen sein, wenn ein Whistleblower sich Daten verschafft.[498] Sie gelangen zunächst in seine Verfügungsgewalt, bevor er sie zur Veröffentlichung an eine Enthüllungsplattform übermittelt.

Die Whistleblowingplattform müsste zur Verwirklichung des Delikts eine der im Tatbestand beschriebenen Tathandlungen erfüllen. Danach ist es tatbestandsmäßig, die fraglichen Daten sich oder einem anderen zu verschaffen, einem anderen zu überlassen, zu verbreiten oder sonst zugänglich zu machen. Diese Tathandlungen sind § 202c StGB entnommen. Bei Whistleblowingplattformen ist die Tathandlung des Verbreitens von Bedeutung. Verbreiten bedeutet, die Daten einem größeren, nicht notwendig unbestimmten Personenkreis zugänglich zu machen.[499] Das geschieht zweifellos durch die Veröffentlichung auf der Website, die für jedermann zugänglich ist.

Die bisherigen Ausführungen zeigen, dass aufgrund der tatbestandlichen Voraussetzungen einige dem § 202d Abs. 1 StGB immanente, gesetzliche Barrieren zu überwinden sind, bevor es zu einer Strafbarkeit der Whistleblowingplattform kommen kann. Da diese Barrieren aber nicht unüberwindbar sind und es vor allem auf die konkreten Umstände des Einzelfalls ankommt, ist eine Strafbarkeit von Whistleblowingplattformen nicht ausgeschlossen.

---

496 Der Justizminister *Maas* geht regelmäßig davon aus, siehe Plenarprotokoll 18/131, Deutscher Bundestag vom 16.10.2015, S. 12769.

497 BT-Drucksache 18/5088, S. 46.

498 *Golla/von zur Mühlen*, Strafbarkeit der Datenhehlerei, JZ 2014, 668 (669).

499 NK/*Walter/Kargl*, StGB, § 202c Rn. 11.

b) *Subjektive Voraussetzungen*

Auf subjektiver Ebene wird bedingter Vorsatz bezüglich der im Tatbestand beschriebenen Umstände verlangt. Der Vorsatz muss sich deshalb auf den Umstand beziehen, dass die Daten durch eine rechtswidrige Tat erlangt worden sind. Dabei genügt es nicht, wenn der Datenhehler nur das Bewusstsein hat, dass die Daten irgendeiner rechtswidrigen Tat entstammen. Vielmehr muss er billigend in Kauf nehmen, dass der Vortäter eine rechtswidrige Tat verwirklicht hat, wobei die Einzelheiten der Tat nicht bekannt sein müssen. Ferner muss sich der Vorsatz auf den Umstand beziehen, dass es sich um nicht öffentlich zugängliche Daten handelt.[500] Ob die Vorsatzanforderungen bei Mitarbeitern von Whistleblowingplattformen gegeben sind, ist eine Frage des konkreten Falls.

Darüber hinaus muss der Datenhehler handeln, um sich oder einen Dritten zu bereichern oder einen anderen zu schädigen. Sicheres Wissen oder Eventualvorsatz genügen dabei nicht, sondern es muss Absicht im Sinne des direkten Vorsatzes vorliegen. Das zeigt nicht nur der Wortlaut des § 202d Abs. 1 StGB und ein Vergleich mit anderen Straftatbeständen wie § 44 Abs. 1 BDSG[501], auf den auch die Gesetzesbegründung zu § 202d StGB verweist. Auch in der Gesetzesbegründung wird der Verweis auf das Erfordernis des direkten Vorsatzes noch einmal explizit herausgestellt.[502]

Die Bereicherungsabsicht liegt in Anlehnung an § 44 Abs. 1 BDSG vor, wenn nach der Vorstellung des Täters die Tat auf die Erlangung eines Vermögensvorteils für sich selbst oder einen Dritten gerichtet ist. Bei Mitarbeitern von Whistleblowingplattformen wird eine Bereicherungsabsicht in der Regel nicht vorliegen. Die alternative Schädigungsabsicht hingegen ist gegeben, wenn der Täter einen immateriellen Nachteil für eine andere Person beabsichtigt, wobei es ihm darauf ankommen muss, einen anderen durch die Tatbestandsverwirklichung zu schädigen. In Anbetracht der von Whistleblowingplattformen dargestellten Interessen, dem öffentlichen Informationsinteresse zu dienen, wird der Nachteil in der Regel nur eine Nebenfolge der Veröffentlichung darstellen. Es ist jedoch nicht ausgeschlossen, dass in konkreten Einzelfällen die Schädigungsabsicht zu bejahen ist.[503] Demzufolge ist auch nach Betrachtung der Voraussetzungen des subjektiven Tatbestands eine Strafbarkeit der Mitarbeiter von Whistleblowingplattformen wegen Datenhehlerei nicht ausgeschlossen.

c) *Rechtmäßige Erfüllung dienstlicher oder beruflicher Pflichten*

§ 202d Abs. 3 S. 1 StGB enthält einen Ausschluss für Handlungen, die ausschließlich der Erfüllung rechtmäßiger dienstlicher oder beruflicher Pflichten dienen. Im zweiten Satz wird dieser Ausschluss konkretisiert. Insbesondere sollen Handlungen

500 BT-Drucksache 18/5088, S. 47.
501 Gola/Schomerus/*Gola/Klug/Körffer*, BDSG, § 44 Rn. 7.
502 BT-Drucksache 18/5088, S. 47.
503 So auch *Golla/von zur Mühlen*, Strafbarkeit der Datenhehlerei, JZ 2014, 668 (669).

von Amtsträgern oder deren Beauftragten ausgenommen werden, mit denen Daten ausschließlich der Verwertung in einem Besteuerungsverfahren, einem Strafverfahren oder Ordnungswidrigkeitenverfahren zugeführt werden. Nach Nr. 2 sollen berufliche Handlungen der in § 53 Abs. 1 S. 1 Nr. 5 StPO genannten Personen ausgenommen werden, mit denen Daten entgegengenommen, ausgewertet oder veröffentlicht werden. Der Tatbestandsausschluss[504] in § 202d Abs. 3 S. 2 Nr. 2 StGB verweist wie der Rechtfertigungsgrund in § 353b Abs. 3a StGB auf Personen, die bei der Vorbereitung, Herstellung oder Verbreitung von Druckwerken, Rundfunksendungen, Filmberichten oder der Unterrichtung oder Meinungsbildung dienenden Informations- und Kommunikationsdiensten berufsmäßig mitwirken oder mitgewirkt haben.

Das „insbesondere" in § 202d Abs. 3 S. 2 StGB zeigt, dass die Auflistung nicht abschließend ist. Es werden deshalb jedwede Handlungen von einer Strafbarkeit ausgenommen, die ausschließlich der Erfüllung rechtmäßiger dienstlicher oder beruflicher Pflichten dienen.

§ 184b Abs. 5 Nr. 3 StGB ist ähnlich formuliert und könnte deshalb zur Konkretisierung herangezogen werden.[505] Die Begriffe der dienstlichen und beruflichen Pflichten sind weit auszulegen, sodass auch selbstbestimmte Pflichten davon erfasst werden.[506] In Bezug auf journalistische Tätigkeiten sollen jedoch nur solche Handlungen von der Ausnahme erfasst werden, die in Vorbereitung einer konkreten Veröffentlichung durchgeführt werden.[507] Diese beschränkende Auslegung in Bezug auf journalistische Tätigkeiten ist einer der Gründe, weshalb § 202d StGB als „Anti-Whistleblower-Gesetz" bezichtigt wird.[508] Es besteht die Gefahr, dass insbesondere Blogger und Whistleblowingplattformen vom Ausschluss in § 202d Abs. 3 StGB nicht erfasst werden.

aa) Wortlaut

Ausgangspunkt für die Klärung der Frage, ob Whistleblowingplattformen von der Ausnahme erfasst werden, ist der Wortlaut. Nach § 202d Abs. 3 S. 2 Nr. 2 StGB sind solche Handlungen ausgenommen, mit denen Daten entgegengenommen, ausgewertet oder veröffentlicht werden. Whistleblowingplattformen nehmen die Daten

---

504 BT-Drucksache 18/5088, S. 48.

505 *Selz*, Gesetzesentwurf, in: Taeger, Internet der Dinge, 915 (929).

506 BT-Drucksache 18/5088, S. 48.

507 MüKo/*Hörnle*, StGB, § 184b Rn. 41; vgl. in Bezug auf einen Bundestagsabgeordneten *LG Karlsruhe*, U. v. 28.10.2010, Az. 2 KLs 310 Js 323/09.

508 *Beck/Meinicke*, Stellungnahme der DGRI, CR 2015, 481 (483); *Dix/Kipker/Schaar*, Schnellschuss gegen die Grundrechte, ZD 2015, 300 (303); *Franck*, Datenhehlerei, RDV 2015, 180 (182); *Golla/von zur Mühlen*, Strafbarkeit der Datenhehlerei, JZ 2014, 668 (674); *Härting*, Indiskretionen werden zur strafbaren „Datenhehlerei", http://www.cr-online.de/blog/2015/05/18/indiskretionen-werden-zur-strafbaren-datenhehlerei/ (zuletzt abgerufen: 15.07.2016); *Selz*, Gesetzesentwurf, in: Taeger, Internet der Dinge, 915 (929).

von Whistleblowern entgegen und veröffentlichen sie, womit die in der Ausnahme aufgeführten Handlungen erfüllt werden. Allerdings verweist die Norm auf solche Personen, die in § 53 Abs. 1 S. 1 Nr. 5 StPO genannt werden. Deshalb besteht dieselbe Problematik, auf die auch in der Darstellung zu § 353b Abs. 3a StGB hingewiesen worden ist: Es muss sich um eine Person der Medien, die dort berufsmäßig mitwirkt oder mitgewirkt hat, handeln. Die Mitarbeiter von Whistleblowingplattformen wirken allerdings häufig ehrenamtlich mit und sind nicht immer regelmäßig an den Veröffentlichungen der Plattform beteiligt. Durch den Verweis auf § 53 Abs. 1 S. 1 Nr. 5 StPO sind Mitarbeiter von Whistleblowingplattformen deshalb oftmals nicht erfasst. § 202d Abs. 3 S. 2 Nr. 2 StGB hebt überdies selbst noch einmal hervor, dass nur berufliche Handlungen der Medienvertreter ausgenommen werden sollen. Der Wortlaut der Norm spricht deshalb zweifach gegen die Einbeziehung von Mitarbeitern von Whistleblowingplattformen in die Ausnahmeregelung.

bb) Systematik

Aus dem unmittelbaren Normenumfeld der Ausnahmeregelung ergibt sich weder ein Argument zugunsten einer Einbeziehung noch gegen eine Einbeziehung von Mitarbeitern von Whistleblowingplattformen. Allerdings ist § 202d Abs. 3 S. 1 StGB ähnlich formuliert wie § 184b Abs. 5 Nr. 3 StGB. Aufgrund der sehr ähnlichen Formulierung liegt es nahe, die dazu in Rechtsprechung und Literatur erfolgte Auslegung auch in Bezug auf § 202d Abs. 3 StGB heranzuziehen. Wie bereits erwähnt, sollen von der Ausnahmeregelung in § 184b Abs. 5 Nr. 3 StGB nur solche journalistischen Handlungen erfasst werden, die der Vorbereitung einer konkreten Veröffentlichung dienen.[509] Auch die Gesetzesbegründung zu § 202d Abs. 3 S. 1 StGB verweist darauf, dass insbesondere solche journalistischen Handlungen erfasst werden sollen.[510]

Mitarbeiter von Whistleblowingplattformen nehmen allerdings Daten entgegen und werten sie aus, um zunächst überhaupt zu prüfen, ob sie für eine Veröffentlichung auf der Plattform geeignet sind. Die Handlungen werden vorgenommen, ohne dass sie zwangsläufig in eine konkrete Veröffentlichung münden müssen.[511] Systematische Erwägungen führen deshalb zu der Annahme, dass Whistleblowingplattformen vom Ausschluss des § 202d Abs. 3 StGB nicht erfasst werden.

cc) Äußerungen im Gesetzgebungsprozess

Aus der Gesetzesbegründung selbst ergibt sich nicht, ob Whistleblowingplattformen von der Ausnahmeregelung erfasst werden sollen oder nicht. Allerdings hat Justizminister Heiko Maas, aus dessen Haus der Gesetzesentwurf stammt, in

---

509 MüKo/*Hörnle*, StGB, § 184b Rn. 41; vgl. in Bezug auf einen Bundestagsabgeordneten *LG Karlsruhe*, U. v. 28.10.2010, Az. 2 KLs 310 Js 323/09.

510 BT-Drucksache 18/5088, S. 48.

511 *Franck*, Datenhehlerei, RDV 2015, 180 (182); *Selz*, Gesetzesentwurf, in: Taeger, Internet der Dinge, 915 (929).

der Bundestagsdebatte um die Einführung des § 202d StGB hervorgehoben, dass die Vorschrift Whistleblower nicht kriminalisiere. Dafür nennt er zwei Gründe: Zum einen gehe er dabei davon aus, dass Whistleblower die Daten in der Regel rechtmäßig besitzen, sodass es an einer rechtswidrigen Vortat im Sinne der Vorschrift fehle. Zum anderen schreibe er explizit ins Gesetz, dass Journalisten durch den neuen Straftatbestand nicht beeinträchtigt werden sollten. Es wird weiter ausgeführt, dass der Journalist bei Beschaffung seiner Daten nicht eine konkrete Veröffentlichung oder einen konkreten Artikel vor Augen gehabt haben müsse. Es reiche, wenn die Handlungen in eine Veröffentlichung münden könnten. Zuletzt weist er darauf hin, dass der Ausschluss nicht nur für hauptberuflich tätige Journalisten, sondern auch für nebenberuflich handelnde sowie freie Mitarbeiter und auch Blogger gelte.[512]

Diese Äußerungen im Rahmen des Gesetzgebungsprozesses wenden sich gegen die geäußerten Zweifel an der Einbeziehung von Whistleblowingplattformen in die Ausnahmeregelung. Die Ausführungen in der Plenardebatte sprechen für eine weite Auslegung der berufsmäßigen Mitwirkung. Allerdings ist anzumerken, dass Whistleblowingplattformen, die häufig ehrenamtliche Mitarbeiter beschäftigen, in diesem Zusammenhang nicht explizit genannt worden sind.

dd) Telos

In der Gesetzesbegründung wird ausgeführt, dass Sinn und Zweck des Tatbestandsausschlusses in § 202d Abs. 3 StGB darin bestehen, dass Daten insbesondere zum Zwecke von Ermittlungen und für journalistische Tätigkeiten verwendet werden dürfen. Der Begriff journalistischer Tätigkeiten ist insbesondere aufgrund internationaler Wertungen weit auszulegen,[513] was dafür spricht, die Ausnahmevorschrift in § 202d Abs. 3 StGB auch weit zu verstehen.[514]

Während Wortlaut und Systematik von § 202d Abs. 3 S. 2 Nr. 2 StGB eher dafür sprechen, dass die Mitarbeiter von Whistleblowingplattformen nicht vom Tatbestandsausschluss erfasst werden, geben Äußerungen im Gesetzgebungsprozess und der Telos der Norm Hinweise für ein weites Verständnis. Eine teleologische Auslegung sollte deshalb wie in § 353b Abs. 3a StGB dazu führen, dass die Begriffe der beruflichen Pflichten und beruflichen Mitwirkung weit ausgelegt werden. Damit keine Unsicherheit mehr besteht, ob Mitarbeiter von Whistleblowingplattformen von der Ausnahmeregelung erfasst werden, sollte der Wortlaut der Norm

---

512 Justizminister *Maas*, Plenarprotokoll 18/131, Deutscher Bundestag vom 16.10.2015, S. 12769.

513 *EuGH*, U. v. 16.12.2008, Az. C-73/07, *Tietosuojavaltuutettu v. Satakunnan Markkinapörssi Oy und Satamedia Oy.*

514 Im Ergebnis auch *Roßnagel*, Die neue Vorratsdatenspeicherung, NJW 2016, 533 (537).

dementsprechend abgeändert werden.[515] Auf diese Weise werden Handlungen, die der Verwirklichung pressefreiheitlicher Ziele dienen, geschützt.

VI. Strafbarkeit wegen Verstoßes gegen das BDSG

1. Strafbarkeit des Whistleblowers

Ein Whistleblower könnte sich wegen Verstoßes gegen § 44 Abs. 1 BDSG[516] i.V.m. § 43 Abs. 2 Nr. 1 BDSG strafbar machen. Wer vorsätzlich unbefugt personenbezogene Daten, die nicht allgemein zugänglich sind, verarbeitet, macht sich strafbar, wenn er in der Absicht handelt, einen anderen zu schädigen.

Dabei muss es sich um personenbezogene Daten handeln. Nach der Legaldefinition in § 3 Abs. 1 BDSG sind das Einzelangaben über persönliche oder sachliche Verhältnisse einer bestimmten oder bestimmbaren natürlichen Person. Entscheidend sind die Inhalte der Informationen im konkreten Einzelfall. Es ist jedoch wahrscheinlich, dass die vom Whistleblower genutzten Informationen personenbezogene Daten enthalten.

Das Verarbeiten beschreibt laut Legaldefinition in § 3 Abs. 4 BDSG das Speichern, Verändern, Übermitteln, Sperren und Löschen personenbezogener Daten. Die erste Möglichkeit der Strafbarkeit besteht für den Whistleblower bereits dann, wenn er die Daten zum Beispiel auf einem USB-Stick speichert. Die Übermittlung an eine Whistleblowingplattform durch Hochladen der Informationen erfüllt die objektiven Voraussetzungen der Strafnorm erneut. Da nicht mit absoluter Sicherheit ausgeschlossen ist, dass ein Whistleblower im Einzelfall auch eine Schädigungsabsicht verfolgt, kann auch der subjektive Tatbestand erfüllt werden.

Allerdings sollte auch in Bezug auf die Strafnorm aus dem BDSG die Möglichkeit der Rechtfertigung wegen externen Whistleblowings[517] bestehen. Durch die Abwägung im Rahmen des Rechtfertigungsgrunds würde ermittelt, welchem Interesse im konkreten Fall Vorrang zu geben ist. Das in Bezug auf den Umfang aufgestellte Erforderlichkeitskriterium enthält eine grobe Prüfpflicht, um zu vermeiden, dass in großem Umfang Informationen weitergereicht werden. Insbesondere zum Schutz personenbezogener Daten soll deshalb nur weitergereicht werden, was zur Darstellung des Missstandes erforderlich ist.

---

515 *Baumhöfener*, Datenhehlerei, abrufbar unter: http://strafverteidigung-hamburg.com/2636/datenhehlerei-2/ (zuletzt abgerufen: 15.07.2016); siehe auch Pressemitteilung PM 17/15 v. 21.05.2015 des DAV, abrufbar unter: http://anwaltverein.de/de/newsroom/pm-17-15-dav-lehnt-vorratsdatenspeicherung-ab (zuletzt abgerufen: 15.07.2016).

516 Bundesdatenschutzgesetz v. 14.01.2003 (BGBl. I S. 66).

517 Siehe den Vorschlag auf S. 100.

2. *Strafbarkeit der Betreiber von Whistleblowingplattformen*

Die Mitarbeiter einer Whistleblowingplattform können sich durch die Veröffentlichung der personenbezogenen Daten auf der Website ebenfalls gem. § 44 Abs. 1 BDSG i.V.m. § 43 Abs. 2 Nr. 1 BDSG strafbar machen. Eine Rechtfertigung aufgrund einer Abwägung mit der Pressefreiheit im Sinne von Art. 10 EMRK sollte möglich sein, wobei auch das Ausmaß der Schädigungsabsicht zu berücksichtigen ist.

VII. Die Strafbarkeit bei Privatgeheimnissen, § 203 StGB

1. *Strafbarkeit des Whistleblowers*

a) *Unbefugtes Offenbaren*

Der Einzelne hat ein Recht auf informationelle Selbstbestimmung, das ihm erlaubt, selbst darüber zu befinden, wann ein Geheimnis aus seinem persönlichen Lebensbereich weitergegeben werden soll.[518] Deshalb macht sich nach § 203 Abs. 1, 2 StGB strafbar, wer unbefugt ein fremdes Geheimnis, das dem persönlichen Lebensbereich angehört oder ein Betriebs- oder Geschäftsgeheimnis darstellt, offenbart. Es handelt sich um ein Sonderdelikt, das unter anderem gemäß § 203 Abs. 2 Nr. 1 StGB von Amtsträgern und gemäß Nr. 2 von für den öffentlichen Dienst besonders Verpflichteten begangen werden kann. Gemäß § 203 Abs. 1 StGB können sich aber auch Personen aus dem nicht-staatlichen Bereich wie Angehörige eines Unternehmens der privaten Kranken-, Unfall- oder Lebensversicherung strafbar machen. Daher betrifft die Strafbarkeit sowohl Whistleblower aus dem öffentlichen als auch aus dem nicht-öffentlichen Bereich. § 48 WStG stellt Offiziere und Unteroffiziere in Bezug auf § 203 Abs. 2 StGB den Amtsträgern gleich, sodass auch eine Strafbarkeit von Soldaten als Whistleblower begründet werden kann.[519]

Strafbar macht sich derjenige, der ein fremdes Geheimnis offenbart. Offenbaren im Sinne der Vorschrift ist wie auch in § 353b StGB jede Mitteilung an eine dritte Person, die das Geheimnis noch nicht oder noch nicht sicher kennt.[520] Ein Whistleblower, der das Geheimnis an Mitarbeiter einer Whistleblowingplattform weitergibt, erfüllt das Merkmal des Offenbarens. Auch der einzelne Mitarbeiter einer Plattform

518 Mit Bezug auf § 203 StGB *HansOLG* Hamburg, B. v. 22.1.1998, Az. 2 Ss 105/97, NStZ 1998, 358 (358); Schönke/Schröder/*Lenckner/Eisele*, StGB, § 203 Rn. 3; SK/*Hoyer*, StGB, § 203 Rn. 1.

519 Darauf hinweisend *Franck/Steigert*, Die strafrechtliche Verantwortlichkeit von WikiLeaks, CR 2011, 380 (383).

520 *BGH*, U. v. 09.02.1977, Az. 3 StR 498/76, NJW 1977, 769 (769); *BayOLG*, B. v. 08.11.1994, Az. 2 St RR 157/94, NJW 1995, 1623 (1623) = NStZ 1995, 187 (187); *Fischer*, StGB, § 203 Rn. 30; Lackner/Kühl/*Heger*, StGB, § 203 Rn. 17; MüKo/*Cierniak/Pohlit*, StGB, § 203 Rn. 48.

ist eine Person, der das Geheimnis bislang noch verborgen war. Selbst wenn im Anschluss eine Veröffentlichung nicht stattfindet, ist das Merkmal somit zu bejahen.[521]

Ein Geheimnis aus dem persönlichen Lebensbereich ist eine Tatsache, die sich auf die betroffene Person und ihre bereits vergangenen sowie aktuellen Lebensumstände bezieht.[522] Enthalten Dokumente Informationen über das familiäre Leben, wie zum Beispiel die Beziehungssituation einer Person, wird das Merkmal erfüllt.

Es wird aber in der Praxis häufiger der Fall sein, dass ein Whistleblower Betriebs- und Geschäftsgeheimnisse offenbart, die ihm im Rahmen seiner Tätigkeit anvertraut worden sind. Betriebs- und Geschäftsgeheimnisse stehen im Zusammenhang mit einem Geschäftsbetrieb; an deren Geheimhaltung besteht ein wirtschaftliches Interesse des Unternehmers.[523] Als Beispiel genügt bereits die Weitergabe einer bestehenden vertraglichen Beziehung mit einem bestimmten Kunden oder Mandanten, die einem Dritten vom Whistleblower offenbart wird.[524] Sobald es eine andere Person als die des Offenbarenden, d.h. den Whistleblower, betrifft,[525] ist das Geheimnis auch fremd.

In der Regel wird der Whistleblower die Geheimnisse in der sicheren Gewissheit weitergeben, dass sie dem Dritten bislang unbekannt sind und geheimgehalten werden sollen. Auch der subjektive Tatbestand, der bedingten Vorsatz voraussetzt, wird erfüllt.

Ein Whistleblower kann demnach den Tatbestand des § 203 Abs. 1, 2 StGB verwirklichen,[526] wenn es sich um Privatgeheimnisse handelt.

b) Illegale Geheimnisse

Im Zusammenhang mit § 203 Abs. 1, 2 StGB ist zu erkennen, weshalb illegale Geheimnisse aus den Geheimnisbegriffen des Strafrechts nicht herauszunehmen sind. § 203 StGB schützt das Individualinteresse an der Geheimhaltung bestimmter Tatsachen im Rahmen einer Vertrauensbeziehung mit den im Tatbestand genannten Berufsgruppen.[527] Grundsätzlich muss sich der Anvertrauende auch mit illegalen Geheimnisinhalten an die in § 203 StGB genannten Vertrauenspersonen wenden können. Eine tiefgehende Zusammenarbeit, so wie von § 203 StGB intendiert, wird

---

521 *Gercke*, Die Entwicklung des Internetstrafrechts 2010/2011, ZUM 2011, 609 (617).

522 Lackner/Kühl/*Heger*, StGB, § 203 Rn. 14; LK/*Schünemann*, StGB, § 203 Rn. 20; ähnlich auch NK/*Kargl*, StGB, § 203 Rn. 6.

523 *OLG Köln*, B. v. 21.08.2009, Az. 81 Ss 52-53/09, NJW 2010, 166 (167); *LG Konstanz*, U. v. 20.12.1991, Az. 1 HO 36/91, NJW 1991, 1241 (1242); Schönke/Schröder/*Eisele/Lenckner*, StGB, § 203 Rn. 11.

524 *Fischer*, StGB, § 203 Rn. 6.

525 NK/*Kargl*, StGB, § 203 Rn. 9; LK/*Schünemann*, StGB, § 203 Rn. 30; MüKo/*Ciernack/Pohlit*, StGB, § 203 Rn. 25.

526 So im Ergebnis auch *Gercke*, Die Entwicklung des Internetstrafrechts 2010/11, ZUM 2011, 609 (617).

527 *BGH*, U. v. 10.07.1991, Az. VIII ZR 296/90, NJW 1991, 2955 (2956) = MDR 1991, 1035 (1036); Schönke/Schröder/*Lenckner/Eisele*, StGB, § 203 Rn. 3 m.w.N.

ansonsten kaum möglich sein. Nur im Ausnahmefall, der auf Rechtfertigungsebene bestimmt wird, ist die Weitergabe der Geheimnisse nicht strafbar.

c) Externes Whistleblowing als Rechtfertigungsgrund

Auf Rechtfertigungsebene könnte der vorgeschlagene Rechtfertigungsgrund wegen externen Whistleblowings[528] herangezogen werden, handelte es sich um geltendes Recht. In der Abwägung wäre das von § 203 StGB geschützte Recht auf informationelle Selbstbestimmung im Rahmen der Geheimhaltungsinteressen von einigem Gewicht. Darüber hinaus würde das Recht auf informationelle Selbstbestimmung durch die Voraussetzung der Erforderlichkeit berücksichtigt.

2. Strafbarkeit der Betreiber von Whistleblowingplattformen

Die Strafbarkeit von Betreibern einer Whistleblowingplattform gemäß § 203 Abs. 1, 2 StGB scheitert in der Regel daran, dass die Mitarbeiter keine der im Tatbestand aufgeführten beruflichen Stellungen innehaben. Sie sind daher keine tauglichen Täter des § 203 Abs. 1, 2 StGB.

a) Anstiftung

Die Mitarbeiter einer Whistleblowingplattform machen sich gemäß § 203 Abs. 1, 2 StGB, § 26 StGB auch nicht wegen Anstiftung strafbar. Sie bestimmen niemanden zur Offenbarung eines fremden Geheimnisses, da sie den Tatentschluss des Whistleblowers nicht hervorrufen. Ein Whistleblower wird die Möglichkeit der Nutzung des Briefkastensystems auf der Plattform nicht als Anreiz für eine Verletzung von Geheimnissen sehen. Vielmehr stößt er selbst auf ein Geheimnis, das einen Missstand darstellt, und entschließt sich, es zu veröffentlichen. Erst dann wird er sich damit auseinandersetzen, ob er sich z.B. an die Printmedien oder eine Whistleblowingplattform im Internet wenden soll.[529] Ein Tatentschluss eines Whistleblowers wird ebenso wenig über die alleinige Existenz von Printmedien hervorgerufen.

b) Beihilfe

Eine Strafbarkeit wegen Beihilfe gemäß § 203 Abs. 1, 2 StGB, § 27 StGB kommt hingegen in Betracht. Zwar sehen das bereits jene Vertreter anders, die eine Beihilfe nach Beendigung der Haupttat ablehnen.[530] Durch die Veröffentlichung des Geheimnisses wird das Unrecht des § 203 StGB jedoch merklich intensiviert. Für den Betroffenen ist es ein Unterschied, ob nur wenige Personen – handele es sich

528 Siehe oben S. 100.

529 Im Ergebnis auch *Franck/Steigert*, Die strafrechtliche Verantwortlichkeit von WikiLeaks, CR 2011, 380 (383).

530 *Franck/Steigert*, Die strafrechtliche Verantwortlichkeit von WikiLeaks, CR 2011, 380 (383).

auch um Vertreter der Presse – von dem Geheimnis Kenntnis haben, oder die Öffentlichkeit davon weiß. Das spricht dafür, die sukzessive Beihilfe hier wie in § 353b StGB für möglich zu halten.

aa) Rechtsgedanke des Presseprivilegs gemäß § 353b Abs. 3a StGB

Allerdings weist § 203 StGB keinen mit § 353b Abs. 3a StGB vergleichbaren Rechtfertigungsgrund auf. Denn der Gedanke des § 353b Abs. 3a StGB könnte hier gleichermaßen gelten. Der Rechtfertigungsgrund des § 353b Abs. 3a StGB ist eingeführt worden, um der Aufgabe der Presse in einem demokratischen Staat gerecht zu werden. Zudem können Geheimnisse im Sinne des § 353b StGB auch aus dem privaten Lebensbereich stammen.[531] Der Rechtfertigungsgrund des § 353b Abs. 3a StGB differenziert jedoch nicht bezüglich der Art des durch die Presse veröffentlichten Geheimnisses. Es ist unerheblich, ob es sich um ein Dienst- oder Privatgeheimnis handelt. Eine Abwägung ist nicht erforderlich. Daraus lässt sich folgern, dass der Gedanke des § 353b Abs. 3a StGB auch im Rahmen des § 203 StGB anzuwenden ist.

Es besteht jedoch die Gefahr, dass das durch § 203 StGB geschützte Individualinteresse der informationellen Selbstbestimmung zu wenig berücksichtigt wird. Durch die Veröffentlichung gelangt ein Privatgeheimnis nicht nur an eine unbefugte Person, was gemäß § 203 Abs. 1, 2 StGB schon strafbar ist. Das Geheimnis ist in jenem Fall für jedermann zugänglich und das kann für den Einzelnen, der vom Geheimnis betroffen ist, schwere soziale Folgen haben. Zwar bleiben dem Betroffenen zumindest noch zivilrechtliche Möglichkeiten, um gegen das Medium vorzugehen. Doch fehlt es dann insbesondere bei sehr persönlichen Geheimnissen an dem strafrechtlichen Abschreckungsgedanken. Ohne vorhergehende Abwägung ist eine Rechtfertigung der Beihilfehandlung daher abzulehnen. Zudem hat der Gesetzgeber den Rechtfertigungsgrund nur im Rahmen des § 353b StGB eingeführt. In demselben Zug hätte er eine entsprechende Rechtfertigungsmöglichkeit in § 203 StGB schaffen können, wenn er eine solche für legitim gehalten hätte. Eine Anwendung des Rechtsgedankens des § 353b Abs. 3a StGB kommt folglich nicht in Betracht.

bb) Rechtfertigung über die Pressefreiheit

Eine Rechtfertigung kommt aber nach einer Abwägung der informationellen Selbstbestimmung mit der Pressefreiheit gemäß Art. 10 EMRK in Betracht. Der Presse, zu der auch Whistleblowingplattformen zählen, obliegen inhaltliche Prüfpflichten. Sie muss prüfen, ob und in welchem Umfang eine konkrete Information veröffentlichungswürdig ist. Sofern es um besonders persönliche Informationen geht, hat die Prüfung mit einer besonderen Sensibilität zu erfolgen.

---

531 MüKo/*Graf*, StGB, § 353b Rn. 21.

VIII. Die Strafbarkeit bei Betriebs- und Geschäftsgeheimnissen

1. Strafbarkeit des Whistleblowers

Bei Whistleblowern aus Unternehmen kommt insbesondere eine Strafbarkeit gemäß § 17 UWG[532] wegen des Verrats von Geschäfts- und Betriebsgeheimnissen in Betracht. Wegen Geheimnisverrats gemäß § 17 Abs. 1 UWG kann sich strafbar machen, wer als eine bei einem Unternehmen beschäftigte Person ein Geschäfts- oder Betriebsgeheimnis mitteilt. Der Tatbestand lässt sich daher nur von Personen realisieren, die noch im Unternehmen tätig sind. Jene Whistleblower, die ein Geheimnis nach Beendigung ihres Beschäftigungsverhältnisses weitergeben, können sich jedoch nach § 17 Abs. 2 Nr. 1, 2 UWG strafbar machen.

a) Illegale Geheimnisse

Auch im Rahmen des § 17 UWG ist zu diskutieren, inwieweit illegale Geheimnisse vom Geheimnisbegriff der Norm umfasst sind.

Der von einem Whistleblower offenbarte Missstand wird ein Geheimnis darstellen, das einen Bezug zu dem betroffenen Geschäftsbetrieb hat und das der Unternehmer aufgrund eines berechtigten wirtschaftlichen Interesses auch geheim halten möchte.[533] Es ist jedoch ungeklärt, ob ein berechtigtes wirtschaftliches Interesse und damit das Vorliegen eines Geschäftsgeheimnisses auch bei Tatsachen zu bejahen ist, die mit einem sittenwidrigen oder strafbaren Verhalten im Zusammenhang stehen.[534] Das ist im Rahmen des § 17 UWG zum Beispiel der Fall, wenn es um Steuerhinterziehungen, Umweltverstöße oder kartellrechtliches Fehlverhalten geht.[535]

Gegen die Einbeziehung[536] illegaler Geheimnisse ist vorzubringen, dass die Vorschrift des § 17 UWG den lauteren Wettbewerb intendiert. Durch Einbeziehung auch illegaler Geschäftsgeheimnisse werden jedoch rechtswidrige Verhältnisse aufrecht erhalten.[537] Es sollten deshalb nur diejenigen Güter zum schutzwürdigen Vermögen gezählt werden, die rechtlich nicht zu missbilligen sind.[538]

---

532 Gesetz gegen den unlauteren Wettbewerb v. 03.03.2010 (BGBl. I S.254).

533 *BGH*, U. v. 15.03.1955, Az. I ZR 111/53, GRUR 1955, 424.

534 Darstellung des Streitstandes zum Beispiel bei MüKo/*Brammsen*, UWG, § 17 Rn. 24 m.w.N.

535 MüKo/*Brammsen*, UWG, § 17 Rn. 24.

536 So *Engländer/Zimmermann*, Whistleblowing als strafbarer Verrat von Geschäfts- und Betriebsgeheimnissen? NZWiSt 2012, 328 (333); *Herbert/Oberrath*, Schweigen ist Gold, NZA 2005, 193 (196).

537 *Rützel*, Illegale Unternehmensgeheimnisse, GRUR 1995, 557 (560).

538 *Engländer/Zimmermann*, Whistleblowing, NZWiSt 2012, 328 (333).

Für die Bejahung eines Schutzes von rechtswidrigen Geheimnissen[539] über § 17 Abs. 1 UWG spricht allerdings der Schutz der vermögensrechtlichen Interessen des Unternehmens durch die Norm.[540] Die Wettbewerbsstellung und damit die vermögensrechtlichen Interessen des Unternehmers könnten auch dadurch beeinträchtigt werden, dass rechtswidrige Geheimnisse weitergegeben werden.[541] Denn auch solche Geheimnisse können einen Vermögenswert darstellen. Parallel zu § 203 StGB, der auch rechtswidrige oder sittenwidrige Geheimnisse miteinbezieht, sollten auch rechts- oder sittenwidrige Geschäftsgeheimnisse vom Tatbestand des § 17 UWG geschützt werden.[542] Das führt zu einer gewissen Einheitlichkeit und Übersichtlichkeit der Straftatbestände für die Adressaten. Mit Ausnahme von Staatsgeheimnissen, bei denen bestimmte illegale Geheimnisse gemäß § 93 Abs. 2 StGB vom Schutz der Staatsschutzdelikte ausgenommen sind, ist die Problematik um Geheimnisse mit rechtswidrigem Inhalt auf Rechtfertigungsebene zu lösen. Dort können Lösungsmöglichkeiten gefunden werden, die sowohl die Interessen des Unternehmensinhabers als auch die Interessen der Öffentlichkeit berücksichtigen.

Darüber hinaus dient die Richtlinie des Europäischen Parlaments und des Rates über den Schutz von Geschäftsgeheimnissen[543] als Indiz für diese Auffassung. Die Richtlinie soll zwar einen zivilrechtlichen Schutz vor rechtswidriger Offenbarung von Geschäftsgeheimnissen gewährleisten.[544] Für das Strafrecht hat die Europäische Union hingegen nicht die Kompetenz, Vorschriften zu erlassen. Doch es bestehen Überschneidungspunkte zwischen dem Schutzumfang des § 17 UWG und der Richtlinie, da beide Regelungen auch einem funktionierenden Wettbewerb dienen sollen. Der EU-Gesetzgeber führt eine allgemeine Definition des Geschäftsgeheimnisses ein, im Rahmen dessen er Geheimnisse mit rechtswidrigem Inhalt nicht ausgeschlossen

539 So Fezer/*Rengier*, UWG, § 17 Rn. 21; Götting/Nordemann/*Koehler/Hasselblatt*, UWG, § 17 Rn. 19; *Koch*, Korruptionsbekämpfung, ZIS 2008, 500 (503); *Köhler*/ Bornkamm, UWG, § 17 Rn. 9; *Mayer*, Geschäfts- und Betriebsgeheimnis, GRUR 2011, 884 (887); MüKo/*Brammsen*, UWG, § 17 Rn. 24; Ohly/Sosnitza/*Ohly*, UWG, § 17 Rn. 12; Többens, Wirtschaftsspionage und Konkurrenzausspähung in Deutschland, NStZ 2000, 505 (506); *Zimmermann*, Strafrechtliche Risiken des „Whistleblowing", ArbRAktuell 2012, 58 (59).

540 Fezer/*Rengier*, UWG, § 17 Rn. 21.

541 Götting/Nordemann/*Koehler/Hasselblatt*, UWG, § 17 Rn. 19; *Koch*, Korruptionsbekämpfung, ZIS 2008, 500 (503); Többens, Wirtschaftsspionage und Konkurrenzausspähung in Deutschland, NStZ 2000, 505 (506); *Zimmermann*, Strafrechtliche Risiken des „Whistleblowing", ArbRAktuell 2012, 58 (59).

542 MüKo/*Brammsen*, UWG, § 17 Rn. 24.

543 Richtlinie über den Schutz vertraulichen Know-hows und vertraulicher Geschäftsinformationen, Stand v. 26.04.2016 abrufbar unter: http://data.consilium.europa.eu/doc/document/PE-76-2015-INIT/de/pdf (zuletzt abgerufen: 15.07.2016).

544 *Falce*, Trade Secrets, IIC 2015, 940 (956).

hat.[545] In Art. 5 b) der Richtlinie schützt der EU-Gesetzgeber außerdem diejenigen, die ein Geschäftsgeheimnis zur Aufdeckung eines ordnungswidrigen Verhaltens oder einer Straftat offenbaren. Geschäftsgeheimnisse scheinen sich danach auch auf rechtswidrige Zustände beziehen zu können, was als Indiz für die Auslegung der nationalen Gesetze herangezogen werden kann. Vor diesem Hintergrund ist letztlich anzunehmen, dass auch illegale Geheimnisse nicht aus dem Geheimnisbegriff des § 17 UWG herauszunehmen sind.

b) Motive des Whistleblowers

Der subjektive Tatbestand verlangt, dass der Whistleblower zu Zwecken des Wettbewerbs, aus Eigennutz, zugunsten eines Dritten oder in der Absicht gehandelt haben muss, dem Unternehmensinhaber Schaden zuzufügen. Beim Whistleblowing wird in den meisten Fällen aufgrund seines Wesens auszuschließen sein, dass der Täter zu Zwecken des Wettbewerbs handelt.

Die Tatbestandsvariante, die ein Handeln aus Eigennutz voraussetzt, kann hingegen nicht so eindeutig abgelehnt werden. Sie ist gegeben, wenn der Täter sich irgendeinen persönlichen Vorteil, sei er materieller oder immaterieller Natur, verspricht.[546] Eindeutig zu bejahen ist diese Absicht, wenn der Whistleblower für die Information eine Belohnung erhält. Im US-amerikanischen Recht zum Beispiel ist unter bestimmten Voraussetzungen eine solche finanzielle Zuwendung auf Grundlage des sog. Dodd-Frank Act[547] vorgesehen, wenn der Whistleblower Rechtsverstöße im Finanzmarktrecht der zuständigen Behörde meldet.[548] In Art. 32 Abs. 4 der Verordnung der Europäischen Union über Marktmissbrauch vom 16. April 2014 wird gesetzlich die Möglichkeit für die Mitgliedsstaaten der Europäischen Union geschaffen, finanzielle Anreize für Whistleblower einzuführen.[549] Es heißt dort: Im Einklang mit nationalem Recht können die Mitgliedsstaaten finanzielle Anreize für Personen, die relevante Informationen über mögliche Verstöße gegen diese Verordnung bereitstellen, gewähren. Die Informanten dürfen nicht gesetzlich oder vertraglich zur Offenbarung verpflichtet gewesen sein, die Information muss neu sein und zur Verhängung einer Sanktion wegen Verstoßes gegen die Verordnung führen. Selbst wenn solche Belohnungen aber gesetzlich nicht vorgesehen sind, ist

---

545 Ex arg. Richtlinie über den Schutz vertraulichen Know-hows und vertraulicher Geschäftsinformationen, Stand v. 26.04.2016 abrufbar unter: http://data.consilium.europa.eu/doc/document/PE-76-2015-INIT/de/pdf (zuletzt abgerufen: 15.07.2016).

546 Götting/Nordemann/*Koehler/Hasselblatt*, UWG, § 17 Rn. 36; Ohly/Sosnitza/*Ohly*, UWG, § 17 Rn. 25.

547 Ausführlich *Hesch*, Whistleblower Rights and Protections, 6 Liberty University Law Review 2011/2012, 51 (105).

548 Siehe dazu *Schürrle*, „Whistleblowing Unlimited", CCZ 2011, 218 (219); *Wybitul*, Cash for Whistleblowing? BB Die erste Seite 2012, Nr. 49.

549 Verordnung (EU) Nr. 596/2014 des Europäischen Parlamentes und des Rates vom 16.04.2014 über Marktmissbrauch, (EUAbl. L 173/1).

die Absicht ebenso zu bejahen, wenn anderweitig finanzielle Anreize angeboten werden, wie es zum Beispiel beim Ankauf von Steuerdaten geschah. Es ist davon auszugehen, dass ähnliche Regelungen von der Europäischen Union auch in anderen Bereichen erlassen werden.

Darüber hinaus ist es nicht auszuschließen, dass ein Whistleblower die Offenbarung eines Geheimnisses nicht allein aus moralischer Überzeugung vornimmt, selbst wenn keine finanziellen Anreize bestehen.[550] Er könnte auch eigene Interessen wie die Bekanntmachung seiner Person beabsichtigen. Dabei kommt es insbesondere auf die Auswirkungen an, die die Aufdeckung eines Missstandes nach sich ziehen. Whistleblower, die eklatante Missstände aufdecken, setzen sich erheblichen Belastungen durch soziale Ausgrenzung und einem möglichen Arbeitsplatzverlust aus.[551] In solchen Fällen ist es eher unwahrscheinlich, dass allein eigene Interessen ausschlaggebend für die Offenbarung einer Information sind.[552] Solche Auswirkungen sind bei konfliktreichen Informationen für den Whistleblower auch vorhersehbar. Trotz dieser Risiken nimmt er aber eine Offenbarung vor, sodass mögliche eigennützige Motive in solchen Fällen seltener ausschlaggebend sein werden. Es ist jedoch je nach Fallgestaltung nicht auszuschließen, dass auch eigennützige Motive für den Whistleblower leitend sein können.[553]

Das Absichtsmerkmal des Handelns zugunsten eines Dritten wird beim Whistleblower in der Regel nicht vorliegen, wenn dieses Merkmal in seinem ursprünglichen Sinn betrachtet wird. Es soll laut der Gesetzesmaterialien diejenigen Fälle erfassen, in denen der Täter aus ideologischen Gründen zugunsten eines anderen Staates handelt.[554] Dritte könnten nach heutigem Verständnis aber auch Nichtregierungsorganisationen wie Amnesty International oder Whistleblowingplattformen wie WikiLeaks sein.[555] Dann ist das Absichtsmerkmal einschlägig, da Whistleblowingplattformen häufig von Whistleblowern zur Veröffentlichung geheimer Informationen genutzt werden. Whistleblowingplattformen sollten allerdings aus folgendem Grund nicht als Dritte im Sinne der Norm angesehen werden: Das Unrecht einer Tat vergrößert sich, wenn eine Geheimnismitteilung etwa an einen ausländischen Nachrichtendienst erfolgt. Das lässt sich anhand der Struktur des § 94 Abs. 1 Nr. 1, Nr. 2, 2. Var. StGB, der gemäß § 12 Abs. 1 StGB ein Verbrechen darstellt, annehmen. § 97 Abs. 1 StGB, bei dem es um die öffentliche Bekanntgabe geht, stellt im Gegensatz nur ein Vergehen dar. Das Handeln zugunsten eines Dritten im Sinne der Gesetzesbegründung stellt schwerwiegenderes

550 Dazu *Miceli/Near* When do observers of organizational wrongdoing step up? Recent US research on the factors associated with whistleblowing, in: Lewis, A global approach to public interest disclosure, S. 77.

551 Siehe erläuternd die Ausführungen von *Benne*, Whistleblowing – Wenn Wissen Sensibilität erfordert, CCZ 2014, 189 (189).

552 Vgl. MüKo/*Janssen/Maluga*, StGB, § 17 UWG Rn. 62.

553 Im Ergebnis auch *Zimmermann*, Strafrechtliche Risiken des „Whistleblowing“, ArbRAktuell 2012, 58 (59).

554 BT-Drucksache 10/5058, S. 40.

555 MüKo/*Brammsen*, UWG, § 17 Rn. 53.

Unrecht dar, weil es Spionagecharakter hat. Im Falle der Weitergabe an die Presse oder an andere Medien wie die Whistleblowingplattform WikiLeaks entfällt dieser Spionagecharakter. Dementsprechend besteht keine Vergleichbarkeit zur ursprünglichen, vom Gesetzgeber gewollten Auslegung des Absichtsmerkmals. Medien wie Whistleblowingplattformen stellen deshalb nicht wie zum Beispiel Staaten Dritte im Sinne des Absichtsmerkmals dar.

Die letzte Tatbestandsvariante setzt eine Schädigungsabsicht voraus. Sie ist erfüllt, wenn der Täter in der Absicht handelt, dem Unternehmensinhaber irgendeinen Schaden zuzufügen.[556] Dabei muss dieses Motiv nicht allein ausschlaggebend sein. Vielmehr genügt es, wenn es Teil der Motivation des Täters ist.[557] Durch die Offenbarung von Missständen wird der Ruf eines Unternehmens mit großer Wahrscheinlichkeit einen Schaden erleiden. Das weiß auch ein Whistleblower; realistischerweise nimmt er das sogar billigend in Kauf. Allerdings ist zur Erfüllung des subjektiven Tatbestandes nicht nur der Eventualvorsatz erforderlich. Selbst sicheres Wissen genügt nicht, sondern es wird absichtliches Handeln vorausgesetzt. Diejenigen Whistleblower, die einen Missstand offenbaren, um tatsächlich Abhilfe und auch Transparenz zu schaffen, werden eine Schädigung des Unternehmens nicht intendieren, auch wenn sie wissen, dass sie erfolgen wird. Doch es ist möglich, dass neben dem Wunsch nach Transparenz auch die Schädigung des Unternehmens beabsichtigt wird. Das kann zum Beispiel anzunehmen sein, wenn ein Handeln aus einem emotionalen Impuls heraus erfolgt.[558]

Es ist deshalb möglich, dass ein Whistleblower den Tatbestand des § 17 Abs. 1, 2 UWG erfüllt.

c) Externes Whistleblowing als Rechtfertigungsgrund

Es sollte jedoch eine Rechtfertigung über den vorgeschlagenen Rechtfertigungsgrund wegen externen Whistleblowings[559] möglich sein. Danach entfiele die Strafbarkeit, wenn eine wahre Information zugunsten des überwiegenden öffentlichen Informationsinteresses offenbart wird und die Offenbarung erforderlich ist. Im Rahmen der Geheimhaltungsinteressen wären die über § 17 UWG geschützten Individualinteressen des Unternehmensinhabers vorrangig zu berücksichtigen.[560]

Darüber hinaus könnte erneut die Wertung der Richtlinie über den Schutz von Geschäftsgeheimnissen einen Hinweis auf das Ergebnis der Abwägung geben. Die in dieser Richtlinie vorgesehenen zivilrechtlichen Maßnahmen sollen das

---

556 Statt vieler Köhler/Bornkamm/*Köhler*, UWG, § 17 Rn. 27.

557 Götting/Nordemann/*Koehler/Hasselblatt*, UWG, § 17 Rn. 38; MüKo/*Brammsen*, UWG, § 17 Rn. 54; Ohly/Sosnitza/*Ohly*, UWG, § 17 Rn. 25.

558 So *Zimmermann*, Strafrechtliche Risiken des „Whistleblowing", ArbRAktuell 2012, 58 (59).

559 Siehe oben S. 100.

560 Siehe dazu Fezer/*Rengier*, UWG, § 17 Rn. 4; Götting/Nordemann/*Koehler/Hasselblatt*, UWG, § 17 Rn. 1; Köhler/Bornkamm/*Köhler*, UWG, § 17 Rn. 2; MüKo/*Brammsen*, UWG, § 17 Rn. 6; Ohly/Sosnitza/*Ohly*, UWG, § 17 Rn. 1.

Whistleblowing nicht einschränken.[561] Gemäß Art. 5 b) der Richtlinie besteht kein Anspruch auf Inanspruchnahme der Maßnahmen aus der Richtlinie, wenn die Offenlegung des Geschäftsgeheimnisses zum Zwecke der Aufdeckung einer strafbaren oder illegalen Handlung erfolgt ist. Hat der Offenlegende im öffentlichen Interesse gehandelt, erfahren Geschäftsgeheimnisse in diesen Fällen keinen Schutz. Aus dieser Wertung kann gefolgert werden, dass auch in Bezug auf das Strafrecht bei einer Weiterverbreitung durch einen Whistleblower ausnahmsweise nicht von Unrecht auszugehen ist.

Diese Ausführungen zu einer möglichen Rechtfertigung sollten ebenso in Bezug auf eine Strafbarkeit wegen Verletzung der Geheimhaltungspflichten nach § 333 HGB, § 404 Abs. 1, 2 AktG und § 85 Abs. 1, 2 GmbHG gelten. Denn diese Tatbestände stellen grundsätzlich dasselbe Verhalten wie § 17 UWG unter Strafe, wenngleich spezifische Umstände vorliegen müssen.

2. *Strafbarkeit der Betreiber von Whistleblowingplattformen*

Mitarbeitern einer Whistleblowingplattform fehlt in der Regel der Status als Beschäftigter eines Unternehmens, weshalb eine Täterschaft wegen Geheimnisverrats gemäß § 17 Abs. 1 UWG auszuschließen ist. In Betracht kommt jedoch eine Beihilfe zum Geheimnisverrat des Whistleblowers gemäß § 17 Abs. 1 UWG, § 27 StGB, indem das Geschäftsgeheimnis auf der Internetplattform veröffentlicht wird und dadurch das Unrecht des Geheimnisverrats intensiviert wird. Der Whistleblower muss jedoch selbst rechtswidrig gehandelt haben, damit die Beihilfe gemäß § 27 Abs. 1 StGB möglich ist.

Sofern davon ausgegangen wird, dass beim Teilnehmer die Absichtsmerkmale des subjektiven Tatbestands nicht vorliegen müssen[562], ist Beihilfe zum Tatbestand des § 17 Abs. 1 UWG zu bejahen. Die Absichtsmerkmale sollten jedoch auch beim Gehilfen im Sinne des § 28 Abs. 1 StGB vorliegen müssen, um einen gewissen Grad an Unrechtsgehalt zu erreichen. Dann aber verengt sich der Raum einer möglichen Strafbarkeit für Mitarbeiter der Whistleblowingplattform. Auch hier ist eher auszuschließen, dass ein Handeln zu Zwecken des Wettbewerbs oder zugunsten eines Dritten vorliegt.[563] Es könnte jedoch ein Handeln aus Eigennutz gegeben sein. Denn sofern finanzielle Zuwendungen von den Zeitschriftenverlagen für die Veröffentlichungsrechte erfolgen[564], liegt ein materieller Vorteil vor. Dasselbe gilt dann, wenn

---

561 Siehe Erwägungsgrund 20 Richtlinie über den Schutz vertraulichen Know-hows und vertraulicher Geschäftsinformationen, Stand v. 26.04.2016 abrufbar unter: http://data.consilium.europa.eu/doc/document/PE-76-2015-INIT/de/pdf (zuletzt abgerufen: 15.07.2016).

562 Fezer/*Rengier*, UWG, § 17 Rn. 30; MüKo/*Brammsen*, UWG, § 17 Rn. 73.

563 So auch *Franck/Steigert*, Die strafrechtliche Verantwortlichkeit von WikiLeaks, CR 2011, 380 (386).

564 So vermuten das *Franck/Steigert*, Die strafrechtliche Verantwortlichkeit von WikiLeaks, CR 2011, 380 (386).

die Medienverlage für die Anwälte der Whistleblowingplattform zahlen, die sie bei Klagen vertreten können.[565] Dieser Vorteil hat auch eine gewisse Bedeutung, da eine qualitativ hochwertige anwaltliche Vertretung von Whistleblowingplattformen immense Kosten bedeuten. Überdies ist es möglich, dass die Offenbarung wichtiger Informationen zu einer Rufaufwertung der Medienorganisation in der Gesellschaft führt. Auch dieser immaterielle Vorteil genügt, um das Merkmal des Eigennutzes zu bejahen, es sei denn, das Erstreben tritt hinter anderen Motiven völlig zurück.[566] Darüber hinaus kann eine Schädigungsabsicht der Mitarbeiter einer Whistleblowingplattform nicht ausgeschlossen werden. Primär besteht zwar das schutzwürdige Ziel, die Bevölkerung über Missstände aufzuklären. Es ist jedoch nicht auszuschließen, dass hinter politisch motiviertem Handeln auch die Absicht bestehen kann, einem Unternehmen durch die Veröffentlichung einen Rufschaden zuzufügen.

Mitarbeiter einer Whistleblowingplattform können sich als Täter wegen Geheimnishehlerei gemäß § 17 Abs. 2 Nr. 2 UWG strafbar machen. Die Tatbestandsmerkmale, wonach der Täter ein Geschäfts- oder Betriebsgeheimnis durch eine fremde Handlung nach Nr. 1 erlangt und dieses unbefugt verwertet oder jemandem mitteilt, können durch die Mitarbeiter der Plattform erfüllt werden. Zur Verwirklichung des Tatbestandes muss eines der Absichtsmerkmale vorliegen.

Sofern die Tatbestände zu bejahen sind, kann eine Rechtfertigung wegen externen Whistleblowings noch zu einem Ausweg aus der Strafbarkeit führen. Auch wenn der Whistleblower in Bezug auf die Beihilfestrafbarkeit selbst nicht gerechtfertigt handelte, können die Mitarbeiter der Plattform gerechtfertigt sein. Das ist der Fall, wenn sie sich im Rahmen des Schutzbereichs der Pressfreiheit bewegen. Starkes Gewicht hat hier die Bedeutung der Presse und Medien für die demokratische Grundordnung und die öffentliche Meinungsbildung.

IX. Strafbarkeit wegen des Verbots von Insidergeschäften, § 38 WpHG

§ 14 Abs. 1 Nr. 2 WpHG[567] enthält das Verbot, einem anderen eine Insiderinformation unbefugt mitzuteilen oder zugänglich zu machen. In den in § 38 Abs. 1 Nr. 2 WpHG aufgeführten Fällen ist dieses Verhalten strafbar. Eine Insiderinformation ist gemäß § 13 Abs. 1 S. 1 WpHG eine konkrete Information über nicht öffentlich bekannte Umstände, die sich auf einen oder mehrere Emittenten von Insiderpapieren oder auf die Insiderpapiere selbst beziehen und die geeignet sind, im Falle ihres

565 *Klopp*, „Wer zahlt für Hacker?", Zeit v. 05.01.2010, abrufbar unter: http://www.zeit.de/digital/internet/2010-01/wikileaks-spendenaufruf-streik (zuletzt abgerufen: 15.07.2016).

566 MüKo/*Brammsen*, UWG, § 17 Rn. 52; GK/*Wolters*, UWG, § 17 Rn. 55; Götting/Nordemann/*Koehler/Hasselblatt*, UWG, § 17 Rn. 36.

567 Gesetz über den Wertpapierhandel (Wertpapierhandelsgesetz) v. 09.09.1998 (BGBl. I S. 2708).

öffentlichen Bekanntwerdens den Börsen- oder Marktpreis der Insiderpapiere erheblich zu beeinflussen. Entscheidend ist deshalb die Art der Information im Einzelfall.

Schon auf tatbestandlicher Ebene hat im Rahmen des Merkmals unbefugt eine Abwägung zwischen den Zielen des Insiderrechts und dem Interesse an notwendigem Informationsfluss im Wirtschaftsverkehr zu erfolgen.[568] Eine Weitergabe der Informationen an Journalisten wird jedoch als unbefugt angesehen.[569]

Auf Rechtfertigungsebene sollte die Möglichkeit in Betracht kommen, aufgrund externen Whistleblowings einer Strafbarkeit zu entgehen. Auf Seiten der Geheimhaltungsinteressen sind die Ziele des Insiderrechts zu berücksichtigen.

Da Mitarbeiter einer Whistleblowingplattform in der Regel keine der in § 38 Abs. 1 Nr. 2 WpHG aufgeführten Voraussetzungen erfüllen, kommt eine Strafbarkeit wegen Teilnahme gem. § 27 StGB in Betracht.

X. Strafbarkeit wegen Verstoßes gegen das KUG und UrhG

Da gemäß § 22 S. 1 KUG[570] Bildnisse nur mit Einwilligung des Abgebildeten verbreitet oder öffentlich zur Schau gestellt werden, können sich Whistleblower oder die Mitarbeiter einer Whistleblowingplattform gemäß § 33 Abs. 1 KUG strafbar machen. Bereits die Verbreitung an Einzelpersonen führt dazu, dass der Abgebildete nicht mehr darüber bestimmen kann, an wen das Bild weitergegeben wird.[571] Es darf allerdings kein Ausnahmefall des § 23 KUG greifen. In Bezug auf den engen Anwendungsbereich, der noch bleibt, sollte eine Rechtfertigungsmöglichkeit aufgrund externen Whistleblowings bzw. der Pressefreiheit bestehen.

Wie sogleich erörtert wird, ist es aufgrund des Zwecks des Urheberrechts äußerst fragwürdig, ob eine Strafbarkeit gemäß § 106 Abs. 1 UrhG[572] wegen der unerlaubten Verwertung urheberrechtlich geschützter Werke besteht.[573]

XI. Ergebnis

Whistleblower und Whistleblowingplattformen können die Voraussetzungen der Tatbestände verschiedener strafrechtlicher Delikte erfüllen. Es sollte jedoch insbesondere die Möglichkeit einer Rechtfertigung wegen externen Whistleblowings bestehen.

---

568 Erbs/Kohlhaas/*Wehowsky*, Strafrechtliche Nebengesetze, § 14 WpHG Rn. 12f; Park/*Hilgendorf*, Kapitalmarktstrafrecht, § 14 WpHG Rn. 164f.

569 Ex. arg. Baumbach/Hopt/*Kumpan*, HGB, § 14 WpGH Rn. 5; Park/*Hilgendorf*, Kapitalmarktstrafrecht, § 14 WpHG Rn. 176.

570 Gesetz betreffend das Urheberrecht an Werken der bildenden Künste und der Photographie v. 09.01.1907 (RGBl. S. 7).

571 Dreier/Schulze/*Specht*, UrhG, § 22 KUG Rn. 9.

572 Gesetz über Urheberrecht und verwandte Schutzrechte (Urheberrechtsgesetz) v. 09.09.1965 (BGBl. I S. 1273).

573 Siehe unten S. 145ff.

B. Whistleblowing und das Urheberrecht

Dokumente, die von Whistleblowern an eine Whistleblowingplattform oder an eine Zeitungsredaktion weitergegeben werden, können urheberrechtlich geschützte Bilder, Texte und andere Werke enthalten. Der Schutz des Urheberrechts kann deshalb sowohl der Weitergabe an Dritte als auch der anschließenden Veröffentlichung der Dokumente etwa durch eine Whistleblowingplattform entgegenstehen.

I. Werkcharakter

Der Schutz durch das Urheberrecht setzt Werkcharakter voraus, weshalb es sich bei den von einem Whistleblower genutzten Dokumenten um eine persönlich geistige Schöpfung handeln muss. In Betracht kommen in diesem Zusammenhang vor allem die beispielhaft in § 2 Abs. 1 UrhG aufgeführten Sprachwerke, Lichtbildwerke, Filmwerke und Darstellungen wissenschaftlicher oder technischer Art.

1. Politische Berichterstattung als Sprachwerke

Durch Whistleblower werden häufig politische Dokumente weitergegeben, um am Ende die Öffentlichkeit über interne politische Vorgänge zu unterrichten. Solche politischen Berichterstattungen beispielsweise in Form von Unterrichtungen des Parlaments (sog. UdP) über Auslandseinsätze der Bundeswehr können urheberrechtlich geschützt sein. Dabei handelt es sich um einen schriftlichen Bericht der Bundesregierung an den Bundestag, der Informationen über die Auslandseinsätze der Bundeswehr und die dortigen Entwicklungen enthält. Sofern die Berichte ausdrücklich nur für den Dienstgebrauch bestimmt sind und nicht veröffentlicht sind, handelt es sich dabei nicht um amtliche Werke im Sinne des § 5 UrhG.[574] Wenn sie Schöpfungshöhe erreichen, können sie deshalb als Sprachwerk geschützt sein. Das Vorliegen der Schöpfungshöhe hängt von den Umständen des Einzelfalls ab. In dem durch das *OLG Köln* entschiedenen Fall ist der Werkcharakter der Unterrichtung des Parlaments (UdP) aber bejaht worden.

Bei Sprachwerken, die eng mit tatsächlichen Gegebenheiten verknüpft sind, sind geringe Anforderungen an die Schöpfungshöhe zu stellen. Die Schöpfungshöhe kann bereits durch die Sammlung, Auswahl und Anordnung des vorhandenen Stoffs erreicht werden.[575] Auf Grundlage dieser Regeln ergibt sich der Werkcharakter der UdP aufgrund der Darstellungsform der Texte.[576]

---

574 Wie im Fall des *OLG Köln*, U. v. 12.06.2015, Az. 6 U 5/15, GRUR-RR 2016, 59 (60f.) = ZUM-RD 2015, 515 (518f.).

575 *BGH*, U. v. 27.02.1981, Az. I ZR 20/79, GRUR 1981, 520 (521) = MDR 1981, 822 (822).

576 *OLG Köln*, U. v. 12.06.2015, Az. 6 U 5/15, ZUM-RD 2015, 515 (518) = NJW-RR 2016, 165 (166f.); vorgehend ausführlich *LG Köln*, U. v. 02.10.2014, Az. 14 O 333/13, GRUR-RR 2015, 55 (56) = ZUM 2015, 419 (420).

Die Unterrichtungen des Parlaments über Auslandseinsätze der Bundeswehr sind stets geprägt durch einen bestimmten Aufbau. Zunächst wird die politische Lage im jeweiligen Bundeswehreinsatzgebiet dargestellt. Es folgt die Beschreibung der Bedrohungslage, an die die Darstellung der Missionsbeteiligung der Bundeswehr anschließt. Im Anschluss an diese Berichte finden sich Zusammenfassungen der Einsätze in dem Berichtszeitraum sowie Tabellen und Diagramme. Die Tatsache, dass sämtliche Unterrichtungen nach diesem Muster aufgebaut sind, zeigt, dass deren Gestaltung einem einheitlichen Konzept unterliegt.[577] Dass eine solche einheitliche Gestaltung bereits für die Bejahung der Schöpfungshöhe spricht, ist jedoch ein anfechtbares Argument. Der Werkcharakter kann gerade aufgrund dieser einheitlichen Gestaltung zu verneinen sein. Denn das einheitliche Darstellungskonzept kann darauf hinweisen, dass nur eine logische Reihenfolge in Betracht kommt, um die Information allgemeinverständlich aufzubereiten. Ist der Aufbau der Unterrichtungen zweckmäßig und üblich, hat Individualität kaum einen Raum. Es fehlt dann an einer persönlich geistigen Schöpfung.

Eine exakte juristische Analyse der Urheberrechtsfähigkeit kann nur bei tatsächlicher Begutachtung der Unterrichtungen des Parlaments erfolgen. Fest steht aber, dass sich bei wissenschaftlichen Werken der Schöpfungscharakter anders als bei literarischen Werken primär durch Form, Einteilung und Anordnung des Inhalts ergibt.[578] An die Schöpfungshöhe sind keine zu hohen Anforderungen zu stellen. Je länger der Text ausfällt, desto eher ist der Schöpfungscharakter zu bejahen. Ein urheberrechtlicher Schutz der Unterrichtungen des Parlaments wird deshalb aufgrund der Darstellungsform zu bejahen sein.[579] Zwar ist der Aufbau dieser Berichte für diese Art der Informationsvermittlung üblich, was dafür sprechen könnte, dass eine schöpferische Tätigkeit zur Erstellung der Unterrichtung nicht erfolgt.[580] Allerdings fehlt es nur dann an jeglichem schöpferischem Spielraum, wenn ein bestimmter Aufbau aus sachlichen Gründen geboten ist.[581] Insbesondere aber finden sich in den Unterrichtungen des Bundestags auch persönliche Einschätzungen über die Lage der Bundeswehr, wobei es sich nicht nur um die Wiedergabe von tatsächlichen Gegebenheiten handelt. Die Anordnung der Informationen erfolgt bei den Unterrichtungen derart, dass die Informationen für einen sicherheitspolitischen

---

577 *LG Köln*, U. v. 02.10.2014, Az. 14 O 333/13, GRUR-RR 2015, 55 (56) = ZUM 2015, 419 (420).

578 St. Rspr. z.B. *BGH*, U. v. 21.11.1980, Az. I ZR 106/78, GRUR 1981, 352 (353) m.w.N. = JZ 1981, 281 (281f.).

579 *OLG Köln*, U. v. 12.06.2015, Az. 6 U5/15, ZUM-RD 2015, 515 (518) = NJW-RR 2016, 165 (167).

580 Mit Bezug zu Staatsexamensarbeiten *BGH*, U. v. 21.11.1980, Az. I ZR 106/78, GRUR 1981, 352 (353) = JZ 1981, 281 (282); mit Bezug zu Anwaltsschriftsätzen *BGH*, U. v. 17.04.1986, Az. I ZR 213/83, GRUR 1986, 739 (740) = NJW 1987, 1332 (1332); mit Bezug zu Sprachwerken allgemein Schricker/*Loewenheim*, UrhR, § 2 Rn. 29.

581 *BGH*, U. v. 17.04.1986, Az. I ZR 213/83, GRUR 1986, 739 (741) = NJW 1987, 1332 (1333).

Laien in verständlicher Form aufbereitet werden. Das Formulieren einer solchen Unterrichtung setzt demnach voraus, dass der Autor zwischen den für die Darstellung wichtigen und unwichtigen Informationen unterscheiden muss.[582] Nur auf diese Weise wird gewährleistet, dass die Unterrichtung diejenigen Informationen enthält, die für das Verständnis des Themas erforderlich sind. Auch wenn überwiegend tatsächliche Gegebenheiten wiedergegeben werden, bleibt Raum für eigene schöpferische Gestaltung, weshalb die Urheberrechtsfähigkeit als Sprachwerk zu bejahen ist.

Das Beispiel zeigt, dass das Urheberrecht zum Beispiel auch bei politischer Berichterstattung, die durch Whistleblowing weitergegeben wird, zu beachten ist. Auch sachliche Texte, die tatsächliche Gegebenheiten wiedergeben, können Sprachwerke im Sinne des Urheberrechts sein.

2. *Fotografien als Lichtbildwerke*

Auch Fotografien können in den Dokumenten enthalten sein, die ein Whistleblower veröffentlicht oder an eine Whistleblowingplattform übergibt. Die CD-Rom, die Joseph Darby an die Strafverfolgungsbehörde des US-Militärs übergab, enthielt zum Beispiel eine Vielzahl an Fotografien, die Folter an irakischen Gefangenen dokumentierten. Solche Fotografien sind unabhängig von einem persönlichkeitsrechtlichen Schutz der Abgebildeten auch urheberrechtlich geschützt. Meist sind sie jedoch nicht gemäß § 2 Abs. 1 Nr. 5 UrhG als Lichtbildwerke geschützt, da sie keine persönlich geistige Schöpfung darstellen. An die Schutzfähigkeit sind zwar geringe Anforderungen zu stellen.[583] Wird eine Situation jedoch nur sachlich dokumentiert und festgehalten, ist die Fotografie nicht Ausdruck kreativer Entscheidungen. Weisen die Bilder keine Schöpfungshöhe auf, sind sie aber über das Leistungsschutzrecht als Lichtbilder gemäß § 72 UrhG geschützt. Gemäß § 72 Abs. 1 UrhG gelten die Vorschriften des ersten Teils des Urhebergesetzes für Lichtbilder entsprechend. Dabei schützt § 72 UrhG die technische Leistung und nicht wie das Lichtbildwerk das Ergebnis schöpferischer Tätigkeit.[584]

Die urheberrechtliche Bewertung der im Beispiel des Abu-Ghuraib-Skandals veröffentlichten Bilder ist losgelöst von dem menschlichen Verhalten zu beurteilen, das auf den Fotografien festgehalten wird. Lichtbildwerke sind das Ergebnis einer eigenen geistigen Schöpfung, was bedeutet, dass die Persönlichkeit des Urhebers darin zum Ausdruck kommen muss.[585] Nimmt der Fotograf etwa eine bestimmte, kreative Perspektive ein, besteht die Möglichkeit, dass ein Bild Werkcharakter erhält. Auf den Bildern, die

---

582 *BGH*, U. v. 27.02.1981, Az. I ZR 29/79, GRUR 1981, 520 (522) = MDR 1981, 822 (823).

583 *BGH*, U. v. 3.11.1999, Az. I ZR 55/97, GRUR 2000, 317 (318) = MMR 2000, 218 (219); Fromm/Nordemann/*Nordemann*, UrhG, § 2 Rn. 198; Schricker/Loewenheim/*Loewenheim*, UrhR, § 2 Rn. 182; Wandtke/Bullinger/*Bullinger*, UrhG, § 2 Rn. 113.

584 Dreier/Schulze/*Schulze*, UrhG, § 72 Rn. 3.

585 Dreier/Schulze/*Schulze*, UrhG, § 2 Rn. 192; Schricker/Loewenheim/*Loewenheim*, UrhR, § 2 Rn. 184.

irakische Gefangene zeigen, haben Soldaten Siegesposen eingenommen. Es ist möglich, dass auch der Fotograf durch die Kamerahaltung oder den besonders ausgewählten Bildausschnitt, den er festgehalten hat, bereits kreative Entscheidungen getroffen hat. Ein Lichtbildwerk im Sinne des § 2 Abs. 1 Nr. 5 UrhG könnte deshalb vorliegen. Diese Einordnung hängt jedoch von den Umständen des jeweiligen Einzelfalls ab.

Festzuhalten bleibt, dass in jedem Fall ein Schutz über das Urheberrecht besteht. Sofern der Werkcharakter eine Fotografie nicht bejaht werden kann, liegt ein Schutz über das Leistungsschutzrecht des § 72 UrhG vor.

3. *Kriegsvideos als Filmwerke*

Dieselbe Argumentation wird bei der Frage der urheberrechtlichen Schutzfähigkeit von Videos heranzuziehen sein, die zum Beispiel einen Anschlag in einer kriegerischen Auseinandersetzung dokumentieren. Sie sind deshalb nicht als Filmwerke im Sinne des § 2 Abs. 1 Nr. 6 UrhG geschützt, weil sie nicht Ausdruck einer schöpferischen Tätigkeit sind. Anhand der Videos soll das tatsächliche Geschehen aufgenommen und dokumentiert werden.[586] Dabei haben kreative Entscheidungen keinen Einfluss darauf, was aufgenommen wird. Die Kameraführung wird durch den tatsächlichen Geschehensablauf vorgegeben, sodass persönliche Gestaltungsmöglichkeiten keinen Raum haben.[587] Ein Schutz besteht aber über das Leistungsschutzrecht gemäß §§ 95, 94 UrhG, da es sich um Laufbilder handelt. Der Laufbildhersteller hat gemäß §§ 95, 94 Abs. 1 S. 1 UrhG das ausschließliche Recht, das Laufbild zu vervielfältigen, zu verbreiten oder öffentlich zugänglich zu machen.

Werden gekürzte Fassungen solcher Videos weitergegeben oder veröffentlicht, liegt eine Bearbeitung im Sinne des § 23 UrhG vor.[588] Es geht nicht darum, ein selbstständiges neues Werk im Sinne des § 24 UrhG durch Neuanordnung einzelner Abschnitte zu schaffen. Vielmehr sollen die wesentlichen Sequenzen aneinandergereiht werden, um in möglichst kurzer Zeit einen Eindruck von den aufgenommenen Geschehnissen erhalten zu können. Auch die Bearbeitung erfordert die Zustimmung des Urhebers.

Ein Schutz über das Urhebergesetz besteht erkennbar an allen Filmen, die ein Whistleblower weitergibt und die im Anschluss veröffentlicht werden.

---

586 Mit Bezug zu Bildern, die das Sterben und den Abtransport eines Flüchtigen an der Berliner Mauer zeigen *BGH*, U. v. 06.02.2014, Az. I ZR 86/12, GRUR 2014, 363 (364) = NJW 2014, 1888 (1889); ausführlich auch dazu auch die Vorinstanz *KG*, U. v. 28.03.2012, Az. 24 U 81/11 ZUM-RD 2012, 321 (324) = NJOZ 2012, 976 (976).

587 So auch *Hoeren/Herring*, Urheberrechtsverletzung durch WikiLeaks? MMR 2011, 143 (144).

588 *Hoeren/Herring*, Urheberrechtsverletzung durch WikiLeaks? MMR 2011, 143 (145).

4. *Amtliche Werke*

Da amtliche Werke nach § 5 UrhG keinen urheberrechtlichen Schutz genießen, steht das Urheberrecht der Weitergabe solcher Dokumente durch den Whistleblower nicht entgegen. Darunter fallen zunächst Gesetze und Verordnungen. Da sie allerdings bereits durch den Staat oder die Länder selbst veröffentlicht werden, spielen sie in Whistleblowingfällen keine Rolle. Vielmehr können amtliche Bekanntmachungen und Entscheidungen der Behörden im Sinne des § 5 Abs. 1 UrhG in Whistleblowing-konstellationen von Bedeutung sein. Der urheberrechtliche Schutz wird jedenfalls in diesen Fällen verwehrt, weil das öffentliche Interesse eine möglichst weite Verbreitung erfordert. Die wirtschaftlichen und persönlichen Interessen des Verfassers, sofern sie überhaupt bestehen, müssen hinter dem öffentlichen Interesse zurücktreten.[589]

Dasselbe gilt gemäß § 5 Abs. 2 UrhG für andere amtliche Werke, die im amtlichen Interesse zur allgemeinen Kenntnisnahme veröffentlicht worden sind. Werke, die nur zum internen Gebrauch erstellt werden, genießen deshalb urheberrechtlichen Schutz. Berichterstattungen zum Beispiel, die ausdrücklich für den dienstlichen Gebrauch bestimmt sind, fallen nicht unter § 5 Abs. 2 UrhG.

Da § 5 UrhG allerdings nur bereits veröffentlichte Werke betrifft, wird die Norm in Whistleblowingfällen nur sehr selten anwendbar sein. Der Gesetzgeber hat dem eindeutigen Wortlaut zufolge die Wertung getroffen, dass die Norm nur veröffentlichte Dokumente betrifft. Deshalb ist eine Anwendung auf ähnliche, unveröffentlichte Dokumente abzulehnen.[590] Es lässt sich jedoch der Grundgedanke ableiten, dass einige Werke aus dem öffentlichen Sektor zugunsten von Transparenz eine möglichst breite Veröffentlichung erfordern.

Es hängt wiederum von den Umständen des Einzelfalls ab, ob ein amtliches Werk im Sinne des § 5 UrhG vorliegt, sodass ein urheberrechtlicher Schutz nicht besteht.

II. Eingriffe in die verwertungsrechtlichen Befugnisse des Urhebers

Die Beispiele zeigen, dass das Urhebergesetz Texte, Videos, Bilder und andere Darstellungen schützt. Verwertet ein Whistleblower solche Darstellungen, greift er in Verwertungsrechte ein, die dem Urheber oder Hersteller zustehen.

1. *Eingriff durch Informationsweitergabe an ein Veröffentlichungsmedium*

Bei der Weitergabe solcher Dokumente an ein Veröffentlichungsmedium wie eine Whistleblowingplattform liegt in der Regel zunächst ein Verstoß gegen das Vervielfältigungsrecht gemäß § 16 UrhG vor. Der Urheber hat das Recht zu entscheiden,

---

589 BT-Drucksache 04/270, S. 39.

590 *OLG Köln*, U. v. 12.06.2015, Az. 6 U5/15, ZUM-RD 2015, 515 (519) = NJW-RR 2016, 165 (167).

ob und wie sein Werk vervielfältigt wird. Es kann davon ausgegangen werden, dass ein Whistleblower die Dokumente kopiert, einscannt oder auf andere Weise vervielfältigt, bevor er sie an eine oder mehrere Personen übergibt. Das Speichern eines Dokuments auf dem eigenen Server zur weiteren Verwendung stellt ebenso eine Vervielfältigungshandlung dar.[591]

Das Verbreitungsrecht gemäß § 17 UrhG ist das Recht des Urhebers, sein Dokument der Öffentlichkeit anzubieten oder in den Verkehr zu bringen. Durch die Weitergabe und damit zeitweise oder dauerhafte Überlassung eines körperlichen Werkes, zum Beispiel gedruckter Dokumente oder Datenträger[592], an Mitarbeiter einer Zeitungsredaktion oder Mitglieder einer Whistleblowingplattform kann bereits in dieses Recht eingegriffen werden. Das hängt entscheidend vom Öffentlichkeitsbegriff der Vorschrift ab. Die Mitarbeiter einer Zeitung bzw. Mitglieder der Whistleblowingplattform müssen eine Öffentlichkeit im Sinne der Vorschrift darstellen. Dabei ist im Rahmen des § 17 UrhG auf die Legaldefinition des § 15 Abs. 3 UrhG zurückzugreifen.[593] Nach § 15 Abs. 3 UrhG gehört zur Öffentlichkeit jeder, der nicht mit dem Verwerter des Werks oder mit den anderen Personen, denen das Werk zugänglich gemacht wird, durch persönliche Beziehungen verbunden ist. Der Öffentlichkeitsbegriff wird weit verstanden, um einen größtmöglichen Schutz des Urhebers zu gewährleisten. Bei körperlichen Werken genügt deshalb die Verbreitung an einen Einzelnen, wenn sie in der Öffentlichkeit stattfindet. Entscheidend ist, dass der Handelnde aus einer internen Sphäre in die Öffentlichkeit getreten ist.[594] Es steht dem Öffentlichkeitsbegriff deshalb nicht entgegen, dass sich ein Whistleblower mit einem einzelnen Journalisten trifft und ihm urheberrechtlich geschützte Dokumente überreicht.

Das entspricht dem Schutzzweck von § 17 UrhG, den Urheber zu schützen. Durch die Übergabe urheberrechtlich geschützter Dokumente an einen Journalisten verlässt der Whistleblower seinen internen Bereich. Das Gefahrenpotenzial der weiten Verbreitung ist bei Übergabe an einen einzelnen Journalisten viel höher, als bei einer größeren Gruppe, die zufällig zusammengesetzt ist. Denn die Übergabe solcher Dokumente an einen Journalisten ist auf eine weite Verbreitung ausgerichtet. Die Personenanzahl kann deshalb nicht ausschlaggebend sein.

Diejenigen, an die ein Whistleblower seine Dokumente verbreitet, stehen in der Regel auch weder zu ihm noch untereinander in einer persönlichen Beziehung. Ein Journalist wird vom Whistleblower aufgrund seiner beruflichen Tätigkeit kontaktiert. Selbst wenn sich die beiden Akteure persönlich kennen, wird der Journalist

---

591 *OLG Köln*, U. v. 12.06.2015, Az. 6 U5/15, Rn. 35, ZUM-RD 2015, 515 (519) = NJW-RR 2016, 165 (167).

592 Dreier/Schulze/*Schulze*, UrhG, § 17 Rn. 6; Fromm/Nordemann/*Dustmann*, UrhG, § 17 Rn. 9.

593 *BGH*, U. v. 03.07.1981, Az. I ZR 106/79, GRUR 1982, 102 (103) = MDR 1982, 381 (382).

594 *BGH*, U. v. 13.12.1990, Az. I ZR 21/89, GRUR 1991, 316 (317) = NJW 1991, 1234 (1234).

in seiner beruflichen Funktion und nicht als persönlich verbundene Person kontaktiert. Dementsprechend ist der Wortlaut in diesen Fällen teleologisch zu reduzieren. Dasselbe gilt, wenn die Mitarbeiter einer Whistleblowingplattform untereinander in einer persönlichen Beziehung stehen. In dem Moment, in dem der Whistleblower ihnen Dokumente zur Veröffentlichung übergibt, ist er aus seiner internen Sphäre in die öffentliche getreten.

Ein Whistleblower kann durch die Weitergabe urheberrechtlich geschützter Werke an eine Redaktion oder an Mitarbeiter einer Whistleblowingplattform bereits das Verbreitungsrecht des Urhebers aus § 17 Abs. 1 UrhG verletzen.

2. *Konkludente Zustimmung?*

Zu prüfen ist allerdings in einem weiteren Schritt, ob nicht eine zumindest konkludente Zustimmung des Urhebers zur Veröffentlichung vorliegt. Diese ist zu bejahen, wenn der Urheber sein Werk willentlich aus seiner „Geheimsphäre" entlassen hat.[595] Eine konkludente Zustimmung könnte bejaht werden, wenn die Werke zuvor in einem Intranet zugänglich gemacht worden sind, auf das eine große Anzahl an Nutzungsberechtigten zugreifen kann.[596] Gegen diese Auffassung spricht, dass ein Intranet ein geschlossenes Netz ist, für das nur eine bestimmte Anzahl an Personen die Zugangsberechtigung besitzt. Ab einer bestimmten Anzahl an Zugangsberechtigten muss der Betreiber zwar basierend auf allgemeiner Lebenserfahrung damit rechnen, dass Informationen an Personen außerhalb des Netzwerks gelangen. Daraus eine Zustimmung im Sinne eines Einverständnisses zur Verwertung oder Erstveröffentlichung herzuleiten, ist allerdings zu weitgehend. Es hängt wiederum von den Einzelfallumständen ab, ob eine konkludente Zustimmung angenommen werden kann.

Festzuhalten bleibt daher, dass ein Whistleblower durch die Weitergabe der Dokumente an Mitarbeiter einer Whistleblowingplattform gegen das Vervielfältigungsrecht des Urhebers verstoßen kann. Darüber hinaus greift er in das Verbreitungsrecht sowie das Erstveröffentlichungsrecht des Urhebers ein.

3. *Eingriff durch Veröffentlichung*

Werden die Dokumente auf einer Webseite oder einer Whistleblowingplattform beispielsweise veröffentlicht, wird erneut in die Rechte des Urhebers eingegriffen. Neben dem Vervielfältigungsrecht wird bei Veröffentlichungen durch Whistleblowingplattformen im Internet das Recht der öffentlichen Zugänglichmachung aus § 19a UrhG beschnitten. Gemäß § 19a UrhG obliegt das Recht, ein Werk drahtlos oder drahtgebunden der Öffentlichkeit so zugänglich zu machen, dass es unabhängig von Ort und Zeit abgerufen werden kann, dem Urheber.

595 Dreier/Schulze/*Schulze*, UrhG, § 12 Rn. 6.

596 *Hoeren/Herring*, WikiLeaks und das Erstveröffentlichungsrecht des Urhebers, MMR 2011, 500 (501).

III. Schranken für Eingriffe in die verwertungsrechtlichen Befugnisse

Die Schrankenbestimmungen im Urhebergesetz sind weder dazu geeignet, die Urheberrechtsverstöße des Whistleblowers in Form von Vervielfältigung und Verbreitung noch die der Whistleblowingplattform in Form der öffentlichen Zugänglichmachung zu rechtfertigen. Es handelt sich nicht um eine nur vorübergehende Vervielfältigung im Sinne des § 44a UrhG, sodass diese Schranke in Bezug auf die Vervielfältigungshandlung nicht in Betracht kommt. Eine nähere Betrachtung verdienen die Schranken aus § 50 UrhG und § 51 UrhG, die Vervielfältigungs- und Verbreitungshandlungen sowie die öffentliche Wiedergabe rechtfertigen können.

1. Berichterstattung über Tagesereignisse, § 50 UrhG

Die soeben dargestellten Eingriffe in die Rechte des Urhebers, die in einer Veröffentlichung auf einer Whistleblowingplattform münden, werden nicht von der Schranke des § 50 UrhG erfasst.[597]

a) Berichterstattungselement

Die Schranke der Berichterstattung über Tagesereignisse setzt dem Titel entsprechend ein Berichterstattungselement voraus. Da unter einer Berichterstattung „die wirklichkeitsgetreue Wiedergabe einer tatsächlichen Begebenheit“[598] verstanden wird, wird sie im Zusammenhang mit Whistleblowingplattformen verneint.[599] Es mangele an einer Wiedergabe mit eigenen Worten. Vielmehr sei die Tätigkeit von Whistleblowingplattformen auf das Einstellen von Originaldokumenten ohne redaktionelle Aufarbeitung der Inhalte beschränkt, sodass Berichterstattung nicht vorliege. Dieses Argument ist allerdings deshalb anfechtbar, weil eine redaktionelle Auseinandersetzung mit den Inhalten bereits in der Auswahl der eingestellten Dokumente zu sehen ist. Nicht immer werden alle Dokumente eines Sachverhalts auf einer Plattform veröffentlicht. Vielmehr sichten Mitarbeiter zunächst die Inhalte und

---

597 Siehe im Ergebnis auch *OLG Köln*, U. v. 12.06.2015, Az. 6 U 5/15, GRUR-RR 2016, 59 (61) = ZUM-RD 2015, 515 (519f.); *Hoeren/Herring*, Urheberrechtsverletzung durch WikiLeaks? MMR 2011, 143 (145f.).

598 So *Roeber*, Die Stellung der Filmberichterstattung im Urheberrecht, 9 UFITA 1936, 336 (344) und sich anschließend BeckOK/*Engels*, UrhG, § 50 Rn. 6; Dreier/Schulze/*Dreier*, UrhG, § 50 Rn. 3; Dreyer/Kotthoff/Meckel/*Dreyer*, UrhG, § 50 Rn. 4; Fromm/Nordemann/*Nordemann-Schiffel*, UrhG, § 50 Rn. 3; Schricker/Loewenheim/*Vogel*, UrhG, § 50 Rn. 9; Wandtke/Bullinger/*Lüft*, UrhG, § 50 Rn. 2.

599 *OLG Köln*, U. v. 12.06.2015, Az. 6 U 5/15, GRUR-RR 2016, 59 (61) = ZUM-RD 2015, 515 (519f.); etwas ausführlicher die Vorinstanz *LG Köln*, U. v. 02.10.2014, Az. 14 O 333/13, GRUR-RR 2015, 55 (58) = ZUM 2015, 419 (422); zweifelnd *Hoeren/Herring*, Urheberrechtsverletzung durch WikiLeaks? MMR 2011, 143 (146).

stellen diejenigen Dokumente ein, die ihrer Ansicht nach der Bevölkerung beweiskräftige Informationen über den jeweiligen Sachverhalt vermitteln. Die Definition der Berichterstattung setzt gerade eine möglichst realitätsgetreue Wiedergabe von Geschehnissen voraus. Realitätsgetreuer als mithilfe von Originaldokumenten kann ein Sachverhalt nicht dargestellt werden. Letztlich impliziert der Begriff Berichterstattung aber eine Wiedergabe mit eigenen Worten.[600] Die Wortwahl im Gesetz deutet darauf hin, dass das Element auf diese Weise bei Schaffung der Norm verstanden worden ist. Ob diese andere, „neue" Form der Berichterstattung ohne eigene Formulierungen dennoch im Rahmen einer extensiven Auslegung der Vorschrift in § 50 UrhG mit einzubeziehen ist, wird im Rahmen späterer Lösungsmöglichkeiten diskutiert. Ausgehend vom ursprünglichen Sinn des Begriffs der Vorschrift wird das Berichterstattungselement nicht vorliegen, wenn bestimmte Dokumente ausgewählt und auf der Plattform eingestellt werden, da eigene Berichte nicht gefertigt werden. Die Auswahl und das Einstellen mögen zwar eine Aussage des Plattformbetreibers enthalten. Ein Bericht liegt damit aber nicht vor.[601]

Mittlerweile werden aber auf einigen Whistleblowingplattformen kurze oder längere Begleittexte gefertigt, die einen Überblick über die jeweilige Thematik verschaffen sollen.[602] In ihnen wird der Sachverhalt beschrieben, den die eingestellten Originaldokumente aufdecken und belegen. Unabhängig vom Umfang handelt es sich dabei um klassische Berichterstattung in dem Sinne wie sie ursprünglich im Rahmen von § 50 UrhG verstanden wurde. In den Fällen ist eine Anwendung von § 50 UrhG zumindest nicht ausgeschlossen.

b) Gebotener Umfang

Die Berichterstattung im Sinne des § 50 UrhG ist nur in einem durch den Zweck gebotenen Umfang zugelassen. Einerseits könnte deshalb nur eine ausschnittsweise Wiedergabe des urheberrechtlich geschützten Materials zulässig sein.[603] Andererseits könnte auch die Verwertung von Werken größeren Umfangs nicht ausgeschlossen sein.[604] Da auf Whistleblowingplattformen Dokumente vollständig und unverändert eingestellt werden, ist fraglich, ob der durch den Zweck gebotene Umfang noch eingehalten wird.

---

600 Schricker/Loewenheim/*Vogel*, UrhG, § 50 Rn. 9.

601 Mit Bezug zur vollständigen Übertragung eines Ereignisses in Rundfunk und Fernsehen Schricker/Loewenheim/*Vogel*, UrhG, § 50 Rn. 9.

602 Siehe zum Beispiel https://wikileaks.org/cia-travel/press-release.html (zuletzt abgerufen: 15.07.2016).

603 Schricker/Loewenheim/*Vogel*, UrhG, § 50 Rn. 9; ähnlich Wandtke/Bullinger/*Lüft*, UrhG, § 50 Rn. 7.

604 Dreyer/Kotthoff/Meckel/*Dreyer*, UrhG, § 50 Rn. 16.

Der Wortlaut der Vorschrift schließt die vollumfängliche Verwertung eines Werkes nicht aus:[605] Die Vorschrift erlaubt die Verwertung von Werken in einem durch den Zweck gebotenen Umfang. Sofern es der Zweck erlaubt, steht der Wortlaut der Schranke der Verwertung eines ganzen Werkes deshalb nicht entgegen. Darüber hinaus sprechen auch Sinn und Zweck der Vorschrift dafür, eine vollständige Verwertung eines Werkes zuzulassen. Die Schrankenregelung in § 50 UrhG dient dem öffentlichen Informationsinteresse.[606] Die Sozialbindung des Urheberrechts erfordert es, dass die Interessen des Urhebers zugunsten einer Befriedigung des öffentlichen Informationsinteresses zurückstehen müssen. Veröffentlichungen über Whistleblowingplattformen dienen gerade diesem Zweck. Die Mitarbeiter von Whistleblowingplattformen verfolgen das Ziel, das öffentliche Informationsinteresse durch die Veröffentlichung der Originaldokumente zu befriedigen. Eine Beeinflussung der Informationsvermittlung durch Journalisten soll möglichst gering gehalten werden. Auf diese Weise können sich die Besucher der Plattform auf Grundlage der eingestellten Originaldokumente eine eigene Meinung über einen zuvor geheim gehaltenen Sachverhalt bilden. Eine nur ausschnittsweise Veröffentlichung des urheberrechtlich geschützten Textes oder Bildes birgt große Gefahr, diesen Prozess zu verfälschen. Die Berichterstattung, die durch die Originaldokumente erfolgt, ist bei einer nur ausschnittsweisen Veröffentlichung nicht möglich. Auch der Zweck der Vorschrift spricht deshalb dafür, den nach § 50 UrhG zulässigen Umfang nicht generell auf Werkausschnitte zu begrenzen.

Problematisch ist allerdings, dass die Anwendung von § 50 UrhG verlangt, dass die Berichterstattung im Vordergrund steht.[607] Der Wortlaut, der die Verwertung des Werkes zur Berichterstattung erlaubt, deutet schon auf dieses Verständnis hin. Die Gesetzesbegründungen zeigen ebenfalls, dass § 50 UrhG auf diese Weise ursprünglich verstanden worden ist: Der Gesetzgeber geht von einer Verwertung von „kurzen Bruchstücken" umfangreicher Werke im Rahmen einer Berichterstattung aus. Die Wiedergabe ganzer Werke soll nur bei Werken geringen Umfangs zulässig sein.[608] Bei Veröffentlichungen über Whistleblowingplattformen steht jedoch nicht irgendeine Form von Berichterstattung, so wie sie ursprünglich verstanden worden ist, im Vordergrund.

Als Beispiel für eine zulässige Wiedergabe ganzer Werke wird die Wiedergabe kurzer Musikwerke oder Gedichte genannt.[609] Die Vervielfältigung ganzer Kunstwerke im Rahmen der Berichterstattung über die Eröffnung einer Kunstausstellung

---

605 BT-Drucksacke 4/270, S. 67; *BGH*, U. v. 01.07.1982, Az. I ZR 119/80, GRUR 1983, 28 (29) = AfP 1982, 224 (224).

606 Statt vieler Dreyer/Kotthoff/Meckel/*Meckel*, UrhG, § 50 Rn. 2.

607 *BGH*, U. v. 01.07.1982, Az. I ZR 119/80, GRUR 1983, 28 (30) = AfP 1982, 224 (225); Dreier/Schulze/*Dreier*, UrhG, § 50 Rn. 7; Fromm/Nordemann/*Nordemann-Schiffel*, UrhG, § 50 Rn. 3.

608 BT-Drucksache 04/270, S. 67.

609 Siehe zum Beispiel Schricker/Loewenheim/*Vogel*, UrhG, § 50 Rn. 23; Wandtke/Bullinger/*Lüft*, UrhG, § 50 Rn. 7.

wird ebenso als zulässig erachtet.[610] In den genannten Beispielen geht es um die Veranschaulichung der in der Berichterstattung enthaltenen Information. Diese Fallbeispiele sind jedoch nicht mit Whistleblowingveröffentlichungen vergleichbar. Dabei werden mitunter Dokumente von mehreren hundert Seiten veröffentlicht, die nicht der Veranschaulichung einer kurzen Berichterstattung dienen. Vielmehr sollen sie gerade die traditionelle Berichterstattung ersetzen.

Letztlich greift die Schranke, so wie sie in ihrer ursprünglichen Fassung verstanden wird, bei Veröffentlichungen von Originaldokumenten auf Whistleblowingplattformen deshalb nicht.

2. *Zitatrecht, § 51 UrhG*

Bei Veröffentlichungen von Originaldokumenten handelt es sich auch nicht um ein Zitat, das durch die Schranke des § 51 UrhG gedeckt ist. Gemäß § 51 S. 1 UrhG ist die Vervielfältigung, Verbreitung und öffentliche Wiedergabe zum Zweck des Zitats zulässig, sofern die Nutzung in ihrem Umfang durch den besonderen Zweck gerechtfertigt ist. Ohnehin greift die Schranke des § 51 UrhG nur bei bereits veröffentlichten Dokumenten. Beim Whistleblowing kann das zum Beispiel der Fall sein, wenn die Dokumente zuvor in einem Intranet veröffentlicht wurden, das einer großen Anzahl an Personen zugänglich war.[611]

Whistleblowing ist aber kein Zitat im Sinne des § 51 UrhG. Werden Originaldokumente zu einem Sachverhalt von einem Whistleblower an ein Veröffentlichungsmedium übergeben oder von diesem Medium öffentlich wiedergegeben, erfolgt diese Verwertung nicht zur Erläuterung des Inhalts eines selbständigen Werkes im Sinne des § 51 S. 2 Nr. 1 UrhG. Es ist schon fraglich, ob durch die Zusammenstellung der enthüllenden Dokumente ein selbstständiges, das heißt urheberrechtlich geschütztes, Werk vorliegt. Die Dokumente dienen aber jedenfalls nicht dazu, den Inhalt eines anderen Werks zu erläutern, da sie selbst den Inhalt darstellen.

Da der Wortlaut der Generalklausel des § 51 S. 1 UrhG die Selbständigkeit des aufnehmenden Werkes nicht erwähnt, ist ungeklärt, ob es sich um eine Tatbestandsvoraussetzung der Klausel handelt.[612] Dafür, den Werkcharakter des aufnehmenden Textes vorauszusetzen, spricht vor allem die Aufzählung in § 51 S. 2 UrhG.[613] Jede der dort genannten Konstellationen setzt ein selbstständiges Werk voraus, sodass anzunehmen ist, dass die Selbständigkeit Voraussetzung der Norm ist. Einigkeit besteht aber dahingehend, dass das aufnehmende Werk vom zitierenden unabhängig sein muss.[614] Das aufnehmende Werk muss etwas anderes sein als das Zitat selbst.

---

610 *BGH*, U. v. 01.07.1982, Az. I ZR 119/80, GRUR 1983, 28 = AfP 1982, 224.

611 Siehe zu den strafrechtlichen Auswirkungen einer Veröffentlichung im Intranet oben S. 105.

612 Bejahend Wandtke/Bullinger/*Lüft*, UrhG, § 51 Rn. 8; verneinend Dreier/Schulze/*Dreier*, UrhG, § 51 Rn. 6; Dreyer/Kotthoff/Meckel/*Dreyer*, UrhG, § 51 Rn. 11.

613 Wandtke/Bullinger/*Lüft*, UrhG, § 51 Rn. 8.

614 Dreier/Schulze/*Dreier*, UrhG, § 51 Rn. 7; Wandtke/Bullinger/*Lüft*, UrhG, § 51 Rn. 8.

Das impliziert auch bereits der Begriff Zitat, denn ein Zitat hat den Zweck, etwas zu belegen, zu erläutern oder etwas anderes zu untermauern.[615]

Veröffentlichungen auf Whistleblowingplattformen sind in der Regel Ansammlungen von Dokumenten. Eine urheberrechtliche Schutzfähigkeit ist zwar aufgrund der getätigten Auswahl und Anordnung der Dokumente nicht ausgeschlossen, allerdings deckt die Schranke des § 51 S. 1 UrhG die Übernahme fremder Werke in diesen Konstellationen nicht.[616] Denn die eigene schöpferische Leistung muss im Vordergrund stehen[617] und das ist bei der Anordnung fremder Originaldokumente nicht der Fall. Das aufnehmende und aufgenommene Werk unterscheiden sich bei Veröffentlichungen auf Whistleblowingplattformen nicht. Anders ist das zu beurteilen, wenn bislang geheim gehaltene Dokumente auf den Seiten der klassischen Presse veröffentlicht werden. „Spiegel Online" veröffentlichte etwa am 18. Januar 2015 Dokumente aus dem Fundus von Edward Snowden, die zeigen sollten, dass die National Security Agency digitale Kriege vorbereite.[618] Die Links zu den Dokumenten unterbrachen den Artikel. Ein technischer Hinweis sprach von „dem Artikel beigefügte[n] Dokumente[n]". Die Positionierung der Links und der technischen Hinweise deuten darauf hin, dass der durch den Journalisten aufbereitete Artikel im Vordergrund steht. Das wird durch die allgemeine Lebenserfahrung bestätigt, da sich der Leser mit großer Wahrscheinlichkeit zunächst dem Artikel widmen wird, bevor er sich ergänzend einzelne Dokumente näher anschaut. Auf den Internetseiten der üblichen Printmedien werden in der Regel journalistisch aufbereitete Artikel veröffentlicht. Diese von den Journalisten verfassten Artikel stehen trotz der beigefügten Originaldokumente im Vordergrund.

Whistleblowingplattformen wie WikiLeaks unterscheiden sich davon in ihrer gängigen Vorgehensweise und Zielrichtung. Die eigene schöpferische Leistung, in die die Originaldokumente als Zitat eingefügt werden könnten, besteht meist gerade nicht.[619] Die Whistleblowingplattformen sind darauf ausgerichtet, möglichst viele Originaldokumente zu veröffentlichen und damit selbst die primäre Informationsquelle für Besucher der Seite darzustellen. Selbst wenn Begleittexte den Dokumentenupload

---

615 *BGH*, U. v. 07.03.1985, Az. I ZR 70/82, GRUR 1987, 34 (35) = NJW 1985, 2134 (2135); auch ausführlich *LG Köln*, U. v. 02.10.2014, Az. 14 O 333/13, GRUR-RR 2015, 55 (58) = ZUM 2015, 419 (422), bestätigt durch *OLG Köln*, U. v. 12.06.2015, Az. 6 U 5/15, GRUR-RR 2016, 59 (61) = ZUM-RD 2015, 515 (519f.).

616 Ähnlich *Hoeren/Herring*, Urheberrechtsverletzung durch WikiLeaks? MMR 2011, 143 (146).

617 Dreier/Schulze/*Dreier*, UrhG, § 51 Rn. 7; Dreyer/Kotthoff/Meckel/*Dreyer*, UrhG, § 51 Rn. 12; Wandtke/Bullinger/*Lüft*, UrhG, § 51 Rn. 8.

618 Siehe http://www.spiegel.de/netzwelt/netzpolitik/snowden-dokumente-wie-die-nsa-digitale-kriege-vorbereitet-a-1013521.html (zuletzt abgerufen: 15.07.2016).

619 So auch ausführlich *LG Köln*, U. v. 02.10.2014, Az. 14 O 333/13, GRUR-RR 2015, 55 (58) = BeckRS 2014, 21829 bestätigt durch *OLG Köln*, U. v. 12.06.2015, Az. 6 U 5/15, GRUR-RR 2016, 59 (61) = ZUM-RD 2015, 515 (519f.).

erläutern oder ergänzen, stehen die Originaldokumente im Vordergrund. § 51 S. 1 UrhG greift deshalb nicht als rechtfertigende Schranke.

IV. Eingriffe in die persönlichkeitsrechtlichen Befugnisse des Urhebers

1. Eingriff durch Informationsweitergabe an ein Veröffentlichungsmedium

Durch die Weitergabe an ein Veröffentlichungsmedium ist darüber hinaus das Erstveröffentlichungsrecht des Urhebers aus § 12 Abs. 1 UrhG betroffen. § 12 Abs. 1 UrhG ist anders als das Vervielfältigungs- und Verbreitungsrecht kein Verwertungsrecht des Urhebers, sondern es ist Ausdruck des Urheberpersönlichkeitsrechts. Danach darf allein der Urheber bestimmen, ob, wo und wie sein Werk zu veröffentlichen ist. Es ist ungeklärt, ob der Öffentlichkeitsbegriff des § 15 Abs. 3 UrhG im Rahmen des § 12 UrhG zugrunde zu legen ist.[620] Für die Anwendung des Öffentlichkeitsbegriffs des § 15 Abs. 3 UrhG spricht die Zielrichtung des § 12 UrhG, den Urheber in Bezug auf sein Werk umfassend zu schützen. § 15 Abs. 3 UrhG enthält einen weiten Öffentlichkeitsbegriff, der, im Gegensatz zu einem engen Verständnis der Öffentlichkeit, dem Erstveröffentlichungsrecht möglichst umfassende Wirkung verleiht. Durch die Weitergabe an eine Redaktion oder eine Whistleblowingplattform wird bereits die interne Sphäre verlassen und die Sphäre der Öffentlichkeit betreten, sodass das Erstveröffentlichungsrecht gemäß § 12 UrhG betroffen ist.

2. Eingriff durch Veröffentlichung

Werden die Dokumente auf einer Webseite oder etwa einer Whistleblowingplattform hochgeladen, stehen sie dort weltweit zum Abruf bereit. Dadurch wird ebenso in das Erstveröffentlichungsrecht gemäß § 12 Abs. 1 UrhG eingegriffen.

V. Schranken für Eingriffe in persönlichkeitsrechtliche Befugnisse

Die Schranken der Berichterstattung über Tagesereignisse gemäß § 50 UrhG sowie des Zitatrechts gemäß § 51 UrhG vermögen nur die verwertungsrechtlichen Befugnisse des Urhebers einzuschränken. Das Erstveröffentlichungsrecht gemäß § 12 Abs. 1 UrhG kann durch sie nicht eingeschränkt werden, sodass de lege lata auch in dieser Hinsicht durch Whistleblowing nicht gerechtfertigte Urheberrechtsverletzungen begangen werden.

---

620 Statt vieler *Hoeren/Herring*, WikiLeaks und das Erstveröffentlichungsrecht des Urhebers, MMR 2011, 500 (500f.).

VI. Der Konflikt zwischen Whistleblowing und dem Urheberrechtsschutz

Nach den gesetzlichen Regelungen verstößt ein Whistleblower gegen das Urhebergesetz, wenn er Dokumente mit Werkcharakter bzw. Licht- oder Laufbilder an Veröffentlichungsmedien weitergibt. Das Veröffentlichungsmedium verstößt seinerseits gegen Urheber- oder Leistungsschutzrechte, indem es die Werke öffentlich zugänglichgemacht. Eine gesetzliche Schranke greift dabei nicht.

Das Urheberrecht bezweckt den Schutz der Urheber, die ein schöpferisches Werk auf dem Gebiet der Literatur, Wissenschaft und Kunst geschaffen haben. Zum einen werden persönlichkeitsrechtliche Interessen des Urhebers geschützt. Zum anderen soll der Urheber auch wirtschaftlich abgesichert werden. Das Urheberrecht stellt deshalb sicher, dass der Urheber eine angemessene Vergütung für die Nutzung seines Werks durch Dritte erhält.

Das Urheberrecht dient aber nicht der Geheimhaltung.[621] Es gibt andere Gesetze in der Bundesrepublik Deutschland, die Geheimhaltungsinteressen berücksichtigen und schützen. Zu nennen seien etwa wettbewerbsrechtliche Vorschriften, strafrechtliche Tatbestände oder datenschutzrechtliche Normen. Die Schranken im Urhebergesetz erlauben gerade eine Veröffentlichung des Werkes zu bestimmten Zwecken, zum Beispiel zu Forschungszwecken oder zur Befriedigung des öffentlichen Informationsinteresses. Dabei wird nicht nach den Inhalten der Werke unterschieden, wodurch erkennbar wird, dass Geheimhaltungsinteressen des Urhebers keine Rolle spielen.

Diese These wird durch die Struktur des § 6 Abs. 1 IFG[622] untermauert. Danach besteht der Anspruch auf Informationszugang nicht, soweit der Schutz geistigen Eigentums entgegensteht. Der Anspruch auf Informationszugang gemäß § 1 IFG liefe leer, wenn das Urheberrecht neben den verfolgten wirtschaftlichen und persönlichen Interessen des Urhebers auch noch Geheimhaltungsinteressen dienen würde. Das Urheberrecht wird aufgrund der niedrigen Schutzvoraussetzungen andernfalls fast immer gegen einen Anspruch aus § 1 IFG eingewandt werden können. Der Gesetzgeber kann bei Schaffung des § 6 Abs. 1 IFG nicht davon ausgegangen sein, dass das der Fall ist. Dann nämlich hätte er das IFG gar nicht schaffen müssen, da der Anwendungsbereich äußerst gering ausfallen würde. An dieser Struktur ist also auch erkennbar, dass das Urheberrecht nicht dazu bestimmt ist, Geheimhaltungsinteressen zu dienen.

Aus diesem Grund werden Sinn und Zweck des Urheberrechts in Whistleblowingfällen nicht tangiert. Die Dokumente enthalten Informationen zu politischen

---

621 Das ist das Ergebnis der *28. Informationsfreiheits-Konferenz*, Entschließung abrufbar unter https://www.datenschutz-hamburg.de/uploads/media/IFK-Entschliessung_-_Das_Urheberrecht_dient_nicht_der_Geheimhaltung.pdf (zuletzt abgerufen: 15.07.2016).

622 Gesetz zur Regelung des Zugangs zu Informationen des Bundes v. 05.09.2005 (BGBl. I, S. 2722).

oder wirtschaftlichen Missständen und sind nicht mit den Werken der bildenden Kunst vergleichbar. Ein Urheberrechtsschutz besteht, weil die Schwelle für die Bejahung des Werkcharakters im Urheberrecht niedrig angesetzt ist.

Sollen Informationen über Missstände nicht an die Öffentlichkeit geraten, ist das Urheberrecht ein zufällig anwendbares Mittel, um deren Veröffentlichungen zu verhindern.[623] Wird das Urheberrecht in Whistleblowingfällen als Mittel zur Geheimhaltung eingesetzt, ohne dass dabei die wirtschaftlichen oder persönlichen Interessen des Urhebers beeinträchtigt werden, wird es zweckentfremdet.

Darüber hinaus handelt es sich bei staatlichem Whistleblowing oftmals um Dokumente, die amtlichen Dokumenten im Sinne des § 5 UrhG gleichen. Ein Urheberrechtsschutz für amtliche Dokumente wird gemäß § 5 UrhG aber gerade verwehrt.

Die Veröffentlichungen über Missstände sind nicht dazu bestimmt, wirtschaftlich genutzt zu werden, weshalb diese Verwertung den Urheber nicht um eine Vergütung für sein Werk bringt. Der wirtschaftliche Zweck, dem Urheber seine angemessene Vergütung zu sichern, wird deshalb verfehlt. Streng dogmatisch betrachtet wird das Urheberpersönlichkeitsrecht berührt, da der Urheber um sein in § 12 Abs. 1 UrhG verbürgtes Recht gebracht wird, selbst darüber zu entscheiden, ob und wie sein Werk veröffentlicht wird. Die gesellschaftliche Realität ist anders, da beim Whistleblowing in den allerwenigsten Fällen davon gesprochen werden kann, dass eine persönliche Identifizierung des Urhebers mit seinem zufällig urheberrechtlich geschützten Werk besteht.

Es ist deshalb nach einer Lösungsmöglichkeit zu suchen, die berücksichtigt, dass Sinn und Zweck des Urheberrechts bei Whistleblowingveröffentlichungen in ihrem Kern nicht berührt werden, während ein berechtigtes Informationsinteresse befriedigt werden muss. Die Wertungen im ersten Teil der Arbeit zeigen, dass Whistleblowing eine gesellschaftliche Dimension hat, die auch im Urheberrecht ihre Berücksichtigung finden muss. Selbst im weitaus schwerwiegender wirkenden, schärfer in Grundrechte eingreifenden Strafrecht besteht eine Lösungsmöglichkeit zugunsten einer Veröffentlichung. Im Urheberrecht sollte sie deshalb erst recht bestehen.

VII. Lösungsmöglichkeiten

Eine der Urheberrechtsprüfung nachgeschaltete Lösung zum Beispiel in Form einer externen Schranke erweckt den Eindruck, das Urheberrecht diene eigentlich seinem Zweck entsprechend dem Schutz des Urhebers in den geprüften Fällen. Nur aufgrund eines Ausnahmefalls greife der Urheberrechtsschutz im konkreten Fall nicht. Eine solche Lösung wird der Wertung nicht gerecht, dass das Urheberrecht nicht der Geheimhaltung dient und dessen Sinn und Zweck bei einer Veröffentlichung zugunsten von öffentlichen Informationsinteressen nicht berührt werden. Deshalb

623 *Freedman*, Protecting State secrets as intellectual property, 48 Stanford Journal of International Law 2012, 185 (185ff.).

ist vor allem darüber nachzudenken, ob schon der Anwendungsbereich des Urheberrechts nicht eröffnet ist.

1. *Extensive Auslegung der Tagesereignisschranke, § 50 UrhG*

Als erste Lösungsmöglichkeit wird eine extensive Auslegung der Schranke des § 50 UrhG vorgeschlagen.[624] Dabei handelt es sich allerdings nur um eine Lösungsmöglichkeit zugunsten der Beschränkungen der verwertungsrechtlichen Befugnisse, da § 50 UrhG keine Schranke in Bezug auf das Erstveröffentlichungsrecht gemäß § 12 Abs. 1 UrhG darstellt. Mithilfe der bereits bestehenden Gesetze kann so eine Lösung gefunden werden, die sowohl urheberrechtliche Interessen als auch die Informationsinteressen in Whistleblowingfällen berücksichtigt. Die zugrunde liegende Konstellation ist folgende: Es liegt keinerlei klassische Berichterstattung vor, d.h. es werden auch keine kurzen Begleittexte im Zusammenhang mit den Originaldokumenten veröffentlicht. In der Auswahl und dem Einstellen der Originaltexte ist eine neue Form der Berichterstattung zu sehen, die aber von der Berichterstattung im ursprünglichen Sinn des § 50 UrhG abweicht. Eine weite Auslegung des § 50 UrhG bezieht diese neue Form der Berichterstattung mit ein. Fraglich ist allerdings, ob eine derart extensive Auslegung sich nicht zu weit vom ursprünglichen Zweck und der Systematik der Norm entfernt. Zunächst sprechen einige Argumente dafür, diese Form der Berichterstattung auch vom Berichterstattungsbegriff des § 50 UrhG als umfasst anzusehen.

Das Zusammenstellen einer Dokumentenmenge zu einem bestimmten Sachverhalt dient der Informationsvermittlung. Besucher der Whistleblowingplattform sollen anhand von Originaldokumenten die Möglichkeit erhalten, sich ein eigenes Bild von einem Missstand zu machen. Da Berichterstattung auch im Sinne von „Weitergeben von Informationen" verstanden werden kann,[625] spricht die ursprüngliche Wortbedeutung des in der Norm verwandten Begriffs für dessen extensive Auslegung. Es handelt sich dabei um eine zeitgenössische Auslegung, die auch deshalb zu befürworten ist, weil die Gesetze den tatsächlichen gesellschaftlichen Gegebenheiten entsprechen sollen.

Darüber hinaus sprechen Sinn und Zweck der Vorschrift für die extensive Auslegung und Anwendung der Schranke auf Veröffentlichungen auf Whistleblowingplattformen. Denn die Schranke trägt dem allgemeinen Informationsinteresse Rechnung[626] und das Einstellen von Dokumenten auf Whistleblowingplattformen dient wie mehrfach hervorgehoben genau diesem Zweck. Die Öffentlichkeit soll über Missstände informiert werden und zwar auf eine möglichst objektive Weise, damit sie sich selbst eine Meinung bilden kann. Die Anwendung der Schranke in

624 *Hoeren/Herring*, Urheberrechtsverletzung durch WikiLeaks? MMR 2011, 143 (146).
625 http://www.duden.de/rechtschreibung/Berichterstattung (zuletzt abgerufen: 26.05.2015).
626 Statt vieler Dreier/Schulze/*Dreier*, UrhG, § 50 Rn. 1.

Whistleblowingkonstellationen wird deshalb den Zweck der Norm bestmöglich fördern.

Problematisch ist allerdings, dass der Schranke des § 50 UrhG eine andere Konstellation zugrunde liegt als sie bei Whistleblowingveröffentlichungen gegeben ist. Es wird vorausgesetzt, dass die Berichterstattung im Vordergrund stehen muss, woran erkennbar ist, dass sie als etwas Verschiedenes von dem betroffenen, urheberrechtlich geschützten Werk Unabhängiges gesehen wird. Der Schranke liegt die systematische Konstellation zugrunde, dass ein fremdes Werk einer eigenständigen Veröffentlichung in Form der Berichterstattung hinzugefügt wird. Deshalb kann die Schranke bei Veröffentlichungen von Dokumenten im Rahmen der Berichterstattung von Online- oder Offlinemedien greifen. Auf Whistleblowingplattformen aber wird das fremde Werk nicht eigenen Berichten hinzugefügt. Selbst wenn ein urheberrechtlicher Schutz bei Veröffentlichungen über Whistleblowingplattformen aufgrund der Auswahl und Anordnung der Dokumente angenommen wird, können die fremden Werke nicht als etwas Verschiedenes angesehen werden. Ohne sie könnte das durch die Plattformmitarbeiter geschaffene Werk überhaupt nicht existieren.

Aufgrund dieser differierenden Grundkonstellation wird bei Anwendung der Schranke in Whistleblowingfällen die Systematik der Vorschrift unterwandert. Es ist Aufgabe des Gesetzgebers, systematische Unstimmigkeiten zu beheben. Der Rechtsanwender sollte die Norm nicht überdehnen, zumal es sich um eine Schrankenbestimmung handelt, die eng auszulegen ist.[627]

Als Lösungsmöglichkeit ist § 50 UrhG somit auch bei extensiver Auslegung abzulehnen.

2. *Analogie zur Tagesereignisschranke, § 50 UrhG*

Eine Analogie zu § 50 UrhG scheitert aus denselben Erwägungen wie die extensive Auslegung. Auch sie käme als Lösungsmöglichkeit nur für eine Beschränkung der verwertungsrechtlichen Befugnisse des Urhebers in Betracht. Zwar ist die erste Voraussetzung einer Analogie, das Vorliegen einer planwidrigen Regelungslücke, zu bejahen. Der Gesetzgeber hat bei Schaffung des § 50 UrhG nicht mit dieser Form von Informationsvermittlung anhand von Originaldokumenten gerechnet. Die vergleichbare Interessenslage als zweite Analogievoraussetzung ist aber aus den oben genannten Gründen zu verneinen.

627 St. Rspr. z.B. *BGH*, U. v. 30.06.1994, Az. I ZR 32/92, GRUR 1994, 800 (802) = NJW 1994, 2891 (2892); *BGH*, U. v. 04.05.2000, Az. I ZR 256/97, GRUR 2001, 51 (52) = NJW 2000, 3783 (3284) m.w.N. Dreier/Schulze/*Dreier*, UrhG, Vor § 44a Rn. 7; Schricker/Loewenheim/*Melichar*, UrhG, Vor §§ 44a ff. Rn. 1ff.

3. *Rechtfertigung wegen Notstands, § 34 StGB*

Aufgrund der Einheitlichkeit der Rechtsordnung ist an eine Heranziehung des Rechtfertigungsgrunds Notstand gemäß § 34 StGB auch im Urheberrecht zu denken. Eine solche Lösung könnte sowohl die Eingriffe in die verwertungsrechtlichen Befugnisse des Urhebers als auch in dessen persönlichkeitsrechtliche Befugnisse rechtfertigen. Allerdings kommt der genannte Rechtfertigungsgrund ebenso wenig wie im Strafrecht im Urheberrecht als dogmatisch saubere Lösungsmöglichkeit in Betracht, sofern das öffentliche Informationsinteresse das alleinige zu schützende Rechtsgut ist. Beim Notstand gemäß § 34 StGB geht es darum, etwas Bestehendes zu erhalten. Sollen neue Werte zum Beispiel durch das Führen einer Debatte geschaffen werden, wird diese ursprüngliche Zielrichtung von § 34 StGB nicht verfolgt. Im Rahmen der strafrechtlichen Beleidigungsdelikte hat es der Gesetzgeber deshalb für notwendig befunden, den speziellen Rechtfertigungsgrund der Wahrnehmung berechtigter Interessen in § 193 StGB zu schaffen, sofern es um die Schaffung neuer Werte geht. Eine Rechtfertigung der Eingriffe in die urheberrechtlichen Befugnisse wegen Notstands gemäß § 34 StGB sollte aus diesem Grund abgelehnt werden.

§ 34 StGB kann jedoch wie im Strafrecht auch im Urheberrecht herangezogen werden, wenn nicht das öffentliche Informationsinteresse allein das zu verteidigende Rechtsgut ist. Erst wenn durch den Missstand ein anderes Rechtsgut betroffen ist, das durch Ausübung externen Whistleblowings erhalten werden kann, und die übrigen Voraussetzungen von § 34 StGB gegeben sind, kann eine Rechtfertigung des Eingriffs in die verwertungsrechtlichen und die persönlichkeitsrechtlichen Befugnisse des Urhebers greifen. Dann nämlich greift auch eine Rechtfertigung wegen Notstands im eingriffsintensiven Strafrecht, die erst recht im Urheberrecht gelten sollte.

4. *Allgemeine Güter- und Interessenabwägung*

Um Grundrechte Dritter mit einbeziehen zu können, wird eine nachgeschaltete allgemeine Güter- und Interessenabwägung vorgeschlagen.[628] Diese allgemeine Güter- und Interessenabwägung nach dem Vorbild einer Verhältnismäßigkeitsprüfung im engeren Sinne könnte die in jedem Einzelfall involvierten Interessen hinreichend würdigen. Zudem könnte sie eine Beschränkung sowohl der verwertungsrechtlichen Befugnisse des Urhebers als auch seiner persönlichkeitsrechtlichen Befugnisse rechtfertigen. Die widerstreitenden Positionen, die sich in konkreten Whistleblowingfällen gegenüber stehen, könnten in Bezug auf jedes einzelne Dokument abgewogen werden.[629] Das ist einerseits ein Vorteil, der nicht außer Acht gelassen

---

628 Schricker/Loewenheim/*Wild*, UrhG, § 97 Rn. 35; Wandtke/Bullinger/*v. Wolff*, UrhG, § 97 Rn. 34; diskutiert auch von *Hoeren/Herring*, WikiLeaks und das Erstveröffentlichungsrecht des Urhebers, MMR 2011, 500 (502).

629 *Hoeren/Herring*, WikiLeaks und das Erstveröffentlichungsrecht des Urhebers, MMR 2011, 500 (503).

werden darf, weil er eine exakte juristische Bewertung ermöglicht. Andererseits aber birgt der Vorschlag die Gefahr, dass Interessen in die Abwägung einbezogen werden, die den hinter einer Norm stehenden Konflikt eigentlich nicht betreffen. Da das Urheberrecht nicht der Geheimhaltung dient, dürfen durch eine allgemeine Güter- und Interessenabwägung Geheimhaltungsinteressen nicht „hinterrücks" in die Norm eingeflochten werden.

Deshalb ist diese Lösungsmöglichkeit einer nachgeschalteten Abwägung abzulehnen. Sie entspricht nicht der Prämisse, dass Sinn und Zweck des Urheberrechts in der Regel in den Whistleblowingkonstellationen nicht tangiert werden. In diesem Zusammenhang ist wiederholend hervorzuheben, dass das Urheberrecht nicht der Geheimhaltung dient. Durch eine nachgeschaltete Prüfung wird dieser Umstand nicht hinreichend berücksichtigt, denn systematisch bedeutet sie, dass der Zweck des Urheberrechts betroffen ist, es aber einer nachträglichen Korrektur bedarf. Vielmehr sollte der Anwendungsbereich des Urheberrechts schon nicht eröffnet sein, was auch dogmatisch zum Ausdruck kommen muss.

Darüber hinaus wird die Zulässigkeit einer solchen nachgeschalteten Abwägung generell sehr kritisch betrachtet: Mit der Begründung, dass der Gesetzgeber bereits im Urheberrechtsgesetz eine Abwägung zwischen den urheberrechtlichen Befugnissen und anderen Interessen vorgenommen habe, wird eine nachträgliche Abwägung von vornherein abgelehnt.[630] Das Urhebergesetz regele abschließend die Befugnisse, die sich aus dem Urheberrecht ergeben, sowie deren Beschränkungen.

Im Ergebnis müsste das aber bedeuten, dass in Konstellationen, in denen Schranken nicht greifen, dem Interesse des Urhebers schlechthin Vorrang einzuräumen ist. Dann aber können neue Phänomene, die durchaus ein Überwiegen des allgemeinen Informationsinteresses rechtfertigen können, nicht ihrer Bedeutung entsprechend berücksichtigt werden. Deshalb spricht für eine nachträgliche Interessenabwägung, dass so neue Entwicklungen in das urheberrechtliche System einbezogen werden können.[631] Dem ist allerdings zu entgegen, dass neue Entwicklungen auch über eine Auslegung der Verwertungsbefugnisse und der Schrankenbestimmungen in der urheberrechtlichen Prüfung berücksichtigt werden können. Durch eine großzügigere Auslegung, als es der Wortlaut vielleicht vorschreibt, kann im Einzelfall dem allgemeinen Informationsinteresse gebührend Rechnung getragen werden.[632] Dem ist zuzustimmen, denn es bedarf keiner nachträglichen Interessenabwägung, die systematisch nicht vorgesehen ist, um neue Entwicklungen zu berücksichtigen. Das kann über bereits vorhandene, unbestimmte Rechtsbegriffe und allgemeine Auslegung geschehen, wobei die systematischen und dogmatischen Grenzen der Normen beachtet werden müssen.

---

630 *BGH*, U. v. 20.03.2003, Az. I ZR 117/00, GRUR 2003, 956 = NJW 2003, 3633.

631 *Hoeren/Herring*, WikiLeaks und das Erstveröffentlichungsrecht des Urhebers, MMR 2011, 500 (502).

632 *BGH*, U. v. 20.03.2003, Az. I ZR 117/00, GRUR 2003, 956 (957) = NJW 2003, 3633 (3634).

Für eine nachgeschaltete Interessenabwägung fehlt ein dogmatischer Anknüpfungspunkt. Es besteht deshalb die Gefahr, dass die vom Gesetzgeber im Urhebergesetz festgelegten Wertungen nachträglich ausgehebelt werden. Die ursprünglich von ihm vorgesehene Abwägung, die er durch die Systematik der Normen und die Wahl der darin enthaltenen Rechtsbegriffe vorgenommen hat, wird abgeändert. Das allerdings ist nicht Aufgabe des Rechtsanwenders, sondern der Gesetzgeber ist gehalten, die erforderliche Abhilfe zu schaffen.

Deshalb kommt eine nachgeschaltete Interessenabwägung als Lösungsmöglichkeit nicht in Betracht.

5. *Externe Schranke aus Art. 10 EMRK*

Dieselben Kritikpunkte lassen sich gegenüber einer Lösung über eine externe Schranke der Presse- und Informationsfreiheit gemäß Art. 10 EMRK[633] anbringen. Eine solche Lösung beträfe sowohl die Verwertungsrechte als auch die Urheberpersönlichkeitsrechte. Zwar ist Art. 10 EMRK in Urheberrechtsverletzungsprozessen anwendbar.[634] Hier besteht jedoch auch die Gefahr, dass die vom Gesetzgeber vorgesehenen Wertungen im Urheberrecht nachträglich ausgehebelt werden. Grund- und Menschenrechte sind Maßstab für die Gesetze. Die Menschenrechte der EMRK werden in der Bundesrepublik Deutschland bei der Auslegung der Gesetze berücksichtigt. Es fehlt an einem dogmatischen Anknüpfungspunkt, wenn sie das Ergebnis einer urheberrechtlichen Prüfung unabhängig von der Gesetzesauslegung im Nachhinein korrigieren sollen.

Das *Tribunal de grande instance de Paris* hat sich für die Anwendung einer externen Schranke aus Art. 10 EMRK aufgrund eines „droit de savoir“ (Recht zu wissen), das auch als „droit de voir“ (Recht zu sehen) zu verstehen sei, ausgesprochen.[635] Die Schranken des französischen Urheberrechts waren aufgrund ihres entgegenstehenden Wortlauts nicht anwendbar. Art. 10 EMRK gewährleiste die Informationsfreiheit, die ein Recht der Öffentlichkeit auf Information beinhalte. Deshalb fungiere Art. 10 EMRK als externe Schranke. Urheberrechtliche Werke müssten der Öffentlichkeit gezeigt werden, um Wissen zu vermitteln und damit Art. 10 EMRK gerecht zu werden. Diese vorgeschlagene Lösung hebt Art. 10 EMRK allerdings auf eine Ebene, die über den anderen Menschenrechten der EMRK steht. Der Presse- und Informationsfreiheit wird damit schlechthin Vorrang gegenüber anderen involvierten Rechten eingeräumt.

---

633 *Tribunal de grande instance de Paris (3° Chambre)*, U. v. 23.02.1999, dargestellt in GRUR Int. 2001, 252.

634 *EGMR*, U. v. 10.01.2013, Nr. 36769/08, *Ashby Donald u.a. v. Frankreich*, GRUR 2013, 859 = NJW 2013, 2735.

635 *Tribunal de grande instance de Paris (3° Chambre)*, U. v. 23.02.1999, S. 9, dargestellt in GRUR Int. 2001, 252 (252).

Zu Recht wird deshalb angemerkt, dass eine solche Schranke den anderen Rechten aus der EMRK nicht gerecht wird.[636] Die Presse- bzw. Informationsfreiheit unterliegt gemäß Art. 10 Abs. 2 EMRK selbst Einschränkungen. Gesetze, die den Anforderungen des Art. 10 Abs. 2 EMRK entsprechen, dürften nicht missachtet werden.[637]

Sofern aber eine Abwägung mit den anderen involvierten Rechten stattfinde, sei die Anwendung einer externen Schranke geboten. Das gelte insbesondere dann, wenn die kodifizierten Schranken nicht mehr den heutigen gesellschaftlichen Bedürfnissen entsprechen.[638] Erfolgt eine Abwägung im Rahmen der externen Schranke, wird Art. 10 EMRK zumindest kein absoluter Vorrang eingeräumt. Im konkreten Fall bedürfe es einer Abwägung zwischen den Menschenrechten des Whistleblowers und den Eigentums- und Persönlichkeitsrechten des Urhebers. Aber auch hier wird angemerkt, dass die externe Schranke nur dann heranzuziehen sei, wenn eine extensive Auslegung der bereits bestehenden Schranken aus Wortlautgesichtspunkten abzulehnen sei. Die externe Schranke gemäß Art. 10 EMRK diene dann dazu, das Urheberrecht den aktuellen gesellschaftlichen Bedürfnissen anzupassen.[639]

Zwar besteht das Bedürfnis der Anpassung, jedoch können durch die Anwendung einer externen Schranke die Voraussetzungen der kodifizierten Schranken umgangen werden. Das vom Gesetzgeber erlassene Recht wird dadurch entwertet. Dies wird insbesondere deutlich, wenn eine solche externe Schranke erst befürwortet wird, wenn selbst eine extensive Auslegung nicht das gewünschte Ergebnis gebracht hat. Die Gerichte sind in diesem Fall mehr gesetzgebend als gesetzesanwendend tätig, was nicht ihren verfassungsmäßigen Aufgaben entspricht. Jeder rechtliche Konflikt kann allein mit einer Abwägung der grundrechtlichen Positionen gelöst werden, denn diese stehen hinter den einfachen Gesetzen. Doch der Gesetzgeber hat den Konflikt widerstreitender Interessen in Form der einzelnen Normen konkretisiert. An diese Konkretisierungen hat sich der Gesetzesanwender zu halten, um die vorgegebenen Regeln nicht zu übergehen und damit das Gewaltenteilungsprinzip zu missachten.

Findet sich also im Wortlaut kein Anknüpfungspunkt für eine solche Abwägung, sollte sie nicht als externe Schranke der urheberrechtlichen Prüfung hinzugefügt werden. Da der dogmatische Anknüpfungspunkt fehlt, bietet eine externe Schranke der Presse- oder Informationsfreiheit gemäß Art. 10 EMRK keine befriedigende Lösung.

---

636 *Hoeren/Herring*, WikiLeaks und das Erstveröffentlichungsrecht des Urhebers, MMR 2011, 500 (503).

637 *Cour de Cassation*, U. v. 13.11.2003, IIC 2004, 716 (717) bestätigt *Cour d'appel de Paris (4ᵉ Chambre)*, U. v. 30.05.2001, S. 7, gekürzte Übersetzung in GRUR Int. 2002, 329 (329).

638 *Geiger*, Anmerkung zu *Tribunal de grande instance de Paris (3ᵉ Chambre)*, U. v. 23.02.1999, GRUR Int. 2001, 252 (254f.).

639 *Geiger*, Anmerkung zu *Tribunal de grande instance de Paris (3ᵉ Chambre)*, U. v. 23.02.1999, GRUR Int. 2001, 252 (255).

6. Teleologische Reduktion der Urheberrechtsfähigkeit

Dieses Defizit kann mit einer teleologischen Reduktion der Urheberrechtsfähigkeit gemäß § 2 UrhG vermieden werden.[640] Denn hier werden Sinn und Zweck des Urheberrechts gleich zu Beginn der urheberrechtlichen Prüfung berücksichtigt. Der urheberrechtliche Schutz besteht schon nicht, wenn der Werkcharakter eines Gegenstands zu verneinen ist.

Mit den Dokumenten, die von Whistleblowern veröffentlicht werden, werden in der Regel keine wirtschaftlichen Interessen durch den Urheber verfolgt,[641] sodass diese Interessen des Urhebers durch die Veröffentlichungen nicht gefährdet werden. Auch eine Beeinträchtigung des Urheberpersönlichkeitsrechts ist in der Regel nicht oder nur minimal zu erwarten. Die meisten der fraglichen Dokumente sind weniger Ausdruck der Persönlichkeit des Urhebers, sondern dienen der bloßen Information. Das Urheberpersönlichkeitsrecht kann deshalb nicht stark ins Gewicht fallen, wenn es mit einem berechtigten Informationsinteresse der Öffentlichkeit abgewogen wird. Im Rahmen der Veröffentlichung wird der Urheber des Dokuments vielmehr genannt. Der Veröffentlichende, sei es eine Zeitung oder eine Whistleblowingplattform, möchte es sich nicht zu eigen machen, indem es das fragliche Dokument als eigenes darstellt. Vielmehr soll bei der Veröffentlichung gerade erkennbar werden, dass es sich um ein Originaldokument einer bestimmten Institution, eines bestimmten Unternehmens oder eines bestimmten Autors handelt. Mögliche immaterielle Vorteile wie die Anerkennung für die persönliche geistige Leistung, die das Urheberrecht eigentlich bezweckt, bleiben dem Autor vorbehalten.

Dient das Urheberrecht nur als Strategie, um gegen Whistleblowingplattformen und andere Veröffentlichende vorzugehen, wird es zweckentfremdet,[642] denn das Urheberrecht dient nicht der Geheimhaltung. Der Versuch, das Urheberrecht zu Geheimhaltungszwecken zu nutzen, ist ein grober Fehlgebrauch des Rechts.[643] Das Recht schützt Geheimnisse zum Beispiel im Strafrecht, das Urheberrecht verfolgt dagegen andere Zwecke.

Ist der Wortlaut einer Norm im Hinblick auf Sinn und Zweck des Gesetzes zu weit gefasst, besteht die Möglichkeit der teleologischen Reduktion. Von dieser Möglichkeit sollte anlässlich des Phänomens Whistleblowing in Bezug auf § 2 UrhG Gebrauch gemacht werden. Der Wortlaut und damit der Anwendungsbereich des § 2 UrhG ist planwidrig zu weit gefasst und durch die sehr niedrigen Anforderungen an

---

640 Vorgeschlagen von *Hoeren/Herring*, WikiLeaks und das Erstveröffentlichungsrecht des Urhebers, MMR 2011, 500 (503).

641 *Hoeren/Herring*, WikiLeaks und das Erstveröffentlichungsrecht des Urhebers, MMR 2011, 500 (503).

642 So bei *Freedman*, Protecting state secrets as intellectual property: a strategy for prosecuting WikiLeaks, 48 Stanford Journal of International Law 2012, 187.

643 *Cowie*, Could WikiLeaks be prosecuted under copyright law? Crickey v. 13.12.2010, abrufbar unter: http://www.crikey.com.au/2010/12/13/could-wikileaks-be-prosecu ted-under-copyright-law/?wpmp_switcher=mobile (zuletzt abgerufen: 27.05.2015).

den Werkcharakter bedingt. Der Gesetzgeber hat bei Schaffung des § 2 UrhG nicht bedacht, dass das Urheberrecht dazu genutzt werden könnte, unliebsame Veröffentlichungen von Dokumenten zu verhindern. Die Urheberrechtsfähigkeit solcher Dokumente ist de lege lata zufällig zu bejahen, obwohl die materiellen Interessen des Urhebers nicht gefährdet werden und die urheberpersönlichkeitsrechtlichen Interessen allenfalls formell bestehen, ohne dass in der Regel ein reales Interesse festgestellt werden könnte. Das Urheberrecht dient nicht der Geheimhaltung. Eine teleologische Reduktion der Urheberrechtsfähigkeit ist die beste Option, diesen Umständen Rechnung zu tragen.

Wird § 2 UrhG aufgrund dieser Argumentation teleologisch reduziert, wird der für den Urheberrechtsschutz erforderliche Werkcharakter von vornherein verneint. Diese Vorgehensweise befriedigt die Prämisse, dass der Anwendungsbereich des Urheberrechts von vorherein nicht eröffnet sein sollte. Eine nachgeschaltete Lösung zum Beispiel in Form einer allgemeinen Güter- und Interessenabwägung oder eine externen Schranke der Presse- oder Informationsfreiheit gemäß Art. 10 EMRK wird wie oben aufgezeigt dieser Vorgabe nicht gerecht.

Die Lösung über eine teleologische Reduktion ermöglicht darüber hinaus eine differenzierte Prüfung einzelner Dokumente.

7. Handlungsempfehlung: Teleologische Reduktion gesetzlich verankern

Um der Bedeutung der Presse- bzw. Informationsfreiheit in diesem Kontext gerecht zu werden und Vorhersehbarkeit sowie ein höheres Maß an Rechtssicherheit für den Einzelnen zu schaffen, sollte der Lösungsvorschlag der teleologischen Reduktion in das Urhebergesetz eingebracht werden.

Der Gesetzesvorschlag könnte folgendermaßen lauten:

§ 2 **Abs. 3 UrhG-E**

Das Urheberrecht findet keine Anwendung auf Werke, die dem öffentlichen Informationsinteresse dienen und die dem Urheberrecht unterfallen, ohne dass Sinn und Zweck des Gesetzes im Wesentlichen berührt werden. Das gilt nicht, wenn das Urheberpersönlichkeitsrecht schwer beeinträchtigt würde.

a) Förderung öffentlicher Informationsinteressen

Die Norm dient den Informationsbedürfnissen der heutigen demokratischen Gesellschaft. Die Wertung des § 5 UrhG, der amtliche Werke von einem urheberrechtlichen Schutz ausnimmt, zeigt, dass bestimmte Dokumente möglichst weitläufig veröffentlicht werden sollen, um öffentlichen Informationsinteressen gerecht zu werden. Diese Wertung ist auf Whistleblowingkonstellationen übertragbar. Zwar handelt es sich bei Whistleblowingveröffentlichungen, anders als in § 5 UrhG, um bislang unveröffentlichte Informationen. Die Tatsache, dass Whistleblowingveröffentlichungen Missstände betreffen, rechtfertigt allerdings eine weite Verbreitung. Das gilt gleichermaßen im öffentlichen und im privaten Bereich.

§ 2 Abs. 3 UrhG-E soll Whistleblowingkonstellationen erfassen, in denen das Urheberrecht aufgrund der niedrigen Werkanforderungen anwendbar ist, obwohl es seinem vorrangigen Schutzzweck nach nicht einschlägig ist. In diesen Fällen kann das Urheberrecht dazu verwendet werden, unliebsame Veröffentlichungen von Informationen zu verhindern, obwohl das Urheberrecht gerade nicht der Geheimhaltung dient.

b) Verkürzung des Anwendungsbereichs

In diesem Vorschlag findet sich die teleologische Reduktion der Urheberrechtsfähigkeit wieder. Werke, die bei enger dogmatischer Betrachtung über das Urheberrecht geschützt sind, werden aus dem Anwendungsbereich herausgenommen, wenn Sinn und Zweck des Urheberrechts im Wesentlichen nicht berührt werden. Sinn und Zweck des Urheberrechts ist der Schutz der wirtschaftlichen und persönlichkeitsrechtlichen Interessen des Urhebers. Dokumente wie die dargestellten Unterrichtungen des Bundestages sind zum Beispiel wirtschaftlich nicht verwertbar. Das Urheberrecht kann in jenen Fällen seinen vorrangigen Zweck, eine angemessene Vergütung für den Urheber sicherzustellen, nicht erreichen.

Der Wortlaut des Vorschlags enthält den unbestimmten Rechtsausdruck „im Wesentlichen". Da die fraglichen Werke dem Wortlaut nach dem Urheberrechtsschutz unterfallen, besteht auch ein Urheberpersönlichkeitsrecht. Dementsprechend steht dem Urheber eigentlich gemäß § 12 Abs. 1 UrhG auch eine Entscheidung über das „Ob" der Veröffentlichung zu.[644] Unterrichtungen des Bundestages aber, um bei diesem Beispiel zu bleiben, stellen oftmals keinen besonders kreativen Ausfluss der Persönlichkeit des Urhebers dar. Dennoch ist aufgrund der niedrigen Anforderungen der Werkcharakter zu bejahen. Das Urheberpersönlichkeitsrecht stellt in diesen Fällen ein Hindernis für eine spätere Verwertung des Werkes zugunsten öffentlicher Informationsinteressen zum Beispiel durch Whistleblowing dar. Das entspricht nicht dem ursprünglichen Sinn des Urheberrechts, einen Schutz für kreative Schöpfungen zu erreichen. Da bei enger dogmatischer Beurteilung das Urheberpersönlichkeitsrecht aber zufällig besteht, bezieht sich der Wortlaut des Gesetzgebungsvorschlags darauf, dass Sinn und Zweck im Wesentlichen nicht berührt werden.

Damit das Übergehen des zufällig bestehenden Urheberpersönlichkeitsrechts gerechtfertigt ist, muss es sich darüber hinaus um Werke handeln, deren Inhalte öffentlichen Informationsinteressen dienen. An dieser Stelle wird die hinter der Norm stehende Abwägung erkennbar. Geheimhaltungsinteressen werden dabei nicht berücksichtigt, da das Urhebergesetz diesen gerade nicht dient. Trotz des formell bestehenden Urheberpersönlichkeitsrechts gibt die Norm dem öffentlichen Informationsinteresse Vorrang. Durch diese Begrenzung der Vorschrift soll verhindert werden, dass sie ausufernd auf jede Art von Werken angewandt wird und als Flucht aus dem Urheberrecht missbraucht wird. Zur Ausfüllung des Begriffs

644 So sieht es in Bezug auf die UdP das *OLG Köln*, U. v. 12.06.2015, Az. 6 U5/15, GRUR-RR 2016, 59 (61) = ZUM-RD 2015, 515 (519).

des öffentlichen Informationsinteresses kann auf die aus der EMRK resultierenden Wertungen verwiesen werden.[645] Es ist bei Anwendung der Norm herauszustellen, ob ein öffentliches Informationsinteresse besteht. Dabei ist der Inhalt der Information maßgeblich und nicht der Umstand, inwiefern eine klassisch journalistische Bearbeitung einer Information stattfinden soll oder bereits stattgefunden hat.[646] Die klassische journalistische Bearbeitung ist keine Tatbestandsvoraussetzung für das öffentliche Informationsinteresse.

Die Eingliederung der Vorschrift in das Urhebergesetz kann, wie vorgeschlagen, durch einen Absatz 3 in § 2 UrhG erfolgen. Daraus ergibt sich, dass es sich um keine nachgeschaltete Lösung handelt, durch die eine urheberrechtliche Prüfung im Nachhinein zu einem anderen Ergebnis gesteuert wird. Vielmehr werden durch den Vorschlag Werke in Whistleblowingfällen bereits aus dem Anwendungsbereich des Urheberrechts herausgenommen. Alternativ könnte die Norm auch durch einen § 2a UrhG in das Urhebergesetz eingebracht werden. Eine Lösung über § 2 Abs. 3 UrhG-E ist allerdings zu bevorzugen, um den dogmatischen Anknüpfungspunkt der teleologischen Reduktion an die Urheberrechtsfähigkeit hervorzuheben. § 2 UrhG definiert den Anwendungsbereich für geschützte Werke. § 2 Abs. 3 UrhG-E enthält die Aussage, dass zwar dogmatisch betrachtet ein geschütztes Werk vorliegt, aber bereits der Anwendungsbereich des Urhebergesetzes nicht eröffnet ist.

c) Einhaltung der Berner Übereinkunft zum Schutz von Werken der Literatur und Kunst (RBÜ)[647]

Der dargestellte Gesetzesvorschlag steht mit dem Sinn und Zweck der Berner Übereinkunft zum Schutz von Werken der Literatur und Kunst im Einklang. An Regelungen wie Art. 9 Abs. 2 RBÜ ist erkennbar, dass die Übereinkunft einen Schutz der Person des Urhebers und seiner berechtigten Interessen bezweckt und nicht das Werk im Vordergrund steht.

Werden die berechtigten Interessen des Urhebers beim Whistleblowing nicht in ihrem Wesensgehalt verletzt, können auch andere schützenswerte Interessen Vorrang haben. Beim externen Whistleblowing besteht häufig nur per Zufall ein urheberrechtlicher Schutz für die verwendeten Texte, Bilder oder Filme. Die RBÜ selbst erkennt ein schützenswertes Interesse der Öffentlichkeit an, informiert zu sein. Das ist unter anderem in Art. 2 Abs. 8 RBÜ erkennbar, der Tagesneuigkeiten oder vermischte Nachrichten, die einfache Zeitungsmitteilungen darstellen, vom urheberrechtlichen Schutz ausnimmt. Der Anwendungsbereich des urheberrechtlichen Schutzes wird zugunsten von öffentlichen Informationsinteressen schon

645 Siehe oben S. 38ff.

646 So aber *OLG Köln*, U. v. 12.06.2015, Az. 6 U5/15, GRUR-RR 2016, 59 (62) = ZUM-RD 2015, 515 (520).

647 Berner Übereinkunft zum Schutz von Werken der Literatur und Kunst v. 09.09.1886 (BGBl. II S. 1071).

nicht eröffnet. Auch Art. 10bis RBÜ dient dem Schutz des öffentlichen Informationsinteresses, wonach es den Verbandsländern vorbehalten bleibt, besondere Regelungen für die Veröffentlichung über die Presse zu schaffen. Das öffentliche Informationsinteresse ist somit ein von der RBÜ anerkanntes Interesse, das auch schon in Bezug auf die Urheberrechtsfähigkeit Vorrang vor dem Schutz des Urhebers und seiner Rechte genießen kann.

Der Vorschlag eines neuen Art. 2 Abs. 3 UrhG-E greift nur, wenn die berechtigten verwertungsrechtlichen als auch persönlichkeitsrechtlichen Interessen des Urhebers nicht unzumutbar beeinträchtigt werden und ein berechtigtes öffentliches Informationsinteresse überwiegt. Durch den Vorschlag wird deshalb der in der RBÜ vorgesehene urheberrechtliche Schutz nicht übergangen, sondern der Zweck des urheberrechtlichen Schutzes, den die RBÜ erreichen möchte, wird konkretisiert.

VIII. Ergebnis

Whistleblower und Whistleblowingplattformen verstoßen dogmatisch betrachtet gegen das Urheberrecht, wenn Informationen weitergegeben oder veröffentlicht werden. Da die vorrangigen Zwecke des Urheberrechts in der Regel aber nicht betroffen sind, sollte eine teleologische Reduktion der Urheberrechtsfähigkeit gesetzlich verankert werden.

C. Whistleblowing und das Datenschutzrecht

Personenbezogene Daten sind nach Art. 4 Nr. 1 der im Jahr 2018 in Kraft tretenden Datenschutzgrundverordnung[648] alle Informationen, die sich auf eine bestimmte oder bestimmbare natürliche Person beziehen. Dabei wird als bestimmbar eine Person angesehen, die direkt oder indirekt, insbesondere mittels Zuordnung zu einer Kennung wie einem Namen, zu einer Kennnummer, zu Standortdaten, zu einer Online-Kennung oder zu einem oder mehreren besonderen Merkmalen bestimmt werden kann, die Ausdruck ihrer physischen, physiologischen, genetischen, psychischen, wirtschaftlichen, kulturellen oder sozialen Identität ist.

Namen und Geburtsorte sind personenbezogene Daten. Meinungsäußerungen, Beurteilungen und Werturteile sind ebenso personenbezogene Daten. Auch Darstellungen des privaten oder dienstlichen Verhaltens eines Betroffenen sind unter diesen Begriff zu subsumieren.[649] Missstände, die von Whistleblowern aufgedeckt werden, werden immer durch Menschen verursacht worden sein. Die offengelegten Sachverhalte enthalten deshalb in der Regel Angaben über persönliche oder sachliche Verhältnisse, die sich auf natürliche Personen beziehen. Aufgrund dessen ist die Wahrscheinlichkeit sehr hoch, dass die Informationen, die ein Whistleblower zum Beispiel an eine Whistleblowingplattform weitergibt oder die er selbst veröffentlicht, personenbezogene Daten enthalten.

I. Gesetzgebungskompetenz der EU

Die Zulässigkeit der datenverarbeitenden Handlungen des Whistleblowers ist nach den Vorschriften der Datenschutzgrundverordnung zu beurteilen. Das Ziel der Datenschutzgrundverordnung ist es, die Datenschutzrechte natürlicher Personen zu stärken und den freien Verkehr personenbezogener Daten im digitalen Binnenmarkt zu erleichtern. Problematisch ist allerdings, dass die Handlungen eines Whistleblowers regelmäßig nicht dem digitalen Binnenmarkt zuzuordnen sind. Denn häufig handelt es sich gerade nicht um wirtschaftliche Tätigkeiten. Dennoch bewegt sich die Prüfung der Zulässigkeit der Handlungen des Whistleblowers anhand der Datenschutzgrundverordnung noch im Rahmen der Gesetzgebungskompetenz der EU.[650]

Art. 16 AEUV, auf den sich die Datenschutzgrundverordnung insbesondere stützt, enthält eine sehr weitgehende Gesetzgebungskompetenz der EU in Datenschutzangelegenheiten. Vor dem Vertrag von Lissabon war die EU nach Maßgabe der Binnenmarktkompetenz für den Datenschutz zuständig. Diese bisherige Verflechtung

---

648 Verordnung (EU) 2016/679 des Europäischen Parlaments und des Rates v. 27.04.2016 zum Schutz natürlicher Personen bei der Verarbeitung personenbezogener Daten, zum freien Datenverkehr und zur Aufhebung der Richtlinie 95/46/EG (Datenschutz-Grundverordnung) (EUABl. L119/1).

649 *BGH*, U. v. 23.06.2009, Az. VI ZR 196/08, NJW 2009, 2888 (2890) = MMR 2009, 608 (609).

650 *EuGH*, U. v. 6.11.2003, Az. C-101/01 Rn. 30, *Bodil Lindqvist*.

zwischen Binnenmarkt und Datenschutz ist durch Art. 16 AEUV gelöst worden. Die EU kann deshalb Rechtsakte unabhängig davon erlassen, ob sie unmittelbar dem Funktionieren des Binnenmarktes dienen. Somit können auch nicht-wirtschaftliche Tätigkeiten erfasst werden.[651]

Zwar ist die Datenschutzgrundverordnung vor allem darauf ausgerichtet, neue datenschutzrechtliche Regelungen für den digitalen Binnenmarkt zu schaffen. Darüber hinaus soll aber ein in den europäischen Mitgliedsstaaten einheitliches und hohes Datenschutzniveau gewährleistet werden.[652] Dementsprechend müssen auch solche Handlungen von der europäischen Regelung erfasst werden, die nicht wirtschaftlich sind, von denen aber ein erhebliches Gefahrenpotenzial für den Schutz der Daten ausgeht. Es soll ausdrücklich auch den Gefahren entgegengewirkt werden, die zwischen privaten Akteuren, einschließlich Einzelpersonen, für den Schutz der Daten ausgehen.[653]

Die datenschutzrechtliche Zulässigkeit der Handlungen des Whistleblowers fällt demnach in den Anwendungsbereich der Datenschutzgrundverordnung.

II. Datenverarbeitungen durch den Whistleblower

Das derzeit in Deutschland geltende Bundesdatenschutzgesetz, das auf der europäischen Datenschutzrichtlinie[654] beruht, sieht das Erheben, Verarbeiten und Nutzen personenbezogener Daten nur unter den Voraussetzungen des § 4 Abs. 1 BDSG[655] vor. Der Datenverarbeitungsvorgang ist danach nur dann rechtmäßig, wenn das BDSG selbst oder eine andere Rechtsvorschrift ihn erlaubt. Das BDSG unterscheidet zwischen der Datenverarbeitung öffentlicher Stellen, die nach den §§ 12 ff. BDSG rechtmäßig ist, und der Datenverarbeitung nicht-öffentlicher Stellen, auf die die §§ 27 ff. BDSG anwendbar sind.

Die nun endgültige Fassung der Datenschutzgrundverordnung trifft diese Unterscheidung nicht mehr, sondern erklärt die Datenverarbeitung unabhängig von der Art der verarbeitenden Stelle unter den Voraussetzungen des Art. 6 DSGVO für rechtmäßig. Die Verarbeitung personenbezogener Daten ist danach nur rechtmäßig, wenn mindestens eine der dort aufgeführten Bedingungen erfüllt ist.

Beim externen Whistleblowing besteht je nach Fallkonstellation die Möglichkeit, dass mehrere Handlungen Datenverarbeitungsvorgänge im Sinne der Datenschutzgrundverordnung darstellen. Da die meisten Informationen mittlerweile digital zur Verfügung stehen, ist der Anwendungsbereich der Verordnung gemäß Art. 2 Abs. 1 DSGVO grundsätzlich eröffnet. Nach dem Entdecken eines Missstandes im Unternehmen oder

---

651 Calliess/Ruffert/*Kingreen*, EUV/AEUV, Art. 16 AEUV Rn. 5.

652 Siehe Erwägungsgrund 10 der Datenschutzgrundverordnung.

653 Siehe Erwägungsgrund 5 der Datenschutzgrundverordnung.

654 Richtlinie 95/46/EG des Europäischen Parlaments und des Rates v. 24.10.1995 zum Schutz natürlicher Personen bei der Verarbeitung personenbezogener Daten und zum freien Datenverkehr (EGABl. v. 23.11.1995, Nr. L 281/31).

655 Bundesdatenschutzgesetz in der Fassung v. 14.01.2003 (BGBl. I, S. 66).

in einer Behörde wird der künftige Whistleblower Informationen, in der Regel in Form von Dateien, zu diesem Missstand sammeln. Er wird sie dann in irgendeiner Form bündeln, indem er die erforderlichen Dateien auf einem körperlichen Medium speichert. Die Daten werden anschließend entweder durch den Whistleblower unmittelbar selbst veröffentlicht oder an eine externe Stelle wie eine Whistleblowingplattform übermittelt, die die Informationen im Anschluss auf ihrer Webseite veröffentlicht. Welche Datenverarbeitungsvorgänge dabei vorgenommen werden, ist im Folgenden zu klären.

1. Sammeln der Daten

Sammelt ein Whistleblower nach Entdecken eines Missstandes in seinem Wirkungsumfeld Informationen über die Art des Missstandes sowie darin involvierte Personen, könnte er Daten erheben, ordnen, auslesen oder abfragen. Dabei handelt es sich um datenschutzrechtlich relevante Vorgänge im Sinne des Art. 4 Nr. 2 DSGVO. Das Erheben von Daten wird wie in § 3 Abs. 3 BDSG auch in der Datenschutzgrundverordnung im Sinne des Beschaffens von Daten über einen Betroffenen zu verstehen sein. Es besteht die Möglichkeit, dass ein Whistleblower je nach Fallkonstellation Daten über den oder die Verursacher des Missstandes und alle übrigen involvierten Personen beschafft. In der Regel stellt er die Daten allerdings zusammen, die sich in bereits vorliegenden Dateien befinden. Dann beschafft er personenbezogene Daten nicht neu. Vielmehr ordnet er sie, liest sie aus oder fragt sie ab. Jedenfalls handelt es sich aber um einen Datenverarbeitungsvorgang im Sinne des Art. 4 Nr. 2 DSGVO.

2. Speichern der Daten auf einem Datenträger

Hat ein Whistleblower die den Missstand betreffenden Informationen zusammengestellt, wird er sie in der Regel auf einem Datenträger wie einem USB-Stick speichern. Auch das Speichern personenbezogener Daten stellt einen datenschutzrechtlich relevanten Vorgang im Sinne des Art. 4 Nr. 2 DSGVO dar. Dabei kann es sich um jede Art von personenbezogenen Daten handeln. Ausschlaggebend ist der konkrete Sachverhalt, das heißt insbesondere die Art des Missstandes. Ein Missstand, der etwa eine Fehlbehandlung von Menschen aufgrund ihrer sexuellen Orientierung betrifft, enthält besonders schützenswerte Daten besonderer Kategorien im Sinne von Art. 9 DSGVO.

3. Unmittelbares Veröffentlichen

Veröffentlicht ein Whistleblower die von ihm entdeckten Informationen über einen Missstand selbst etwa auf einer Webseite, verbreitet er personenbezogene Daten im Sinne von Art. 4 Nr. 2 DSGVO. Er macht sie dadurch einem unbestimmten Personenkreis zugänglich.

4. *Übermitteln der Daten an eine Whistleblowingplattform*

In anderen Fällen übermittelt der Whistleblower die Informationen über den Missstand inklusive der darin enthaltenen personenbezogenen Daten an die Mitarbeiter einer Whistleblowingplattform oder die traditionelle Presse, um den Missstand publik zu machen. Dabei handelt es sich per definitionem um eine Datenverarbeitung im Sinne einer Weitergabe der Daten durch Übermittlung, Art. 4 Nr. 2 DSGVO.

5. *Wer ist für die Datenverarbeitungen verantwortlich?*

Die tatsächlichen datenverarbeitenden Handlungen werden vom Whistleblower ausgeführt. Doch es bleibt die Frage, wer rechtlich gesehen derjenige ist, der für die Datenverarbeitungen verantwortlich ist. Das derzeit noch geltende BDSG sieht unterschiedliche Regelungen für Verarbeitungen durch öffentliche Stellen und nicht-öffentliche Stellen vor. Ist der Whistleblower als private Person der für die Datenverarbeitung Verantwortliche, unterläge er stets den Regelungen für nicht-öffentliche Stellen, selbst wenn er in einer Behörde tätig ist. Diese Unterscheidung trifft die Datenschutzgrundverordnung nicht. Dennoch ist es auch unter der Geltung der Datenschutzgrundverordnung erheblich, ob der Whistleblower selbst für den Datenverarbeitungsvorgang verantwortlich ist oder das Unternehmen oder die Behörde, für die er tätig ist. Denn für natürliche Personen ist der sachliche Anwendungsbereich ausgeschlossen, wenn die Datenverarbeitung zur Ausübung ausschließlich persönlicher oder familiärer Tätigkeiten stattfindet.

Gemäß Art. 4 Nr. 7 DSGVO ist der für die Verarbeitung Verantwortliche die natürliche oder juristische Person, Behörde, Einrichtung oder jede andere Stelle, die allein oder gemeinsam mit anderen über die Zwecke und Mittel der Verarbeitung von personenbezogenen Daten entscheidet. Diese Definition war bereits in Art. 2 d) der Datenschutzrichtlinie enthalten, wurde vom deutschen Gesetzgeber aber mit einer engeren Begriffsbestimmung umgesetzt. Danach ist eine verantwortliche Stelle jede Person oder Stelle, die personenbezogene Daten für sich selbst erhebt, verarbeitet oder nutzt oder dies durch Andere im Auftrag vornehmen lässt, § 3 Abs. 7 BDSG. Im Rahmen dieser Begriffsbestimmung wird unabhängig davon, ob Kenntnis von den Daten vorliegt oder nicht, derjenige als verantwortliche Stelle angesehen, der die Entscheidungsgewalt über Zweck und Mittel der Datenverarbeitung hat.[656] Auch im Rahmen der Datenschutzgrundverordnung sollte es auf die tatsächlich getroffene, konkrete Entscheidung in Bezug auf einen bestimmten Datenverarbeitungsvorgang ankommen und nicht auf eine generelle Entscheidungsmacht. Denn hat eine Stelle tatsächlich keine Einwirkungsmöglichkeit mehr auf einen Datenverarbeitungsvorgang, sollte sie für diesen auch nicht verantwortlich im Sinne des Datenschutzrechts sein.[657]

---

656 Däubler/Klebe/Wedde/Weichert/*Weichert*, BDSG, § 3 Rn. 54; *Jotzo*, Gilt deutsches Datenschutzrecht, MMR 2009, 232 (233).

657 Mit Bezug zum BDSG Plath/*Plath/Schreiber*, BDSG, § 3 Rn. 68.

a) Unmittelbares externes Whistleblowing

Ein Whistleblower, der in seinem Arbeitsumfeld oder Wirkungskreis auf Informationen über Missstände stößt und sich zum Beispiel entschließt, sie unmittelbar an eine Whistleblowingplattform zu übermitteln, trifft selbst eine Entscheidung über die Datenverarbeitungen. Er entscheidet sich, Daten zu speichern und zu übermitteln, um das öffentliche Informationsinteresse zu befriedigen. Das geschieht unabhängig davon, ob die generelle Entscheidungsmacht über die Daten im Wirkungskreis des Whistleblowers bei seinem Arbeitgeber liegt. Niemand gibt ihm vor, welche Mittel er zur Durchführung dieser Datenverarbeitungen zu nutzen hat. Der Whistleblower ist also derjenige, der über Zweck und Mittel der konkreten Datenverarbeitung entscheidet und damit der für die Verarbeitung Verantwortliche im Sinne von Art. 4 Nr. 7 DSGVO.

Eine andere Bewertung resultiert auch nicht aus der Tatsache, dass der Whistleblower regelmäßig durch ein formelles Vertragsverhältnis als Arbeitnehmer oder in anderer Funktion mit dem Unternehmen oder der Behörde verbunden ist. In der Regel unterliegt er deshalb den Weisungen seines Vorgesetzten, der bestimmt, welche Datenverarbeitungen die ihm unterstellten Personen im Rahmen ihres Dienstverhältnisses durchzuführen haben. Art. 29 DSGVO enthält eine Vorschrift in Bezug auf Verarbeitungen unter Aufsicht des für die Verarbeitung Verantwortlichen. Danach ist jede dem für die Verarbeitung Verantwortlichen unterstellte Person, die Zugang zu personenbezogenen Daten hat, nur auf Weisung des Verantwortlichen zu Datenverarbeitungen befugt. Diese Regelung zeigt, dass der für die Verarbeitung Verantwortliche der Arbeitgeber ist, während die ihm unterstellte Person, die auf Weisung tätig wird, gerade nicht für die Datenverarbeitung verantwortlich ist. Denn es ist der Weisungsgeber, der über Zwecke und Mittel der Datenverarbeitung entscheidet. Art. 29 DSGVO bestimmt allerdings keine Rechtsfolge, wenn eine dem Verantwortlichen unterstellte Person eine Datenverarbeitung vornimmt, ohne dass eine Weisung vorliegt. Es ist daher zu weitgehend, eine Haftung des Unternehmens oder der Behörde für die Datenverarbeitungen eines Whistleblowers, der gerade keiner Weisung folgt, aus der Norm ableiten zu wollen.

Zwar kennen etwa das deutsche Zivilrecht in § 831 BGB sowie der Gemeinsame Europäische Referenzrahmen[658] in Art. VI-3:201 einen solchen Rechtsgedanken, für eine vergleichbare Haftung im europäischen Datenschutzrecht bedarf es aber konkreter Anhaltspunkte. Nach § 831 BGB haftet jemand, der sich jemand anderen zur Ausübung einer Verrichtung bestellt, deliktsrechtlich für Schäden, die diese Person in Ausführung dieser Verrichtung verursacht. Der Geschäftsherr haftet für eine Verletzung seiner Verkehrssicherungspflichten, die in der sorgsamen Auswahl, Überwachung und Anleitung des Verrichtungsgehilfen liegen.[659] Dahinter

---

658 Siehe Draft Common Frame of Reference (DCFR), abrufbar unter: http://ec.europa.eu/justice/policies/civil/docs/dcfr_outline_edition_en.pdf (zuletzt abgerufen: 15.07.2016).

659 Statt vieler MüKo/*Wagner*, BGB, § 831 Rn. 33f.

steckt der Gedanke, dass derjenige, der weitere Hilfspersonen in seinen Herrschaftsbereich einbezieht, dafür die Verantwortung trägt, dass sich das Gefahrenpotenzial für Rechtsgüter Dritter nicht erhöht.[660] Je mehr Mitarbeiter Zugang zu bestimmten personenbezogenen Daten erhalten, desto höher ist das Gefahrenpotenzial für diese Daten. Dieser Rechtsgedanke ließe sich deshalb auf das Datenschutzrecht übertragen. Allerdings widerspräche das dem Wortlaut von Art. 29 DSGVO, der nicht auf eine vergleichbare Haftung des für die Verarbeitung Verantwortlichen für die ihm unterstellten Personen hinweist. Vielmehr richtet sich Art. 29 DSGVO an die dem für die Verarbeitung Verantwortlichen unterstellte Personen, die sich in Bezug auf die Vornahme von Datenverarbeitungen an dessen Weisungen zu halten haben.

Die Herleitung einer Haftung für eigenmächtige Datenverarbeitungen außerhalb der Weisungen des eigentlich Verantwortlichen widerspräche außerdem einem Ziel der Verordnungsgeber: Zum Schutz der Betroffenen möchte er eine klare Zuteilung der Verantwortlichkeiten treffen.[661] Sollten die Unternehmen oder Behörden selbst eigenmächtige Datenverarbeitungen von Whistleblowern verantworten, hätte der Verordnungsgeber dies ausdrücklich regeln können. Die Definition in Art. 4 Nr. 7 DSGVO sieht vielmehr denjenigen als den für die Verarbeitung Verantwortlichen an, der über die Zwecke und Mittel entscheidet. Ordnet und speichert ein Whistleblower Informationen mitsamt den darin enthaltenen personenbezogenen Daten und übermittelt sie an eine externe Stelle, nimmt der Whistleblower keine Verarbeitung vor, die seinem arbeitsvertraglich bestimmten Tätigkeitsbereich zuzuordnen ist. Der Arbeitnehmer hat zwar Zugang zu den Daten und ist für eine bestimmte Tätigkeit und dadurch zu einem bestimmten Umgang mit den Daten eingestellt worden. Der Whistleblower wird hingegen eigenmächtig tätig und hegt einen Umgang mit den Daten, der ihm nicht aufgetragen worden ist. Zwar unterliegt er grundsätzlich den Weisungen seines Arbeitgebers, allerdings befolgt er in dem Moment der für das externe Whistleblowing entscheidenden Datenverarbeitungsvorgänge gerade nicht die Weisungen seines Vorgesetzten. Vielmehr ist er es, der entscheidet, welche Daten verarbeitet werden, und der die Zwecke dieser Verarbeitungen festlegt.

b) Vorheriger interner Abhilfeversuch

Differenziert zu beantworten ist die Frage nach der Verantwortlichkeit, wenn der Whistleblower zunächst einen internen Abhilfeversuch wagt. Er leitet dann seine Informationen nicht unmittelbar an eine externe Stelle weiter, sondern betreibt erst nach Scheitern des Abhilfeversuchs externes Whistleblowing. Im Gegensatz zum externen Whistleblowing liegt eine vorherige interne Meldung von Missständen objektiv im Interesse des Unternehmens oder der Behörde. Zudem ist zum Zeitpunkt des Ordnens, Ablesens und der Speicherung der Daten noch unklar, ob der Whistleblower sie überhaupt an eine externe Stelle übermitteln wird.

660 Staudinger/*Belling*, BGB, § 831 Rn. 98.

661 Siehe Erwägungsgrund 79 der Datenschutzgrundverordnung.

Ist ein ausdrücklicher Wille in den Arbeitsverträgen oder den Compliance-Vorschriften, in denen zur internen Aufklärung von Missständen aufgefordert wird, schriftlich fixiert, handelt es sich um eine Weisung. Die Verantwortlichkeit für die dazu notwendigen Datenverarbeitungen liegt dann beim Weisungsgeber, der damit die Entscheidung über Zwecke und Mittel der Datenverarbeitung im Sinne von Art. 4 Nr. 7 DSGVO trifft.

Ist ein ausdrücklicher Wille nicht geäußert worden, besteht ein objektives Interesse des Unternehmens oder der Behörde, den Missstand intern aufzuklären. Das Vorhandensein eines objektiven Interesses lässt auf einen mutmaßlichen Willen, eine mutmaßliche Entscheidung, schließen. Aber genügt eine mutmaßliche Entscheidung, um die Verantwortlichkeit für die Datenverarbeitungen beim Unternehmen oder der Behörde und nicht beim Whistleblower selbst zu sehen?

Dem Wortlaut von Art. 4 Nr. 7 DSGVO zufolge, der auf eine tatsächliche Entscheidung abstellt, genügt eine mutmaßliche Entscheidung nicht. Der Whistleblower wird auch im Rahmen dieser Konstellation eigenmächtig datenverarbeitend tätig. Er hätte schließlich die Möglichkeit, sich vor Vornahme der Datenverarbeitung bereits an seinen Vorgesetzten zu wenden, der dann selbst die notwendige Aufklärungsarbeit und die dazu notwendigen Datenverarbeitungen veranlassen kann. Andernfalls hinge es allein vom Willen des Whistleblowers ab, ob eine Datenverarbeitung des Unternehmens oder der Behörde oder eine Datenverarbeitung durch ihn selbst vorliegt. Dessen Entschluss, sich erst nach internen Versuchen an eine externe Stelle zu wenden, würde dann festlegen, wer datenverarbeitend tätig wird. Das aber läuft dem Anliegen des Verordnungsgebers zuwider, der zum Schutz der Betroffenen eine eindeutige Verteilung der Verantwortlichkeiten intendiert hat.

Datenverarbeitungen von Whistleblowern, die ohne Weisung vorgenommen werden, sind deshalb stets Datenverarbeitungen des Whistleblowers als private Person.

6. Haushaltsausnahme, Art. 2 Abs. 2 lit. c) DSGVO

Der sachliche Anwendungsbereich der Datenschutzgrundverordnung ist gemäß Art. 2 Abs. 2 lit. c) DSGVO nicht eröffnet, wenn die Verarbeitung personenbezogener Daten durch natürliche Personen zur Ausübung ausschließlich persönlicher oder familiärer Tätigkeiten erfolgt. Diese oftmals sogenannte Haushaltsausnahme war mit demselben Wortlaut bereits in Art. 3 Abs. 2 der Datenschutzrichtlinie und ist deshalb auch sinngemäß im BDSG enthalten. Fallen die Handlungen des Whistleblowers unter diese Vorschrift, sind die Datenverarbeitungen zulässig, ohne dass die gesetzlichen Voraussetzungen der Datenschutzgrundverordnung erfüllt werden müssen. Im Rahmen des Bundesdatenschutzgesetzes wird die Ausnahme eng ausgelegt.[662] Eine restriktive Anwendung ist zugunsten eines effektiven Datenschutzes für den Betroffenen ebenso in Bezug auf die Datenschutzgrundverordnung geboten.

---

662 Mit Bezug zum BDSG Däubler/Klebe/Wedde/Weichert/*Wedde*, BDSG, § 27 Rn. 17; Simitis/*Simits*, BDSG, § 27 Rn. 53.

So spricht schon der Wortlaut des Ausnahmetatbestandes dagegen, die Handlungen eines Whistleblowers unter diese Vorschrift zu fassen. Ausgenommen werden sollen nur solche Datenverarbeitungen, die zur Ausübung ausschließlich persönlicher Tätigkeiten erfolgen. Der Verordnungsgeber hat eine Negativformulierung gewählt, die nur die genannten Tätigkeiten betreffen soll. Der Whistleblower hat die personenbezogenen Daten allerdings in seinem beruflichen und nicht familiären Umfeld entdeckt und gibt sie an eine externe Stelle weiter. Er verlässt spätestens mit der Übermittlung an eine Whistleblowingplattform seinen persönlichen Bereich. Seine Handlungen sollen in die Veröffentlichung der Informationen und damit auch der personenbezogenen Daten münden.

In Erwägungsgrund 18 der Datenschutzgrundverordnung wird der Sinn der Haushaltsausnahme konkretisiert. Sie soll greifen, wenn die Datenverarbeitung ohne Bezug zu einer beruflichen oder wirtschaftlichen Tätigkeit vorgenommen wird. Da die Daten des Whistleblowers aus seinem beruflichen Umfeld stammen, besteht wortlautgetreu zumindest irgendein beruflicher Bezug. Der europäische Gesetzgeber wird in erster Linie jedoch darauf abgestellt haben, dass die Datenverarbeitung nicht im Rahmen einer beruflichen oder wirtschaftlichen Tätigkeit erfolgt sein darf. Der Whistleblower geht auch im Zuge der Verarbeitung der personenbezogenen Daten keiner wirtschaftlichen oder beruflichen Tätigkeit nach, sondern verfolgt in der Regel ideelle Interessen. Der Bezug zu seiner beruflichen Tätigkeit besteht nur dadurch, dass er einen Missstand aufzudecken gedenkt, der sich in diesem Wirkkreis abspielt. Dadurch dass der Whistleblower die internen Informationen zur Veröffentlichung an externe Stellen übermittelt, hat er sich aus seiner eigentlichen beruflichen oder wirtschaftlichen Tätigkeit herausgelöst. Die Tätigkeit des Whistleblowers lässt sich deshalb weder dem persönlich-familiären Bereich noch unmittelbar dem Bereich einer beruflich-wirtschaftlichen Tätigkeit zuordnen, weshalb zumindest Zweifel an der Anwendbarkeit der Datenschutzgrundverordnung bestehen dürften.

Art. 2 Abs. 2 lit. c) DSGVO schließt die Anwendbarkeit des Datenschutzrechts aber deshalb aus, weil im persönlich-familiären Bereich kein großes Gefahrenpotenzial für personenbezogene Daten anderer besteht. Sinn und Zweck des datenschutzrechtlichen Regelwerks ist der Schutz der Privatsphäre natürlicher Personen bei der Verarbeitung personenbezogener Daten. Durch Art. 2 Abs. 2 lit. c) DSGVO wird ein datenschutzrechtlicher Freiraum geschaffen, der zum Beispiel bei der Ausführung von Freizeitaktivitäten Anwendung finden soll.[663] In diesem Freiraum besteht keine ernstliche Gefahr für den Schutz der Privatsphäre anderer, weshalb die Anwendbarkeit der datenschutzrechtlichen Vorschriften der Datenschutzgrundverordnung ausgeschlossen wird. Ein anderes Gefahrenpotenzial besteht allerdings beim externen Whistleblowing, durch das die häuslich-familiäre Sphäre verlassen oder erst gar nicht tangiert wird. Dadurch besteht ein erhebliches Gefahrenpotenzial

663 Erwägungsgrund 18 der Datenschutzgrundverordnung; Simitis/*Dammann*, BDSG, § 1 Rn. 151.

für die Privatsphäre anderer. Aus diesem Grund ist beim externen Whistleblowing die Ausnahmevorschrift nicht anzuwenden. Die Daten sollen letztlich in einer Veröffentlichung münden und damit einer unbegrenzten Anzahl von Personen zur Verfügung gestellt werden. Solche Handlungen können aufgrund der Berührung mit der Öffentlichkeit nicht mehr unter den Ausnahmetatbestand fallen.[664]

Indes hebt der Verordnungsgeber in Erwägungsgrund 18 hervor, dass auch die Nutzung sozialer Netze und Online-Tätigkeiten, sofern sie im Rahmen solcher persönlichen und familiären Tätigkeiten stattfinden, unter Art. 2 Abs. 2 lit. c) DSGVO fallen soll. Online-Tätigkeiten übertreten auch die Schwelle der persönlichen Sphäre zur Öffentlichkeit, sodass das Herstellen von Öffentlichkeit allein nicht ausschlaggebend sein kann. Ausschlaggebend ist dem Erwägungsgrund zufolge, dass die Tätigkeit der persönlichen und familiären Sphäre zuzuordnen ist, selbst wenn sie in einer Online-Veröffentlichung mündet. Im Zeitalter sozialer Netzwerke werden viele Informationen, die früher allein im familiären Bereich ausgetauscht wurden, auf sozialen Netzwerken veröffentlicht. Aufgrund der Inhalte der Informationen und der Art des Vorgehens handelt es sich aber um Tätigkeiten, die der persönlichen Sphäre zuzuordnen sind, sodass sie von Art. 2 Abs. 2 lit. c) DSGVO erfasst werden.

Die Tätigkeiten eines Whistleblowers geschehen zwar in der Regel aufgrund persönlicher moralischer Wertvorstellungen, doch geschehen sie nicht im persönlich-familiären Bereich. Vielmehr sind sie dem gesellschaftlich-politischen Bereich oder der sozialen Sphäre zuzuordnen, da gerade das breite öffentliche Informationsinteresse befriedigt werden soll. Art. 2 Abs. 2 lit. c) DSGVO greift deshalb nicht.

7. Zulässigkeit der Verarbeitung

a) Zulässigkeit der Datenverarbeitung, Art. 6 DSGVO

Gemäß Art. 6 Abs. 1 DSGVO sind Datenverarbeitungen in sechs Grundkonstellationen rechtmäßig. Sie sind zunächst rechtmäßig, wenn die betroffene Person ihre Einwilligung erteilt hat, die Verarbeitung für die Erfüllung eines Vertrages oder einer rechtlichen Verpflichtung erforderlich ist. Diese Konstellationen greifen beim externen Whistleblowing regelmäßig nicht. Auch aus § 323c StGB folgt keine rechtliche Verpflichtung des externen Whistleblowers, Geheimhaltungsvorschriften zu brechen. Das wäre zu weitgehend. Schließlich bestehen legitime Geheimhaltungsinteressen, die nicht übergangen werden dürfen, sondern mit den Offenbarungsinteressen im Wege einer Abwägung in Einklang zu bringen sind.

Darüber hinaus sind Datenverarbeitungen rechtmäßig, wenn sie erforderlich sind, um lebenswichtige Interessen der betroffenen Person oder einer anderen natürlichen Person zu schützen. Je nach Fallkonstellation ist nicht ausgeschlossen, dass dieser Erlaubnistatbestand in Whistleblowingfällen Anwendung finden kann. Das könnte beispielsweise der Fall sein, wenn es um Gesundheitsgefährdungen geht.

---

664 *EuGH*, U. v. 06.11.2003, Az. C-101/01 Rn. 47 – *Bodil Lindqvist.*

Auf den ersten Blick könnte der Erlaubnistatbestand aus Art. 6 Abs. 1 lit. e), 1. Var. DSGVO greifen. Danach sind Datenverarbeitungen rechtmäßig, wenn sie für die Wahrnehmung einer Aufgabe erforderlich sind, die im öffentlichen Interesse liegt. Externes Whistleblowing müsste dann allerdings im Sinne des Gesetzes eine Aufgabe sein, die im öffentlichen Interesse liegt, was schwerlich zu konstruieren ist. Zwar liegt es, sofern es rechtmäßig ist, im öffentlichen Interesse, weil die Abwägung ergeben hat, dass das öffentliche Informationsinteresse die bestehenden Geheimhaltungsinteressen überwiegt. Whistleblowing kann allerdings nicht unter den Begriff der Aufgabe subsumiert werden. Eine Aufgabe ist nach dem allgemeinen Sprachgebrauch eine Verpflichtung oder ein Auftrag. Externes Whistleblowing ist dagegen die Wahrnehmung eines Interesses, die aus eigenem Antrieb erfolgt. Derselbe Erlaubnistatbestand ist bereits Bestandteil der Datenschutzrichtlinie gewesen. Der deutsche Gesetzgeber hat Art. 7 lit. c) der Richtlinie primär in den Vorschriften der §§ 13 und 14 BDSG über die Datenverarbeitung durch öffentliche Stellen umgesetzt, da öffentliche Stellen primär das öffentliche Interesse wahrnehmen. Daran ist erkennbar, dass der Begriff der Aufgabe eine zugewiesene Aufgabe beschreibt, die in der Regel durch die öffentliche Hand ausgeführt wird. Eine Ausnahme ist möglich, wenn eine Aufgabe eines Privaten ausdrücklich anerkannt ist oder ihm zugewiesen wird. Jedenfalls ist zu vermuten, dass der Begriff der Aufgabe nicht derart verstanden wird, dass er sich auch auf selbst erklärte Vorhaben wie externes Whistleblowing beziehen soll. Art. 6 Abs. 1 lit. e) 1. Var. DSGVO greift deshalb als Erlaubnistatbestand für die Datenverarbeitungen beim externen Whistleblowing nicht.

Das bedeutet allerdings nicht, dass die Datenverarbeitungen eines externen Whistleblowers nach den Grundsätzen der Datenschutzgrundverordnung nicht rechtmäßig sein können. Das neunte Kapitel der Verordnung enthält Vorschriften für besondere Datenverarbeitungssituationen. Dabei müssen die in den Art. 85 ff. DSGVO beschriebenen besonderen Verarbeitungssituationen nicht unbedingt an einen der in Art. 6 DSGVO aufgeführten Erlaubnistatbestände anknüpfen. Der Wortlaut von Art. 6 Abs. 2 DSGVO, wonach die im neunten Kapitel beschriebenen Situationen als andere besondere Verarbeitungssituationen bezeichnet werden, zeigt, dass der Verordnungsgeber sie als weitere zulässige Datenverarbeitungssituationen verstanden hat. Er hat in Art. 85 ff. DSGVO über die grundsätzliche Zulässigkeit entschieden und überlässt den Mitgliedsstaaten die Ausgestaltung der spezifischen Bedingungen.

b) Anwendbarkeit des Medienprivilegs, Art. 85 DSGVO

Die datenschutzrechtliche Zulässigkeit externen Whistleblowings kann auf Art. 85 Abs. 1 DSGVO gestützt werden. Danach sind die Mitgliedsstaaten gehalten, durch Gesetz das Recht auf den Schutz personenbezogener Daten gemäß der Verordnung mit dem Recht auf freie Meinungsäußerung und Informationsfreiheit, einschließlich der Verarbeitung personenbezogener Daten zu journalistischen Zwecken und zu wissenschaftlichen, künstlerischen oder literarischen Zwecken, in Einklang zu bringen. Bereits der Wortlaut der Vorschrift zeigt, dass diese Regelung nicht nur zugunsten der Medien oder von wissenschaftlichen, künstlerischen oder literarischen Zwecken gelten soll, sondern darüber hinaus gebietet, die Meinungs- und Informationsfreiheit generell mit dem Datenschutzrecht in Einklang zu bringen.

Konkretisierend bestimmt der Verordnungsgeber in Art. 85 Abs. 2 DSGVO, dass die Mitgliedsstaaten für die Verarbeitung personenbezogener Daten, die zu journalistischen Zwecken oder zu wissenschaftlichen, künstlerischen oder literarischen Zwecken erfolgt, Abweichungen oder Ausnahmen von den meisten Bestimmungen der Datenschutzgrundverordnung vorsehen sollen. Da der Verordnungsgeber in Art. 85 Abs. 2 DSGVO explizit nur die genannten Zwecke aufführt, ist unklar, welcher Regelungszweck noch für Art. 85 Abs. 1 DSGVO übrig bleibt. Einerseits sollen die Mitgliedsstaaten durch Gesetz die Freiheit der Meinungsäußerung und das Recht auf Datenschutz miteinander in Einklang bringen. Andererseits sollen sie Abweichungen und Ausnahmen nach Art. 85 Abs. 2 DSGVO nur vorsehen für Datenverarbeitungen zu den dort genannten Zwecken.

Eine Möglichkeit besteht darin, Art. 85 Abs. 1 DSGVO nur die Funktion eines Prinzips zuzusprechen und den eigentlichen Gesetzgebungsauftrag an die Mitgliedsstaaten nur in Art. 85 Abs. 2 DSGVO zu sehen. Die Mitgliedsstaaten wären dann allenfalls befugt, gemäß Art. 85 Abs. 1 DSGVO bestehende Regelungen der Datenschutzgrundverordnung zu konkretisieren, wobei fragwürdig ist, ob das ohne die Vornahme von Einschränkungen möglich ist. Abweichungen und Ausnahmen können nach dieser Sichtweise explizit nur gemäß Art. 85 Abs. 2 DSGVO bei Datenverarbeitungen zu den aufgelisteten Zwecken vorgenommen werden. Für diese Sichtweise kann mit der Bestimmung in Art. 85 Abs. 3 DSGVO argumentiert werden, wonach die Mitgliedsstaaten eine Mitteilungspflicht gegenüber der Kommission in Bezug auf alle nach Art. 85 Abs. 2 DSGVO erlassenen Vorschriften haben. Art. 85 Abs. 1 DSGVO scheint demnach keinen Gesetzgebungsauftrag zu enthalten. Sieht man diese Sichtweise als die richtige an, dann könnte eine Whistleblowingvorschrift auf Grundlage von Art. 85 DSGVO nur erlassen werden, wenn das Whistleblowing zu einem der dort aufgeführten Zwecke erfolgt. Zwar erfolgen beim externen Whistleblowing die Datenverarbeitungen zu dem Zweck, die Informationen zu publizieren. Auch wenn der Begriff des Journalismus weit zu verstehen ist,[665] betreiben viele Whistleblower selbst keine unmittelbare journalistische Arbeit, sondern nehmen allenfalls eine diese vorbereitende Handlung wahr.[666]

Der Wortlaut des Art. 85 Abs. 1 DSGVO spricht allerdings auch vielmehr für ein Zusammenspiel von Art. 85 Abs. 1 und Abs. 2 DSGVO. In Absatz 1 wird der Auftrag an die Mitgliedsstaaten erteilt, Gesetze zu erlassen, um das Recht auf Datenschutz und die Meinungs- und Informationsfreiheit miteinander in Einklang zu bringen. Datenverarbeitungen zu den besonders aufgeführten Zwecken werden auch davon erfasst, worauf der Begriff *einschließlich* hindeutet. Die Regelung ist so formuliert,

---

665 Erwägungsgrund 153 der Datenschutzgrundverordnung.
666 Siehe S. 18ff.

dass die Mitgliedsstaaten auch über diese Zwecke hinausgehend Gesetze erlassen sollen, die die beiden Grundrechte miteinander in Einklang bringen. Ohne die Vornahme von Einschränkungen und Ausnahmen auch in Bezug auf andere als die in Absatz 2 genannten Zwecke wird das praktisch nicht möglich sein. Das eine Grundrecht wird auf Kosten des anderen zurückstehen müssen. Zudem wird ein praktischer Bedarf bestehen, die Grundrechte auch dann miteinander in Einklang zu bringen, wenn die genannten Zwecke nicht betroffen sind. Art. 85 Abs. 2 DSGVO ist deshalb zu eng gefasst. Die Mitgliedsstaaten haben in Art. 85 Abs. 1 DSGVO einen Gesetzgebungsauftrag erteilt bekommen. Diesen können sie nur ausführen, wenn sie überall dort Ausnahmen formulieren dürfen, wo die Meinungsfreiheit und der Datenschutz miteinander in Einklang zu bringen sind. Einzige Voraussetzung ist es, das Recht auf Datenschutz und die Meinungs- und Informationsfreiheit miteinander in Einklang zu bringen. Art. 85 Abs. 1 und 2 sind deshalb in einem Zusammenspiel zu betrachten, wofür auch die Überschrift des gesamten Artikels spricht, in der es heißt: Verarbeitung personenbezogender Daten und Freiheit der Meinungsäußerung und Informationsfreiheit. Dieser Titel deutet keine Begrenzung auf die in Absatz 2 genannten Zwecke an.

Externes Whistleblowing ist auch Ausdruck der Informationsfreiheit und ist aufgrund der datenverarbeitenden Handlungen mit dem Recht auf den Schutz personenbezogener Daten in Einklang zu bringen. Eine Regelung kann demnach auf Art. 85 DSGVO gestützt werden. Die Mitgliedsstaaten können gemäß Art. 6 Abs. 2 DSGVO spezifischere Bestimmungen erlassen, einschließlich für besondere Verarbeitungssituationen gemäß Kapitel IX, wozu auch Art. 85 DSGVO zählt. Die Zulässigkeit externen Whistleblowings beurteilt sich deshalb letztlich nach einer nationalen Vorschrift de lege ferenda auf Basis von Art. 85 DSGVO.

c) Anwendbarkeit des Medienprivilegs, § 41 BDSG/§ 57 Abs. 1 RStV

Da die Datenschutzgrundverordnung im Jahr 2018 in Kraft treten wird, werden die Mitgliedsstaaten auch erst dann von der Möglichkeit, spezifischere Bestimmungen zu erlassen, Gebrauch machen können. Gemäß Art. 6 Abs. 2 i.V.m. Art. 85 DSGVO können die Mitgliedsstaaten zur Konkretisierung aber auch bestehende Regelungen beibehalten.

Im derzeit in Deutschland geltenden Bundesdatenschutzgesetz findet sich in § 41 BDSG, das sog. Medienprivileg[667], das der deutsche Gesetzgeber in Konkretisierung von Art. 85 DSGVO möglicherweise beibehalten wird. § 41 BDSG erteilt den Ländern einen Gesetzgebungsauftrag, die diesem in § 57 RStV[668] nachgekommen sind. Das Medienprivileg dient unter anderem dem Schutz der Presse, die auf Informanten angewiesen ist. Damit die Presse ihren Beitrag in einer demokratischen Gesellschaft leisten kann, so wird plädiert, sei ein Schutz der Daten ihrer Informanten

667 Siehe Däuber/Klebe/Wedde/Weichert/*Wedde*, BDSG, § 41 Rn. 1; Gola/Schomerus/*Gola/Klug/Körffer*, BDSG, § 41 Rn. 1.

668 Staatsvertrag für Rundfunk und Telemedien (Rundfunkstaatsvertrag) v. 27.07.2001.

und damit auch externer Whistleblower vor staatlichem Zugriff erforderlich.[669] In der Regel unterstützt der externe Whistleblower die Presse als Quelle, ist dabei aber nicht über das Medienprivileg geschützt. Das gilt selbst bei Whistleblowern, die ihre Informationen selbst veröffentlichen und dabei den Schutz der Pressefreiheit genießen können.

Nach § 41 BDSG findet das Bundesdatenschutzgesetz dann nur sehr eingeschränkt Anwendung, wenn es um Datenverarbeitungen von Unternehmen und Hilfsunternehmen der Presse ausschließlich zu eigenen journalistisch-redaktionellen Zwecken geht. Diese Ausnahmeregelung ist Ausfluss der grundgesetzlich garantierten Pressefreiheit.[670] Die Rechtmäßigkeit externen Whistleblowings resultiert allerdings zumeist aus der Informationsfreiheit und seltener aus der Pressefreiheit,[671] sodass eine Anwendung auf den externen Whistleblower in diesen Fällen ausscheiden muss. Der Schutz des Informanten ist über die Pressefreiheit ausschließlich aus Sicht des Journalisten gegeben, der bei Ausübung seiner Tätigkeit eine Offenlegung der Identität seiner Quellen verweigern kann. Die Handlungen des Informanten selbst werden hingegen über die Informationsfreiheit geschützt. Aber der Wortlaut des Medienprivilegs beweist die mangelnde Anwendbarkeit zugunsten externer Whistleblower. Schon der Titel sieht eine Anwendung für Datenverarbeitungen ausdrücklich durch die Medien vor, zu denen der Whistleblower nicht zu zählen ist. Dem allgemeinen Sprachgebrauch zufolge fallen die Presse, Rundfunkanstalten und andere Kommunikationsorganisationen darunter, während der Informant selbst die Medien zwar bedient, aber nicht zu ihnen zählt. Auch der selbst publizierende Whistleblower wird in der Regel einmalig tätig und gehört keiner Organisation an, sodass er nach allgemeinem Sprachgebrauch nicht zu den klassischen Medien zählt. Darüber hinaus bestimmen § 41 Abs. 1 BDSG und § 57 Abs. 1 RStV, dass Unternehmen und Hilfsunternehmen privilegiert werden. Unabhängig von den spezifischen Konturen des zugrundezulegenden Unternehmensbegriffs ist ein externer Whistleblower nicht unternehmerisch tätig, sondern verarbeitet, in der Regel einmalig, als private Person die Daten.

Demgemäß ist das Medienprivileg aus § 41 Abs. 1 BDSG und § 57 Abs. 1 RStV nicht auf den externen Whistleblower anwendbar. Selbst wenn sich der deutsche Gesetzgeber dazu entschließt, dieses Medienprivileg beizubehalten, existiert keine datenschutzrechtliche Regelung zugunsten eines externen Whistleblowers.

8. *Informationspflichten und Auskunftsanspruch*

Darüber hinaus werden an einen Datenverarbeitungsvorgang im Sinne der DSGVO Informationspflichten und ein Auskunftsanspruch als Konkretisierung des datenschutzrechtlichen Transparenzgebots geknüpft. Mit dem Charakter des externen

---

669 Gola/Schomerus/*Gola/Klug/Körffer*, BDSG, § 41 Rn. 3a.

670 Däuber/Klebe/Wedde/Weichert/*Wedde*, BDSG, § 41 Rn. 1; Gola/Schomerus *Gola/Klug/Körffer*, BDSG, § 29 Rn. 4; Plath/*Plath/Frey*, BDSG, § 41 Rn. 2.

671 Siehe zu den Wertungen auf Grundlage der EMRK S. 17ff.

Whistleblowings sind diese Rechtsfolgen besonders schwierig zu vereinbaren, da ein Whistleblower gerade versucht, einen Missstand an die Öffentlichkeit zu bringen. In der Regel möchte er deshalb zumindest beim für den Missstand Verantwortlichen kein Bewusstsein für die Datenverarbeitungen schaffen und damit die Gefahr erhöhen, dass der Veröffentlichungsvorgang von außen verhindert oder beeinträchtigt wird.

Art. 13 DSGVO normiert eine Informationspflicht bei einer Erhebung von personenbezogenen Daten bei der betroffenen Person. Gemäß Art. 13 Abs. 1 DSGVO teilt der Verantwortliche der betroffenen Person bereits zum Zeitpunkt der Erhebung verschiedene Informationen mit. Dazu gehören etwa der Name und die Kontaktdaten des Verantwortlichen, die Zwecke, für die die personenbezogenen Daten verarbeitet werden sollen, sowie die Rechtsgrundlage der Verarbeitung. Nach Art. 13 Abs. 2 DSGVO erstreckt sich die Informationspflicht unter anderem auch auf die Dauer, für die die personenbezogenen Daten gespeichert werden. Art. 14 DSGVO betrifft die Informationspflicht, wenn die personenbezogenen Daten nicht bei der betroffenen Person erhoben wurden. Auch danach teilt der Verantwortliche der betroffenen Person bestimmte Informationen mit. Je nach Fallkonstellation kann beim externen Whistleblowing die Informationspflicht gemäß Art. 13 DSGVO oder Art. 14 DSGVO bestehen.

Gemäß Art. 15 Abs. 1 DSGVO hat der von der Verarbeitung Betroffene den Anspruch, von dem Verantwortlichen der Datenverarbeitung Auskunft über die verarbeiteten personenbezogenen Daten zu verlangen. Dabei ist die Auskunft im Hinblick auf die im Gesetz aufgeführten Informationen zu erteilen. Der Betroffene hat danach ein Recht auf Informationen zu den Verarbeitungszwecken, den Kategorien der verarbeiteten Daten, zu den Empfängern der Daten sowie die geplante Dauer, für die die personenbezogenen Daten gespeichert werden. Des Weiteren sind dem Betroffenen Informationen über das Bestehen eines Rechts auf Berichtigung oder Löschung mitzuteilen und, was in Bezug auf einen externen Whistleblower von wichtiger Bedeutung ist, es sind Informationen über die Herkunft der Daten zu übermitteln, wenn die personenbezogenen Daten nicht bei der betroffenen Person selbst erhoben werden. Zuletzt muss über das Bestehen einer automatisierten Entscheidungsfindung informiert werden. Die Herkunft der Daten wird in Deutschland derzeit im Rahmen des § 34 BDSG als die Stelle oder Person oder sonstige Quelle definiert, von der die verantwortliche Stelle, also der Whistleblower in diesem Fall, die Daten erhalten hat.[672]

Es ist mit dem Charakter externen Whistleblowings regelmäßig nicht zu vereinbaren, dass Personen, deren Daten in den Informationen des Whistleblowers erhalten sind, vor Veröffentlichung Kenntnis vom Datenverarbeitungsvorgang erhalten. Darüber hinaus wäre es selbst nach Veröffentlichung der Informationen problematisch, vom Whistleblower Auskunft über die Herkunft der Daten zu verlangen. Möglicherweise würde eine solche Auskunft ihn oder andere Unterstützer belasten. Dies stellt

---

672 Gola/Schomerus/*Gola/Klug/Körffer*, BDSG, § 34 Rn. 10.

eine zusätzliche Hürde für einen Whistleblower dar, Informationen über einen Missstand zu veröffentlichen. Es ist erkennbar, dass die Informationspflichten und der Auskunftsanspruch in erheblicher Weise externes Whistleblowing erschweren und letztlich sogar gänzlich verhindern können. Der Charakter des Whistleblowings, das gemäß Art. 10 EMRK geschützt wird, ist deshalb mit dem datenschutzrechtlichen Transparenzgebot in Einklang zu bringen.[673]

III. Erlass einer Whistleblowingvorschrift auf nationaler Ebene

Um rechtlich die Voraussetzungen festzulegen, unter denen datenschutzrechtliche Bestimmungen zugunsten externen Whistleblowings zurücktreten müssen, könnte der deutsche Gesetzgeber einen spezifischen Erlaubnistatbestand schaffen. Dadurch könnte auch die Problematik im Hinblick auf die Informationspflichten und den Auskunftsanspruch geregelt werden.

1. *Legitimation für eine Whistleblowingvorschrift*

Eine Legitimation für solch eine Vorschrift ergibt sich bereits aus der Datenschutzgrundverordnung selbst. Schon in Erwägungsgrund 3a stellt der Verordnungsgeber heraus, dass das Recht auf Schutz der personenbezogenen Daten kein uneingeschränktes Recht ist, sondern im Hinblick auf seine gesellschaftliche Funktion gesehen werden muss. Unter Wahrung des Verhältnismäßigkeitsgrundsatzes muss es gegen andere Grundrechte abgewogen werden. Im Folgenden führt er dann die Grundrechte auf, mit denen die Verordnung insbesondere im Einklang steht. Dabei werden explizit das Recht auf Freiheit der Meinungsäußerung sowie die Informationsfreiheit genannt. Whistleblowing ist insbesondere Ausfluss der Informationsfreiheit. Da die Verordnung mit diesem Grundrecht in Einklang steht, ist es Aufgabe des Gesetzgebers, abzuwägen, unter welchen Bedingungen externes Whistleblowing trotz des Rechts auf den Schutz personenbezogener Daten möglich ist.

Art. 23 DSGVO bestimmt, dass die EU oder die Mitgliedsstaaten bestimmte Vorschriften der Verordnung durch Rechtsvorschriften beschränken können, wenn die Gesetzgebungsmaßnahmen bestimmten Rechtsgütern dienen. Zu den aufgelisteten Rechtsgütern zählen die nationale Sicherheit, die Landesverteidigung und der Schutz der öffentlichen Sicherheit. Darüber hinaus wird die Verfolgung von Straftaten aufgelistet. Unter dem Schutz sonstiger wichtiger Ziele des allgemeinen öffentlichen Interesses sind insbesondere wichtige wirtschaftliche und finanzielle Interessen sowie Interessen in Bezug auf die öffentliche Gesundheit und die soziale Sicherheit zu verstehen. Anhand von Art. 23 DSGVO ergibt sich, dass die Verordnung nicht dazu bestimmt ist, einen Schutz dieser Rechtsgüter zu verhindern. Rechtmäßiges externes Whistleblowing dient dem Schutz wichtiger allgemeiner öffentlicher Interessen, weshalb Art. 23 DSGVO eine Whistleblowingregelung im Datenschutzrecht legitimiert.

---

673 *Tinnefeld*, Meinungsfreiheit durch Datenschutz, ZD 2015, 22 (25).

Da der europäische Gesetzgeber die Harmonisierung des Datenschutzrechts und der Meinungsfreiheit den Mitgliedsstaaten überlassen hat, sollte eine Whistleblowingregelung im nationalen Recht und nicht von der Europäischen Union erlassen werden. Art. 85 DSGVO erteilt explizit den Mitgliedsstaaten den Gesetzgebungsauftrag, das Recht auf den Schutz der Daten und die Kommunikationsfreiheiten miteinander in Einklang zu bringen. Zudem ist dem europäischen Gesetzgeber die Whistleblowingproblematik bekannt gewesen, wie etwa die Richtlinie zum Schutz von Geschäftsgeheimnissen zeigt. Er hat sich der Problematik in der Datenschutzgrundverordnung selbst aber nicht angenommen.

2. *Handlungsempfehlung: Externes Whistleblowing privilegieren*

Aufgrund der soeben erarbeiteten Ergebnisse empfiehlt es sich, Datenverarbeitungen beim externen Whistleblowing unter bestimmten Voraussetzungen wie jene der Presse im Sinne des § 41 BDSG zu privilegieren. Eine datenschutzrechtliche Whistleblowingregelung könnte dementsprechend folgendermaßen lauten:

Externes Whistleblowing

Auf die Verarbeitung personenbezogener Daten von Whistleblowern zugunsten von überwiegenden öffentlichen Informationsinteressen sind die Artikel 77 bis 84 der Datenschutzgrundverordnung anwendbar, wenn die Datenverarbeitung erforderlich ist. Der Whistleblower soll die in Art. 5 Datenschutzgrundverordnung festgehaltenen Grundsätze einhalten.

a) Befriedigung des öffentlichen Informationsinteresses

Der Zweck der Whistleblowingvorschrift ist die Befriedigung des öffentlichen Informationsinteresses sowie mittelbar der Schutz der jeweils durch den Missstand betroffenen Rechtsgüter. Diese Vorschrift sollte aufgrund ihrer engen thematischen Verknüpfung mit Datenverarbeitungen der Medien in demselben Abschnitt wie ein Medienprivileg zu verorten sein.

b) Spezifische Abwägung zwischen öffentlichem Informationsinteresse und Geheimhaltungsinteresse

Dieser datenschutzrechtliche Gesetzesvorschlag basiert auf den im ersten Teil der Arbeit vorgeschlagenen Rechtmäßigkeitskriterien. Deshalb muss eine Abwägung zwischen öffentlichem Informationsinteresse und Geheimhaltungsinteresse stattfinden, in der das Grundrecht auf den Schutz der personenbezogenen Daten zu berücksichtigen ist.

Ein Whistleblowerprivileg ist nur dann gerechtfertigt, wenn das öffentliche Informationsinteresse schwerer wiegt als bestehende Geheimhaltungsinteressen. Für die grundsätzliche Ausrichtung dieser Abwägung wird auf die Darstellung im Rahmen der vorgeschlagenen Rechtmäßigkeitskriterien zum externen Whistleblowing verwiesen.[674] Besteht ein erhebliches öffentliches Informationsinteresse, überwiegt es in der Regel die bestehenden Geheimhaltungsinteressen, weil die bedrohten oder geschädigten Rechtsgüter von großer Bedeutung sind. Bei geringfügigen Missständen überwiegen in der Regel die Geheimhaltungsinteressen. Bei der Abwägung sind die Art der durch den Missstand betroffenen Rechtsgüter, die Schwere und Dauer sowie die Aktualität und nachteiligen Auswirkungen der Verletzungen oder des Missstandes entscheidend. Aufgrund dieser Parameter ergibt sich, ob das öffentliche Informationsinteresse das Geheimhaltungsinteresse überwiegt, sodass die Öffentlichkeit im Wege externen Whistleblowings über den Missstand rechtmäßig in Kenntnis gesetzt werden darf.

Im Datenschutzrecht ergibt sich eine spezifische Abwägung. Auf Seiten der Geheimhaltungsinteressen besteht das Recht auf den Schutz personenbezogener Daten wie es in Art. 7 und 8 GRCh sowie Art. 8 EMRK garantiert wird. Ein Eingriff in das Recht auf den Schutz personenbezogener Daten gemäß Art. 7 und 8 GRCh in Verbindung mit Art. 52 Abs. 3 GRCh oder gemäß Art. 8 EMRK ist nur rechtmäßig, wenn er im Gesetz vorgesehen ist, ein rechtmäßiges Ziel verfolgt und in einer demokratischen Gesellschaft notwendig ist. Die datenschutzrechtliche Whistleblowingvorschrift stellt die notwendige gesetzliche Grundlage dar. Die Befriedigung des überwiegenden öffentlichen Informationsinteresses ist der Zweck, den die Datenverarbeitung verfolgt.

Notwendig ist der Eingriff in einer demokratischen Gesellschaft nur, wenn das öffentliche Informationsinteresse überwiegt. Denn die Befriedigung des öffentlichen Informationsinteresses trägt zur Meinungsbildung bei, die essenzieller Bestandteil einer demokratischen Gesellschaft ist. Dabei sind aufgrund der Abwägung mit dem Recht auf den Schutz personenbezogener Daten besondere datenschutzrechtliche Aspekte einzubeziehen, sodass eine besonders komplexe und differenzierte Abwägung stattfinden muss.[675] Dabei sind der Verhältnismäßigkeitsgrundsatz, die Schwere des offen gelegten Rechtsverstoßes und die Folgen der Offenlegung für die betroffene Person zu berücksichtigen.[676] Die Schwere des offen gelegten Rechtsverstoßes spielt, wie in Bezug auf die allgemeinen Rechtmäßigkeitskriterien beim Whistleblowing vorgeschlagen, eine zentrale Rolle für die Gewichtung der Interessen. Die Folgen der Offenlegung für die betroffene Person unterscheiden sich in den konkreten Fällen und sind im Rahmen der Geheimhaltungsinteressen zu berücksichtigen. Der Verhältnismäßigkeitsgrundsatz gebietet unter anderem, dass nur die Daten verarbeitet werden, die zur Erreichung des legitimen Zwecks notwendig sind. Darüber hinaus ist der Wesensgehalt des Rechts auf Datenschutz zu berücksichtigen.

---

674 Siehe zur Abwägung von öffentlichen Informationsinteressen und Geheimhaltungsinteressen S. 43ff.

675 *Hoeren*, IMMI – The EU Perspective, CRi 2010, 141 (145).

676 Das hebt die *Article 29 Data Protection Working Party* vom 01.02.2006 in Bezug auf datenschutzrechtliche Aspekte bei internen Whistleblowingsystemen hervor, S. 9 abrufbar unter: http://ec.europa.eu/justice/policies/privacy/docs/wpdocs/2006/wp117_en.pdf (zuletzt abgerufen: 15.07.2016).

Die Verarbeitung besonderer Kategorien personenbezogener Daten ist gemäß Art. 9 DSGVO grundsätzlich verboten. Diese Wertung muss sich im Rahmen der Abwägung widerspiegeln. Werden besondere Kategorien personenbezogener Daten verarbeitet, sollte das öffentliche Informationsinteresse aufgrund dieser Wertung in Art. 9 DSGVO regelmäßig nur überwiegen, wenn es sich um ein erhebliches öffentliches Informationsinteresse[677] handelt. Andernfalls ist der Whistleblower gehalten, diese Daten nicht zu verarbeiten. Die Datenschutzgrundverordnung gebietet explizit, solche Daten insbesondere nicht an externe Stellen zu übermitteln. Die Verarbeitung besonderer Kategorien personenbezogener Daten ist gemäß Art. 9 Abs. 2 lit. g) DSGVO dementsprechend nur erlaubt, wenn sie aus Gründen eines erheblich öffentlichen Interesses erforderlich ist. Offenbar genügt ein einfaches öffentliches Interesse nicht, sondern es muss sich um ein in Bezug auf die Bedeutung gesteigertes öffentliches Interesse handeln. Durch das Erfordernis eines erheblichen öffentlichen Informationsinteresses im Rahmen der Abwägung kann diesem Umstand Rechnung getragen werden.

c) Einhaltung der Datenschutzgrundsätze, Art. 5 DSGVO

Art. 5 DSGVO enthält die Grundsätze in Bezug auf die Verarbeitung personenbezogener Daten. Satz 2 des Whistleblowerprivilegs enthält eine Soll-Vorschrift, die auf die Einhaltung der Grundsätze der Datenverarbeitung durch den Whistleblower gerichtet ist. Die grundlegenden datenschutzrechtlichen Prinzipien sollen wegweisend für den Umgang des Whistleblowers mit den in seiner Hand befindlichen Daten sein. Denn nur auf diese Weise wird das Whistleblowerprivileg nicht zu einem „Freifahrtschein" für die Verletzung des Rechts auf den Schutz personenbezogener Daten anderer sein. An die in Art. 13 ff. DSGVO normierten Informationspflichten bzw. an den Auskunftsanspruch ist der Whistleblower durch diese vorgeschlagene Lösung unter anderem aber nicht gebunden, weil diese Pflichten externes Whistleblowing erheblich beeinträchtigen oder verhindern könnten.

Aus praktischen Gründen ist die vorgeschlagene Vorschrift allerdings als Soll-Vorschrift und nicht als rechtliche Pflicht ausgestaltet. Eine rechtliche Pflicht zur strengen Einhaltung der datenschutzrechtlichen Grundsätze ist mit dem Charakter des Whistleblowings nicht vereinbar. Das gilt zunächst insbesondere für den Grundsatz der Transparenz, der in Art. 5 Abs. 1 lit. a) DSGVO explizit aufgeführt wird. Ein Whistleblower kann die Daten gerade nicht in einer Weise verarbeiten, die für den Betroffenen nachvollziehbar ist. Oftmals ist es gerade der Betroffene, der von der Informationsweitergabe nicht erfahren darf, um die Meldung des Missstandes im öffentlichen Interesse nicht zu gefährden. Eine transparente Datenverarbeitung für den Betroffenen ist deshalb nicht möglich.

Darüber hinaus ist auch die strenge Einhaltung des Grundsatzes der Datenminimierung nicht mit dem Charakter des Whistleblowings vereinbar. Personenbezogene Daten müssen danach dem Zweck angemessen und sachlich relevant sein

677 Siehe zum Begriff des erheblichen öffentlichen Informationsinteresses S. 39ff.

sowie auf das für die Zwecke der Verarbeitung notwendige Maß beschränkt sein, Art. 5 Abs. 1 lit. c) DSGVO. Es sollen nur die Daten weitergegeben werden, die erforderlich sind, um den Missstand darzustellen.[678] Darin steckt dieselbe Wertung, die auch dem Erforderlichkeitskriterium im Rahmen der vorgeschlagenen, allgemeinen Rechtmäßigkeit von Whistleblowing[679] zugrunde liegt. Insbesondere in der Phase nach Entdeckung des Missstandes muss ein Whistleblower unter größtmöglicher Geheimhaltung und sehr vorsichtig vorgehen, damit eine Meldung der Missstände nicht durch äußere Eingriffe verhindert wird. Der Whistleblower wird dabei nicht in der Lage sein, die Erforderlichkeit der Datenverarbeitung eines jeden in der Information befindlichen personenbezogenen Datums zu prüfen. Eine grobe Überprüfung sollte allerdings möglich sein. Aufgrund der großen Geheimhaltungsbedürftigkeit der Vorgänge würde es zudem schwer, durch rechtliche Beratung eine strenge Einhaltung der datenschutzrechtlichen Grundsätze zu erreichen. Der Whistleblower würde letztlich durch eine Verpflichtung zur Einhaltung von Art. 5 DSGVO davon abgehalten, Missstände zu melden.

Der Whistleblower sollte die datenschutzrechtlichen Grundsätze als Leitlinien für die durch ihn durchgeführten Datenverarbeitungen jedoch berücksichtigen.

d) Rechtsfolgen eines Whistleblowerprivilegs

Hält der Whistleblower die Voraussetzungen ein, die im datenschutzrechtlichen Whistleblowerprivileg aufgeführt sind, ist er von der Einhaltung der meisten Vorschriften der Datenschutzgrundverordnung befreit. Es gelten dann auch nicht die Informationspflichten oder der Auskunftsanspruch. Art. 85 Abs. 1 und 2 DSGVO sehen im Zusammenspiel vor, dass der nationale Gesetzgeber Ausnahmen und Abweichungen von den Kapiteln zwei bis sieben sowie neun der Datenschutzgrundverordnung vorsehen darf. Auf diese Weise kann er durch Gesetz das Recht auf den Schutz personenbezogener Daten und das Recht auf freie Meinungsäußerung und Information miteinander in Einklang bringen. Externes Whistleblowing wird von der Einhaltung der meisten Bestimmungen der Datenschutzgrundverordnung befreit, da es andernfalls in rechtmäßiger Weise nicht vornehmbar wäre. Durch das Whistleblowerprivileg wird die Anwendbarkeit der Art. 77 bis 84 DSGVO explizit angeordnet. Sie können auf Grundlage des Art. 85 DSGVO nicht ausgeschlossen werden und enthalten Regelungen über Rechtsbehelfe, Haftung und Sanktionen. Danach können Betroffene zum Beispiel Beschwerde bei der Aufsichtsbehörde wegen Verstößen gegen die Verordnung einreichen oder Klage gegen die für die Datenverarbeitung Verantwortlichen bei Gericht erheben. Ein Whistleblower sieht sich Schadensersatzansprüchen ausgesetzt, wenn er gegen

---

678 *Article 29 Data Protection Working Party* vom 01.02.2006 mit Bezug zu datenschutzrechtlichen Aspekten bei internen Whistleblowingsystemen, S. 12 abrufbar unter: http://ec.europa.eu/justice/policies/privacy/docs/wpdocs/2006/wp117_en.pdf (zuletzt abgerufen: 15.07.2016).

679 Zu den vorgeschlagenen Rechtmäßigkeitskriterien S. 35ff.

die Vorschriften der Datenschutzgrundverordnung verstößt und dadurch ein materieller oder immaterieller Schaden entstanden ist. Ein Verstoß gegen das Whistleblowerprivileg ist als Verstoß gegen die Datenschutzgrundverordnung zu verstehen, da die Vorschrift auf Art. 85 DSGVO basiert. Gemäß Art. 84 DSGVO legen die Mitgliedsstaaten Vorschriften über Sanktionen fest, sodass Datenverarbeitungen des Whistleblowers, die nicht im Einklang mit dem Whistleblowerprivileg durchgeführt werden, weitere Rechtsfolgen nach sich ziehen können.

Darüber hinaus können die Kapitel eins und zehn der Datenschutzgrundverordnung nicht ausgeschlossen werden. Das erste Kapitel enthält die Ziele, den Anwendungsbereich und die Begriffsbestimmungen der Datenschutzgrundverordnung, die auch in Bezug auf externes Whistleblowing gelten. Im zehnten Kapitel sind technische Vorschriften für die Kommission enthalten, die externes Whistleblowing nicht tangieren.

IV. Datenverarbeitungen durch die Whistleblowingplattform

Im Anschluss an die Übermittlung der Informationen an eine Whistleblowingplattform durch den Whistleblower erfolgt die Veröffentlichung ausgewählter Daten auf einer Webseite. Dabei handelt es sich um eine Datenverarbeitung im Sinne von Art. 4 Nr. 2 DSGVO in Form der Verbreitung, die ebenso wie die übrigen Verarbeitungsformen rechtmäßig im Sinne der Datenschutzgrundverordnung sein muss. Art. 85 Abs. 1, 2 DSGVO enthält den Gesetzgebungsauftrag für die Mitgliedsstaaten, die das Recht auf den Schutz personenbezogener Daten mit dem Recht auf freie Meinungsäußerung und Informationsfreiheit, einschließlich der Verarbeitung personenbezogener Daten zu journalistischen Zwecken, in Einklang bringen sollen.

1. Anwendbarkeit des Medienprivilegs, Art. 85 DSGVO

Der Gesetzgebungsauftrag in Art. 85 DSGVO, die Medien zu privilegieren, bezieht sich auch auf Whistleblowingplattformen. Denn die Datenverarbeitungen von Whistleblowingplattformen erfolgen zu journalistischen Zwecken. Bereits der Erwägungsgrund 153 der Verordnung spricht dafür, auch solche Veröffentlichungen unter die Begrifflichkeit journalistischer Zwecke zu fassen, die auf Whistleblowingplattformen in Form des Uploads von Originaldokumenten erfolgen. Im genannten Erwägungsgrund wird ausgeführt, dass Begriffe wie Journalismus, die sich auf das Recht der freien Meinungsäußerung beziehen, weit auszulegen seien. Diese Auslegung wird der Bedeutung dieses Grundrechts in einer demokratischen Gesellschaft gerecht. Der europäische Gesetzgeber, der die Datenschutzgrundverordnung zur Anpassung an das digitale Zeitalter entworfen hat, wird sich dabei insbesondere auf Veröffentlichungen im Internet bezogen haben. Die Publikationslandschaft ist vielfältig geworden. Neben Online-Artikeln der traditionellen Presse, die regelmäßig mit den Artikeln der Printprodukte übereinstimmen, werden auf Blogs und in sozialen Netzwerken Beiträge auch von nicht-professionellen Journalisten veröffentlicht. Der Verordnungsgeber lehnt sich mit seinem weiten Verständnis des

Journalismusbegriffs an die Rechtsprechung des *EuGH* an, der die Tendenz einer weiten Auslegung bereits 2008 in einem seiner Judikate festgehalten hat.[680] In diesem Vorlageverfahren hatte der *EuGH* den Journalismusbegriff auch in Bezug auf die Datenschutzrichtlinie auszulegen.

Kritisiert wird dieses weite Verständnis des Journalismusbegriffs dahingehend, dass dadurch ein grundsätzlicher Vorrang der Pressefreiheit vor dem Recht auf Datenschutz formuliert werde. Für solch einen Vorrang gebe es in anderen EU-Judikaten keine Anhaltspunkte. Einzelfallentscheidungen seien geboten, um beiden Grundrechten in ihrer jeweiligen Bedeutung gerecht zu werden.[681] Diese Kritik ist deshalb anfechtbar, weil der Gesetzgeber zuvor durch Schaffung von Art. 9 der Richtlinie in einem demokratischen Gesetzgebungsverfahren eine Privilegierung der Pressefreiheit im Konflikt mit dem Recht auf Datenschutz bestimmt hat. Es war nicht die Rechtsprechung, die eigenmächtig einen nicht bestehenden Vorrang determiniert hat. Es handelt sich um eine Wertungsfrage, die bereits verfassungsrechtlich angelegt ist, da auch das Recht auf den Schutz der Daten nicht absolut ist. Der Gesetzgeber hat die Wertung wegen der Bedeutung der Pressefreiheit in einer demokratischen Gesellschaft derart zugunsten der Pressefreiheit konkretisiert, dass Ausnahmen und Abweichungen von den datenschutzrechtlichen Regeln vorgesehen werden dürfen.

Die Entscheidung des *Europäischen Gerichtshofs* wird darüber hinaus kritisiert, weil sie nicht mit der Linie des *EGMR* übereinstimme. In seiner Rechtsprechung habe der *EGMR* festgestellt, dass nicht an jeder Information ein legitimes öffentliches Interesse bestehe. Dieses sei aber der Parameter, der entscheide, ob eine Information rechtmäßig veröffentlicht werden dürfe. Durch einen generellen Vorrang der Pressefreiheit werde dieser Parameter übergangen.[682] In der Tat sollte das legitime öffentliche Interesse entscheiden, ob eine Information rechtmäßig veröffentlicht werden darf. Bedenkenswert an der geäußerten Kritik ist allerdings, dass durch die weite Auslegung des Journalismusbegriffs der Parameter des öffentlichen Interesses nicht übergangen wird. Durch das weite Verständnis des Journalismusbegriffs wird lediglich festgelegt, wem die journalistischen Privilegien zuteilwerden. Dabei kann es nicht darauf ankommen, ob sich eine tätige Person als professioneller Journalist bezeichnet, sondern die meinungsbildende Funktion durch die Veröffentlichung ist maßgebend.[683] Die Funktion der Presse wird verkannt, wenn ein Unternehmen, das kein klassisches Medienunternehmen ist, nicht in den Genuss der presserechtlichen Privilegien kommt, obwohl es genau denselben Beitrag veröffentlicht und

---

680 *EuGH*, U. v. 16.12.2008, Az. C-73/07, *Tietosuojavaltuutettu v. Satakunnan Markkinapörssi Oy und Satamedia Oy*, Rn. 58.

681 *Flanagan*, Defining Journalism, Int. Journal of Law and Information Technology 2012, 1 (10).

682 *Flanagan*, Defining Journalism, Int. Journal of Law and Information Technology 2012, 1 (13f.).

683 *EGMR*, U. v. 14.07.2009, Nr. 37374/05, *Társaság a Szabadságjogokért v. Ungarn*, Rn. 27.

dadurch in derselben Weise Meinungsbildung ermöglicht wie ein professionelles Medienunternehmen. Aus derselben Argumentation heraus ist auch die Auffassung anfechtbar, die aufgrund einer Publikation über das Internet den Journalismusbegriff verneint.[684] Dieselbe Funktion öffentlicher Meinungsbildung wird über das Internet ausgeübt. Dabei bleibt die Tatsache, dass Veröffentlichungen im Internet weltweit abrufbar sind, nicht unberücksichtigt. Sie ist im Rahmen der Sorgfaltspflichten der Presse zu bedenken.[685]

Die Frage, ob ein legitimes öffentliches Interesse an einer Information bestand, darf nicht mit der Frage vermengt werden, wer Journalismus betreibt. Zuerst ist zu prüfen, wer unter den Begriff des Journalismus' fällt und somit in den Genuss journalistischer Privilegien kommt. Erst dann ist zu prüfen, ob ein legitimes öffentliches Interesse an der durch ihn veröffentlichten Information bestand. Durch eine weite Auslegung des persönlichen Schutzbereichs wird diese Prüfung nicht vorweggenommen. Vielmehr wird die Frage nach einer rechtmäßigen Veröffentlichung insbesondere im System der freiwilligen Selbstkontrolle anhand der Regeln des Pressekodex gestellt.[686] Eine weite Auslegung des Journalismusbegriffs stellt deshalb keinen „Freifahrtschein" für die Presse dar, die Rechte anderer zu missachten. Das weite Verständnis ist hingegen aufgrund der Bedeutung des Journalismus' für unsere demokratische Gesellschaft geboten.

Whistleblowingplattformen stellen eine neue Art des Journalismus' dar. Die dort tätigen Mitarbeiter wählen aus, welche Dokumente und Informationen auf der Webseite veröffentlicht werden sollen und werden dadurch sogar redaktionell tätig. Dadurch wird ein Forum öffentlicher Meinungsbildung auf der Grundlage von Originaldokumenten geschaffen. Diese Funktion ist, wie herausgestellt, entscheidend für die weite Auslegung des Begriffs der journalistischen Zwecke. Denn aus diesem Grund hat der Gesetzgeber den Vorrang der Pressefreiheit vor dem Recht auf Datenschutz schon in der Datenschutzrichtlinie formuliert. Da Whistleblowingplattformen diese Funktion erfüllen, sind ihre Veröffentlichungen unter den Journalismusbegriff zu fassen. Dieses Verständnis ist konform mit dem Willen des Verordnungsgebers, den er in den Ausführungen in Erwägungsgrund 153 ausgedrückt hat.

Die Diskussion vor Erlass der Datenschutzgrundverordnung über den Wortlaut des Erwägungsgrunds 153 gibt Anhaltspunkte für eine Konkretisierung der Auslegung. Der Erwägungsgrund war im Rahmen der Diskussion mehrfacher Änderung unterworfen. In einer Vorgängerversion von März 2014 hieß es zusätzlich zum Gebot eines weiten Verständnisses: Die Mitgliedsstaaten sollten Tätigkeiten auch

---

684 So aber *Flanagan*, Defining Journalism, Int. Journal of Law and Information Technology 2012, 1 (16).

685 Zur Berücksichtigung im Rahmen der Sorgfaltspflichten S. 76ff.

686 *Tillmanns/Gerhardt*, Journalismus zwischen Medienethik und Medienrecht, ZRP 2015, 29 (29); in Bezug auf Selbstregulierung und Art. 9 der Datenschutzrichtlinie siehe Simitis/*Dix*, BDSG, § 41 Rn. 6.

dann als journalistisch einstufen, wenn das Ziel dieser Tätigkeit in der Weitergabe von Informationen, Meinungen und Vorstellungen an die Öffentlichkeit besteht, unabhängig davon, auf welchem Wege das geschieht. Dass diese Passage in der endgültigen Version gestrichen wurde, deutet darauf hin, dass nicht jede Meinungskundgabe von der Vorschrift in Art. 85 DSGVO erfasst werden soll. Nicht die Zielrichtung der Tätigkeit allein ist entscheidend. Das traditionelle Verständnis des Journalismus ist vielmehr auch durch redaktionelles Tätigwerden geprägt. Deshalb müssen zumindest auch die neuen Formate der meinungsbildenden Publikation vom Begriff des Art. 85 DSGVO erfasst werden, hinter denen eine redaktionelle Bearbeitung steht. Da das bei Whistleblowingplattformen der Fall ist, erfolgen ihre Datenverarbeitungen zu journalistischen Zwecken. Sie werden somit vom Anwendungsbereich des Art. 85 DSGVO erfasst. Bewertungsportale hingegen, auf denen nur *automatisiert* die Meinungen oder redaktionellen Beiträge anderer wiedergegeben werden, fallen nicht darunter.[687]

2. *Anwendbarkeit des Medienprivilegs, § 41 BDSG/§ 57 Abs. 1 RStV*

Art. 85 DSGVO entbindet allerdings nicht selbst die Medien von der Anwendbarkeit der meisten datenschutzrechtlichen Bestimmungen, sondern enthält einen dahingehenden Gesetzgebungsauftrag an die Mitgliedsstaaten. Einen solchen nahezu wortlautidentischen Gesetzgebungsauftrag enthielt bereits die Datenschutzrichtlinie in Art. 9. Die Bundesrepublik Deutschland ist diesem Auftrag mit Schaffung des Medienprivilegs in § 41 BDSG nachgekommen. Wie bereits dargestellt, hat dort der Bundesgesetzgeber wiederum den Ländern den Auftrag erteilt, ein solches Medienprivileg zu erlassen, die dies in § 57 Abs. 1 RStV normiert haben.

Im Rahmen der Umsetzung von Art. 85 DSGVO wird der deutsche Gesetzgeber, wie bereits erwähnt, entweder die derzeit bestehenden Regelungen beibehalten oder eine neue Regelung schaffen, um den Datenschutz und das Recht auf freie Meinungsäußerung und Information miteinander in Einklang zu bringen. Die Verarbeitung der personenbezogenen Daten durch die Medien unterliegt derzeit aber noch § 41 Abs. 1 BDSG bzw. § 57 Abs. 1 RStV. Das Medienprivileg entlastet die Presse von der Einhaltung eines Großteils der datenschutzrechtlichen Vorschriften, wenn die Datenverarbeitung journalistisch-redaktionelle Zwecke aufweist. Die in einer Demokratie erforderliche journalistische Arbeit der Medien wäre bei strenger Anwendung der datenschutzrechtlichen Vorschriften des BDSG nicht möglich.

Um den Anforderungen von Art. 85 DSGVO im Hinblick auf die Einbeziehung von Whistleblowingplattformen zu genügen, darf das nationale Medienprivileg Whistleblowingplattformen nicht ausschließen. Andernfalls müsste dem deutschen Gesetzgeber empfohlen werden, eine entsprechende neue Regelung zu erlassen. Der

687 So mit Bezug zum deutschen Recht *BGH*, U. v. 23.06.2009, Az. VI ZR 196/08, NJW 2009, 2888 (2890) = MMR 2009, 608 (610); a.A. *Greve/Schärdel*, Der digitale Pranger, MMR 2008, 644 (647).

Erlass einer gänzlich neuen Regelung wird im Hinblick auf Whistleblowingplattformen allerdings nicht erforderlich sein.

a) Persönlicher Anwendungsbereich

Der Titel von § 41 BDSG ist sehr weit gefasst und spricht bereits für eine Einbeziehung von Whistleblowingplattformen. Die Vorschrift ist betitelt mit „Erhebung, Verarbeitung und Nutzung personenbezogener Daten durch die Medien". Der Gesetzgeber hat sich nicht auf die Nennung bestimmter Medien wie Presse und Rundfunk beschränkt, sondern den weiten Medienbegriff gewählt.

Der Wortlaut von § 41 Abs. 1 BDSG bzw. § 57 Abs. 1 RStV ist enger gefasst und bezieht sich auf Unternehmen und Hilfsunternehmen der Presse, wenn sie ausschließlich zu eigenen journalistisch-redaktionellen Zwecken handeln. Aufgrund des Regelungszwecks der Vorschrift wird zunächst vom Pressebegriff des Art. 5 Abs. 1 S. 2 GG ausgegangen.[688] Der Begriff der Presse bezieht sich auf veröffentlichte Druckerzeugnisse,[689] was zunächst gegen eine Anwendung auf Whistleblowingplattformen spricht, die im Internet publizieren. Dieses Verständnis des Pressebegriffs ist vor dem Hintergrund des europäischen Ursprungs der Regelung bei richtlinienkonformer Auslegung allerdings anfechtbar. Denn aufgrund der Veränderungen im digitalen Zeitalter ist ein so enges Verständnis nicht mehr zeitgemäß.[690] Vermehrt wird vertreten, dass vom Pressebegriff zumindest journalistisch-professionelle Blogger erfasst sein sollen.[691] Der Pressebegriff der Vorschrift ist weiter zu verstehen. Er sollte Medien miteinbeziehen, die dieselbe Funktion wie die Presse in einer demokratischen Gesellschaft erfüllen,[692] unabhängig davon, ob eine Publikation auf Papier gedruckt wird oder dieselbe Publikation im Internet abrufbar ist. Der Pressebegriff ist im Rahmen des Medienprivilegs dementsprechend nicht nur auf Hersteller von Druckerzeugnissen zu beziehen, sondern auch auf Internetpublikationen anzuwenden. Das lässt sich auch aus dem Wortlaut von § 57 RStV ableiten, der sich auf Telemedien bezieht.[693]

Aufgrund der Tatsache, dass es sich bei § 41 Abs. 1 BDSG bzw. § 57 Abs. 1 RStV um die Umsetzung der europäischen Datenschutzrichtlinie handelt, sollte auch die zweite Voraussetzung der journalistisch-redaktionellen Zweckbestimmung weit verstanden werden.[694] Die europäische Rechtsprechung hat angezeigt, dass nicht

---

688 Simitis/*Dix*, BDSG, § 41 Rn. 9; Taeger/Gabel/ *Westphal*, BDSG, § 41 Rn. 22.

689 Däubler/Klebe/Wedde/Weichert/ *Wedde*, BDSG, § 41 Rn. 7; Plath/*Plath/Frey*, BDSG, § 41 Rn. 6.

690 So auch *Greve/Schärdel*, Der digitale Pranger, MMR 2008, 644 (647).

691 Plath/*Plath/Frey*, BDSG, § 41 Rn. 6.

692 Däubler/Klebe/Wedde/Weichert/ *Wedde*, BDSG, § 41 Rn. 7, der die Privilegierung am Ende auf Hersteller von Druckwerken bezieht.

693 A.A. Spindler/Schuster/*Spindler/Nink*, BDSG, § 41 Rn. 3.

694 Im Ergebnis auch Plath/*Plath/Frey*, BDSG, § 41 Rn. 9; *Spindler*, Datenschutz- und Persönlichkeitsrechte im Internet, GRUR-Beilage 2014, 101 (104).

nur die klassischen Medien wie die Presse für die öffentliche Meinungsbildung zuständig sind. Vielmehr plädiert sie vor dem Hintergrund des digitalen Zeitalters für ein weites Verständnis des Journalismusbegriffs in der Datenschutzrichtlinie. Wie bereits ausgeführt, weist sie zur Begründung auf die erhebliche Bedeutung der allgemeinen Meinungsäußerungsfreiheit in einer demokratischen Gesellschaft hin. Tätigkeiten sollen dann als journalistisch klassifiziert werden, wenn sie den Zweck verfolgen, Informationen, Meinungen oder Ideen in der Öffentlichkeit zu verbreiten. Die datenschutzrechtlichen Medienprivilegien sollen nicht nur für Medienunternehmen gelten, sondern für jeden, der journalistisch tätig wird. Auch eine Gewinnerzielungsabsicht schließt nicht aus, dass eine Tätigkeit allein zu journalistischen Zwecken erfolgt.[695] Darüber hinaus fällt auf, dass der europäische Gesetzgeber zunehmend den Begriff der Presse, der sich ursprünglich auf gedruckte Erzeugnisse bezog, meidet und durch den weiten Begriff des Journalismus'[696] ersetzt. Das stellt ein weiteres Indiz für dessen weites Verständnis des Journalismus' dar, der sich nicht nur auf traditionelle Medien bezieht. Eine richtlinienkonforme Auslegung des Pressebegriffs im Rahmen des Medienprivilegs kann deshalb nur zu einem weiten Verständnis der nationalen Vorschriften führen.

b) Sachlicher Anwendungsbereich

Vorausgesetzt wird ferner, dass eine redaktionelle Strukturierung und Aufbereitung stattgefunden haben muss,[697] um die Anforderungen des § 41 Abs. 1 BDSG bzw. § 57 Abs. 1 RStV zu erfüllen. Den journalistisch-redaktionellen Zweck haben die Bundesländer sogar im Titel von § 57 RStV aufgegriffen. Durch das Erfordernis einer redaktionellen Bearbeitung konkretisieren der Bund und die Länder die journalistische Tätigkeit, denn in der Richtlinie wird eine redaktionelle Bearbeitung nicht vorausgesetzt. Bund und Länder haben dabei ihren gesetzgeberischen Spielraum genutzt, der ihnen auf Grundlage der Richtlinie eingeräumt wurde. Aber auch diese Voraussetzung wird von Whistleblowingplattformen erfüllt. Zwar liegt eine Berichterstattung im klassischen Sinn nicht vor,[698] aber wie zu Beginn der Arbeit diskutiert, findet eine Prüfung und Auswahl des von einem Whistleblower eingesandten Materials durch die Mitarbeiter der Whistleblowingplattform statt. Dabei handelt es sich um redaktionelle Tätigkeit. Diese mag zwar weniger umfassend sein als bei der traditionellen Presse. Vor dem Hintergrund der Tendenz zu einer weiten Auslegung[699] genügt sie aber, um den Anforderungen einer ausschließlich journalistisch-redaktionellen Tätigkeit im Sinne des § 41 Abs. 1 BDSG bzw. § 57

695 *EuGH*, U. v. 16.12.2008, C-73/07, *Tietosuojavaltuutettu v. Satakunnan Markkinapörssi Oy und Satamedia Oy*, Rn. 58.
696 Siehe Art. 9 der Datenschutzrichtlinie v. 24.10.1995.
697 Gola/Schomerus/*Gola/Klug/Körffer*, BDSG, § 41 Rn. 10; Plath/*Plath/Frey*, BDSG, § 41 Rn. 12.
698 Siehe zur Begründung oben S. 69.
699 Simitis/*Dix*, BDSG, § 41 Rn. 12.

Abs. 1 RStV zu entsprechen. § 41 Abs. 1 BDSG und § 57 Abs. 1 RStV erfassen aufgrund einer richtlinienkonformen Betrachtung auch bereits in ihrer heutigen Form die Tätigkeiten von Whistleblowingplattformen.

Durch eine Abgrenzung zu Bewertungsportalen im Internet lässt sich diese Auffassung untermauern. Festgestellt wurde, dass die bloße automatisierte Auflistung von Beiträgen anderer noch keine eigene journalistisch-redaktionelle Tätigkeit darstellt.[700] Eine andere Bewertung hat aber dann zu erfolgen, wenn eine manuelle Durchsicht und vor allen Dingen eine Auswahl fremder Beiträge erfolgt, wie es bei Whistleblowingplattformen der Fall ist. Die bloße automatische Zusammenstellung fremder Daten ist von redaktioneller Aufbereitung in jedweder Form abzugrenzen.[701] Denn durch die Auswahl und das Einstellen bestimmter bislang geheim gehaltener Informationen in Dokumenten findet redaktionelle Gestaltung statt, wodurch eine meinungsbildende Wirkung erzeugt wird. Anders als bei Bewertungsportalen wie spickmich.de, bei denen die meinungsbildende Wirkung nur nebenbei bejaht werden kann,[702] wird von Whistleblowingplattformen gerade kein anderer Zweck verfolgt und keine andere Wirkung erzeugt.

V. Ergebnis

Da ein Whistleblower in der Regel auch personenbezogene Daten verarbeitet, bedarf es einer datenschutzrechtlichen Regelung auf Grundlage von Art. 85 Abs. 1, 2 DSGVO zu seinen Gunsten. Durch sie können das Recht auf den Schutz personenbezogener Daten und das Recht auf freie Meinungsäußerung und Information in Bezug auf das Whistleblowing miteinander in Einklang gebracht werden.

Für Whistleblowingplattformen bedarf es de lege lata keiner neuen Regelung, da das Medienprivileg gemäß § 41 Abs. 1 BDSG und § 57 Abs. 1 RStV auch auf sie Anwendung findet. Vor dem europäischen Hintergrund der Regelung ist ein weites Verständnis des Pressebegriffs geboten, unter den auch Whistleblowingplattformen fallen.[703] Diese richtlinienkonforme Betrachtung spricht trotz des enger gefassten Wortlauts der Norm auch für die Anwendbarkeit des Medienprivilegs auf Whistleblowingplattformen. Entscheidet sich der Gesetzgeber dazu, eine neue Regelung in Bezug auf die journalistische Datenverarbeitung zu erlassen, ist allerdings zu empfehlen, den Wortlaut der Norm aus Klarstellungsgesichtspunkten ohne den Pressebegriff zu formulieren, um das weitere europäische Verständnis des Journalismus' widerzuspiegeln.

---

700 *BGH*, U. v. 23.06.2009, Az. VI ZR 196/08, NJW 2009, 2888 (2890) = MMR 2009, 608 (610).

701 Plath/*Plath/Frey*, BDSG, § 41 Rn. 12.

702 *BGH*, U. v. 23.06.2009, Az. VI ZR 196/08, NJW 2009, 2888 (2890) = MMR 2009, 608 (610).

703 Siehe zur Auslegung von Art. 10 EMRK, S. 65.

D. Interdependenzen

Welche Interdependenzen sich aus den vorgeschlagenen Gesetzesentwürfen ergeben, soll abschließend in diesem kurzen Abschnitt dargestellt werden. Aus Gründen der Einheitlichkeit der Rechtsordnung sind Rechtfertigungsgründe des Strafrechts auch in anderen Rechtsgebieten anwendbar. Das restriktive Strafrecht dient dem Schutz elementarer Rechtsgüter, indem es bestimmte Verhaltensweisen zugunsten eines friedvollen gesellschaftlichen Zusammenlebens mit Strafe ahndet. Sind die Voraussetzungen des vorgeschlagenen Rechtfertigungsgrunds „externes Whistleblowing" erfüllt, tritt die rechtfertigende Wirkung erst recht in Bezug auf Gesetzesverstöße aus anderen Rechtsgebieten wie dem Zivilrecht ein.

Die in Bezug auf das Urheberrecht vorgeschlagene teleologische Reduktion der Urheberrechtsfähigkeit enthält keine allgemeingültige Aussage in Bezug auf den Anwendungsbereich anderer Gesetze. Das Urheberrecht dient nicht der Geheimhaltung, weshalb aus spezifischen urheberrechtlichen Gründen eine teleologische Reduktion geboten ist. Allenfalls könnte der Rechtsgedanke in Bezug auf Gesetze herangezogen werden, die externes Whistleblowing beschränken könnten, ohne der Geheimhaltung zu dienen.

Der in Bezug auf das Datenschutzrecht vorgeschlagene Zulässigkeitstatbestand ist als lex specialis gegenüber dem strafrechtlichen Rechtfertigungsgrund anzusehen. Dieser wäre aufgrund der Einheitlichkeit der Rechtsordnung auch im Datenschutzrecht anzuwenden. Der datenschutzrechtliche Zulässigkeitstatbestand trägt aber den spezifischen Anforderungen des Datenschutzrechts Rechnung, indem er eine sensible Abwägung mit dem Recht auf den Schutz personenbezogener Daten voraussetzt. Zur Übertragung auf andere Rechtsgebiete ist diese Norm deshalb nicht geeignet.

Allerdings fußt er wie die vorgeschlagenen Regelungen im Strafrecht und Urheberrecht auf den hier vertretenen Wertungen aus der EMRK. Wenn es um den Konflikt zwischen der Preisgabe von Informationen zugunsten des öffentlichen Informationsinteresses auf Kosten von Rechten und Interessen anderer geht, haben die hier vertretenen Wertungen auf Grundlage der EMRK bereits Ausstrahlungswirkung auf alle Rechtsgebiete des deutschen Rechts. Sie sollen deshalb bei der Auslegung von Grundrechten und einfachen Rechtsnormen berücksichtigt werden.[704]

---

704 *BVerfG*, B. v. 14.10.2004, Az. 2 BvR 1481/04, NJW 2004, 3407 = IStR 2005, 31.

Schlussbetrachtungen

In den Schlussbetrachtungen werden die Ergebnisse der Untersuchung zusammengefasst und ein sich daraus ergebender Ausblick wird dargestellt.

A. Ergebnisse der Untersuchungen

Die allgemeinen Überlegungen zum Whistleblowing zeigen zunächst, dass es sich beim Whistleblowing um einen Prozess handelt, in den verschiedene Akteure involviert sind. Ein externer Whistleblower richtet sich mit seinen Informationen an einen Adressaten außerhalb der eigenen Organisationsstruktur. Zumeist handelt es sich dabei um die Presse, um Öffentlichkeit herzustellen. Die gemeldeten Missstände müssen einen Verstoß gegen die Rechtsordnung darstellen, da nicht jeder Missstand mithilfe einer rechtlichen Norm fassbar ist. Vielmehr ist interdisziplinäre Zusammenarbeit erforderlich, denn eine humanwissenschaftliche Disziplin allein vermag die Problematik externen Whistleblowings nicht umfassend zu lösen.

Externes Whistleblowing verfügt über zwei wesentliche Funktionen, die in der Arbeit herausgestellt werden. Zunächst erfüllt es eine Transparenzfunktion. Mithilfe externen Whistleblowings wird die Öffentlichkeit über Missstände in Kenntnis gesetzt, sodass öffentliche Meinungsbildung und Diskurs ermöglicht werden. Da externes Whistleblowing zudem einen Kontrollmechanismus aus dem Inneren einer Organisation darstellt, hat es darüber hinaus eine Korrektivfunktion. Durch den öffentlichen Diskurs besteht die Möglichkeit, dass das angezeigte Fehlverhalten eingestellt wird oder künftig unterlassen wird. Anhand der Funktionen wird erkennbar, dass externes Whistleblowing eine gesellschaftliche Wirkung hat.

Die Untersuchung zur menschenrechtlichen Grundlage externen Whistleblowings ergibt, dass ein Schutz über die Pressefreiheit nur besteht, wenn ein Whistleblower selbst journalistisch tätig wird und seine Informationen zum Beispiel auf einer Webseite eigenständig veröffentlicht. Bei Whistleblowern, die ihre Informationen an ein Veröffentlichungsmedium weitergeben gilt: Zwar ist deren Vorgehen regelmäßig darauf gerichtet, letztlich wie die Presse Informationen in die Öffentlichkeit zu bringen und dadurch öffentliche Meinungsbildung zu ermöglichen. Doch führt der Whistleblower dabei keine geschützte journalistische Tätigkeit aus, sondern fungiert als Quelle der Presse. Die Pressefreiheit ist auch dann nicht einschlägig, wenn sich der externe Whistleblower nicht an die breite Öffentlichkeit richtet, sondern einige Informationen an einen Abgeordneten oder an eine Behörde weitergibt. Dieser Typ externe Whistleblower ist vielmehr über die Informationsfreiheit als Bestandteil der allgemeinen Meinungsäußerungsfreiheit gemäß Art. 10 EMRK geschützt.

Dabei gilt der Schutz über die Presse- bzw. Informationsfreiheit gleichermaßen für Whistleblower aus dem öffentlichen Bereich als auch für solche aus dem privaten Bereich. Das ergibt sich insbesondere aus drei verschiedenen Überlegungen: Ein

Verstoß gegen eine möglicherweise bestehende Loyalitätspflicht ist nicht gegeben, da der für den Missstand verantwortliche Arbeitgeber unabhängig vom betroffenen Sektor sein Recht auf Loyalität verwirkt. Jemandem, der mit einer gewissen Schwere gegen die Rechtsordnung vorgeht, kann kein Recht auf Loyalität zugesprochen werden. Die wesentlichen Funktionen, die Transparenz- und die Korrektivfunktion, bedienen Whistleblower unabhängig davon, ob sie aus dem öffentlichen oder aus dem privaten Bereich stammen. Zuletzt ist es für die Beeinträchtigung der betroffenen Rechtsgüter unerheblich, ob der Verstoß gegen die Rechtsordnung aus dem öffentlichen oder privaten Sektor stammt. Denn die Beeinträchtigung des Rechtsguts besteht gleichermaßen. Anhand dieser Aspekte ergibt sich, dass Whistleblower aus dem öffentlichen und privaten Sektor gleich zu behandeln sind, wenn es um die Aufstellung von Rechtmäßigkeitsanforderungen geht.

Da die Mitgliedsstaaten des Europarats jedoch die alleinigen Adressaten der Europäischen Menschenrechtskonvention sind, sind private Akteure nicht an sie gebunden. Um ihrer Verpflichtung gemäß Art. 1 EMRK nachzukommen, sind die Mitgliedsstaaten gehalten, dafür zu sorgen, dass auch private Akteure an die Einhaltung der Menschenrechte in Whistleblowingkonstellationen gebunden sind.

Auf Grundlage dieser Überlegungen ergeben sich zwei Rechtmäßigkeitskriterien für externes Whistleblowing: Neben einem berechtigten öffentlichen Informationsinteresse muss externes Whistleblowing erforderlich sein.

Dabei ist das öffentliche Informationsinteresse nur dann berechtigt, wenn es die Geheimhaltungsinteressen im Rahmen einer Abwägung überwiegt und die Information wahr ist. Für die Abwägung ist entscheidend, ob ein erhebliches öffentliches Informationsinteresse gegeben ist. Das ist der Fall bei schweren Menschenrechtsverletzungen, schweren Rechtsverstößen, Gefahren für die (öffentliche) Gesundheit, Gefahren für die öffentliche Sicherheit, Gefahren für die Umwelt oder bei schwerwiegender Korruption oder Steuerhinterziehung. Die Annahme eines erheblichen öffentlichen Informationsinteresses in diesen Fällen rechtfertigt sich insbesondere aus der Bedeutung der Rechtsgüter, die in den genannten Fallgruppen betroffen sind. Liegt ein erhebliches öffentliches Informationsinteresse vor, überwiegt es in der Regel das Geheimhaltungsinteresse. Ausnahmen sind möglich, wenn das Geheimhaltungsinteresse ebenfalls erheblich ist. Dann kommt es insbesondere auf die Schwere, Dauer und Intensität der betroffenen Rechtsgüter an. Diese Parameter sind auch entscheidend, wenn ein einfaches öffentliches Informationsinteresse auf ein einfaches Geheimhaltungsinteresse trifft. Das Geheimhaltungsinteresse überwiegt in der Regel bei Bagatellverstößen, die in ihrer Auswirkung nur sehr geringfügig sind.

Ob die Information wahr ist beurteilt sich danach, ob objektiv aus Sicht des Whistleblowers keine vernünftigen Zweifel an dem Wahrheitsgehalt der Informationen bestanden.

Ist das berechtigte öffentliche Informationsinteresse gegeben, ist in zweierlei Hinsicht zu prüfen, ob die Weitergabe der Information auch erforderlich ist. Zunächst muss die direkte Anrufung der Öffentlichkeit erforderlich sein, was regelmäßig der Fall sein wird, wenn ein erhebliches öffentliches Informationsinteresse gegeben ist. Denn in diesen Fällen ist ein Recht der Öffentlichkeit auf Wissen auszumachen, das eine direkte Veröffentlichung legitimiert. In den übrigen Fällen hat der Whistleblower zunächst alle ihm zumutbaren internen Abhilfemöglichkeiten zu erschöpfen, bevor er sich an die Öffentlichkeit wenden darf. Darüber hinaus muss die Erforderlichkeit auch hinsichtlich des Umfangs der veröffentlichten Informationen vorliegen, um einen größtmöglichen Schutz der Interessen der Betroffenen zu erhalten.

Insbesondere aus Rechtssicherheitsgründen und damit zur Förderung von externem Whistleblowing ist den Mitgliedsstaaten der EMRK zu empfehlen, solche Rechtmäßigkeitskriterien im Rahmen eines Whistleblowergesetzes zu kodifizieren.

Die Betrachtungen zeigen darüber hinaus, dass Whistleblowingplattformen über die Pressefreiheit der Europäischen Menschenrechtskonvention geschützt werden. Diese Analyse ist von erheblicher Bedeutung für das Agieren von Whistleblowingplattform, da ein Schutz über die Pressefreiheit rechtliche Privilegien mit sich bringt, aber auch zu Verpflichtungen führt. Der Schutz über die Pressefreiheit besteht insbesondere deshalb, weil Whistleblowingplattformen dieselbe „öffentliche Wachhund"-Funktion erfüllen wie die traditionelle Presse. Sie übermitteln Informationen zwar nicht in Form eines Berichts. Hinter der Auswahl und Anordnung der Dokumente, die auf den Webseiten veröffentlicht werden, steht allerdings auch ein redaktioneller Prozess. Durch die Veröffentlichung von Originaldokumente ist es sogar möglich, dass öffentliche Meinungsbildung auf objektivere Weise stattfinden kann als durch traditionelle Berichterstattung. Aus der Tatsache, dass Whistleblowingplattformen über die Pressefreiheit geschützt sind, resultiert zum einen, dass sie sich an die presserechtlichen Sorgfaltspflichten halten müssen. Die Einhaltung der Sorgfaltspflichten spielt im Rahmen eines eventuellen Abwägungsprozesses eine entscheidende Rolle. Zum anderen resultiert aus diesem Ergebnis, dass auch Whistleblowingplattformen Quellenschutz genießen.

Im Folgenden geht die Arbeit darauf ein, wie die sich auf Grundlage der Europäischen Menschenrechtskonvention ergebenden Wertungen im nationalen Informationsrecht berücksichtigt werden können. Anhand dieser Analyse ergibt sich, ob unsere nationale Rechtsordnung bereits hinreichend das Phänomen externes Whistleblowing bedienen kann oder ob gesetzgeberischer Handlungsbedarf besteht.

In Bezug auf das deutsche Strafrecht haben die Untersuchungen ergeben, dass die Schaffung eines neuen Rechtfertigungsgrundes geboten ist. Gegen eine Lösung der Whistleblowingproblematik auf tatbestandlicher Ebene spricht insbesondere, dass der deutsche Gesetzgeber den Geheimnisbegriff nur im Rahmen der Staatsschutzdelikte begrenzt hat, indem er bestimmte illegale Geheimnisse vom Begriff ausgenommen hat. Darüber hinaus können auch illegale Geheimnisse schützenswert sein, sodass eine Abwägung erforderlich wird, die sich auf Rechtfertigungsebene in die bestehende strafrechtliche Dogmatik einfügen lässt. Allerdings passen die bereits bestehenden allgemeinen und besonderen Rechtfertigungsgründe insbesondere aus systematischen und teleologischen Erwägungen nicht auf die Konstellation externen Whistleblowings. Unter Berücksichtigung dieser Gedanken ist dem Gesetzgeber anzuraten, einen Rechtfertigungsgrund externen Whistleblowings zu kodifizieren.

Die Arbeit zeigt im Folgenden, welche Straftatbestände überhaupt durch externes Whistleblowing erfüllt werden können. Neben den Staatsschutzdelikten können externe Whistleblower insbesondere gegen § 353b StGB wegen der Verletzung von Dienstgeheimnissen, gegen § 203 StGB wegen der Verletzung von Privatgeheimnissen sowie § 17 UWG wegen des Verrats von Geschäfts- und Betriebsgeheimnissen verstoßen. Die Betrachtungen zeigen, wann eine Rechtfertigung über den vorgeschlagenen Rechtfertigungsgrund möglich ist und was im Rahmen der Abwägung zu berücksichtigen ist. Whistleblowingplattformen können sich ebenso gemäß §§ 94, 95 und 97 StGB strafbar machen, wobei eine Rechtfertigung in Abwägung mit der Pressefreiheit befürwortet wird. Zudem kann eine Strafbarkeit gemäß § 353b StGB durch Beihilfe bestehen, wenngleich das Presseprivileg gemäß § 353b Abs. 3a StGB auch auf Whistleblowingplattformen anzuwenden ist. Möglich ist auch eine Strafbarkeit wegen Datenhehlerei gemäß § 202d StGB. Allerdings sollte auch hier der Ausnahmetatbestand des § 202d Abs. 3 S. 1 StGB greifen. Es ist jedoch dem Gesetzgeber anzuraten, aus Klarstellungsgründen den Wortlaut so anzupassen, dass explizit auch alternative Pressemedien erfasst werden. Whistleblowingplattformen können sich wegen Beihilfe zu § 203 StGB strafbar machen. Jedoch wird auch in Bezug auf diesen Straftatbestand eine Rechtfertigung in Abwägung mit der Pressefreiheit befürwortet. Das gilt ebenso für eine potentielle Strafbarkeit gemäß § 17 UWG.

Auch im Urheberrecht wird gesetzgeberischer Handlungsbedarf gesehen, um die Whistleblowing-Problematik zu lösen. Die Arbeit zeigt, dass Whistleblower und Whistleblowingplattform urheberrechtlich geschützte Werke vervielfältigen, verbreiten oder öffentlich zugänglich machen. Die Eingriffe in die Verwertungsbefugnisse des Urhebers sind nicht von den bestehenden Schranken des Urheberrechts wie § 50 UrhG wegen der Berichterstattung über Tagesereignisse oder dem Zitatrecht nach § 51 UrhG gedeckt. Eine Schranke zugunsten des Eingriffs in das Erstveröffentlichungsrecht des Urhebers ist auch nicht ersichtlich. Das Urheberrecht wurde jedoch nicht geschaffen, um Geheimhaltung zu schützen, sondern um persönliche und wirtschaftliche Interessen der Künstler zu sichern. Diese Interessen werden durch externes Whistleblowing regelmäßig nicht berührt. Das deutsche Urhebergesetz erscheint deshalb als zufällig bestehendes, rechtliches Instrumentarium, das zur Unterbindung von Informationskundgaben durch Whistleblower oder Whistleblowingplattformen missbraucht werden kann. Unter Berücksichtigung dieser Gedanken ist dem Gesetzgeber anzuraten, den Anwendungsbereich des Urhebergesetzes durch eine kodifizierte teleologische Reduktion zu beschränken, wenn die Interessen des Urhebers durch Whistleblowing im Wesentlichen nicht berührt werden.

Im Datenschutzrecht kann die Reform anlässlich der Datenschutzgrundverordnung zum Anlass genommen werden, neben einer Regelung bezüglich journalistischer Datenverarbeitungen auch eine Regelung zum Whistleblowing zu schaffen. Der Whistleblower nimmt personenbezogene Datenverarbeitungen vor, wenn er seine Informationen speichert, verbreitet und an eine externe Stelle übermittelt. Da er und nicht sein Arbeitgeber derjenige ist, der über Zweck und Mittel der Datenverarbeitung entscheidet, ist der Whistleblower als der für die Datenverarbeitung Verantwortliche zu betrachten. Dabei unterliegen seine Handlungen der Datenschutzgrundverordnung, die auf einer breiten Gesetzgebungskompetenz der Europäischen Union basiert. Auch die sog. Haushaltsausnahme, die bereits in der Datenschutzrichtlinie vorhanden war und jetzt auch in der Datenschutzgrundverordnung zu finden ist, greift zugunsten des externen Whistleblowers nicht. Durch sie sollen schließlich nur solche Datenverarbeitungen aus dem Anwendungsbereich der Datenschutzrichtlinie herausgenommen werden, die der engen persönlichen oder familiären Sphäre zuzurechnen sind. Auf der Grundlage dieser Überlegungen ist dem Gesetzgeber zu empfehlen, basierend auf einer Gesetzgebungskompetenz gemäß Art. 85 Abs. 1, 2 DSGVO einen Ausnahmetatbestand zugunsten von externen Whistleblowern zu normieren. Die Datenverarbeitungen durch die Whistleblowingplattform werden insbesondere aufgrund einer weiten Auslegung des Journalismusbegriffs vom Medienprivileg des Art. 85 DSGVO erfasst. Der deutsche Gesetzgeber könnte in Umsetzung von Art. 85 DSGVO die bisherige nationale Regelung gemäß § 41 BDSG/§ 57 RStV beibehalten. Vor dem europäischen Hintergrund des nationalen Presseprivilegs ist der Pressebegriff auch hier weit auszulegen, sodass die Datenverarbeitungen von Whistleblowingplattformen bereits jetzt davon gedeckt sind.

Die Betrachtungen zeigen, dass unsere aktuelle Rechtsordnung bereits Mechanismen enthält, um im Fall des externen Whistleblowings zu einer ausgleichenden Lösung zwischen öffentlichen Informationsinteressen und Geheimhaltungsinteressen zu kommen. Dennoch bestehen insbesondere im Strafrecht, Urheberrecht und Datenschutzrecht einige Lücken sowie gesetzliche Unklarheiten, die durch die Schaffung einiger neuer Regelungen beseitigt werden könnten.

B. Ausblick

Ein rechtliches Schutzinstrumentarium für Whistleblower zu schaffen, ist eine Aufgabe, der sich die nationalen Gesetzgeber in Europa stellen müssen. Zwar gab es schon immer Whistleblower und es wird sie auch ohne rechtliche Regeln immer geben. Allerdings hat das Thema seit den Offenbarungen durch Edward Snowden, Chelsea (damals Bradley) Manning und WikiLeaks derart in der gesellschaftlichen Debatte Niederschlag gefunden, dass nicht nur Einzelne, sondern auch internationale Organisationen wie die UN und der Europarat einen Schutz für Whistleblower fordern. Der europäische Gesetzgeber hat in seinen Richtlinien zum Marktmissbrauch und zum Schutz von Geschäftsgeheimnissen die ersten Ausnahmen zugunsten von Whistleblowern geschaffen. Um im Einklang mit internationalen Wertungen zu stehen, werden die Mitgliedsstaaten gehalten sein, die dort enthaltenen Regelungen auch weit zu verstehen. Mit Sicherheit werden weitere Regelungen folgen. Der deutsche Gesetzgeber hat mit der Richtlinie nun die Aufgabe bekommen, diesen Ausnahmetatbestand umzusetzen und eine ausdrückliche Regelung zugunsten von Whistleblowern zu normieren. Je nachdem wie sich das politische Spektrum auf Bundesebene entwickeln wird, wird der Gesetzgeber die Umsetzung mit einigem Zögern oder aber liebend gern vorantreiben. Es ist ihm jedenfalls anzuraten, die Umsetzung dieses Ausnahmetatbestands zum Anlass zu nehmen, einen umfassenden Schutz von Whistleblowern zu normieren. Denn auch auf europäischer Ebene gibt es weitere Bestrebungen, ein solches Schutzinstrumentarium zu entwickeln. Zu Beginn des Monats Mai 2016 hat etwa die Abgeordnete des Europäischen Parlaments Julia Reda einen Vorschlag für eine Richtlinie zum Schutz von Whistleblowern im öffentlichen und privaten Sektor in der Europäischen Union auf ihrer Internetseite zur Diskussion veröffentlicht.[705] Die OECD hat jüngst einen Bericht zum Schutz von Whistleblowern veröffentlicht, der die Bedeutung eines effektiven rechtlichen Schutzes von Whistleblowern betont.[706] Diejenigen, die sich gegen ein rechtliches Schutzinstrumentarium wehren, sollten begreifen, welche Chancen es birgt, Kontrollmechanismen aus dem Inneren einer Organisation zu unterstützen, um gegen Korruption, Misswirtschaft und andere illegalen Aktivitäten vorzugehen. Die Arbeit zeigt, dass ein solches Schutzinstrumentarium zugunsten externer Whistleblower erlassen werden kann, ohne dass die Rechte und Interessen der Betroffenen übergangen werden und ohne dass eine rechtlich legitimierte Bespitzelungskultur geschaffen wird. Whistleblower und Whistleblowingplattformen sind in Zeiten komplexer und fehleranfälliger Organisationsstrukturen eine Chance, den mündigen Bürger mit Informationen über Korruption und schwerwiegende Rechtsverstöße zu versorgen. Der Bürger kann auf dieser Basis eigenbestimmte Urteile bilden und sowohl politische als auch wirtschaftliche Entscheidungen treffen. Wollen wir wirklich eine Gesellschaft sein, die diese Chance nicht nutzt?

705 Vorschlag einer Whistleblowing-Richtlinie für Europa v. 03.05.2016, abrufbar unter: http://www.greens-efa.eu/fileadmin/dam/Images/Transparency_campaign/WB_directive_ draft_for_consultation_launch_May_2016.pdf (zuletzt abgerufen: 15.07.2016).

706 *OECD*, Committing to effective whistleblower protection, abrufbar unter: http://www.oecd.org/gov/ethics/whistleblower-protection.htm (zuletzt abgerufen: 15.07.2016).

www.ingramcontent.com/pod-product-compliance
Ingram Content Group UK Ltd.
Pitfield, Milton Keynes, MK11 3LW, UK
UKHW021907290926
8980IPUK00015B/1104

9 783631 720288